Inhaltsverzeichnis

Einführung

Das vorliegende Lehr- und Arbeitsbuch gibt eine Einführung in das Unterrichtsfach Pädagogik und Psychologie für das ***berufliche Gymnasium sozialwissenschaftlicher Richtung***. Es enthält alle wichtigen Informationen, die hierfür von Bedeutung sind, sodass es für die Vorbereitung auf den Unterricht und auf Prüfungen eine wertvolle Hilfe sein kann.

Der Inhalt für die drei Jahrgangsstufen (Eingangsklasse sowie Jahrgangsstufe 1 und 2) gliedert sich in **zwei Bände** mit insgesamt 29 Kapiteln. Der vorliegende **Band 1** ist für die ***Eingangsklasse*** gedacht und beinhaltet die folgenden Lerngebiete:

- Pädagogik und Psychologie als Wissenschaft
- Methoden zur Gewinnung von wissenschaftlichen Erkenntnissen sowie methodisches Vorgehen
- Anthropologische Grundlagen der Erziehung
- Pädagogik und Psychologie im historischen und gesellschaftlichen Kontext
- Pädagogische und psychologische Handlungsfelder
- Kognitive Fähigkeiten und Funktionen wie Wahrnehmung, Intelligenz und Denken, Gedächtnis sowie
- Emotion und Motivation

Aufbau der beiden Bände

Durch offene Fragen, ein Fallbeispiel, die Gegenüberstellung von Meinungen und Ähnlichem wird zum Thema des jeweiligen Kapitels hingeführt. Am Ende dieser **Hinführung** wird durch entsprechende Fragen mitgeteilt, worum es in diesem Kapitel geht und welche ***Lernziele*** angestrebt werden.

Das Hauptaugenmerk liegt auf dem **Informationsteil**. Hier wird der eigentliche Lerninhalt verständlich und gut strukturiert dargestellt. Fachtermini wurden bewusst in den Text aufgenommen und hinreichend geklärt, um eine größtmögliche Exaktheit zu erreichen. Beispiele, Übersichten, Fotos und Ähnliches machen die Ausführungen anschaulich. Gedichte, Karikaturen und vor allem *Sigmund*, unser Wichtel, sollen sie zusätzlich etwas auflockern und helfen, den Text besser zu behalten.

Sigmund, unser Wichtel, stellt sich vor.

Die Informationen sind bewusst ausführlich gehalten, damit sie besser verstanden und angewendet sowie Zusammenhänge klarer erkannt werden können. Zusätzlich zu berücksichtigende Hinweise sind mit dem Symbol ↘ gekennzeichnet.

Am Ende jedes Informationsteils folgt eine **Zusammenfassung**, die nochmals den „roten Faden" der wichtigsten Lernergebnisse aufzeigt. Sie ist in einzelne Abschnitte gegliedert, die man sich leicht einprägen kann.

Die **Aufgaben und Anregungen** gliedern sich in zwei Teile:

- Die *Aufgaben* bieten die Möglichkeit, das Gelernte zu sichern, zu verarbeiten und anzuwenden. Sie können auch zur systematischen Vorbereitung auf Prüfungsarbeiten dienen. Die *Hinweise in Klammern* verweisen auf den entsprechenden Abschnitt, der den Lerninhalt enthält, der zur Beantwortung der Frage notwendig ist.
- In den *Anregungen* wird der Lernstoff erfahrbar, „erlebbar" gemacht. Das Gelernte soll hier aufgrund von eigenen Erfahrungen und Erlebnissen nachvollzogen werden können. Die jeweilige Thematik kann so **ganzheitlich** erfasst werden und soll zu einem eigengesteuerten, kreativen Lernen befähigen.

Ein gut organisiertes **Stichwortverzeichnis** macht das Lehrbuch zu einem Nachschlagewerk, in welchem bestimmte Informationen und Fachbegriffe schnell gefunden werden können.

Das vorliegende Lehrbuch kann und will den Unterricht nicht ersetzen. Ausgehend von der Erkenntnis, dass es den „richtigen" Unterricht nicht gibt, folgt es keinem bestimmten Unterrichtskonzept. Es ist didaktisch jedoch so aufbereitet, dass es sich sowohl für angeleitetes wie eigenständiges Erarbeiten von Wissen als auch zur Sicherung, Übung, Anwendung und Vertiefung des Gelernten hervorragend eignet.

Der flüssigen Lesbarkeit wegen wurde die männliche Form bevorzugt, doch das Lehrbuch richtet sich natürlich gleichermaßen an männliche und weibliche Leser.

Verlag, Herausgeber und Autoren hoffen, dass Schüler und Lehrer viel Freude an diesem Lehrbuch haben, und vor allem, dass es ihnen Erfolg bringt.

Für Anregungen, Verbesserungsvorschläge und sachliche Kritik sind Herausgeber und Autoren sehr dankbar.

Verlag, Herausgeber und Autoren

Grundfragen der Pädagogik und Psychologie

1

Antworten von Schülern, befragt nach dem Wesen der Pädagogik und Psychologie:

„Ich denke, Pädagogik hat mit Erziehung zu tun, sei es zu Hause, im Kindergarten oder in der Schule. Pädagogik und Erziehung sind für mich so gut wie das Gleiche.“

„Pädagogik bedeutet für mich die Erziehung von Kindern, denn Kinder brauchen die Hilfe ihrer Eltern, damit sie erwachsen werden und in dieser Gesellschaft bestehen können.“

„Ich glaube, Pädagogik beschäftigt sich mit der Bildung. Dabei denke ich an Eltern und Lehrer, die einen bilden wollen. Deshalb nennt man sie auch Pädagogen.“

„Psychologie verbinde ich mit ‚Couch‘, ‚Beratung‘, ‚Therapie‘; ich denke, die Psychologie hilft mir, persönliche Probleme zu lösen.“

„Psychologie ist für mich die Wissenschaft vom Unbewussten. Dabei versucht sie, Hypnose oder Traumdeutung anzuwenden, um über unser Unbewusstes Auskunft zu erlangen.“

„Wenn ich Psychologie höre, bekomme ich ein wenig Angst. Ich habe Angst, dass mich ein Psychologe durchschaut und auch sofort weiß, wer ich bin und was mich bewegt.“

„Psychologie hat meiner Meinung nach mit der Seele zu tun, z. B. mit dem Geist oder den Gefühlen.“

Folgende Fragen werden in diesem Kapitel geklärt:

1. *Wodurch zeichnen sich im Gegensatz zum Alltagsverständnis die wissenschaftliche Pädagogik und Psychologie aus?*
2. *Was versteht man unter Pädagogik, was unter Psychologie?*
   Womit beschäftigen sich die Pädagogik und die Psychologie, was sind ihre Gegenstände?
   Welcher Zusammenhang besteht zwischen Theorie und Praxis?
3. *Welche Ziele verfolgen die wissenschaftliche Pädagogik und Psychologie?*

1.1 Pädagogik und Psychologie als Wissenschaft

Die Pädagogik und die Psychologie sind Wissenschaften, die uns in einem hohen Maße betreffen wie kaum eine andere; sie machen – wie *Hans Ueckert u. a. (1989, S. 14)* es formulieren – „Dinge für uns und sogar mit uns, von denen wir ganz unmittelbar betroffen sind."

1.1.1 Die Alltagstheorie in Pädagogik und Psychologie

Jeder Mensch ist „psychologisch" tätig, indem er „Menschenkenntnis" betreibt, andere Menschen „durchschaut" und Urteile über den Charakter anderer fällt. Auch in der Erziehung handelt der Mensch nach einer Theorie und der Erzieher hat seine Vorstellungen, wie er das Kind erziehen will.

Menschen kommen aufgrund ihrer eigenen Erfahrungen zu ihren „psychologischen" und „pädagogischen" Erkenntnissen, mit denen sie die Wirklichkeit zu verstehen und zu erklären versuchen. ***Dieses aufgrund persönlicher Erfahrungen gewonnene Wissen bezeichnen wir als* Alltagstheorie**, oft auch **Privattheorie** genannt, im Gegensatz zur wissenschaftlichen Theorie, die sich auf wissenschaftliche Methoden stützt.

Mit Alltagstheorie bezeichnen wir das aufgrund persönlicher Erfahrungen gewonnene Wissen.

Oft dienen zur „Erklärung" auch ***Volksweisheiten*** *wie „Sage mir, mit wem du umgehst, so sage ich dir, wer du bist!" (Johann Wolfgang von Goethe), „Gegensätze ziehen sich an" oder „Willst du gelten, mach dich selten".*

Die Alltagstheorie ist in der Regel **subjektiv, nicht überprüfbar** und auch **nicht systematisch gewonnen;** es handelt sich zudem meist **um unzulässige Verallgemeinerungen**.

Frau Rudolfs hat auf ihrer letzten Urlaubsreise die Erfahrung gemacht, dass die Franzosen viel gemütlicher und größere Genießer sind als die Deutschen. Frau Rudolfs folgert aus ihrer Erfahrung, *die* Franzosen sind viel gemütlicher und größere Genießer als *die* Deutschen.

Die Alltagstheorie trifft zwar häufig zu, weil Menschen aufgrund ihrer Erfahrungen vieles über menschliches Erleben und Verhalten wissen. Doch in der Regel stimmt sie nicht mit der Realität überein, ist oft irreführend und kann auch gefährlich sein.

„Gesunder Menschenverstand ist eine Sammlung von Vorurteilen, die man bis zum achtzehnten Lebensjahr erworben hat." *(Albert Einstein[1])*

Dennoch verfügen alle Menschen über diese Alltagstheorie. Dies liegt daran, dass sie im menschlichen Leben wichtige ***Funktionen*** erfüllt (vgl. *Laucken u. a., 1996[7], S. 2; Ulich/Bösel, 2005[4], S. 44 f.)*:

- Die Alltagspsychologie befriedigt das Bedürfnis nach Orientierung und Ordnung sowie nach rascher Beurteilung von Personen bzw. Personengruppen.
- Die Alltagspsychologie stellt Erklärungen bereit und erlaubt dem Menschen eine Bewältigung lebenspraktischer Situationen und die Lösung bestimmter Probleme.

[1] *Albert Einstein (1879–1955) war einer der bedeutendsten Physiker des 20. Jahrhunderts; neben vielen Veröffentlichungen wurde er vor allem durch die Entwicklung der Relativitätstheorie bekannt.*

- Die Alltagspsychologie gibt dem Einzelnen Handlungssicherheit und vermittelt die Überzeugung, sich in bestimmten Situationen richtig und angemessen zu verhalten.

Auf diese Weise können **Angst und Unsicherheit verhindert und dem Menschen das Gefühl der Sicherheit und Überschaubarkeit gegeben** werden.

„Da jeder Mensch über ein gewisses Maß an Menschenkenntnis, den vermeintlich zentralen Inhalt der Psychologie, verfügt und damit in seinem alltäglichen Leben ganz gut auszukommen glaubt, meint jeder von uns auch immer schon zu wissen, was Psychologie zu sein hat und was von ihr zu erwarten ist.“ *(Ueckert u. a., 1989, S. 14)*

1.1.2 Merkmale der wissenschaftlichen Pädagogik und Psychologie

Der Alltagstheorie steht die **wissenschaftliche Aussage** gegenüber. **Sie unterscheidet sich von der Alltagstheorie in der Art des methodischen Vorgehens bei der Gewinnung von Erkenntnissen.**

Wissenschaftliche Aussagen sind:

- **allgemeingültig**, das heißt, die Aussage trifft auch tatsächlich auf die in der Aussage angegebenen Personen bzw. Personengruppen zu.

  Die Aussage, dass sich autoritär erzogene Menschen schüchtern und ängstlich verhalten, muss tatsächlich auf die Personen zutreffen, die autoritär erzogen worden sind.

  Wissenschaftliche Aussagen treffen also nicht nur auf den Einzelfall zu, sondern besitzen hohe Allgemeingültigkeit.

  Einer Wissenschaft, in der der Mensch primärer Gegenstand ist, ist es kaum möglich, wahre und absolut gültige Aussagen zu treffen, Aussagen, die in der Realität auch tatsächlich auf alle Menschen – ohne Ausnahme – zutreffen. ***Wissenschaftliche Aussagen von Wissenschaften, die sich mit dem Menschen befassen, sind immer Wahrscheinlichkeitsaussagen****, das heißt, dass im Einzelfall grundsätzlich Abweichungen möglich sind.*[1]

- **überprüfbar**, das heißt, die Aussage und die Art und Weise, wie der Forscher diese Aussage gewonnen hat, sind in der Realität jederzeit nachvollziehbar und wiederholbar.
- **objektiv**, das heißt, verschiedene Forscher erzielen bei gleichem Sachverhalt unter gleichen Bedingungen die gleichen Ergebnisse.

  Auch wenn die Untersuchung von verschiedenen Forschern durchgeführt wird, müssen sie alle unter den gleichen Bedingungen zu dem gleichen Ergebnis kommen, nämlich, dass sich autoritär erzogene Menschen schüchtern und ängstlich verhalten.

  Eine Beobachtung bzw. Untersuchung muss also in ihrer Durchführung, Auswertung und Interpretation unabhängig sein von der Person des Forschers.

- **systematisch gewonnen**, das heißt, wissenschaftliche Aussagen werden nach ganz bestimmten Regeln durch wissenschaftliche Methoden gewonnen, das methodische Vorgehen ist geplant und organisiert.

[1] *vgl. Abschnitt 1.3.2*

- **widerlegbar**, das heißt, jede wissenschaftliche Aussage muss prinzipiell korrigierbar sein. Nach dem Philosophen *Karl R. Popper*[1] *(2005*[11]*, S. 54 ff.)* ist es nicht möglich, die Wahrheit zu beweisen, sondern nur die Unwahrheit nicht (mehr) richtiger Aussagen; Wissen kann nur durch Falsifikationsversuche[2] untermauert, entkräftet oder als bloßes „Scheinwissen" aufgedeckt werden.

Die Aussage beispielsweise „Alle Raben sind schwarz" lässt sich nie endgültig beweisen, da kein Wissenschaftler alle jetzt und zukünftig existierenden Raben beobachten kann. Erst wenn ein Forscher andersfarbige Raben entdeckt, lässt sich die Aussage korrigieren.

„Das letzte Urteil darüber, was ‚wirklich wahr' sei und was Täuschung, bleibt für immer unentschieden." *(Konrad Lorenz*[3]*)*

Merkmale wissenschaftlicher Aussagen	Merkmale der Alltagstheorie
Wissenschaftliche Aussagen sind allgemeingültig und treffen mit hoher Wahrscheinlichkeit auf die in der Aussage angegebenen Personen zu.	Einmalige und zufällige Ereignisse werden meist unzulässig verallgemeinert („von einmal auf immer", „von einem auf alle").
Wissenschaftliche Aussagen sind in der Realität überprüfbar; die Art und Weise, wie wissenschaftliche Aussagen gewonnen werden, ist wiederholbar.	Aussagen der Alltagspsychologie sind häufig nicht überprüfbar und auch nicht wiederholbar.
Wissenschaftliche Aussagen sind objektiv: Verschiedene Forscher erzielen bei gleichem Sachverhalt unter gleichen Bedingungen die gleichen Ergebnisse.	Die Alltagspsychologie ist subjektiv: Das Gewinnen einer Aussage ist oft abhängig von der Person, die sie tätigt.
Wissenschaftliche Aussagen werden systematisch durch wissenschaftliche Methoden gewonnen, das methodische Vorgehen ist geplant und organisiert.	Kenntnisse der Alltagspsychologie ergeben sich zumeist durch zufällige Einzelbeobachtungen und Erfahrungen.
Wissenschaftliche Aussagen sind widerlegbar.	Die Alltagspsychologie ist in der Regel nicht widerlegbar.

„Der gesunde Menschenverstand sagt uns, dass die Erde platt ist." *(Albert Einstein)*

Die Grenze zwischen wissenschaftlicher und Alltagstheorie darf nicht absolut, als „entweder – oder", gesehen werden.

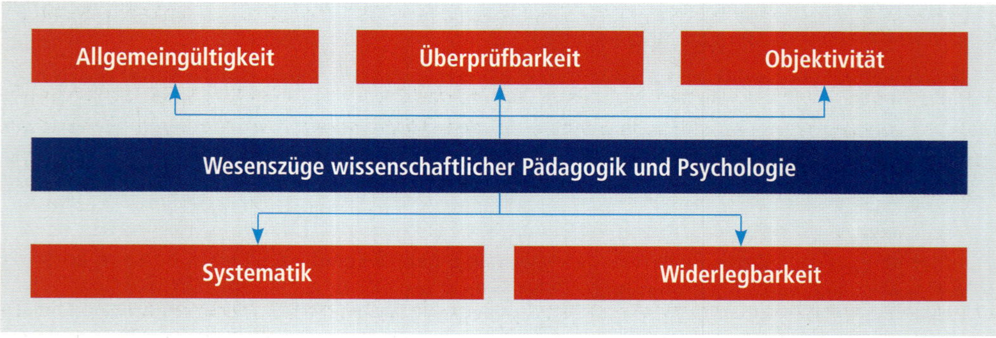

[1] Sir Karl Raimund Popper (1902–1994), bedeutender Philosoph und Wissenschaftstheoretiker, ist der Begründer des Kritischen Rationalismus; er entwarf eine wissenschaftstheoretische Methodenlehre und verlangte die Planung des sozialen Wandels auf der Grundlage einer „offenen" Gesellschaft (siehe auch Kapitel 2.1.2).

[2] Falsifikation (lat.): Widerlegung

[3] Konrad Lorenz (1903–1989), Zoologe und Verhaltensforscher, war Leiter des Instituts für Verhaltensphysiologie bei Starnberg. Bekannt wurde er vor allem durch sein Werk „Das sogenannte Böse", in welchem er menschliche Aggression auf das tierische Erbe in uns zurückführt und kulturelle Einflüsse sehr stark zurücktreten lässt.

1.2 Der Gegenstand der Psychologie und Pädagogik

Die zahlreichen existierenden Wissenschaften haben sich als Aufgabe gesetzt, Wissen über die Beschaffenheit der Wirklichkeit zu gewinnen. Dabei konzentriert sich jede Wissenschaft auf einen ganz bestimmten **Bereich der Wirklichkeit**, den es in den beiden Wissenschaften Pädagogik und Psychologie näher zu betrachten gilt.

1.2.1 Der Objektbereich der Psychologie

Die Psychologie[1] hat zum einen das **Verhalten**, alle von Außenstehenden beobachtbaren Äußerungen eines Lebewesens, und zum anderen das **Erleben**, die Vorgänge im Menschen, die nicht „von außen" beobachtet werden können, zum Gegenstand.

> Verhaltensweisen sind beispielsweise Körperbewegungen, Sprechen, Arbeiten oder Ausdrucksformen; sie sind von Außenstehenden beobachtbar. Erlebensweisen hingegen sind Denkabläufe, das Erinnern und das Träumen; diese kann der Mensch nur an sich selbst wahrnehmen.

> **Unter Verhalten versteht man die Gesamtheit aller von außen beobachtbaren Äußerungen eines Lebewesens.**
> **Mit Erleben werden von außen nicht beobachtbare Vorgänge im Menschen bezeichnet, die er nur an sich selbst wahrnehmen kann.**

Das Verhalten wird durch **Fremdbeobachtung** erschlossen, das Erleben ist Gegenstand der **Selbstbeobachtung**.[2] Diese beiden grundsätzlich verschiedenen Erfahrungsweisen haben sich heute in der Psychologie durchgesetzt.

> Am Beispiel eines Brettspiels – etwa „Mensch ärgere dich nicht®" – kann der Unterschied zwischen Verhalten und Erleben verdeutlicht werden. Für einen Zuschauer ist das Verhalten der Spieler wahrnehmbar: Sie richten ihre Blicke auf das Brett, ein Spieler würfelt, alle schauen auf den Würfel, der Spieler macht einen Zug und lehnt sich zurück; ein anderer Mitspieler seufzt, ein weiterer macht eine Bemerkung, wieder ein anderer würfelt usw. Was aber in den Spielern innerlich vor sich geht, das Erleben, bleibt dem Zuschauer verborgen. Er weiß nicht, was den einen oder den anderen Spieler gerade bewegt, ob sie sich freuen oder Wut haben, was sie denken und überlegen. Diese Zugänglichkeit zu ihrem Innenleben können uns nur die Personen selbst ermöglichen.

*Manche Autoren, wie zum Beispiel Hans-Peter Nolting und Peter Paulus (2009[10], S. 34), sprechen oftmals von **inneren Prozessen** statt von Erleben, um dem Missverständnis vorzubeugen, dass mit der „Innenwelt" nicht nur klar bewusste Vorgänge gemeint seien, sondern auch weniger bewusste bzw. unbewusste.*

Psychologie ist die Wissenschaft vom Verhalten und Erleben.

Verhalten und Erleben sind nicht unabhängig voneinander, sondern stehen zueinander in Wechselwirkung: Verhalten ist einerseits immer Anzeichen für bestimmte Vorgänge im Menschen, es ist häufig ein Hinweis für „dahinterliegende" innere Prozesse. Andererseits äußern sich verschiedene Erlebensweisen grundsätzlich im Verhalten eines Menschen.

---

[1] *psyché (griech.): die Seele; lógos (griech.): die Lehre, die Wissenschaft; wörtlich übersetzt heißt Psychologie „die Lehre von der Seele", welche sich im Verhalten und Erleben äußert.*
[2] *Die Beobachtung als wissenschaftliche Methode ist in Kapitel 3.2.1 dargestellt.*

Wenn beispielsweise eine Person ihr Gesicht verzieht und sich krümmt (Verhalten), so hat sie möglicherweise Schmerzen (Erleben); wer sich freut (Erleben), springt etwa in die Luft oder stößt einen Schrei aus (Verhalten).

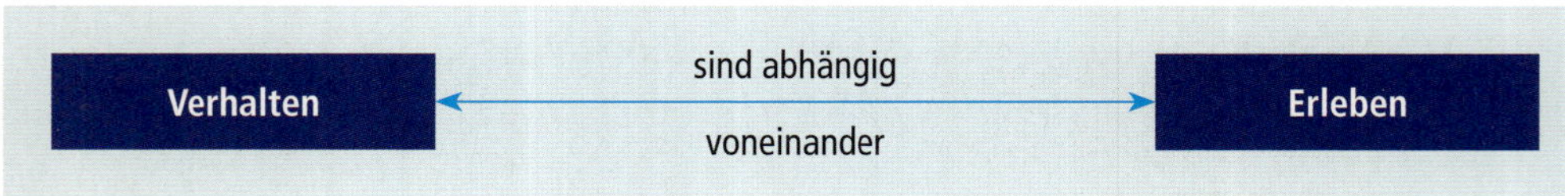

„Bei allen Fragen, die mit Prozessen, Strukturen und Kulturen zu tun haben, hat sich die Erkenntnis durchgesetzt, dass der Ingenieur, der Jurist, der Betriebswirt, der Volkswirt, der Chemiker, der Physiker trotz guter Fachkenntnisse in ihrem Bereich überfordert sind, denn sie sind in der Regel keine Fachleute für menschliches Erleben und Verhalten. Die genannten Fragen und Probleme haben letztlich immer mit menschlichem Verhalten und Fehlverhalten zu tun, mit Entscheidungen und Urteilen von Einzelpersonen und Gruppen, (...) Identifikation richtigen und falschen Führungsverhaltens, mit Konflikten, Betriebsklima, der Initiierung von Innovationen (...). Wer, wenn nicht der Psychologe, hat hier das beste Know-how darüber, wie Menschen und Gruppen funktionieren?" *(Frey, 2004, S. 72)*

1.2.2 Der Objektbereich der Pädagogik

Pädagogik[1] hat mit ***Erziehung*** und allem, was damit zusammenhängt, zu tun. Entsprechend ist der Gegenstand der Pädagogik die **Erziehungswirklichkeit**. Das Phänomen Erziehung kann grundsätzlich von zwei unterschiedlichen Standpunkten aus betrachtet werden:

- Die eine Sichtweise hebt das konkrete Erziehungsgeschehen hervor, die **Erziehungspraxis**. Mit Erziehungspraxis wird das Handeln in konkreten erzieherischen Situationen, das ein bestimmtes Ziel verfolgt, bezeichnet.

Die Eltern ermutigen ihr Kind durch Lob zu Selbstständigkeit; im Kindergarten lernt die Erzieherin mit den Kindern ein Lied; der Lehrer in der Schule bringt seinen Schülern das Einmaleins bei.

- Bei der anderen Betrachtungsweise steht das Nachdenken, das Reflektieren über das praktische Erziehungsgeschehen, das Bemühen, Zusammenhänge und Gesetzmäßigkeiten zu finden, Theorien aufzustellen, im Fokus – kurz: die **wissenschaftliche Erhellung** eben dieser Erziehungswirklichkeit.

Das Ehepaar *Reinhard und Anne-Marie Tausch* beispielsweise machte viele Untersuchungen bezüglich des Erzieherverhaltens von Lehrern; *Sigmund Freud* begründete die Theorie der Psychoanalyse, die dem Laien als Orientierungshilfe für seine Erziehung dient.

Pädagogik bildet den Oberbegriff für beide Standpunkte, für die Erziehungspraxis und die wissenschaftliche Erhellung dieser.

*Die wissenschaftliche Erhellung des Gegenstandsbereiches der Erziehung, der Erziehungswirklichkeit, wird als **Erziehungswissenschaft** bezeichnet.*

---

[1] *páis (griech.): das Kind; agein (griech.): führen, leiten, ziehen; als „paidagogós" wurde ursprünglich jener Diener bezeichnet, der das Kind bei seinen Gängen, zum Beispiel zur Schule, zu begleiten hatte. Dieses „Führen der Kinder" erhielt dann zunehmend die Bedeutung von „Erziehen" in einem umfassenden Sinn.*

Unter Pädagogik werden sowohl alle Formen des praktischen Erziehungsgeschehens als auch die wissenschaftliche Erhellung der Erziehungswirklichkeit verstanden.

Pädagogik
Oberbegriff für

alle Formen des praktischen Erziehungsgeschehens ↓ **Erziehungspraxis**	die wissenschaftliche Erhellung der Erziehungswirklichkeit ↓ **Erziehungswissenschaft**

1.2.3 Das Theorie-Praxis-Verhältnis

Seit der Zeit, in der sich die Pädagogik aus der Praxis heraus zu einer eigenständigen Wissenschaft entwickelte, stehen die Begriffe „Theorie“ und „Praxis“ im Mittelpunkt pädagogischer Auseinandersetzungen. Es gibt fast keine Diskussion auf pädagogischem Gebiet, in der nicht die Fronten zwischen Theoretikern und Praktikern immer wieder sichtbar werden.

Von vornherein wirken Theorie und Praxis zusammen. Sie sind nicht unabhängig voneinander, sondern bedingen und beeinflussen sich wechselseitig: Theorie und Praxis sind aufeinander angewiesen.

- **Die Theorie ist auf die Praxis angewiesen.**
  Die erziehungswissenschaftliche Theoriebildung braucht die Erziehungswirklichkeit bzw. -praxis. Um wissenschaftlich fundierte Aussagen treffen zu können, muss der Wissenschaftler die Realität bzw. die Praxis beobachten. Ohne Praxis kann diese weder wissenschaftlich erhellt noch können über sie gültige Aussagen getroffen werden. Ohne Anregungen und Problemstellungen aus der Praxis wäre weder ein Wissensfortschritt noch die Notwendigkeit, Begründungszusammenhänge aufzuzeigen und zu vertiefen, denkbar. ***Die Erziehungswissenschaft wird deshalb auch oft als „Theorie der Praxis“ bezeichnet***.

- **Die Praxis ist auf die Theorie angewiesen.**
  Eine Praxis ohne Einschaltung einer Theorie ist nicht möglich. Solange Menschen handeln, gibt es auch Theorie. Jeder Mensch handelt immer nach bestimmten Vorstellungen und mit bestimmten Absichten. Auch jeder Erzieher hat grundsätzlich „seine“ Theorie, nach der er erzieht und ohne die Erziehung unmöglich wäre. Dabei kann es sich um eine bestimmte Vorstellung handeln, die die Praxis des Praktikers leitet, um persönliche Erfahrungen, die er gemacht hat, oder um wissenschaftliche Theorien, an denen er sich orientiert. Aus dieser Sichtweise gibt es ***überhaupt keine Praxis ohne die Einschaltung einer Theorie*** (vgl. *Tschamler, 1996³, S. 112*).

Das Verhältnis von pädagogischer Theorie und Erziehungspraxis kann also als wechselseitige Beziehung gesehen werden.

Theorie ist nicht ohne Praxis, Praxis nicht ohne Theorie möglich.

Es ist gelegentlich zu beobachten, dass Forscher nicht für die Praxis forschen, sondern eigene Ziele verfolgen, die mit der Praxis nur wenig gemein haben. „Es ist bedauerlich, dass Forscher Praktiker nicht als mögliche Adressaten ihrer Arbeit betrachten. Allerdings sehen auch die Praktiker in den Forschern keine Gesprächspartner." (Edding, 2009, S. 75)

Die Fähigkeit, allgemeingültige Erkenntnisse auf konkrete Einzelfälle übertragen und anwenden zu können, bereitet vielen Praktikern erhebliche Schwierigkeiten. Die Kenntnis der Theorie bedeutet nämlich noch lange nicht, dass man zum erzieherischen Handeln befähigt ist. Die **pädagogische Handlungskompetenz** als die Fähigkeit, theoretische Erkenntnisse auf die mannigfaltige Erziehungspraxis übertragen zu können, muss im Laufe des Lebens, wie jede andere Fähigkeit auch, durch die Praxis erst erlernt werden.

1.2.4 Betrachtungsweisen des Forschungsgegenstandes

Die Realität besteht zum einen aus der **Natur**: Der Mensch ist ein Teil davon und funktioniert als Naturwesen nach Naturgesetzen. Zum anderen ist die Wirklichkeit Produkt des menschlichen **Geistes**, als geistiges Wesen hat er Kultur geschaffen und kann bewusst und zielgerichtet handeln. Entsprechend dieser beiden Wirklichkeiten kennt die Wissenschaft verschiedene Positionen, die für die Psychologie und die Pädagogik bedeutsam sind:

- Wissenschaften haben sich zum einen als Ziel gesetzt, die Wirklichkeit zu beobachten und zu beschreiben, Zusammenhänge zu erkennen sowie Gesetze und Gesetzmäßigkeiten aufzustellen. Sie gehen davon aus, dass die reale Welt bestimmten ***Gesetzlichkeiten*** unterliegt und mithilfe von Gesetzen und Gesetzmäßigkeiten **erklärt** werden kann. Dabei geht es darum, ***Beziehungen und Zusammenhänge zwischen einzelnen beschriebenen Merkmalen herauszufinden.***[1]

So versuchen Forscher zum Beispiel herauszufinden, welche Umstände bei einem Kind aggressives und gewalttätiges Verhalten verursachen, ob es beispielsweise einen Zusammenhang gibt zwischen Medienkonsum von Gewaltdarstellungen und dem Auftreten von Gewalttaten des Kindes.

[1] *siehe Abschnitt 1.3.2*

Die Position des Erklärens finden wir vornehmlich in den **Naturwissenschaften**, die Vorgänge und Gesetze der Natur erforschen.

Der Begriff „Naturwissenschaften" fasst alle Wissenschaften zusammen, die Vorgänge und Gesetze der Natur erforschen.

- Zum anderen haben sich Wissenschaften aber auch als Ziel gesetzt, sich mit Sachverhalten zu beschäftigen, ***mit denen ein Sinn, ein Zweck verbunden ist***. Dabei geht es darum, **Sinn- und Bedeutungszusammenhänge von Gegebenheiten**, zum Beispiel des menschlichen Tuns, **zu erkennen und aufzudecken**. Menschliches Erleben und Verhalten kann zwar einerseits bedingt sein durch bestimmte Ursachen, es wird aber andererseits auch von den Zielvorstellungen, den Absichten des handelnden Menschen bestimmt.

Wenn zum Beispiel ein Kind sehr wütend ist, so kann dies einmal daran liegen, dass die Mutter dem Kind etwas verboten hat, das es unbedingt haben will. Die Ursache für das Wütendsein des Kindes liegt im Verhalten der Mutter. Auf der anderen Seite kann es möglich sein, dass das Kind mit seiner Wut erreichen will, dass die Mutter ihr Verbot aufhebt. Das Ziel des Wütendseins des Kindes ist die Änderung des Verhaltens der Mutter.

> *„Ein Mensch reagiert nicht einfach auf äußere Einflüsse, (...) sondern er verbindet mit seinem Tun einen Sinn: Er verfolgt Ziele, hat (...) Erwartungen, Befürchtungen. Um also menschliches Tun zu erfassen, kann ich es nicht nur von außen beobachten, (...) sondern muss menschliches Tun verstehen."* *(König, 1997[5], S. 183)*

Das Herausfinden des Sinn- bzw. Bedeutungszusammenhanges einer bestimmten Wirklichkeit und das Erfassen von Sinnstrukturen werden in der Wissenschaftstheorie als **Verstehen** bezeichnet. Pädagogisches Handeln kann durch das Herausfinden des Zieles und durch die Ermittlung von Sinnzusammenhängen nicht erklärt, sondern verstanden werden.[1]

Jede menschliche Aktivität, mit welcher bewusst und überlegt ein bestimmter Sinn verbunden bzw. ein bestimmtes Ziel verfolgt wird, bezeichnet man mit **Handeln**.

Handeln bezeichnet jede menschliche Aktivität, mit welcher bewusst und überlegt eine bestimmte Absicht verfolgt wird.

> *„Der Mensch äußert nicht nur ein Verhalten, er handelt auch!" Er ist ein „aktives Wesen, das sich zielgerichtet und absichtlich verhält, das sich Alternativen überlegen, seine Ziele wählen und sich entscheiden kann."* *(Herzog, 1987, S. 162)*

Verstehen in diesem Sinne betrifft Schöpfungen und Produkte des menschlichen Geistes, insbesondere Inhalte der Kultur sowie vergangenes, gegenwärtiges und zukünftiges Handeln. Diese Position finden wir denn auch vorwiegend in den **Geisteswissenschaften**, die sich mit Erzeugnissen des menschlichen Geistes und der Kultur beschäftigen.

Der Begriff „Geisteswissenschaften" bezeichnet alle Wissenschaften, die sich mit Erzeugnissen des menschlichen Geistes und der Kultur beschäftigen.

---

[1] *siehe Abschnitt 1.3.3*

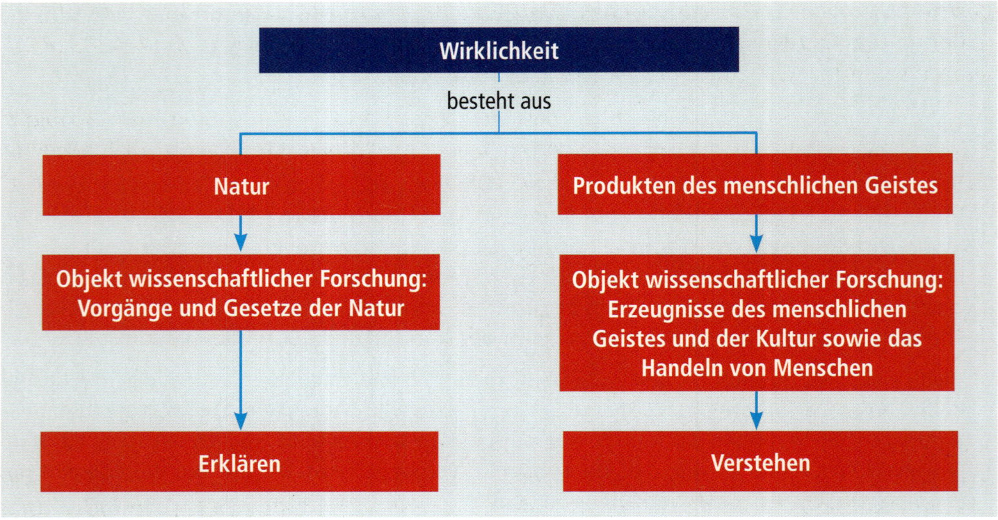

Pädagogik und Psychologie müssen sich beiden Positionen verpflichtet fühlen, da sie es mit dem Menschen sowohl als Naturwesen als auch als Geisteswesen zu tun haben.

„Die Natur erklären wir, das Seelenleben verstehen wir." *(Dilthey[1], 1964[4], S. 144)*

1.3 Ziele der wissenschaftlichen Pädagogik und Psychologie

Die Pädagogik und die Psychologie verfolgen, um ihren Gegenstandsbereich genau erfassen und bestimmen zu können, folgende Ziele: die **Beschreibung** ihres Forschungsgegenstandes, die **Erklärung** und das **Verstehen** von Zusammenhängen, die **Aufweisung und Begründung** von Zielen und Handlungen psychologischen und pädagogischen Tuns sowie die **Vorhersage** (Prognose) und die **Veränderung** von Erleben und Verhalten.

1.3.1 Die Beschreibung

Voraussetzung für alle weiteren Ziele ist eine möglichst umfassende Beschreibung des Gegenstandsbereiches.

Beschreibung besteht in der Wahrnehmung, Messung und Erfassung von bestimmten Ereignissen und Sachverhalten.

Damit ist sie an die Beobachtung gebunden, indem sie Beobachtetes bzw. Gemessenes möglichst genau festhält. Einer wissenschaftlichen Beschreibung geht also eine Beobachtung mithilfe der Sinne oder eine Messung mithilfe von Instrumenten, wie beispielsweise Mikroskop, Test und Thermometer, voraus.

---

[1] Wilhelm Dilthey (1833–1911) gilt als der Begründer der Erkenntnistheorie der Geisteswissenschaften und ist einer der wichtigsten Vertreter der hermeneutischen Wissenschaften.

Beschreibung darf im streng wissenschaftlichen Sinn nicht über das Beobachtete hinausgehen; der Forscher muss genau unterscheiden zwischen dem, was er tatsächlich wahrnimmt, und dem, was er daraus interpretiert und schließt.

> Wenn beispielsweise Fritz „beobachtet", dass Nina Angst hat, so sieht er nicht die Angst als solche, diese kann er nur bei sich selbst wahrnehmen. Er beobachtet ganz bestimmte Verhaltensweisen wie Zittern, Erröten, Wippen mit den Beinen, schnelles Atmen und dergleichen, aus denen er schließt, dass Nina Angst hat.

Es ist deshalb zu unterscheiden zwischen ***deskriptiven Aussagen*** – Aussagen darüber, was der Forscher tatsächlich wahrnimmt – und ***interpretativen Aussagen*** – Äußerungen dazu, was er aus dem Wahrgenommenen schließt (vgl. *Gudjons, 2008[10], S. 62 f.*).

1.3.2 Die Erklärung

Die Psychologie bleibt bei der Beschreibung nicht stehen, sie versucht ***Beziehungen und Zusammenhänge zwischen einzelnen beschriebenen Merkmalen herauszufinden*** und Ursache-Wirkungs-Zusammenhänge nachzuweisen.

> Psychologen beschränken sich zum Beispiel nicht auf die Beschreibung, wann, unter welchen Umständen und in welchen Situationen Angst auftritt. Sie versuchen zudem herauszufinden, wodurch in bestimmten Situationen und Lebensbereichen Angst verursacht wird, ob es beispielsweise einen Zusammenhang gibt zwischen dem Schlagen des Kindes in der Erziehung und dem Auftreten von Ängstlichkeit beim Kind.

Das Herstellen von Beziehungen zwischen Ursache und Wirkung wird als **Erklären** bezeichnet.

> Menschen verhalten sich immer dann aggressiv, wenn sie von anderen Menschen frustriert werden: Wenn Menschen frustriert werden (= Ursache), dann verhalten sie sich aggressiv (= Wirkung).

In der Wissenschaft wird der Begriff „Erklärung" nicht wie im Alltagssprachgebrauch – etwa im Sinne von Offenlegen (Zollerklärung, Liebeserklärung) oder im Sinne von Klarlegen (Texterklärung, die Erklärung der Funktionsweise eines bestimmten Gerätes) – verwendet (vgl. Küttner/Lenk, 1992[2], S. 68).

> **Erklären heißt, Beziehungen zwischen beschriebenen Merkmalen, die als Ursache-Wirkungs-Zusammenhänge gesehen werden können, herzustellen.**

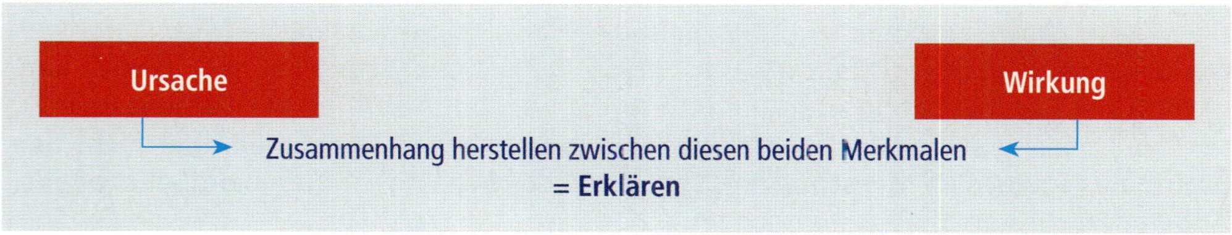

Oft wird in der wissenschaftlichen Literatur das zu erklärende Ereignis ***Explanandum***[1] *(= Wirkung), das, was zur Erklärung herangezogen wird,* ***Explanans***[1] *(= Ursache), genannt.*

Wurde eine Beziehung zwischen beschriebenen Merkmalen durch entsprechende Untersuchungen gefunden und bestätigt, so handelt es sich um eine **Gesetzmäßigkeit.**

---

[1] *explanare (lat.): auslegen, deuten, erklären*

Wenn sich nun in Untersuchungen herausgestellt hat, dass Kinder, die geschlagen werden, Ängstlichkeit zeigen, so handelt es sich um eine Gesetzmäßigkeit: Wenn Kinder geschlagen werden, so zeigen sie (sehr) wahrscheinlich Ängstlichkeit.

Wissenschaften jedoch, die sich mit dem Menschen befassen, ist es nicht möglich, Gesetze im Sinne von Naturgesetzen zu formulieren, Gesetze, die immer – ohne jegliche Ausnahme – in der Wirklichkeit zutreffen. Es kann sich nur um ***Wahrscheinlichkeitsaussagen*** *handeln: Die durch wissenschaftliche Untersuchungen festgestellte Beziehung zwischen zwei Merkmalen besitzt zwar einen relativ hohen Allgemeinheitsgrad, im Einzelfall ist jedoch eine Abweichung möglich. Man spricht deshalb nicht von einem Gesetz, sondern von einer Gesetzmäßigkeit.* ***In der Pädagogik und Psychologie kann es sich grundsätzlich nur um Gesetzmäßigkeiten handeln.***

Ausnahme
Ein Mensch fällt jäh in eine Grube,
Die ihm gegraben so ein Bube.
Wie?, denkt der Mensch, das kann nicht sein:
Wer Gruben gräbt, fällt selbst hinein! –
Das mag vielleicht als Regel gelten:
Ausnahmen aber sind nicht selten.
(Eugen Roth, 2001)

Gesetzmäßigkeit ist die Bezeichnung für eine Wahrscheinlichkeitsaussage über die durch wissenschaftliche Untersuchungen festgestellte Beziehung zwischen beschriebenen Merkmalen.

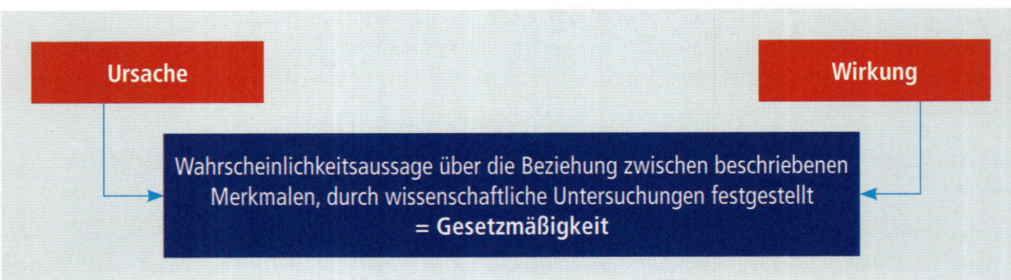

Wissenschaftler wollen sich jedoch mit dem Herausfinden von Gesetzmäßigkeiten nicht zufriedengeben, sie wollen klarlegen, **warum bestimmte Merkmale** (= Ursachen) **sehr wahrscheinlich zu bestimmten Folgen** (= Wirkungen) **führen**.

Warum zeigen Kinder wahrscheinlich Ängstlichkeit, wenn sie geschlagen werden? Warum verhalten sich Menschen wahrscheinlich immer dann aggressiv, wenn sie frustriert werden?

Damit wird die Gesetzmäßigkeit selbst wieder zum erklärungsbedürftigen Gegenstand. Der Wissenschaftler sucht eine Antwort auf das ***Warum einer wissenschaftlich festgestellten Gesetzmäßigkeit*** (vgl. *Laucken u. a., 1996[7], S. 21)*. Diese Art von Warum-Fragen kann nicht in der Realität beobachtet und untersucht werden. Aufgrund des Wissens über Zusammenhänge zwischen Merkmalen stellen Wissenschaftler **Annahmen über nicht beobachtbare Prozesse im Menschen** auf. Ein Gefüge solcher sinnvoll aufeinander bezogenen Annahmen wird als **Theorie** bezeichnet.

Theorie ist die Bezeichnung für ein Gefüge von sinnvoll aufeinander bezogenen Annahmen über nicht beobachtbare Prozesse im Menschen.

Theorie aus der ***Sichtweise des Erklärens*** bezeichnet dementsprechend das **Gefüge von sinnvoll aufeinander bezogenen Annahmen über nicht beobachtbare Prozesse im Menschen, um das Warum einer Gesetzmäßigkeit darzulegen**.

Erklären im engeren Sinn bedeutet zum einen das Auffinden von Ursache-Wirkungs-Zusammenhängen, also dem Entdecken von Gesetzmäßigkeiten, und zum anderen das Darlegen des Warums einer Gesetzmäßigkeit mithilfe einer Theorie.

Gelegentlich wird in der Literatur das Auffinden von Gesetzmäßigkeiten als ***Erklärung 1. Ordnung*** *und das Darlegen des Warums einer Gesetzmäßigkeit mithilfe einer Theorie als* ***Erklärung 2. Ordnung*** *bezeichnet.*

> *„Die Theorie ist das Netz, das wir auswerfen, um ‚die Welt' einzufangen – sie zu rationalisieren, zu erklären und zu beherrschen. Wir arbeiten daran, die Maschen des Netzes immer enger zu machen."* *(Popper, 2005[11], S. 31)*

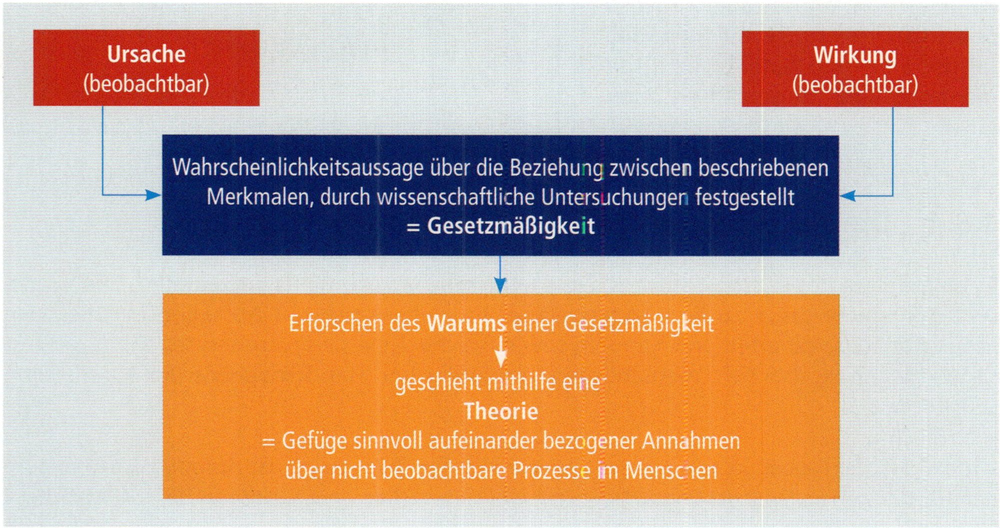

Da es sich bei einer Theorie um gedanklich konstruierte Annahmen über nicht beobachtbare Prozesse handelt, gibt es in der Pädagogik und Psychologie nicht die eine wahre Theorie, sondern eine Vielzahl von Theorien, mit deren Hilfe Zusammenhänge hergestellt werden können.

1.3.3 Das Verstehen

Menschen funktionieren – wie in *Abschnitt 1.2.4* ausgeführt – nicht nur nach Naturgesetzen, sie können auch bewusst und zielgerichtet handeln. Dieses Handeln kann nicht erklärt, sondern nur durch das Herausfinden der Absicht, des Zieles und durch die Ermittlung von Sinnzusammenhängen verstanden werden.

Die Verhaltensweisen eines Kindes beispielsweise, das hastig im Zimmer umherrennt, auf Tisch und Stühle klettert und zu weinen beginnt, bleiben so lange unverständlich, bis man das Ziel des Kindes erkennt. Findet man das Ziel heraus, nämlich dass das Kind seine Puppe sucht, so kann man das Verhalten des Kindes verstehen. Der Sinn seines Verhaltens wird klar, wenn man sein Ziel kennt.

Verstehen heißt, das Ziel, den Zweck menschlichen Verhaltens und Erlebens und dessen Sinnzusammenhang zu erfassen.

Auch über das Erfassen von Sinn- und Bedeutungszusammenhängen haben Wissenschaftler Annahmen über nicht beobachtbare Prozesse im Menschen, also Theorien, aufgestellt. Sie haben im Gegensatz zum Erklären die Aufgabe, den Sinn- und Bedeutungszusammenhang einer Gegebenheit verstehen zu können. Theorie aus der ***Sichtweise des Verstehens*** ist die Bezeichnung für ein **Gefüge von sinnvoll aufeinander bezogenen Annahmen über nicht beobachtbare Prozesse im Menschen, um den Sinn- und Bedeutungszusammenhang einer Gegebenheit darzulegen**.

1.3.4 Die Aufweisung und Begründung

Es ist Aufgabe des Wissenschaftlers, **Ziele menschlichen Handelns aufzustellen und vorzuschlagen sowie diese zu begründen**. Dabei handelt es sich um Aussagen darüber, wie Menschen sich verhalten und handeln sowie welche Ziele sie anstreben *sollen*; diese Aussagen betreffen also Ziele menschlichen Verhaltens und Handelns sowie die Handlungen selbst.

Vor allem in der Pädagogik spielt dieses Ziel eine wichtige Rolle, da ihr der Auftrag zukommt, Ziele und Handlungen in der Erziehung aufzuweisen und diese zu begründen. So formuliert die Pädagogik bestimmte Erziehungsziele wie zum Beispiel „pädagogische Mündigkeit" und versucht, diese zu begründen. Sie macht auch grundlegende Aussagen darüber, wie sich beispielsweise Eltern und andere Erzieher verhalten sollen, um das Ziel der pädagogischen Mündigkeit zu erreichen.

Aufweisung als Ziel der Pädagogik und Psychologie bedeutet das Formulieren von Aussagen, wie Menschen sich verhalten und handeln sowie welche Ziele sie anstreben sollen.

Solche „Sollvorstellungen" bedürfen der ***Begründung***, das **Zurückführen der Ziele des Handelns und der Handlungen selbst auf allgemein geltende Grundsätze** wie zum Beispiel auf in einer Gesellschaft vorherrschende Moral-, Wert- oder Normvorstellungen oder auf allgemeingültige Aussagen wie beispielsweise Aussagen über das Wesen des Menschen oder andere wissenschaftliche Erkenntnisse (vgl. *König/Zedler, 2007*[3]*, S. 21 f.*).

So lässt sich das Erziehungsziel der pädagogischen Mündigkeit mithilfe von Aussagen über das Wesen des Menschen oder mit für das gesellschaftliche Zusammenleben notwendigen Werten und Normen begründen; das Nichtanwenden von Schlägen in der Erziehung kann beispielsweise mit allgemeingültigen Aussagen über Gewalt in der Erziehung oder mithilfe entsprechender wissenschaftlicher Untersuchungen begründet werden.

1.3.5 Die Vorhersage und die Veränderung

Theorien ermöglichen eine wissenschaftlich fundierte Vorhersage von Erlebens- und Verhaltensweisen, meist **Prognose** genannt.

Hat sich beispielsweise die Aussage „Wenn Kinder geschlagen werden, dann zeigen sie (sehr) wahrscheinlich Ängstlichkeit" durch entsprechende Untersuchungen bestätigt, so erlaubt diese Aussage die Vorhersage, dass Kinder, die geschlagen werden, sehr wahrscheinlich ängstliche Kinder sein werden.

Vorhersagen (Prognosen) sind Aussagen über die zukünftige Auftretenswahrscheinlichkeit von Erlebens- und Verhaltensweisen.

Solche Vorhersagen haben für die Praxis einen großen Nutzen: Mithilfe von wissenschaftlich fundierten Aussagen kann man voraussagen, wie ein Verhalten bewusst und gezielt geändert werden kann und welche Voraussetzungen und Bedingungen erfüllt sein müssen, um ein erwünschtes Verhalten aufzubauen bzw. zu erhalten oder ein unerwünschtes Verhalten zu vermeiden bzw. abzubauen.

Ebenso lassen sich aus Theorien **Handlungsanweisungen** zur Veränderung des Erlebens und Verhaltens ableiten. Die Pädagogik und die Psychologie sind damit imstande, Erleben und Verhalten bewusst, gezielt und geplant zu kontrollieren und zu beeinflussen, aber auch zu manipulieren.

Veränderung als Ziel der Pädagogik und Psychologie bedeutet, Erleben und Verhalten bewusst, gezielt und geplant zu kontrollieren und zu beeinflussen.

Die Fähigkeit der Psychologie, Verhalten und Erleben zu ändern, bietet viele Möglichkeiten, dem Einzelnen zu helfen und soziale Zustände zu verbessern. Auch für die Pädagogik ist dieses Ziel sehr bedeutsam, denn Erziehen bedeutet Einflussnahme.[1] Die wissenschaftliche Pädagogik und Psychologie haben zu Erkenntnissen geführt, die in vielen Bereichen des Lebens zur Anwendung gelangen. Ob in der Familie, in der Schule, in der Erziehung, im Betrieb, im Verkehr oder beim Einkauf, überall wird unser Verhalten und Erleben durch pädagogische und psychologische Erkenntnisse beeinflusst.

Doch die Möglichkeit, Erleben und Verhalten bewusst und gezielt zu kontrollieren und zu beeinflussen, wirft auch große ***Gefahren*** *auf: Erkenntnisse der Psychologie können missbraucht werden, was auch täglich geschieht.* ***Gehirnwäsche, Psychoterror*** *oder* ***psychologische Kriegsführung*** *sind nur einige Begriffe, die in erschreckender Weise Kontroll- und Manipulationsmöglichkeiten des Menschen zum Negativen hin aufzeigen. Kaum jemandem ist beispielsweise bewusst, dass psychologische Kenntnisse auch zur Entwicklung und Verfeinerung von Foltertechniken beitragen, wie sie etwa bei den „innovativen Verhörmethoden" in den Gefangenenlagern in Guantanamo (Kuba) oder Abu Ghuraib (Irak) zum Einsatz kamen (vgl. Mausfeld, 2009, S. 53 f.).*
Oft wird psychologisches Wissen nicht zum Nutzen von Menschen eingesetzt. Menschen sind lediglich Mittel, die für einen bestimmten Zweck – politische, wirtschaftliche oder persönliche Interessen – benutzt werden. Die Werbepsychologie ist hierfür ein Beispiel: Der Mensch ist „Mittel zum Zweck", um seine Kaufentscheidung zugunsten des umworbenen Produkts zu treffen. Dieser Beeinflussung kann er sich oft nur wenig, zum Teil auch gar nicht erwehren.
Vor allem die Erziehung kann missbraucht werden, wenn etwa Erziehungsziele und Erziehung als Zweck gelten, zu deren Erfüllung Kinder und Jugendliche nur Mittel sind. Bezogen auf die Politik

[1] *vgl. Kapitel 6.1.2*

kann dies bedeuten, dass bestimmte Gruppen beispielsweise versuchen, ihre eigenen Vorstellungen über das, was politisch als „richtig" zu gelten hat, durchzusetzen und dafür auch die nachwachsende Generation zu gewinnen. Junge Menschen werden damit aber zum Mittel, die dem Zweck der Realisierung eines bestimmten politischen Programms zu dienen haben (vgl. Weber, 1999[8], S. 566 f.).

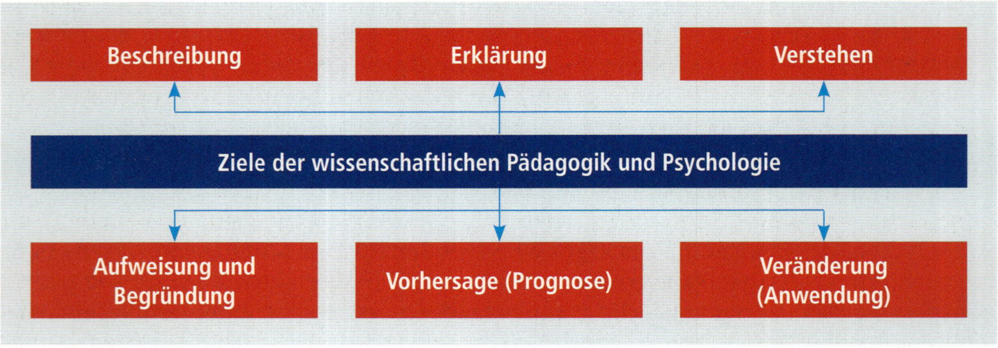

Zusammenfassung

- Wir unterscheiden zwischen Alltagspsychologie, die aufgrund persönlicher Lebenserfahrungen gewonnen wird, und wissenschaftlicher Psychologie, die sich in ihrer Erkenntnisgewinnung auf wissenschaftliche Methoden nach bestimmten Regeln und Prinzipien stützt. Obwohl die Alltagspsychologie subjektiv, nicht überprüfbar und nicht allgemeingültig ist sowie auch nicht systematisch gewonnen wird, verfügen alle Menschen über sie. Dies liegt daran, dass sie im menschlichen Leben wichtige Funktionen erfüllt und dadurch Angst und Unsicherheit verhindert sowie dem Menschen das Gefühl der Sicherheit und Überschaubarkeit gibt. Wissenschaftliche Aussagen sind hingegen allgemeingültig, überprüfbar, objektiv, systematisch gewonnen und widerlegbar.

- Der Objektbereich der Psychologie umfasst zum einen das Verhalten – die Gesamtheit aller von außen beobachtbaren Äußerungen eines Lebewesens – und zum anderen das Erleben – von außen nicht beobachtbare Vorgänge im Menschen, die er nur an sich selbst wahrnehmen kann. Beide Bereiche sind nicht unabhängig voneinander, sondern stehen miteinander in Wechselwirkung. Objektbereich der Pädagogik ist die Erziehungswirklichkeit. Unter Pädagogik werden sowohl alle Formen des praktischen Erziehungsgeschehens (= Erziehungspraxis) als auch die wissenschaftliche Erhellung der Erziehungswirklichkeit verstanden. Letzterer Gesichtspunkt bezeichnet die Erziehungswissenschaft.

- Wissenschaften haben sich zum einen als Ziel gesetzt, die Wirklichkeit zu beobachten und zu beschreiben, Zusammenhänge zu erkennen sowie Gesetze und Gesetzmäßigkeiten aufzustellen. Sie gehen davon aus, dass die reale Welt bestimmten Gesetzlichkeiten unterliegt und mithilfe von Gesetzen und Gesetzmäßigkeiten erklärt werden kann. Die Position des Erklärens finden wir vornehmlich in den Naturwissenschaften vor, die Vorgänge und Gesetze der Natur erforschen.

- Andererseits beschäftigen sich die Wissenschaften aber auch mit Sachverhalten, mit denen ein Sinn, ein Zweck verbunden ist. Dabei geht es darum, Sinn- und Bedeutungszusammenhänge von Gegebenheiten, zum Beispiel des menschlichen Tuns, zu erkennen und aufzudecken. Das Herausfinden des Sinn- bzw. Bedeutungszusammenhanges einer bestimmten Wirklichkeit und das Erfassen von Sinnstrukturen werden in der Wissenschaftstheorie als Verstehen bezeichnet. Dieser Ansatz bezieht sich auf Schöpfungen und Produkte des menschlichen Geistes, insbesondere Inhalte der Kultur sowie vergangenes, gegenwärtiges und zukünftiges Handeln. Diese Position finden wir deshalb auch vorwiegend in den Geisteswissenschaften, die sich mit Erzeugnissen des menschlichen Geistes und der Kultur beschäftigen.

- Die Psychologie und die Pädagogik verfolgen, um ihren Gegenstandsbereich genau erfassen und bestimmen zu können, folgende Ziele: die Beschreibung ihres Forschungsgegenstandes, die Erklärung und das Verstehen von Zusammenhängen, die Aufweisung und Begründung von Zielen und Handlungen psychologischen und pädagogischen Tuns sowie die Vorhersage (Prognose) und die Veränderung von Erleben, Verhalten und Handeln.

Aufgaben und Anregungen Kapitel 1

Aufgaben

1. Erläutern Sie am Beispiel eines Vorurteils Merkmale der Alltagstheorie.
   (Abschnitt 1.1.1)

2. *„Von Haus aus sind Frauen passiv, mehr emotional, praktisch und konkret, aber nicht zu theoretischem Denken befähigt; technische Talente fehlen."*
   Zeigen Sie an dieser Aussage die Funktionen der Alltagstheorie auf.
   (Abschnitt 1.1.1)

3. Stellen Sie an einem geeigneten Beispiel den Unterschied zwischen der Alltagstheorie und der wissenschaftlichen Theorie dar.
   (Abschnitt 1.1.1 und 1.1.2)

4. a) Erläutern Sie an einem Beispiel den Gegenstand der Psychologie.
   b) Zeigen Sie an diesem Beispiel auf, dass Verhalten und Erleben voneinander abhängig sind.
   (Abschnitt 1.2.1)

5. Bestimmen Sie die Begriffe „Pädagogik" und „Erziehungswissenschaft" und erläutern Sie diese anhand einer typischen Erziehungssituation in der Familie.
   (Abschnitt 1.2.2)

6. Beschreiben Sie die Wechselwirkung von Theorie und Praxis und stellen Sie diese an einem Beispiel dar.
   (Abschnitt 1.2.3)

7. Wissenschaftliche Theorien werden von Praktikern häufig abgelehnt. Zeigen Sie mögliche Gründe für diese ablehnende Haltung auf.
   (Abschnitt 1.2.3)

8. Zeigen Sie die Betrachtungsweisen der wissenschaftlichen Wirklichkeit auf.
   (Abschnitt 1.2.4)

9. Bestimmen Sie den Begriff „Handeln" und beschreiben Sie an folgenden Beispielen die verschiedenen Betrachtungsweisen des Verhaltens und Handelns:
   a) *Eine ansonsten recht unsportliche Frau rennt plötzlich mit überwältigender Kraft über die Straße.*
   b) *Otto hat sehr große Angst.*
   c) *Robert bekommt einen Lachkrampf.*
   d) *Irina ist sehr depressiv.*
   (Abschnitt 1.2.1 und 1.2.4)

10. Bestimmen Sie, was Pädagogik und Psychologie mit dem Begriff „Beschreiben" meinen, und legen Sie am Beispiel von Angst die Beschreibung als Ziel der wissenschaftlichen Psychologie dar.
    (Abschnitt 1.3.1)

11. *Pädagogik und Psychologie beschäftigen sich unter anderem mit dem Zusammenhang zwischen Stress und körperlichen Beschwerden wie zum Beispiel Magenschmerzen.*
    Bestimmen Sie den Begriff „Erklären" und erläutern Sie anhand dieses genannten Zusammenhanges das Ziel der Erklärung.
    (Abschnitt 1.3.2)

12. Erläutern Sie anhand eines Beispiels, was Pädagogik und Psychologie mit „Verstehen" als Ziel der Wissenschaft meinen.
    (Abschnitt 1.3.3)

13. Klären Sie das Ziel der wissenschaftlichen Pädagogik und Psychologie „Aufweisung und Begründung" und erläutern Sie dieses Ziel am Beispiel einer Erziehungssituation.
    (Abschnitt 1.3.4)

14. *Psychologen haben herausgefunden, dass ein Zusammenhang besteht zwischen der Häufigkeit des Auftretens eines Verhaltens und seiner Konsequenz: Führt eine bestimmte Verhaltensweise zum Erfolg, so wird sie zukünftig häufiger auftreten; führt sie nicht zum Erfolg, so wird sie nicht mehr gezeigt.*
    Beschreiben Sie anhand dieses Zusammenhanges das Ziel der Vorhersage und der Veränderung.
    (Abschnitt 1.3.5)

Anregungen

15. Fertigen Sie in Gruppen ein Clustering zu dem Thema „Grundfragen der Pädagogik und Psychologie" an: Schreiben Sie in die Mitte eines größeren Blattes das Thema in einen Kreis und notieren Sie zunächst den ersten Gedanken, den Sie zu diesem Thema haben, ebenfalls auf das Papier und verbinden Sie ihn mit dem Mittelkreis. Danach schreiben Sie alle weiteren Gedanken zum Thema auf dieselbe Weise auf das Blatt und verbinden Sie jeden Kreis mit dem vorigen durch einen Strich.

16. *„Ich bin meine Seele."*
    Schreiben Sie eine kurze Geschichte, in der Sie Ihre eigene Seele sind – zum Beispiel: „Ich bin meine Seele, ich bin voller Freude. Ich tanze gern und fühle mich dabei wohl ...".

17. *Erleben und Verhalten als Gegenstand der Psychologie*
    - Bilden Sie in der Klasse Gruppen mit ca. vier bis fünf Mitgliedern.
    - Überlegen Sie in der Gruppe, welche Erlebens- und/oder Verhaltensweise Sie darstellen wollen.
    - Zeichnen Sie zusammen die gewählte Erlebens- und/oder Verhaltensweise. Dabei „formen" Sie die Haltung sowie Mimik und Gestik so lange, bis sie der gewählten Verhaltens- bzw. Erlebensweise entsprechen.
    - Hängen Sie Ihre Zeichnung an einer Pinnwand oder der Tafel auf.

18. Diskutieren Sie in der Klasse folgende Frage: Wäre es nicht sinnvoller, künftige Erzieher, wie beispielsweise Lehrer, wie in den früheren Jahrhunderten bei erfahrenen Pädagogen in die Lehre gehen zu lassen, um dort die „Kunst des Erziehens" zu erlernen, als sie mit Theorien der Erziehungswissenschaft zu „füttern"?

19. *„Schöne Theorie, aber die Praxis sieht anders aus!"*
    - Stellen Sie in Ihrer Klasse je sechs Stühle gegeneinander gerichtet auf. Fünf Mitschüler, die gegen die wissenschaftliche Theorie argumentieren, setzen sich in die eine Reihe; weitere fünf Mitschüler, die die Notwendigkeit der Wissenschaft für die Praxis verteidigen, nehmen auf den Stühlen gegenüber Platz. In jeder Reihe bleibt ein Stuhl leer.
    - Die zehn Mitschüler diskutieren kontrovers aus oben genannter Sichtweise die Frage: „Schöne Theorie, aber die Praxis sieht anders aus!"
    - Wer von der Klasse einen Diskussionsbeitrag leisten möchte, setzt sich auf den leeren Stuhl. Er nimmt auf derjenigen Seite Platz, die er mit seinem Beitrag unterstützen will. Nach dem Beitrag verlässt er den Stuhl wieder.

Pädagogik und Psychologie im historischen Wandel

2

Der Eltern Stand.
Die Eheleute bekom̃en (durch Gottes Segen) Kinder / und werden Eltern. Der Vater zeuget / die Mutter gebieret Söhne uñ Töchter (zuweilen auch Zwillinge.) Das kleine Kind wird gewickelt in Windeln gelegt in die Wiege / von der Mutter geseugt mit dẽ Brüsten und ernehret mit Brey (Muß.) Darnach lernet es gehen im Gängelwagen / spielt mit Spielgezeug / und hebt an zu reden. Wañ es älter wird / wird es zur Gottesfurcht uñ Arbeit angewöhnet / und gestäupet wann es nit folgen will. Die Kinder sind schuldig den Eltern / Ehre und Dienst. Der Vater ernehret die Kinder mit Arbeiten.

(Text aus: „Orbis sensualium pictus" von Johann Amos Comenius, 1658)

Folgende Fragen werden in diesem Kapitel geklärt:

1. *Wie wurden Pädagogik und Psychologie zur Wissenschaft?*
   Wie entwickelten sie sich im Laufe der Geschichte?
2. *Welche Strömungen gibt es in der Pädagogik heute?*
   In welche Hauptrichtungen hat sich die Psychologie zersplittert?
3. *Wie haben sich Kindheit und Jugend im Laufe der Zeit gewandelt?*
   Wie entwickelte sich die Familie in der Geschichte?

2.1 Entwicklung der Pädagogik und Psychologie

Pädagogik und Psychologie sind relativ junge Wissenschaften. Erst nach 1920 haben sie an den deutschen Universitäten den Status einer jeweils eigenständigen Wissenschaft erhalten. Bis dahin waren sie „Anhängsel" anderer Wissenschaften, insbesondere der Philosophie und der Theologie. Die Geschichte der Pädagogik und Psychologie als Wissenschaften kann deshalb als **Prozess der Verselbstständigung** verstanden werden.

2.1.1 Pädagogik und Psychologie in Vergangenheit und Gegenwart

Von der Antike bis in das 19. Jahrhundert hinein beschäftigten sich insbesondere die Philosophen und Theologen mit pädagogischen und psychologischen Fragen. Erst der ***Empirismus***[1], der die Auffassung vertritt, dass der Mensch als ein noch „unbeschriebenes Blatt" zur Welt kommt und alles Wissen sowie alle Vorstellungen Ergebnis von Erfahrungen sind, sowie der ***Rationalismus***[2], der allein das rationale Denken als Erkenntnisquelle ansieht, legten den Grundstein für die Etablierung von Pädagogik und Psychologie als eigenständige Wissenschaften.

Der Emanzipationsprozess der Pädagogik und der Psychologie vollzieht sich in einem Zeitraum, in dem sich auch andere Disziplinen wie beispielsweise die Soziologie zu verselbstständigen beginnen. Für sie alle ist dabei wichtig, einen eigenen, klar abgegrenzten Gegenstandsbereich zu formulieren, eigene Methoden zu entwickeln und sich auf eigene sowie eindeutige Begriffe zu einigen.

Charakteristisch für die Entwicklung der Psychologie als selbstständige Wissenschaft, die bis zur Gegenwart reicht, ist ihre **Zersplitterung in verschiedene Richtungen bzw. Schulen**, deren Entstehung auf das Ringen von Wissenschaftlern um die Bestimmung des Gegenstandes psychologischer Forschung sowie auf die Suche nach dem „richtigen" methodischen Vorgehen zurückzuführen ist.[3] Auch die Pädagogik des 20. und 21. Jahrhunderts bietet ein sehr buntes Erscheinungsbild. Aus dem Kampf um die wissenschaftstheoretische Position der Pädagogik haben sich viele **Hauptströmungen und Richtungen** herausgebildet.[4]

Antike und Mittelalter	Gegenstand der Psychologie ist bis in das 19. Jahrhundert hinein die Seele selbst. Vorherrschend ist die Ansicht der Zweiheit von Seele und Körper: Leib und Seele sind zwei voneinander unabhängige Substanzen. Das Ergründen von seelischen Vorgängen durch Selbstbeobachtung wird aktuell. Staatsideologie sowie Philosophie und Theologie bilden die Grundlage der Überlegungen über Erziehung ausschließlich Privilegierter.
17. bis 19. Jahrhundert	Der Nativismus – die Auffassung, die Ursachen menschlichen Erlebens und Handelns in der Vererbung zu sehen – wird sehr stark vertreten. Demgegenüber entsteht der Empirismus, der die Erfahrung als alleinige Erkenntnisquelle betrachtet. Neben dem Empirismus übt auch der Rationalismus einen nicht unerheblichen Einfluss auf die Entwicklung der Pädagogik und Psychologie aus. Philosophie, Theologie und auch Soziallehre bilden die Grundlage des pädagogischen Denkens. Es kommt der Gedanke der Erziehung für alle auf, die mehr und mehr institutionalisiert (Schule, Kindergarten) wird.

---

[1] *Der Empirismus (griech.) konzentriert sich auf das Erfahrbare und damit auf das Beobachtbare in der Realität zum Zwecke der Erklärung (vgl. Kapitel 1.3.2).*
[2] *ratio (lat.): die Vernunft, der Verstand*
[3] *siehe Abschnitt 2.2*
[4] *siehe Abschnitt 2.1.2*

19. Jahrhundert und Beginn des 20. Jahrhunderts	Empirismus und Rationalismus legen den Grundstein für die Etablierung von Pädagogik und Psychologie als je eine eigenständige Wissenschaft. In dieser Zeit wird auch der Begriff „Erziehungswissenschaft" eingeführt. Gegenstand der Psychologie ist nicht mehr die Seele selbst („Psychologie ohne Seele"), sondern wie sich das Seelenleben äußert.
20. und 21. Jahrhundert	Es entstehen viele Hauptströmungen und Richtungen in der Psychologie sowie in der Pädagogik mit unterschiedlichen Aufgaben, Zielen und Methoden[1].

2.1.2 Hauptströmungen der Pädagogik

Die Vielgestaltigkeit der Erziehungswirklichkeit und die Aufgaben, einerseits die Erziehungswirklichkeit zu beobachten und zu beschreiben, sie zu verstehen und zu erklären sowie andererseits Ziele und Handlungen in der Erziehung aufzuweisen und zu begründen, haben zu verschiedenen Auffassungen innerhalb der Pädagogik geführt. Man kann somit kaum von „der" Pädagogik sprechen, sondern allenfalls von dieser oder jener Auffassung, die uns als Richtungen bzw. Schulen der Pädagogik bekannt sind.

- Die älteste Richtung ist die **normative Pädagogik**, die mit dem Anspruch auftritt, ***Ziele und Handlungen in der Erziehung aufzuweisen und zu begründen***. Dabei geht es darum, wie Menschen sich verhalten und handeln sollen sowie welche Ziele angestrebt werden sollen. Der bekannteste Vertreter der Vergangenheit ist *Johann F. Herbart*, der die Pädagogik im Hinblick auf die Philosophie und die Psychologie begründete. Aufgabe der Philosophie ist es, Erziehungsziele festzulegen und diese wissenschaftlich zu begründen.

  Innerhalb der normativen Pädagogik finden sich wiederum Ansätze, deren Unterschied in der Ableitung und Begründung der Werte und Normen für die Pädagogik liegt.

***Johann Friedrich Herbart** (1776–1841) war zunächst Professor in Königsberg, später in Göttingen. Für ihn ist die Philosophie die Grundlagenwissenschaft für alle anderen Wissenschaften, so auch für die Pädagogik.*

> *„Die normative Richtung findet sich in den Ansätzen, die Pädagogik als Prinzipienwissenschaft verstehen, d.h. die (...) die Aufgabe der Pädagogik in der Begründung und dem Aufweis von Normen und Werten für die Erziehung sehen."*
> *(Tschamler, 1996^3, S. 94)*

- Eine weitere Position ist die **geisteswissenschaftliche Pädagogik**, die in unterschiedlicher Weise an *Wilhelm Dilthey* (siehe nächste Seite) anschließt. In ihr geht es darum, ***Sinn- und Bedeutungszusammenhänge von Gegebenheiten***, wie zum Beispiel vom menschlichen Tun, ***zu erkennen und aufzudecken***. Die verschiedenen Ansätze orientieren sich dementsprechend an der Methode des ***Verstehens***, der Auslegung von geschichtlichen Sinnganzheiten (**hermeneutische Wissenschaftstheorie**) und an der Er-

[1] *siehe Abschnitt 2.1.2 und 2.2*

fassung des Wesens einer Sache (**phänomenologische Wissenschaftstheorie**).[1] Auch innerhalb dieser Position lassen sich verschiedene Ansätze unterscheiden.

- Die dritte Position ist die **empirische bzw. erfahrungswissenschaftliche Pädagogik,** die von konkreten Beobachtungen und Beschreibungen erzieherischer Sachverhalte ausgeht und diese mithilfe von Gesetzmäßigkeiten und Theorien ***erklärt***. Ein bedeutender Ansatz innerhalb dieser Richtung ist der **Kritische Rationalismus** von *Karl Popper*, *Hans Albert* (* 1921) und *Wolfgang Brezinka* (* 1928): Gesetzesaussagen sind immer wieder empirisch zu überprüfen, da sie in den seltensten Fällen Bestand haben. Zudem vertritt der Kritische Rationalismus die These der Wertfreiheit: Wissenschaft hat Tatsachenaussagen zu treffen und darf keine Wertaussagen sowie keine Werte und Normen aufstellen; sie beschränkt sich auf die Erforschung von Beziehungen und Zusammenhängen im Bereich der Erziehung.

- Die jüngste Position ist die **Kritische Erziehungswissenschaft**, deren bedeutendste Vertreter *Klaus Mollenhauer* (1928–1998), *Wolfgang Klafki* (* 1927) und *Hermann Giesecke* (* 1932) sind. Sie geht auf die **Kritische Theorie** von *Max Horkheimer* (1895–1973), *Theodor W. Adorno* (1903–1969) und *Jürgen Habermas* (* 1929) zurück. Ausgangspunkt ist die These, dass Wissenschaft Bestandteil gesellschaftlicher Arbeit ist, die Einfluss auf gesellschaftliche Prozesse hat (vgl. *König/Zedler, 2007³, S. 116)*. Ihr Bestreben ist es, durch ***Aufklärung über gesellschaftliche und soziale Tatsachen zu einer Veränderung von gesellschaftlichen Prozessen beizutragen***. Ziel dieser Aufklärung ist die **Emanzipation**[2], wobei der Abbau von willkürlichen, nicht gerechtfertigten Machtverhältnissen von Menschen über Menschen, die Befreiung von ungerechtfertigter und unbegründeter Abhängigkeit, Zwang und Unterdrückung sowie die Verfolgung des Zieles der individuellen Selbstbestimmung und gleichberechtigten Mitbestimmung bei gesellschaftlichen und politischen Entscheidungen im Mittelpunkt der Bemühungen stehen (vgl. *Weber, 1999⁸, S. 492*).

Wilhelm Dilthey *(1833–1911) gilt als der Begründer der Erkenntnistheorie der Geisteswissenschaften und ist einer der wichtigsten Vertreter der hermeneutischen Wissenschaften.*

Sir Karl Raimund Popper *(1902–1994) war ein österreichisch-britischer Philosoph, der mit seinen Arbeiten zur Erkenntnis- und Wissenschaftstheorie sowie zur politischen Philosophie den Kritischen Rationalismus begründete.*

[1] *Auf Hermeneutik und Phänomenologie wird in Kapitel 3.3.1 und 3.3.2 eingegangen.*
[2] *emancipatio (lat.): die Entlassung aus der väterlichen Gewalt, die Freilassung*

*Die Pädagogik kennt noch weitere Richtungen, unter anderem die systemtheoretische Pädagogik und die konstruktivistische Pädagogik – oft zusammengefasst als **systemisch-konstruktivistische Pädagogik**[1].*

„Es gibt nicht die Erziehungswissenschaft, sondern es gibt verschiedene erziehungswissenschaftliche (...) Konzepte, die sich in den jeweiligen Grundbegriffen, den Forschungsmethoden und den Konsequenzen für praktisches Handeln unterscheiden." *(König/Zedler, 2007[3], S. 240)*

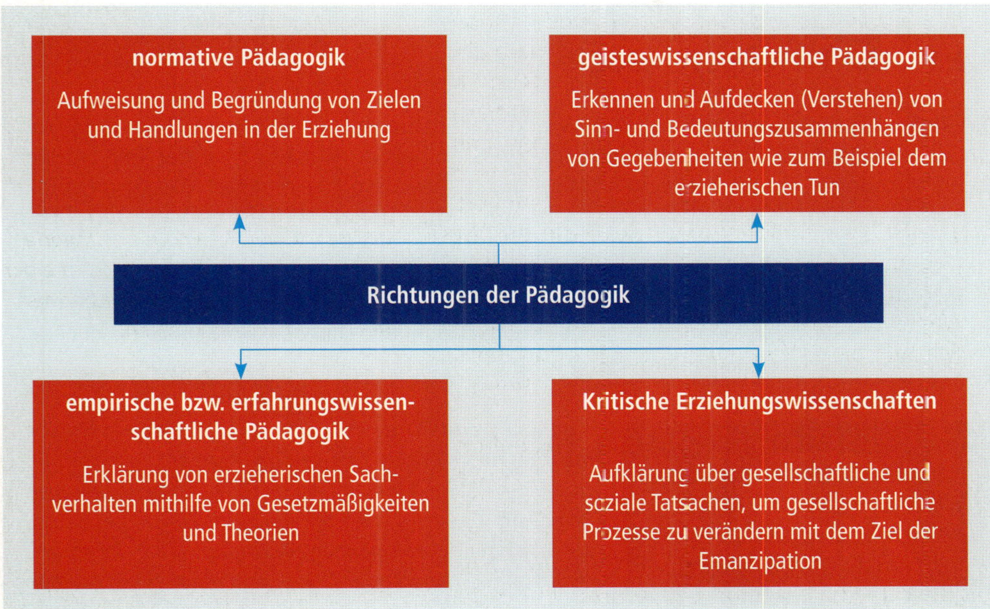

2.2 Richtungen der Psychologie

Auch die Psychologie stellt sich nicht als eine einheitliche Wissenschaft dar, sie umfasst mehrere, zum Teil gegensätzliche Forschungsrichtungen. Diese Richtungen bzw. Schulen haben ihren Ursprung in der abendländischen Philosophie, aus der sich erst im 19. Jahrhundert die Psychologie als eigenständige Wissenschaft entwickelt hat.

„Wissenschaftler können Problemfelder (...) nach ganz unterschiedlichen Ansätzen bearbeiten. Manche Ansätze (...) sind beständig, manche tauchen auf und verschwinden bald wieder. Mitunter lösen Ansätze im Laufe der Zeit einander ab, mitunter bestehen sie nebeneinander."
(Schönpflug, 2004[2], S. 21)

---

[1] *siehe Abschnitt 2.2.6 sowie Kapitel 8.2.2 und 16*

Zunächst waren es drei große Grundrichtungen, die **Tiefenpsychologie**, der **Behaviorismus** sowie die **Ganzheits- und Gestaltpsychologie**. Als weitere Richtungen, die sich vor allem als Gegenbewegungen zu einer oder mehrerer dieser Grundrichtungen verstehen, kamen im Laufe der Zeit die **kognitive Psychologie**, die **humanistische Psychologie** und der **systemische Ansatz** hinzu. Bei all diesen Richtungen handelt es sich um unterschiedliche Ansätze, die keine umfassende Sicht des Menschen darstellen, sondern die jeweils eine bestimmte Sichtweise des Gegenstandes der Psychologie und einen unterschiedlichen methodischen Zugang zu diesem hervorheben.

2.2.1 Die Tiefenpsychologie

Die Tiefenpsychologie geht auf den Wiener Neurologen und Psychiater *Sigmund Freud* zurück und hebt die Bedeutung des **Unbewussten** hervor: Nur ein geringer Teil der seelischen Vorgänge, die im Menschen ablaufen, ist bewusst; die meisten Vorgänge spielen sich unter der Oberfläche des Bewusstseins, im Unbewussten ab; sie sind ***bewusstseinsunfähig***.

Als unbewusst bezeichnet die Tiefenpsychologie alle seelischen Vorgänge, die nicht bzw. nicht mehr in das Bewusstsein dringen, also bewusstseinsunfähig sind, das Erleben und Verhalten eines Menschen aber maßgeblich beeinflussen.

Sigmund Freud *wurde am 6. Mai 1856 in Freiberg (Nordmähren, heute Pribor, Tschechische Republik) geboren und studierte in Wien Medizin, wo er 1881 den medizinischen Doktorgrad erwarb. Nach seinem Studium widmete er sich zunächst der neurologischen Forschung, später interessierte ihn als praktizierender Nervenarzt die Analyse psychisch bedingter Erkrankungen, vor allem befasste er sich mit Hysterie[1]. Zu diesem Zweck ging er 1885 als Privatdozent nach Frankreich und arbeitete dort mit dem Pariser Neurologen Jean-Martin Charcot zusammen, der Hysterien mithilfe von Hypnose[2] heilte. Doch Freud schätzte die Hypnose wenig und entwickelte, wieder in Wien, mit dem Arzt Josef Breuer ein eigenes Verfahren zur Heilung von psychischen Störungen. Er begründete auch eine eigene Theorie, die Psychoanalyse, die das menschliche Erleben und Verhalten erschöpfend beschreiben und erklären kann. 1930 erhielt er zwar den Goethepreis, wurde aber nie auf einen Lehrstuhl berufen. 1938 emigrierte er nach London – Freud war Jude – und starb dort ein Jahr später.*

Grundlegende Annahme der Tiefenpsychologie ist, dass bestimmte seelische Vorgänge und innere Kräfte – zum Beispiel verbotene oder bestrafte Wünsche, unangenehme Erleb-

---

[1] *Hysterie (griech. hystéra: Gebärmutter) ist eine Störung, bei der neben psychischen Auffälligkeiten, wie etwa Wahnvorstellungen oder Wein- und Schreikrämpfen, körperliche Störungen (zum Beispiel Zitteranfälle, heftige Magenschmerzen, Bewegungsstörungen, Lähmungen, Krämpfe) ohne nachweisbare organische Ursachen auftreten.*

[2] *Hypnose (griech.: Schlaf) ist eine durch Beeinflussung (Suggestion) herbeigeführte Bewusstseinsänderung, wobei alle bewussten Funktionen eingeengt sind und Reize der Außenwelt nur über den Kontakt mit demjenigen aufgenommen werden können, der die Hypnose durchführt (Hypnotiseur).*

nisse oder Probleme – **dem Bewusstsein verborgen, also „unbewusst" sind, sich jedoch auf das individuelle Verhalten und die Entwicklung der Persönlichkeit nach ganz bestimmten Gesetzmäßigkeiten auswirken.**

Als tiefenpsychologische Richtungen sind heute vor allem bekannt:
- die **Psychoanalyse** (Begründer: *Sigmund Freud*),
- die **Individualpsychologie** (Begründer: *Alfred Adler, 1870–1937*),
- die **analytische bzw. komplexe Psychologie** (Begründer: *Carl Gustav Jung, 1875–1961*) und
- die **Neopsychoanalyse** (Vertreter: *Karen Horney, Erich Fromm, Harald Schultz-Hencke, Harry Stack Sullivan*).

Die Tiefenpsychologie hat die Psychologie insgesamt und hier vor allem im Hinblick auf die Entwicklung der Persönlichkeit sehr stark beeinflusst. Es ist ihr Verdienst, dass heute unbewusste Prozesse für das Verständnis der Entstehung von psychischen Fehlentwicklungen herangezogen und ausgewertet werden. Sie hat zudem einen großen Einfluss auf die Pädagogik und insbesondere auf die Therapie ausgeübt.

2.2.2 Der Behaviorismus

Der Behaviorismus[1], die „Lehre vom Verhalten", wurde im Jahr 1913 von *John Broadus Watson* begründet, geht aber eigentlich auf den russischen Physiologen *Iwan P. Pawlow* (1849–1936) zurück, der 1904 erste Untersuchungen an Hunden über den bedingten Reflex veröffentlichte.

John Broadus Watson *wurde am 9. Januar 1878 in Greenville (Kalifornien/USA) geboren und war von 1908 bis 1920 Professor für Psychologie in Baltimore. 1921 ging er in die Industrie und arbeitete dort bis 1945 als Werbefachmann. In seiner Schrift „Psychologie, wie sie der Behaviorist sieht" (1913), stellte er die Psychologie als Wissenschaft dar, die nach dem Vorbild der Physiologie nur als reine Naturwissenschaft zu betreiben sei und sich nur auf messbares Verhalten beschränken dürfe. „Innerseelisches" wie das Erleben oder innere Prozesse müssen dabei ausgeklammert werden. Diese Idee stellte einen Wendepunkt der Psychologie in den USA dar und hatte vor allem auf die Lernpsychologie mit ihren verschiedenen Theorien des Lernens großen Einfluss. In Bezug auf die Erziehbarkeit des Menschen vertrat Watson die Auffassung von der Allmacht der Erziehung: Erziehung vermag so gut wie alles, Erbanlagen spielen für die Entwicklung eines Menschen kaum eine Rolle. Er starb am 25. September 1958 in New York.*

Im Behaviorismus ist ausschließlich das **beobachtbare Verhalten Gegenstand der Forschung**. Nur was der Forscher beobachten oder messen und in Daten erfassen kann, wird als wissenschaftlich anerkannt. Alle Aussagen über „innere Vorgänge" wie Gefühle, Motive oder Gedanken sind nicht unmittelbar beobachtbar und daher vom behavioristischen Forschungsinteresse ausgeschlossen. Zudem erscheint der Mensch nach behavioristischer Auffassung als ein Wesen, das nahezu ausschließlich von Umweltreizen beherrscht wird.

---

[1] *behavior (engl.): das Verhalten*

Dementsprechend findet eine einseitige Betonung der Bedeutung von Umweltfaktoren für die Entwicklung statt.

> *„Der Behaviorist fragt: Warum machen wir nicht das, was wir beobachten können, zum eigentlichen Gebiet der Psychologie? Wir wollen uns auf Dinge beschränken, die beobachtbar sind, und Gesetze formulieren, die sich nur auf solche Dinge beziehen. (...) Wir können Verhalten beobachten – das, was der Organismus tut und sagt."* *(Watson, 1997, S. 39)*

Der Behaviorismus geht davon aus, dass **alles Verhalten erlernt ist und wieder verlernt** werden kann. Auf den Behaviorismus gehen das Wissen und die **Theorien über menschliches Lernen** sowie die **Verhaltenstherapie**[1] zurück. Er hat die Psychologie insgesamt und vor allem die Auffassung vom Lernen nachhaltig beeinflusst; auf ihn gehen die sogenannten ***Konditionierungstheorien*** zurück – das sind alle Theorien, die bei Lernprozessen die Bedeutung von Reizen erklären, welche einem Verhalten vorangehen oder nachfolgen.[2]

Die ursprünglichen Schwächen der behavioristischen Schule, insbesondere das Vernachlässigen von kognitiven Vorgängen wie etwa das Erkennen, Begreifen, Urteilen und Denken, haben Psychologen in der neueren Zeit veranlasst, nach Erklärungsmustern für menschliches Verhalten zu suchen, die diese Aspekte einbeziehen. Heute gibt es eine Reihe von Psychologen, die auch innere Prozesse zur Erklärung von Verhalten und Erleben heranziehen.

2.2.3 Die kognitive Psychologie

Die kognitive Psychologie, die in der neueren Zeit sehr an Bedeutung gewinnt, fasst alle Theorien und Ansätze zusammen, in denen **Kognitionen** der primäre Forschungsgegenstand der Psychologie sind. Sie ist jedoch keine einheitliche und geschlossene Grundauffassung. Mit dem Begriff „Kognition"[3] werden alle psychischen Vorgänge zusammengefasst, die Informationen aufnehmen, verarbeiten, speichern, abrufen und weiterverwenden (vgl. *Wimmer/Perner, 1994, S. 11*).

Hierzu zählen zum Beispiel die Intelligenz, die Kreativität, das Gedächtnis, die Sprach- und Lernfähigkeit, die Wahrnehmung und das Erkennen, Denken, Vorstellen und Problemlösen, das Entscheiden und Urteilen sowie das Behalten, Erinnern und Vergessen.

Kognition bedeutet die Gesamtheit aller psychischen Vorgänge, die der Aufnahme, Verarbeitung und Speicherung sowie des Abrufens und Weiterverwendens von Informationen dienen.

Grundlegende Annahme der kognitiven Psychologie ist, dass es die kognitiven Prozesse und Strukturen eines Menschen sind, die einen erheblichen Einfluss auf das Verhalten und Erleben ausüben und unter anderem festlegen, wie ein Individuum erlebt und sich verhält. Es kommt wesentlich darauf an, ***wie ein Mensch Umweltereignisse wahrnimmt, diese gedanklich verarbeitet, beurteilt und bewertet***.

---

[1] *vgl. Kapitel 13.3*
[2] *vgl. Kapitel 13.1 und 13.2*
[3] *cognitio (lat.): die Erkenntnis; Kognitionen: alle Vorgänge, durch die ein Organismus Kenntnis von seiner Umwelt erlangt*

Ein junger Mann beispielsweise, der davon überzeugt ist, dass Frauen ihn nicht mögen, weil er zu unattraktiv ist, und dass er bei ihnen keine Chancen hat, wird in einer Disco möglicherweise Frauen, die ihn nicht sehen und ignorieren, eher wahrnehmen als Frauen, die ihn beachten. Er wird das Ansprechen oder Zulächeln von einigen Frauen als unbedeutend einstufen oder auch umdeuten – etwa als nicht ernst gemeint. Entsprechend wird er sich auch verhalten und die Situation erleben.

„Ein Individuum reagiert nicht so auf die Realität, wie sie in der objektiven gegenständlichen Welt ist, sondern wie sie sich in der subjektiven Realität der inneren Welt der Gedanken und Vorstellungen des Individuums darstellt." *(Zimbardo/Gerrig, 2008[18], S. 13)*

Die kognitiven Vorgänge stellen die Grundlage dar, auf der eine bestimmte Umweltsituation gesehen und beurteilt wird. Sie beeinflussen sowohl das Verhalten als auch das Erleben eines Individuums wie beispielsweise den Gefühlszustand.

So sind zum Beispiel Meinungen über sich selbst wie „Das schaffe ich nie", „Ich tauge zu nichts" oder „Mich mag niemand" geeignet, einen negativen Gefühlszustand entstehen zu lassen.

Nach Ansicht der Vertreter der kognitiven Psychologie ist der Mensch nicht nur ein Wesen, das – wie im Behaviorismus – auf Umweltreize reagiert; er besitzt auch die Fähigkeit, seine Umwelt zu interpretieren und zu konstruieren, was ihn dazu befähigt, sich selbst zu formen und dies auch immer wieder neu zu tun. Die kognitive Psychologie hat neben der Therapie insbesondere auf die Erforschung von Denk- und Lernvorgängen sowie des Gedächtnisses einen großen Einfluss ausgeübt.[1]

2.2.4 Die Ganzheits- und die Gestaltpsychologie

Die Ganzheitspsychologie wurde von *Felix Krueger* begründet. Die Gestaltpsychologie konstituierte sich in den 20er-Jahren des letzten Jahrhunderts unter *Max Wertheimer, Wolfgang Köhler* und *Kurt Koffka*.

Die Ganzheits- und die Gestaltpsychologie sieht als Ganzheit jeden Sachverhalt, der zwar aus verschiedenen Elementen besteht, im Zusammenwirken dieser einzelnen Elemente als Gesamtes jedoch einen besonderen Bedeutungsgehalt erhält. Einzelne Reizelemente werden also nicht einfach addiert, sondern aus dem Ganzen entsteht etwas Neues, Sinnvolles.

Die Summe einzelner Töne beispielsweise macht noch keinen Sinn. Erst diese als „Ganzes" genommen lassen etwas entstehen, in diesem Fall eine Melodie.

Ganzheit bedeutet das Zusammenspiel aller einzelnen Reizelemente, welche in ihrem Gesamten einen besonderen Bedeutungsgehalt erhalten und so das Erleben und Verhalten ausmachen.

Grundannahme der Ganzheits- bzw. Gestaltpsychologie ist, dass das Ganze mehr ist als die Summe seiner Teile. Die Qualität einer Eigenschaft ist also nicht in ihren einzelnen Teilen zu finden, sondern in ihrer Ganzheit.

So werden einzelne Buchstaben zu einem Wort oder einzelne Wörter zu einem Satz und viele Sätze zu einer Geschichte.

[1] *vgl. hierzu Kapitel 9 und 10*

*Meist wird unter Ganzheit verstanden, dass jeder Organismus eine in sich geschlossene Einheit ist, die unteilbar ist. Damit wird eine Abgrenzung zur **Elementenpsychologie** vollzogen, die psychische Vorgänge auf mehrere Einheiten, sogenannte Elemente zurückführt. Ein Beispiel für die Elementenpsychologie ist die Psychoanalyse von Sigmund Freud, der die menschliche Persönlichkeit in verschiedene Instanzen – Ich, Es, Über-Ich – aufteilt.*[1]

Der Sachverhalt, Objekte als vollkommene und bedeutungsvolle Ganzheiten zu erfassen, wird als **Gestalt** bezeichnet.

Gestalt bedeutet eine sinn- und bedeutungsvolle Einheit, ein sinn- und bedeutungsvolles Ganzes.

Dabei schließen sich die gegebenen Teilelemente stets so zusammen, dass möglichst geschlossene, vollständige und sinnvolle Gebilde entstehen.

Ein Beispiel hierfür ist nebenstehende Bildvorlage: Einzelne Punkte „organisieren" wir zu einer sinnvollen Gestalt und sehen nicht Punkte, sondern ein „Ganzes", einen Hund.

Die Gestaltpsychologen zielen also auf die Tendenz des Menschen ab, einzelne Informationselemente zu einem sinnvollen Ganzen zusammenzufügen (vgl. *Myers, 2008, S. 251*). Das gilt nicht nur für die Wahrnehmung, sondern auch für andere psychische Prozesse wie beispielsweise für Denkverläufe, Handlungen oder Gedächtnisinhalte. Prinzipien, nach denen Gestalten gebildet und organisiert werden, sind die **Gestaltgesetze**, die in *Kapitel 8.4.1 und 8.4.2* dargestellt sind.

2.2.5 Die humanistische Psychologie

Gegen die Psychoanalyse und den Behaviorismus wendet sich die in jüngerer Zeit entstandene humanistische Psychologie, die stark von der Individualpsychologie *Alfred Adlers*[2] und der Ganzheits- bzw. Gestaltpsychologie[3] beeinflusst ist. Sie entstand in den USA. Zu den bekanntesten Vertretern gehören *Abraham H. Maslow*, *Carl R. Rogers* und *Charlotte Bühler*, die in den 1960er-Jahren in den USA die Basis für die humanistische Psychologie schufen und weiterentwickelten. In Deutschland fand sie, angeregt durch die Arbeiten des Ehepaares *Reinhard und Anne-Marie Tausch*, in den 70er-Jahren des letzten Jahrhunderts viele Anhänger.

Die humanistische Psychologie ist wie die kognitive Psychologie keine einheitliche Richtung. Dies ist darauf zurückzuführen, dass die einzelnen Ansätze unabhängig voneinander entstanden sind. Dennoch sind einige gemeinsame **Grundannahmen** vorhanden:

- **Das Streben nach Autonomie:** Jeder Mensch strebt nach Selbstbestimmung und Freiheit sowie nach Unabhängigkeit.

---

[1] *vgl. Kapitel 12.2*
[2] *vgl. Abschnitt 2.2.1*
[3] *vgl. Abschnitt 2.2.4*

- **Das Streben nach Selbstverwirklichung:** Jeder Mensch hat das Bedürfnis, seine eigenen Möglichkeiten zu verwirklichen und auszuschöpfen.
- **Der Mensch als ein aktives Wesen:** Der Mensch wird als sich selbst steuerndes Wesen gesehen, das sein Verhalten bewusst steuern, beeinflussen und auch ändern kann.

> *Der Mensch „kann erkennen, was er tut, Alternativen entwerfen, sich entscheiden, auf sein Leben einwirken und seine Potenziale nutzen."* *(Ondracek, 2007, S. 404)*

- **Der Mensch als eine Ganzheit:** Jeder Organismus ist eine in sich geschlossene Einheit, die unteilbar ist. Wird diese Einheit zerstört, so entstehen körperliche und seelische Probleme.
- **Die Ziel- und Sinnorientiertheit menschlichen Erlebens und Verhaltens:** Alle Erlebens- und Verhaltensweisen des Menschen, alle Aktivitäten sind auf ein Ziel ausgerichtet sowie sinn- und zweckvoll; der Mensch besitzt eine gerichtete Orientierung, die einen Teil seiner Identität ausmacht.

Die bekannteste Theorie der humanistischen Psychologie ist die **personenzentrierte Theorie** von *Carl R. Rogers*. Eine Reihe in der Gegenwart entstandene Psychotherapieverfahren wie beispielsweise die klientenzentrierte Therapie, auch **Gesprächspsychotherapie** genannt, oder die **Transaktionsanalyse** von *Eric Berne* beruhen auf dem Gedankengut der humanistischen Psychologie.[1]

2.2.6 Der systemische Ansatz

Beim systemischen Ansatz steht nicht das isolierte Erleben und Verhalten eines Menschen im Vordergrund, sondern die **wechselseitigen Beziehungen eines Individuums mit seiner Umwelt**. Der Mensch lebt in einem bestimmten Lebensbereich, der ihn beeinflusst und auf den er einwirkt.

> An einem Beispiel aus der Therapie soll diese Sichtweise verdeutlicht werden: Ein Klient fühlt sich sehr einsam und isoliert und ist deshalb sehr depressiv. Aus systemischer Sicht wird er in seinem Lebensbereich, von dem er ein Teil ist, gesehen: Es steht nicht so sehr die von seinem Lebensbereich unabhängige individuenzentrierte Veränderung des Klienten im Vordergrund, sondern die einer möglichen ungünstigen Situation, in der der Mensch lebt.

Grundlegende Annahme der Systemtheorien ist, dass alle einzelnen Elemente eines Lebensbereiches, dem ein Mensch angehört, zueinander in einer wechselseitigen Beziehung stehen und sich gegenseitig beeinflussen. Die Psychologie spricht in diesem Zusammenhang von einem **System**.

> Die Familie zum Beispiel stellt ein System dar: Sie ist ein Ganzes, welches aus einzelnen Elementen – Frau, Mann, Kinder – besteht. Diese Elemente beeinflussen sich gegenseitig: Die Frau beeinflusst den Mann und umgekehrt, die Kinder beeinflussen ihre Eltern und umgekehrt und die Kinder beeinflussen sich untereinander.

> **Unter einem System wird eine Ganzheit verstanden, die aus einzelnen Elementen besteht, welche untereinander in einer wechselseitigen Beziehung stehen und sich gegenseitig beeinflussen.**

---

[1] *Die personenzentrierte Theorie ist in Kapitel 25 dargestellt, die Transaktionsanalyse in Kapitel 23.2.3.*

Das Individuum wird also nicht isoliert gesehen, sondern als Teil eines Beziehungsfeldes: Der Einzelne wird von seinen sozialen Beziehungen (Partner, Familie, Freunde, Kollegen, Gesellschaft) beeinflusst und wirkt zugleich durch sein Verhalten und Handeln auf diese ein.

> Immer, wenn Herr Schliefe einen Konflikt mit seinem Sohn hat, stellt sich seine Frau auf die Seite ihres Kindes. Diese Reaktion seiner Frau beeinflusst Herrn Schliefe dahingehend, dass er sich mit Groll zurückzieht, was den „Zusammenschluss" von Mutter und Sohn wiederum verstärkt. Dies treibt Herrn Schliefe innerhalb seiner Familie in eine Isolation.

In jüngster Zeit gewinnen die ***Neurowissenschaften***[1] *an Bedeutung. Psychologen und Mediziner gehen davon aus, dass seelische Vorgänge eine biologische Basis haben und sich beide Seiten wechselseitig beeinflussen (vgl. Hautzinger, 2010, S. 58). Die Neuropsychologie betont die Rolle des Nervensystems und untersucht die neuronalen Grundlagen des psychischen Geschehens. Sie hat aufgrund neuer Methoden wie das moderne* ***bildgebende Verfahren***[2] *viele neue Erkenntnisse gewonnen, die die Beziehungen zwischen neurologischen Vorgängen im Gehirn bzw. Nervensystem und psychischen Phänomenen verdeutlicht. So verbindet die Neuropsychologie Erkenntnisse der Biologie über Aufbau und Funktionsweise des Gehirns sowie über dessen neuronale und hormonale Prozesse mit der Art und Weise des Erlebens und Verhaltens.*

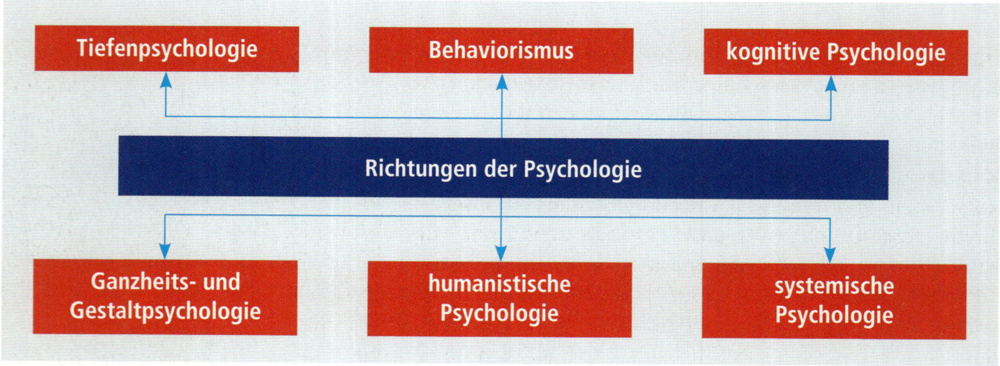

Alle diese Richtungen der Psychologie schließen sich gegenseitig nicht aus. Sie betrachten den Gegenstand der Psychologie jeweils aus einer anderen Sicht, enthalten etwas „Wahres" bzw. „Brauchbares" und können mit ihrer Sichtweise das Erleben und Verhalten erklären.

2.3 Der Wandel der Kindheit und der Jugend

Die Lebenswirklichkeit der Kinder und Jugendlichen war nicht immer eine „schöne" und „glückliche" Zeit. In sehr frühen Jahren wurde Kindheit etwa oft als „Gebrechen" verstanden. Glückliche Kindheit in der Vergangenheit ist ein Mythos.

2.3.1 Die Kindheit in Vergangenheit und Gegenwart

Was wir in der heutigen Zeit unter „Kindheit" verstehen, hat es in früheren Zeiten nicht gegeben. Ihre Dauer war lediglich auf die kurze Zeitspanne beschränkt, in der das Kleinkind nicht ohne fremde Hilfe auskommen konnte. Bis in das 18. Jahrhundert hinein lebten

---

[1] *neuron (griech.): der Nerv; die Neurowissenschaft beschäftigt sich mit den Prozessen des Gehirns und des Nervensystems.*

[2] *vgl. Kapitel 3.2.5*

Kinder, sobald sie sich fortbewegen und verständlich machen konnten, mit den Erwachsenen mit und teilten mit ihnen Arbeit und Spiel. Erziehung beruhte lediglich auf dem **Lehrverhältnis** – das Lernen des Kindes bei der Arbeit und dem Spiel der Erwachsenen (vgl. *Ariès, 2007[16], S. 46*). Antike und Mittelalter kannten keine Erziehung in unserem Sinne und hatten auch keine Vorstellung von ihr, auch wenn sich manche Philosophen und Theologen mit pädagogischen Fragen beschäftigten. Erst im 17. Jahrhundert entwickelte sich ein Interesse an einer speziellen Einflussnahme, einer Erziehung.

„Die Weitergabe der Werte und der Kenntnisse und, allgemeiner gesprochen, die Sozialisation des Kindes wurden (...) von der Familie weder gewährleistet noch durch sie kontrolliert. (...) Man kann sagen, dass die Erziehung dank dem Zusammenleben von Kind bzw. Jugendlichen und Erwachsenen jahrhundertelang auf dem Lehrverhältnis beruhte. Es lernte die Dinge, die es wissen musste, indem es den Erwachsenen bei ihrer Verrichtung half." (Ariès, 2007[16], S. 46)

In der Antike und im Mittelalter galten Kinder als **„unvollkommene" und minderwertige Wesen**. Die Vorstellung, dass ein Kind bereits eine „Persönlichkeit" sei, kannte man nicht. Es wurde als „Makel" gesehen und – entgegen den Idealen der heutigen Zeit – war Kindheit keine glückliche Zeitspanne (vgl. *Lassahn, 1983, S. 30*).

Glück setzt nach Aristoteles[1] ethische Vollkommenheit und ein ausgereiftes Leben voraus, was Kinder aber noch nicht erreicht haben. Er stellt sie auf eine Stufe mit Tieren; sie leben in „Zuchtlosigkeit", unter die er alle Unarten von Kindern einordnet. Der Fötus besitzt nach Aristoteles noch keine Seele und damit auch noch kein Leben in unserem Sinne. Deshalb bedeutete das Aussetzen oder Töten von Kindern, wie dies bei den Spartanern üblich war, kein Töten (vgl. *Lassahn, 1983, S. 30f.*). Das aristotelische Erbe von der Unvollkommenheit und Minderwertigkeit des Kindes wurde bis in das 18. Jahrhundert hinein aufrechterhalten.

Im Mittelalter fügte die Kirche einen weiteren Mangel hinzu: Das Kind ist mit der **Erbsünde** belastet und trägt deshalb von vornherein den Makel der Verdammung. Die Erbsünde zeigt sich nach Aurelius Augustinus[2] als Triebfeder für das Böse im Kind. Mit der Erbsünde bleibt die kindliche Seele mit allem Schlechten behaftet, Bosheit und Grausamkeit gehören zum Kindsein.

Die Kindersterblichkeit lag in der Antike und im Mittelalter ungewöhnlich hoch. Dies ist unter anderem auch darauf zurückzuführen, dass Kinder weggegeben, ausgesetzt, verkauft oder gar getötet wurden (vgl. Lassahn, 1983, S. 35f.).

Eine Wende hinsichtlich der Einstellung gegenüber dem Kind trat zuerst im 17. Jahrhundert bei den Vertretern der Kirchen, der Moralisten und des Rechts auf. Es kam die Vorstellung auf, dass man sich der Schwäche und Unschuld der Kindheit bewusst werden und sich

1 Aristoteles (384–322 v. Chr.), ein Schüler Platons, war einer der einflussreichsten Philosophen der Antike.

2 Aurelius Augustinus (354–430 n. Chr.) – auch Augustinus von Hippo oder Augustinus von Thagaste genannt – war Bischof von Hippo Regius und einer der bedeutendsten christlichen Kirchenlehrer an der Epochenschwelle zwischen Antike und Mittelalter.

deshalb Kindern dergestalt widmen sollte, ihre Unschuld zu bewahren und ihrer Schwäche abzuhelfen (vgl. *Ariès, 2007[16], S. 457*). Eine, wenn auch kurze, **Phase der Kindheit** entstand. Man begann, ein Verständnis für die dem Kind spezifische Art des Aufwachsens aufzubringen.

Einer der Ersten, der diesen Umbruch kennzeichnete, war *Johann Amos Comenius* (1592–1670), Bischof der böhmischen Brüder, der forderte, dass in den Schulen alle in allem unterrichtet werden. Die Epoche der Aufklärung (18. Jahrhundert) war von folgenden Grundgedanken geprägt (vgl. *Gudjons, 2008[10], S. 82 f.*):

- Die Erziehung liegt in der Hand des Menschen.
- Erziehung führt in das Leben ein, welches ausdrücklich Erziehung erfordert.
- Erziehung muss das Kind als Kind sehen, welches im Mittelpunkt dieser Erziehung stehen muss.
- Jedes Kind soll die Schule besuchen.

Großen Einfluss auf die Pädagogik hatten die Schriften von *Jean-Jacques Rousseau*, in denen er das Kind als von Natur aus „gut" beschreibt.

***Jean-Jacques Rousseau** (1712–1778) war Schriftsteller, Philosoph und Pädagoge. Er hatte großen Einfluss auf die Pädagogik und die politischen Theorien des 19. und 20. Jahrhunderts. Sein Hauptwerk ist „Émile oder Über die Erziehung" aus dem Jahr 1762.*

Das Kind sei unschuldig und nicht böse, sondern würde dies erst durch den Einfluss der Gesellschaft. Im Kind liege die Hoffnung der Menschheit, es würde alle zukünftigen Generationen auffrischen und erneuern (vgl. *Lassahn, 1983, S. 46*). *Rousseau* war der Ansicht, dass das Kind – der Mensch insgesamt – von Natur aus gut sei, allein gesellschaftliche Einflüsse machen es schlecht. Die Zivilisation sei es, die den Menschen verderben würde.[1]

Die im 18. Jahrhundert aufkommende „kurze Kindheit" hatte sich in den kommenden Jahrzehnten weiter ausgedehnt auf die **Schulzeit**: Ende des 19. Jahrhunderts wurde das Lehrverhältnis durch die Schule abgelöst bzw. ergänzt.

> *„Solange seine Schulzeit dauerte, war das Kind nun einer immer strafferen und wirksameren Disziplin unterworfen, und diese Disziplin trennte das Kind von der Freiheit des Erwachsenen. So kam es dazu, dass die Kindheit etwa um die gesamte Dauer des Schulaufenthaltes verlängert wurde."*
> *(Ariès, 2007[16], S. 463)*

Doch nicht alle Kinder hatten die Möglichkeit, eine Schule zu besuchen. So fand sich auf der einen Seite der Teil der Kinder, die eine Schulbildung genossen, auf der anderen Seite der Teil, der wie früher direkt in das Arbeitsleben der Erwachsenen eintrat, sobald sich die Kinder fortbewegen und verständlich machen konnten. Mädchen waren jedoch grundsätzlich von der Schule ausgeschlossen, sie bekamen außerhalb des häuslichen Lehrverhältnisses so gut wie keine Erziehung. Mädchen heirateten in der Regel sehr früh – zum Teil schon mit 13 oder 14 Jahren.

[1] *vgl. hierzu auch Kapitel 6.3.2*

Gab es bis zum 18. Jahrhundert nur eine Schule für alle Kinder, so differenzierte sich diese dem sozialen Stand entsprechend danach weiter aus in das **Gymnasium** bzw. Kolleg für die Bürgerkinder, die eine Oberschulbildung genossen, und in die ***einfache Schule*** mit einer Volksschulbildung.

In der heutigen Zeit ist Kindheit eine eigene Entwicklungsphase, die von vielen Forschungen und Untersuchungen begleitet ist. Kindheit im beginnenden 21. Jahrhundert ist also kein Privileg weniger, bürgerlicher Eliten mehr, sondern ***ist zu einer Lebensphase geworden, die alle Kinder unserer Gesellschaft betrifft.***

In jüngster Zeit erfährt die Kindheit jedoch einen **Wandel**: Kindheit ist kein „Schonraum" mehr, sondern „ausgeliefert" an eine Vielzahl gesellschaftlicher Kräfte, Regelungen und Institutionen, sodass manche Pädagogen von der ***Vergesellschaftung der Kindheit*** sprechen (vgl. *Gudjons, 2008[10], S. 111*).

2.3.2 „Pädagogik vom Kinde aus"

Von *Rousseaus* Schriften ausgehend zog sich die neue Sichtweise vom Kind, das von Natur aus „gut" sei[1], durch das ganze europäische Abendland. Es entstand eine „Kindheitsbegeisterung". Neben *Rousseau* waren auch *Heinrich Pestalozzi* und *Friedrich Fröbel*[2] die Wegbereiter der **Reformpädagogik**. Dieser Begriff kennzeichnet eine Erneuerungsbewegung in der Pädagogik zu Beginn des letzten Jahrhunderts bis in die 30er-Jahre des 20. Jahrhunderts hinein, die sich in der allgemeinen, sozialpädagogischen und schulischen Erziehung niederschlug (vgl. *Hobmair, 2009, S. 261*).

Der Begriff „Reformpädagogik" kennzeichnet eine Erneuerungsbewegung in der Pädagogik im ersten Drittel des vergangenen Jahrhunderts, die sich in verschiedenen Ansätzen und Konzepten allgemeiner, sozialpädagogischer und schulischer Erziehung niederschlug.

Als Beginn dieser Bewegung wird die Proklamation **„Pädagogik vom Kinde aus"** angenommen. Die bekannteste Reformpädagogin war *Ellen Key*, die mit ihrem Hauptwerk ***„Das Jahrhundert des Kindes"*** (*Originalausgabe 1926*) für eine „neue Pädagogik" plädierte.

Ellen Key *(1849–1926) war Schriftstellerin und schwedische Reformpädagogin. Ihre Schriften und Vortragsreisen machten sie zu einer sehr bekannten Frauenrechtlerin. Sie setzte sich auch stark für eine entschiedene Schulreform ein.*

„Pädagogik vom Kinde aus" bedeutet, dass sich alle Erziehung an der natürlichen Entwicklung des Kindes zu orientieren hat und nicht an gesellschaftlichen Zielen oder schulischen Anforderungen.

---

1 vgl. Abschnitt 2.3.1

2 Heinrich Pestalozzi (1746–1827), Schweizer Pädagoge, vertrat einen ganzheitlichen Ansatz („Hirn, Herz und Hand"). Sein pädagogischer Grundsatz lautete, das Kind zu befähigen, sich selbst zu helfen. Er trug wesentliche Impulse zum Bildungssystem bei, die von späteren Pädagogen aufgegriffen wurden. Friedrich Wilhelm A. Fröbel (1782–1852), deutscher Pädagoge und Schüler von Pestalozzi, widmete sich vorwiegend der Erziehung vorschulpflichtiger Kinder und wurde vor allem mit seiner Herstellung von Spielmaterial bekannt. Auf ihn geht auch die Bezeichnung „Kindergarten" zurück.

„Das eigene Wesen des Kindes zu unterdrücken und es mit dem anderer zu überfüllen, ist noch immer das pädagogische Verbrechen, das auch die auszeichnet, die laut verkünden: dass die Erziehung nur die eigene individuelle Natur des Kindes ausbilden solle!“ (Key, 2000[2], S. 77)

Im Mittelpunkt stehen die Art und Weise des Kindes, wie es nun einmal ist, die kindliche Selbstständigkeit und Selbstentfaltung sowie die Berücksichtigung seiner Bedürfnisse und Spontaneität. Deshalb steht das spielerische, kreative, selbstgesteuerte und ganzheitliche[1] Lernen im Vordergrund.

Die Ideen der Reformpädagogik finden heute in ***vielen alternativen Schulen und Heimen*** *ihren Niederschlag. Von ihnen beeinflusst sind auch der* ***schüler- und handlungsorientierte Unterricht****.[2] Das bekannteste Konzept, welches auf Gedanken der Reformpädagogik beruht, dürfte die Montessori-Pädagogik von Maria Montessori (1870–1952) sein. Grundgedanken reformpädagogischer Bewegung sind zudem sowohl in der* ***humanistischen Psychologie*** *als auch der* ***personenzentrierten Theorie*** *von Carl R. Rogers[3] zu finden und werden in der* ***Antipädagogik****, einer übergreifenden Bezeichnung für alle Auffassungen, die an der Pädagogik radikale Kritik üben und die Abschaffung der Erziehung fordern, wieder aufgegriffen.[4]*

Antike und Mittelalter	Kinder gelten als kleine Erwachsene, sie sind unvollkommene und minderwertige Wesen ohne Seele.	keine eigene Kindheit und Kindheitsphase	Lehrverhältnis: Das Lernen des Kindes geschieht bei Arbeit und Spiel der Erwachsenen.
18. Jahrhundert	Anerkennung des Kindes als schwaches und unschuldiges Wesen	Entstehung einer kurzen Phase der Kindheit	Aufkommen der Schule als Erziehungsanstalt
19. Jahrhundert	Anerkennung des Kindes als eigene Persönlichkeit	Ausdehnung der Kindheitsphase in den oberen Schichten	Lehrverhältnis wird abgelöst durch Erziehung in Familie und Schule, die sich differenziert in Oberschul- und Volksschulbildung; Beginn sozialpädagogischer Erziehung
20. Jahrhundert	Im Mittelpunkt stehen die Art und Weise des Kindes, die kindliche Selbstständigkeit und Selbstentfaltung sowie die Berücksichtigung seiner Bedürfnisse und Spontaneität.	Kindheit als eine eigene Entwicklungsphase, die alle Kinder unserer Gesellschaft durchleben	Erziehung in Familie, Kindergarten und Schule sowie in sozialpädagogischen Einrichtungen

1 Ganzheitlichkeit ist ein Unterrichtsprinzip, in welchem Lehrer und Schüler gemeinsam versuchen, etwas mit Verstand, Gefühl und Handeln bzw. Tun zu erreichen. Diese drei Bereiche stehen nicht nebeneinander, sondern beeinflussen und bedingen sich gegenseitig und bilden so ein geschlossenes Ganzes.

2 Schülerorientierung meint den Abbau einer lehrerzentrierten Form des Unterrichts (Lehrervortrag, Frontalunterricht) zugunsten selbstständiger Lernmöglichkeiten der Schüler während des Unterrichtsverlaufs. Handlungsorientierung bedeutet einen schüleraktiven Unterricht, in welchem sich der Schüler möglichst aktiv und selbsttätig einbringen kann.

3 Die personenzentrierte Theorie ist in Kapitel 25 dargestellt.

4 Reformpädagogische Schulkonzepte sind in Kapitel 7.5 dargestellt.

2.3.3 Die Entwicklung der Jugendphase

Die Phase der menschlichen Entwicklung, die man als „Jugend" bezeichnet, wird heute ganz selbstverständlich als eigenständiger Abschnitt menschlicher Entwicklung betrachtet. Dies war nicht zu allen Zeiten so: Erst im 19. und vor allem im 20. Jahrhundert wurde Jugend als besonderer Lebensabschnitt für breite Bevölkerungsschichten relevant (vgl. *Tillmann, 2004[13], S. 193f.*).

> *„Diese Form von Jugend als psychosoziales Moratorium[1] zwischen Geschlechtsreife und vollgültigem Erwachsenenstatus ist eine recht junge Errungenschaft industrialisierter Gesellschaften."*
> *(Tillmann, 2004[13], S. 197)*

Bereits in der Antike, zur Zeit der großen Stadtstaaten wie Athen oder Sparta, war zwar so etwas wie eine Jugendphase bekannt, sie diente aber in erster Linie der Bildung zukünftiger Eliten, von denen erwartet wurde, dass sie die Führungspositionen einnehmen und verwalten. Auch im Mittelalter gab es in den Städten bei Handwerk und Künsten längere Ausbildungszeiten der Gesellen innerhalb der Stände. Beim Adel gab es die sogenannten ***Knappen***. Damit wurden Knaben bezeichnet, die im Mittelalter im Dienst eines Ritters standen. Gleichwohl blieb auch hier die Phase einer Jugendzeit auf Mitglieder weniger Eliten beschränkt. Waren die ersten Jahre, in denen sich das Kind noch nicht fortbewegen und verständlich machen konnte, vorüber, mischte sich das Kind in der Regel übergangslos unter die Erwachsenen.

In der vorindustriellen Zeit, im 18. Jahrhundert, wurden mit dem Erreichen der Arbeitskraft im Alter von ca. 8 bis 10 Jahren Kinder sowohl in handwerklichen Betrieben als auch in der Landwirtschaft als Arbeitskräfte herangezogen. Ganz selbstverständlich ging Kindheit in Erwachsenendasein über – eine Phase der Pubertät oder ein langsames Erwachsenwerden gab es zu dieser Zeit nicht.

Dass Jugend für die breiteren Schichten der Bevölkerung bedeutsam wurde, dafür waren vor allem zwei Entwicklungen wesentlich:

- die Einführung der **allgemeinen Schulpflicht** im 19. Jahrhundert und
- die zunehmende **Familialisierung und Verhäuslichung** im Zuge der Entstehung der bürgerlichen Gesellschaft und der bürgerlichen Familie[2] (vgl. *Schäfers, 2001[7], S. 46*).

Vor allem die allgemeine Schulpflicht führte dazu, dass breitere Schichten von Kindern und Jugendlichen nicht mehr sofort zu oftmals harter körperlicher Arbeit herangezogen wurden. In der Folge konnten sie nun über einen längeren Zeitraum als bisher in ihrer Herkunftsfamilie bleiben; trotzdem war Kinderarbeit üblich und die Schulpflicht wurde häufig unterlaufen. Die eigentliche Jugendzeit blieb deshalb auch sehr kurz: Nach dem Ende der Schulpflicht mit 14 Jahren folgte sofort der Arbeitsbeginn und in der Regel eine frühe Heirat. Jugend in dieser Ära umfasste maximal einen Zeitraum von vier oder fünf Jahren (vgl. *Tillmann, 2004[13], S. 198*).

Neben der zunehmenden Zahl von Arbeitern – ***Proletariern***[3] – stieg eine Schicht zu Wohlstand und Einfluss auf, was das Bild von Familie, Kindheit und Jugend nachhaltig veränderte: das Bürgertum. Die Zielsetzung dieser neuen Schicht war die Sicherung der Zukunft des eigenen Standes, was nur über die fundierte Ausbildung des eigenen Nachwuchses

---

[1] *Moratorium (lat.): angeordneter oder vertraglich vereinbarter Aufschub*

[2] *vgl. hierzu Abschnitt 2.4.2*

[3] *Als Proletariat werden die lohnabhängigen Beschäftigten bezeichnet, die keine eigenen Produktionsmittel besitzen.*

gelingen konnte. Da die Tätigkeiten im Beruf ein hohes Maß an fachlichem Wissen und Können verlangten, musste eine relativ lange Ausbildungsphase vorangestellt werden, bevor das elterliche Unternehmen, die väterliche Praxis oder der väterliche Beruf, übernommen werden konnten. Dadurch hatten die Kinder dieser Schichten deutlich mehr Zeit zum Erwachsenwerden als Kinder von Arbeitern oder Bauern.

„Die Sozialhistoriker belehren uns somit, dass die uns bekannte Erscheinungsform von Jugend gemeinsam mit dem Bürgertum entstanden ist und zunächst nur von einer Minderheit der männlichen Gymnasiasten aus privilegierten Elternhäusern gelebt werden konnte."

(Tillmann, 2004[13], S. 199)

Noch bis zum ersten Drittel des 20. Jahrhunderts war die Jugendphase vor allem auf männliche Kinder des Bürgertums beschränkt. Für Mädchen galt die Vorbereitung auf die spätere Ehe als wichtigstes Ziel, höhere Schulbildung und Studium wurden erst nach dem Ende des Ersten Weltkrieges als Möglichkeiten anerkannt. Im zurückliegenden 20. Jahrhundert haben sich die Bildungsmöglichkeiten und -chancen junger Menschen in Deutschland zunehmend vermehrt und zwischen den Geschlechtern angeglichen.

Strukturierung von Lebensphasen zu vier historischen Zeitpunkten

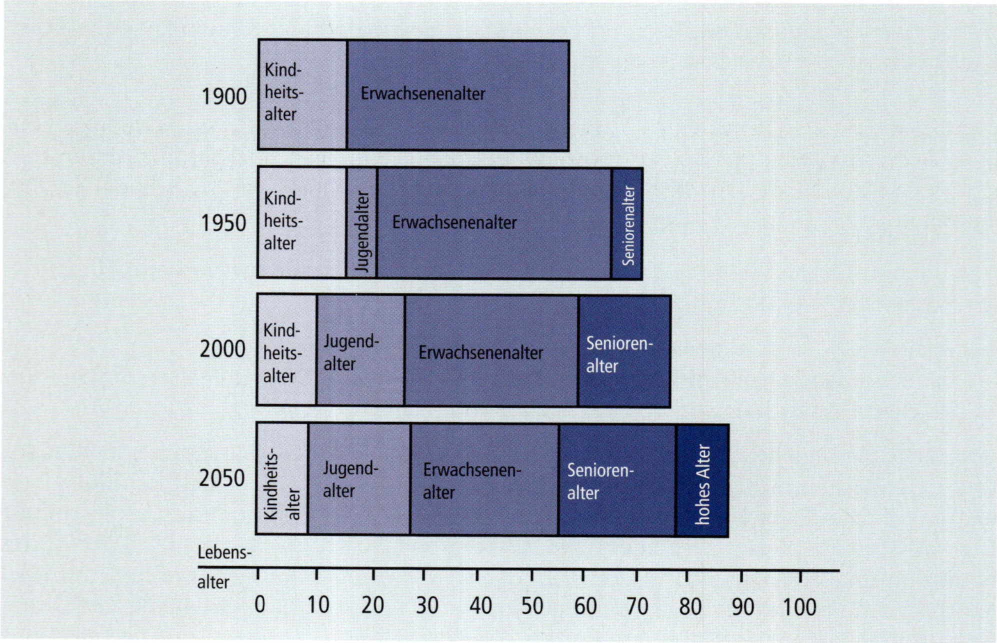

(Hurrelmann, 2004[7], S. 17)

Am Ende des 20. Jahrhunderts und im beginnenden 21. Jahrhundert hat sich die Dauer des Schulbesuchs noch einmal deutlich verlängert und damit den Eintritt von Jugendlichen ins Erwachsenenleben weiter hinausgezögert. Ursache dafür sind in erster Linie ökonomische Faktoren.

Jugend im beginnenden 21. Jahrhundert ist also lange nicht mehr ein Privileg weniger, bürgerlicher Eliten, sondern sie ***ist zu einer Lebensphase geworden, die alle Jugendlichen unserer Gesellschaft betrifft*** – unabhängig von ihrer sozialen Schichtzugehörigkeit. Parallel zur zeitlichen Ausdehnung der Jugendzeit haben sich auch ihre Inhalte verändert.

> *„An die Stelle von Askese und Kontrolle ist in weiten Bereichen eine Jugendkultur getreten, die von unmittelbarer Aufsicht der Erwachsenen befreit ist und vielfältige Formen des Genusses einschließt."* *(Tillmann, 2004[13], S. 200)*

Dabei haben sich in den vergangenen Jahrzehnten sehr viele unterschiedliche Lebensformen und Lebensstile von Jugendlichen entwickelt. Diese Stile existieren zeitgleich nebeneinander und bieten ein beinahe unerschöpfliches Spektrum verschiedener Wertorientierungen. Deshalb ist es aus sozialwissenschaftlicher Sicht fast unmöglich, von „der" Jugend als einem einheitlichen und ganzheitlichen Phänomen zu sprechen.

*Sozialwissenschaftliche Forschungsergebnisse zu unterschiedlichen Lebenswelten von Kindern und Jugendlichen befinden sich beispielsweise im **Kinder- und Jugendbericht** (abrufbar unter: www.bmfsfj.de), in der **JIM-Studie** (abrufbar unter: www.mpfs.de) oder in der **Shell-Jugendstudie** (abrufbar unter: www.shell.de/jugendstudie).*

2.4 Der Wandel der Familie

Der historische Wandel der Lebenswelten von Kindern und Jugendlichen hatte natürlich auch Auswirkungen auf Erziehungsorte wie Familie, Tageseinrichtungen für Kinder und andere sozialpädagogische Institutionen. Im Folgenden wird auf den Wandel der Familie eingegangen.

2.4.1 Die Familie in der Vergangenheit

In der Antike und im Mittelalter gab es keine Familie in unserem heutigen Sinne. Man lebte in **Sippen- und Standesverbänden** zusammen.

> *„Was wir ‚Familie' nennen – die Gemeinschaft von Eltern und Kindern –, entwickelte sich in Europa erst im 15. und 16. Jahrhundert allmählich aus den größeren Sippen- und Stammesverbänden; sie wird dann zu einer moralischen Instanz."* *(Ariès, 2007[16], S. 2)*

Bis in das 17. Jahrhundert hinein spielte sich das Leben in der Öffentlichkeit ab. Man musste den Eindruck haben – so der französische Historiker und Soziologe *Philippe Ariès* (*2007[16], S. 556*) –, als würde sich alle Welt draußen aufhalten, statt im Haus zu bleiben.

Familie in unserem Sinne entwickelte sich erst allmählich ab dem 17. Jahrhundert. Bei Familien, die einen Bauernhof, einen Handwerks- oder Handelsbetrieb besaßen, stand der ***Fortbestand des Betriebes*** im Mittelpunkt. Es gab nur eine bedingt freie Partnerwahl, durch die Heirat musste der Fortbestand des Betriebes und der Familie gesichert werden. War der Betrieb entsprechend groß, lebten im Haushalt auch familienfremde Personen wie Lehrlinge, Gesellen und Gesinde mit.

Die Arbeit war zwischen Ehemann und Ehefrau aufgeteilt. Jede Funktion war für das Überleben des Betriebes und der Familie wichtig. Frauen waren für die Organisation des Haushaltes, die Versorgung und Erziehung der Kinder, aber auch für bestimmte Bereiche der Erwerbs- und Produktionswirtschaft zuständig. Die Verantwortung der Männer bezog sich in erster Linie auf landwirtschaftliche oder handwerkliche Arbeiten.

Familiensoziologen und konservative Sozialpolitiker haben über Jahrzehnte Bilder von der vorindustriellen Familie vertreten, die durch neuere geschichtliche Familienforschung widerlegt werden, wie zum Beispiel den Mythos, dass die Familien kinderreich waren (vgl. Rosenbaum, 1982).

Vorindustrielle Familien zeichnen sich durch folgende Merkmale aus:

- Ehe und Familie hatten einen ***instrumentellen Charakter***. Wesentlich war, Vermögen, Besitz und Namen weiterzuvererben und die Versorgung im Alltag sowie bei Krankheit und Alter zu garantieren.
- Zwischen Eltern und Kindern bestand eine ***distanzierte, wenig gefühlsbetonte Beziehung***, bedingt durch die hohe Kindersterblichkeit, die häufige materielle Not und die große Gefahr von Frauen, während der Schwangerschaft und im Kindbett zu sterben.
- ***Kinder wurden in erster Linie als Arbeitskräfte gesehen***, die Dauer der Kindheit beschränkte sich auf die ersten Lebensjahre. Sobald sie laufen und zielorientiert handeln konnten, wurden sie als Erwachsene gesehen und in den Arbeitsprozess integriert. Erziehung und Ausbildung erfolgten durch das Zusammenleben mit den Erwachsenen.

- Man lebte und arbeitete in ***Allzweckräumen***. Es gab keine Trennung zwischen Familie und familienfremden Personen und keine familiäre Intimsphäre, da die Zimmer auch öffentliche Räume waren. Sich zurückzuziehen gelang selten, zwischen den Familienmitgliedern kam kaum Intimität auf.
- Frauen und Männer brauchten zum Heiraten eine Heiratserlaubnis, und diese wurde nur gegeben, wenn die Mittel zum Erwerb eines Handwerks oder eines Bauernhofes zur Verfügung standen oder sonst für den Lebensunterhalt gesorgt werden konnte. Ein relativ hoher Anteil an Personen konnte aus diesen Gründen niemals heiraten. Dieses Heiratsverhalten wird als europäisches Heiratsmuster – **European marriage pattern** – bezeichnet und ist weltweit einzigartig.

2.4.2 Die proletarische und die bürgerliche Familie

Im 19. Jahrhundert entstanden durch die industrielle Revolution zwei neue Familientypen, die **proletarische** und die **bürgerliche Familie**, zwischen denen große Unterschiede bestanden.

Die proletarische Familie

Für die Lebenssituation proletarischer Familien war kennzeichnend, dass sie unter sehr beengten und gesundheitsschädlichen Wohnverhältnissen litten. Männer, Frauen und Kinder mussten lang und hart arbeiten und waren bedroht von Armut, Krankheit, Hunger und ungewollten Schwangerschaften. Männer und Frauen waren eher gleichberechtigt. Eine geschlechtsspezifische Arbeitsteilung, wie in den bürgerlichen Familien, war schon aus wirtschaftlichen Gründen nicht möglich, da die Familie auf jedes Einkommen existenziell angewiesen war.

Die Anzahl der proletarischen Familien war zwar sehr hoch, aber die „bürgerliche Familie" entwickelte sich zum Idealtyp. Zunächst auf die besitzenden Familien, die „Bürger", beschränkt, wurde sie zu einer alle sozialen Schichten beherrschenden Form des Zusammenlebens, die sich im 20. Jahrhundert weit verbreitete.

Die bürgerliche Familie

Die sich anbahnenden Veränderungen zeigten sich in einem neuen **Wohnstil**. Es erfolgte – zuerst bei den besitzenden Schichten – eine ***Trennung zwischen Familienbereich und Erwerbsleben***. Das Haus verlor den Charakter eines öffentlichen Ortes und innerhalb des Hauses gab es spezialisierte Zimmer. Damit waren Intimität und Rückzug möglich. Es bedeutete auch die Trennung zwischen Familienmitgliedern und Bediensteten. Die Vertrautheit innerhalb der Familie wurde zu einem wichtigen Wert.

Durch die Trennung von Arbeit und Familie verändert sich auch die **Rolle der Frau.** Es trennten sich die hauswirtschaftlichen von den erwerbswirtschaftlichen Tätigkeiten. Die Frauen waren nur noch für den Innenbereich des Hauses zuständig und wurden von der Erwerbsarbeit ausgeschlossen.

Es bildete sich die Idee heraus, dass Männer und Frauen ***wesensmäßig sehr unterschiedlich seien und als sich ergänzendes Ganzes gesehen wurden***: Frauen sind für die Familie und die Erziehung der Kinder geschaffen, die Männer für das Erwerbsleben. Der Mann ist das „Haupt", die Frau die „Seele" der Familie.

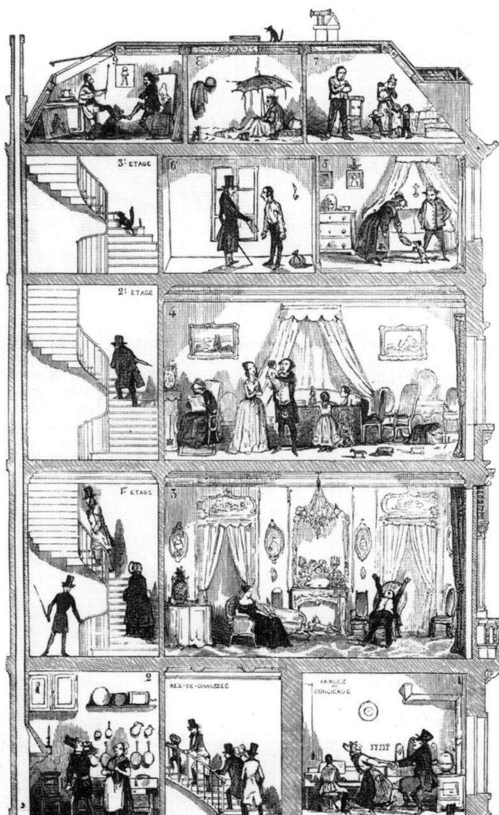

Querschnitt eines Mietshauses mit häuslichen Szenen von Arm und Reich, 1852

Weiterhin veränderte sich die Sicht von Kindern, es wurde ihnen eine **Kindheit als eigene Entwicklungsphase** zugestanden.

> Symbolisch zeigte sich das neue Verständnis, indem es erstmals Kinderkleidung gab und Kinderspielzeug gefertigt wurde.

Kinder wurden emotional wichtiger, die Beziehung zu den Eltern, vor allem der Mutter, intensivierte sich. Von den entstehenden Wissenschaften wurde die Auffassung vertreten, dass Mütter die besten Erzieherinnen seien. Unverheiratete Verwandte, Bedienstete und andere Personen, die bisher mit erzogen, traten in den Hintergrund, die frühkindliche Sozialisation wurde allein der Mutter bzw. der Kernfamilie zugewiesen.

Zudem veränderten sich auch die Beziehungen der Familienmitglieder untereinander: Die Beziehungen innerhalb der Familie wurden intimer und gefühlvoller. Das Verliebtsein bzw. die Liebe wurde das entscheidende Motiv zur Eheschließung. Man sprach von dem Ideal der romantischen Liebe, da die Ehe den Wunsch nach Glück, Liebe und Intimität erfüllen und nicht mehr die Wirtschaftsgemeinschaft im Vordergrund stehen sollte. Die Ehe erhielt damit einen geschichtlich neuen Sinn.

> *„Mit der Trennung des Erwerbs- und des Wohnbereiches – zunächst nur in jener hochbürgerlichen bzw. besitzenden Schicht – war gleichzeitig die Trennung psychischer Ebenen verknüpft: Der Arbeitsbereich wurde zumindest dem Anspruch nach immer zweckrationaler. Der Ehe und Familie wuchs als spezialisierte Funktion die emotionale Bedürfnisbefriedigung ihrer Mitglieder zu, wobei hauptsächlich der Ehefrau diese Aufgabe zuerkannt wurde. Im Zuge dieser Entwicklung bekam das Ehe- und Familiensystem das Monopol zugewiesen, das einzige System mit Spezialisierung ‚auf emotionale Bedürfnislagen'."* *(Nave-Herz, 2004, S. 53)*

Das bürgerliche Familienmodell hatte ebenfalls für Arbeiterfamilien eine hohe Attraktivität und auch im Nationalsozialismus wurde dieses Familienmodell propagiert. Ebenso ab den 50er-Jahren des letzten Jahrhunderts galt in Westdeutschland das bürgerliche Familienmodell mit nicht erwerbstätiger Mutter als einziges Ideal.

> 1950 waren zum Beispiel 76 Prozent aller Mütter mit Kindern unter 18 Jahren Vollzeithausfrauen.

Familientyp	Familienform	Partnerwahl	Arbeitsteilung	Machtverteilung	Kinder	Wohnraum
vorindustrielle Familie mit Produktionsfunktion	häufiger erweiterte Familien	von der Familie bestimmt	Beide Eheleute und die Kinder sind am Produktionsprozess beteiligt, aber mit unterschiedlichen Aufgaben.	patriarchalisch	hohe Geburtenrate, wenig überlebende Kinder	Gemeinsamkeit von Produktion und Familienleben
proletarische Familie	Kernfamilie	frei	Alle sorgen für den Lebensunterhalt.	eher gleichberechtigt	mittlere Geburtenrate, hohe Kindersterblichkeit	Trennung von Arbeit und Familie
bürgerliche Familie	Kernfamilie	Ideal der romantischen Liebe, aber mit Vernunft	Männer sind für den Lebensunterhalt zuständig, Frauen für die Familie.	eher patriarchalisch	mittlere Geburtenrate, niedrige Kindersterblichkeit	Trennung von Arbeit und Familie

2.4.3 Die Familie in der Gegenwart

Nach den 50er-Jahren des vergangenen Jahrhunderts, in der das bürgerliche Familienmodell seine Blütezeit hatte, setzte ein **nachhaltiger Wandel** in den Einstellungen und in der Lebensrealität von Familie ein, bedingt durch qualitative Veränderungen in wichtigen gesellschaftlichen Bereichen (vgl. *Bruggmann, 2004, S. 4–10*).

Veränderungen	Folgen
Bildungsbereich: Ab ca. 1965 war es ein erklärtes politisches Ziel, die Bildungschancen von allen Kindern zu erhöhen. Ziel war eine Chancengleichheit der sozialen Schichten sowie von Männern und Frauen.	Durch die deutliche Erhöhung des Bildungsniveaus dauert die Schul- und Ausbildungsphase heute weit über das Jugendalter hinaus. Viele junge Erwachsene verfügen über eine höhere Schul- und Berufsausbildung als ihre Eltern, sie verlassen damit sowohl sozial als auch regional ihr Herkunftsmilieu.
Durch den Zugang zu Bildung und die Ideen der Frauenbewegung veränderte sich das **Selbstverständnis** der Frauen. Einen Beruf zu erlernen und berufstätig zu sein, ist für Frauen selbstverständlich geworden.	Die Vereinbarkeit von Familie und Beruf wird zum zentralen Thema für viele Familien. Die Frauen drängen auf eine partnerschaftliche Aufgaben- und Entscheidungsverteilung in Partnerschaft und Familie – die patriarchalisch geprägte Familienstruktur löst sich auf.
Entwicklung zuverlässiger Verhütungsmethoden: Frauen haben die Kontrolle, ob sie schwanger werden und wie viele Kinder sie haben wollen.	Empfängnisverhütung ermöglicht Berufs- und Lebensplanung. Das ist auch ein Grund für einen starken Rückgang der Geburtenrate.
Durch medizinische Fortschritte und bessere Lebensbedingungen **erhöht sich die durchschnittliche Lebensdauer**.	Die Familienphase nimmt nur noch ein Viertel des gesamten Lebens ein, früher war es das halbe Leben. Damit erhalten Partnerschaft und Beruf eine noch größere Bedeutung.
Umstrukturierung der Arbeitswelt: Berufstätige müssen sich raschem technologischem Wandel anpassen und sich qualifizieren. Durch die Globalisierung und Stagnation des Wirtschaftswachstums sind Arbeitsplätze weniger sicher geworden, oft gibt es nur kurzfristige Arbeitsverträge.	Männer und Frauen wählen einen späteren Zeitpunkt zur Familiengründung. Der Wiedereinstieg nach einer Familienphase ist schwierig, weil der Konkurrenzdruck auf dem Arbeitsmarkt sehr hoch ist. Obwohl der Lebensstandard gewachsen ist, führt das zu einer zunehmenden existenziellen Verunsicherung von Familien und Paaren in der Familiengründungsphase.
Liberalisierung der soziokulturellen Normen bzw. Abnahme der sozialen Kontrolle: Menschen können ihre Lebensform, ihren Partner frei wählen; sie können ihre Rollen individuell ausgestalten und ihre Sexualität frei leben.	Vorher stigmatisierte[1] Lebensformen wie nicht eheliche Partnerschaften, nicht eheliche Kinder und homosexuelle Partnerschaften werden zunehmend akzeptiert. Die Anzahl der Lebensformen wie Alleinerziehende, Alleinlebende, neu zusammengesetzte Familien und Partner, die zusammen sind, aber getrennt leben, steigt an.
Wandel in den Werten und Einstellungen: Es zählt mehr das persönliche Glück, nicht die Erfüllung der von der Gesellschaft zugewiesenen Pflichten. Selbstentfaltung, Unabhängigkeit und Freiheit werden zu zentralen Werten.	Es kommt zu einer **Individualisierung**, da sich traditionelle Bindungen auflösen. Beziehungen werden weniger verlässlich. Die Verunsicherung über die eigene Identität und die eigenen Lebensentwürfe nimmt zu, weil diese Freiheit auch eine Überforderung bedeuten kann.

Diese gesellschaftlichen Veränderungen zeigen sich in einem starken **demografischen Wandel**: In den letzten 40 Jahren zeigt sich ein Trend zu höherem Heiratsalter bei insgesamt sinkender Heiratsneigung. Es gibt eine Zunahme der nicht ehelich geborenen Kinder bei gleichzeitig deutlich reduzierter Geburtenrate. Die Haushalte, in denen beide Partner arbeiten, haben zugenommen. Die Scheidungsrate ist gestiegen und mehr Menschen leben allein. Gleichzeitig zeigen neue Untersuchungen zum Wertewandel, dass neben dem Wert der Selbstentfaltung enge Sozialbindungen, Sicherheit und Geborgenheit als sehr wichtig für die Lebenszufriedenheit eingeschätzt werden.

---

[1] *Stigma (griech.) meint eine Eigenschaft bzw. ein Merkmal eines Menschen, das von der Norm abweicht. Stigmatisierung ist das Verhalten aufgrund eines zu eigen gemachten Stigmas, welches mit einer negativen Bewertung und Diskreditierung des Betroffenen verbunden ist, der dadurch eine beschädigte Identität entwickelt.*

Bei repräsentativen Umfragen zeigt sich, dass Familie der wichtigste Lebensbereich ist und die Bedeutung von Familie in den letzten 20 Jahren gestiegen ist. In einer Untersuchung in den letzten Jahren bejahten die Aussage „Familie ist sehr wichtig": in Westdeutschland 80 Prozent und in Ostdeutschland 85 Prozent (vgl. *Nave-Herz, 2004, S. 72 f.*).

Heute kennzeichnet der Begriff der Familie **ein Paar**, welches verheiratet oder auch unverheiratet ist, hetero- oder homosexuell sein kann, **mit mindestens einem eigenen und/oder angenommenen Kind. Diese leben in einer Wohn-, Lebens- und Haushaltsgemeinschaft zusammen**. Eine biologische Verwandtschaft ist heute kein zwingendes Definitionskriterium mehr.

„Familie ist da, wo Kinder sind." *(Richard von Weizsäcker[1])*

In der heutigen Zeit fallen die biologische und die soziale Elternschaft immer öfter auseinander (vgl. *Peuckert, 2008[7], S. 33*). Immer mehr Minderjährige, die mit ihren Eltern aufwachsen, sind mit diesen entweder nur zur Hälfte oder gar nicht leiblich verwandt. Man spricht in solchen Fällen von ***multiplen Elternschaften bzw.*** von ***Fortsetzungs***- oder ***Patchworkfamilien***.

Beispielsweise wird bei Adoptiveltern von multiplen Elternschaften gesprochen. Auch bei der künstlichen Befruchtung der Eizelle mit der Samenzelle eines fremden Spenders wird die Einheit von biologischer und sozialer Elternschaft durchbrochen.

Die Erwachsenen haben das gemeinsame **Ziel, die Kinder zu erziehen**, damit diese mit sich selbst und in ihrer Gesellschaft bzw. mit der kulturellen Lebensweise zurechtkommen.

Gegenüber früheren Zeiten ist die Familie heute eine Gruppe der besonderen Art, weil die Familienmitglieder durch ***starke Gefühle miteinander verbunden sind***. Der familiäre Raum von Familie und der Ehe ist vor der Einmischung von Staat und Kirche geschützt, deshalb wird Familie auch als **Intimgruppe** bezeichnet.

Unter einer Familie verstehen wir eine Intimgruppe, bei der ein Paar mit mindestens einem Kind, das dort erzogen wird, in einer Wohn-, Lebens- und Haushaltsgemeinschaft zusammenlebt[2].

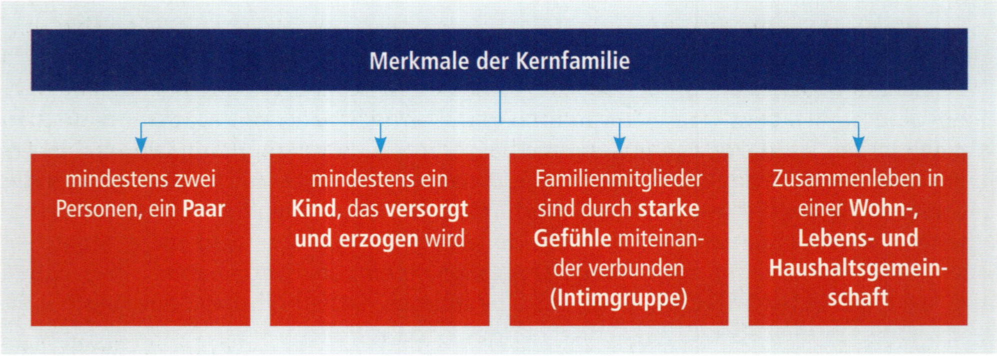

---

[1] *Richard Karl Freiherr von Weizsäcker (* 1920) ist deutscher Politiker und war von 1981 bis 1984 Regierender Bürgermeister von Berlin und von 1984 bis 1994 Bundespräsident der Bundesrepublik Deutschland.*

[2] *Wenn hier lediglich von Kindern die Rede ist, so ist das in diesem Zusammenhang nicht entwicklungspsychologisch, sondern soziologisch aufgrund der Zuweisung von verschiedenen Rollen gemeint.*

Trotz dieser gemeinsamen Merkmale von Familie bestehen in der heutigen Zeit viele verschiedene Familienformen.

Eine andere institutionelle Erziehung als in der Familie ist die **Kibbuz-Erziehung** in Israel. Kibbuz[1] bezeichnet eine ländliche Gemeinschaftssiedlung vorwiegend in Israel mit kollektiver Wirtschaft und gemeinsamem Eigentum. Die Erziehung im Kibbuz findet von Geburt an in einem eigenen Kinderhaus mit Gleichaltrigen (altershomogene Gruppen) statt, welche von je einer Erzieherin, der ***Metapelet***, geleitet wird, die nach einem bestimmten Zeitraum wechselt. Die Eltern haben nur kurzzeitigen Kontakt zu ihren Kindern.

Wo die Kibbuz-Erziehung heute noch existiert, entwickelt sie sich mehr und mehr weg von der Idee eines Kinderhauses hin zu einem „Kindergarten", das Erziehungsrecht liegt bei den Eltern. In der heutigen Zeit hat die Kibbuz-Erziehung im herkömmlichen Sinn keine Bedeutung mehr.

2.4.4 Funktionen der Familie

Nach dem *Kinder- und Jugendhilfegesetz (KJHG)* kann von einem ***Vorrang der Familie*** gegenüber staatlichen Einrichtungen gesprochen werden. Sie hat viele in unserer Gesellschaft unverzichtbare Funktionen[2] zu erfüllen, die ihre Bedeutung für die Gesellschaft ausmachen:

- Die **Sozialisation[3] von Kindern**: Familie ist der Ort, an dem Kinder körperlich und psychisch versorgt und erzogen werden. In ihr erlernt der Einzelne das soziale Verhalten und wird für die Gesellschaft bzw. in einer ihrer Gruppen handlungsfähig gemacht; man spricht deshalb von der **Sozialisationsfunktion** der Familie.
- Die **Standortfindung**: Das Kind erhält durch die Familie einen bestimmten Platz in der Gesellschaft.

  So erhält das Kind beispielsweise eine Kirchenzugehörigkeit, die Mitgliedschaft in einem Verein oder einen bestimmten Beruf.

  Den Zuweisungsprozess einer Person zu einer gesellschaftlichen Position innerhalb der hierarchischen Struktur einer Gesellschaft bezeichnet man als **Platzierung** (vgl. *Nave-Herz, 2006², S. 91*).
- Die **Haushalts- und Freizeitfunktion**: Die Familie bildet eine Wohn- und Haushaltsgemeinschaft: Ihre Mitglieder stellen ihr Einkommen zur Verfügung, um miteinander zu wirtschaften und so die Bedürfnisse des Einzelnen zu befriedigen. Im täglichen familiären Zusammenleben werden körperliche und psychische Bedürfnisse wie zum Beispiel Zuwendung, Wärme oder Anerkennung befriedigt. Zudem verbringen die Familienmitglieder überwiegend ihre Freizeit gemeinsam und feiern gemeinsame Feste wie Geburtstag, Weihnachten und dergleichen.

> *„Der Haushalt kann als Ort des Austausches bestimmter Leistungen gelten; hier konkretisiert sich Familiensinn, ist der Ort des Zusammenlebens, wird Freizeit überwiegend verbracht."*
> *(Gernert, 1993⁴, S. 95)*

---

[1] qibbûẕ (hebr.): Versammlung, Gemeinschaft; Kibbuzim bezeichnet die Mehrzahl.
[2] Funktionen meinen in diesem Zusammenhang familiäre Leistungen, die im Idealfall erbracht werden, aber auch unvollkommen bleiben können.
[3] Auf Sozialisation wird in Kapitel 6.2.1 eingegangen.

- Der **Spannungsausgleich**: Im Gegensatz zu Schule, Beruf und Öffentlichkeit bietet die Familie die Möglichkeit, Gefühle zu zeigen und auszuleben sowie sich selbst zu entfalten. Insofern kann sie ein Gegengewicht zum Leben außerhalb der Wohnung sein.

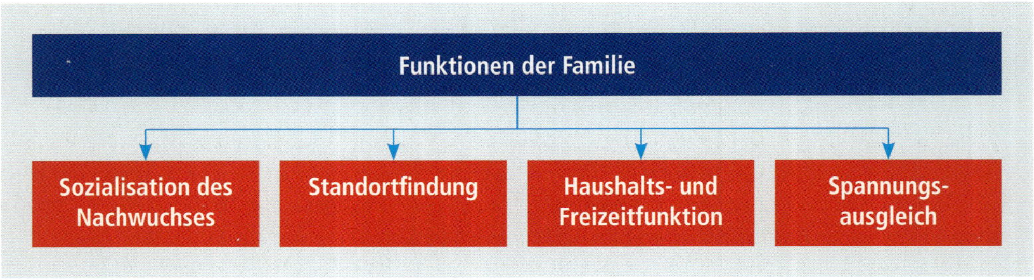

Zusammenfassung

- Pädagogik und Psychologie sind relativ junge eigenständige Wissenschaften. Erst nach 1920 haben sie an den deutschen Universitäten den Status einer jeweils eigenständigen Wissenschaft erhalten. Bis dahin waren sie „Anhängsel" anderer Wissenschaften, insbesondere der Philosophie und der Theologie. Die Geschichte der Pädagogik und Psychologie als Wissenschaften kann als Prozess der Verselbstständigung verstanden werden.

- Hauptströmungen der Pädagogik sind heute die normative Pädagogik, die geisteswissenschaftliche Pädagogik, die empirische Pädagogik und die kritische Erziehungswissenschaft. Auch die Psychologie stellt sich nicht als eine einheitliche Wissenschaft dar, sie umfasst mehrere Richtungen: die Tiefenpsychologie, den Behaviorismus, die Ganzheits- und Gestaltpsychologie, die Kognitive Psychologie, die Humanistische Psychologie und den Systemischen Ansatz.

- Nicht nur die Erziehung und Vorstellungen über sie wandelten sich im Laufe der Zeit, sondern auch die Lebenswelten der Menschen in Kindheit, Jugend, Erwachsenenalter und Alter sowie die Einrichtungen, in denen Erziehung stattfindet. Kinder hatten in der Antike und im Mittelalter nicht den Wert eines erwachsenen Menschen, sie galten als unvollkommen und minderwertig. Antike und Mittelalter kannten keine Erziehung in unserem Sinne und hatten auch keine Vorstellung von ihr, auch wenn sich manche Philosophen und Theologen mit pädagogischen Fragen beschäftigten. Erst im 17. Jahrhundert entwickelte sich ein Interesse an einer speziellen Einflussnahme, einer Erziehung.

- Eine Wende zur Einstellung gegenüber dem Kind trat im 18. Jahrhundert ein. Es kam die Vorstellung auf, dass man sich der Schwäche und Unschuld der Kindheit bewusst werden und sich deshalb Kindern dergestalt widmen sollte, ihre Unschuld zu bewahren und der Schwäche abzuhelfen. Eine, wenn auch kurze, Phase der Kindheit entstand. Diese „kurze Kindheit" dehnte sich in den kommenden Jahrzehnten weiter aus auf die Schulzeit: Ende des 19. Jahrhunderts wurde das Lehrverhältnis durch die Schule abgelöst bzw. ergänzt. Gab es bis zum 18. Jahrhundert nur eine Schule für alle Kinder, so differenzierte sich diese danach dem sozialen Stand entsprechend weiter aus in eine Oberschulbildung und eine Volksschulbildung. In der heutigen Zeit ist Kindheit eine eigene Entwicklungsphase, die kein Privileg weniger, bürgerlicher Eliten mehr ist, sondern eine Lebensphase, die alle Kinder unserer Gesellschaft durchleben.

- Im Zuge der von *Jean-Jacques Rousseau* beeinflussten Reformpädagogik entstand eine Erziehungsbewegung, die viele neue Ideen und Konzepte in Bezug auf die Erziehung und den Unterricht hervorbrachte. Als Beginn dieser Bewegung wird die Proklamation „Pädagogik vom Kinde aus" angenommen. Im Mittelpunkt standen nun die Art und Weise des Kindes, wie es nun einmal ist, die kindliche Selbstständigkeit und Selbstentfaltung sowie die Berücksichtigung seiner Bedürfnisse und Spontaneität.

- Von der Antike bis in das 19. Jahrhundert hinein gab es keine eigene Phase des Jugendalters. Dass dieses bedeutsam wurde, lag vor allem an der Schulpflicht sowie der zunehmenden Familialisierung und Verhäuslichung im Zuge der Entstehung der bürgerlichen Gesellschaft und der bürgerlichen Familie. Am Ende des 20. Jahrhunderts und im beginnenden 21. Jahrhundert hat sich die Dauer des Schulbesuchs und die Ausbildung immer mehr verlängert und damit den Eintritt von Jugendlichen ins Erwachsenenleben weiter hinausgezögert. Ursache dafür sind in erster Linie ökonomische Faktoren. In den vergangenen Jahrzehnten haben sich gegenüber der „einheitlichen" Jugend in der ersten Hälfte des 20. Jahrhundert sehr viele unterschiedliche Lebensformen und -stile von Jugendlichen entwickelt. Diese Stile existieren zeitgleich nebeneinander und bieten ein beinahe unerschöpfliches Spektrum verschiedener Wertorientierungen.

- In der Antike und im Mittelalter gab es keine Familie in unserem heutigen Sinne. Man lebte in Sippen- und Standesverbänden zusammen. Familie in unserem Sinne entwickelte sich erst allmählich ab dem 17. Jahrhundert. Dabei war bis zum 19. Jahrhundert die vorindustrielle Familie die verbreiteste Form. Sie hatte einen instrumentellen Charakter, zwischen Eltern und Kindern bestand eine distanzierte, wenig gefühlsbetonte Beziehung, Kinder wurden in erster Linie als Arbeitskräfte gesehen. Männer und Frauen brauchten zum Heiraten eine Heiratserlaubnis und diese wurde nur gegeben, wenn die Mittel zum Erwerb eines Handwerks oder eines Bauernhofes zur Verfügung standen oder sonst für den Lebensunterhalt gesorgt werden konnte. Im 19. Jahrhundert entstanden durch die industrielle Revolution die proletarische und die bürgerliche Familie. Nach den 50er-Jahren des vergangenen Jahrhunderts, in der das bürgerliche Familienmodell seine Blütezeit erlebte, setzte ein nachhaltiger Wandel in den Einstellungen und in der Lebensrealität von Familie ein, bedingt durch qualitative Veränderungen in wichtigen gesellschaftlichen Bereichen.

- Unter einer Familie verstehen wir heute eine Intimgruppe, bei der ein Paar mit mindestens einem Kind, das dort erzogen wird, in einer Wohn-, Lebens- und Haushaltsgemeinschaft zusammenlebt. Trotz dieser gemeinsamen Merkmale von Familie bestehen viele verschiedene Familienformen. Kibbuz bezeichnet eine ländliche Gemeinschaftssiedlung vorwiegend in Israel mit kollektiver Wirtschaft und gemeinsamem Eigentum. Die Erziehung im Kibbuz findet von Geburt an in einem eigenen Kinderhaus statt, welche von je einer Erzieherin, der Metapelet, geleitet wird. Die Familie hat bestimmte Funktionen zu erfüllen: Sozialisation des Nachwuchses, Standortfindung, Haushalt- und Freizeitfunktion und Spannungsausgleich.

Aufgaben und Anregungen Kapitel 2

Aufgaben

1. Geben Sie einen Überblick über die Pädagogik und die Psychologie in der Vergangenheit und der Gegenwart.
   (Abschnitt 2.1.1)
2. Beschreiben Sie Hauptströmungen der Pädagogik und stellen Sie die Unterschiede zwischen diesen heraus.
   (Abschnitt 2.1.2)
3. Stellen Sie die Grundannahme(n) der Tiefenpsychologie und des Behaviorismus dar und erläutern Sie am Beispiel einer Angst die wichtigsten Unterschiede dieser beiden Richtungen der Psychologie.
   (Abschnitt 2.2.1 und 2.2.2)
4. Legen Sie die grundlegenden Annahmen der kognitiven Psychologie dar und erläutern Sie diese am Beispiel der Traurigkeit.
   (Abschnitt 2.2.3)
5. Beschreiben Sie anhand von Beispielen die Grundannahmen
   a) der Ganzheits- bzw. Gestaltpsychologie;
      (Abschnitt 2.2.4)
   b) der humanistischen Psychologie.
      (Abschnitt 2.2.5)
6. Zeigen Sie am Beispiel der Aggression einer Person die Grundannahme des systemischen Ansatzes in der Psychologie auf.
   (Abschnitt 2.2.6)
7. Charakterisieren Sie die Kindheit im historischen Wandel.
   (Abschnitt 2.3.1)
8. Zeigen Sie die Bedeutung der Reformpädagogik für die pädagogische Gegenwart auf.
   (Abschnitt 2.3.2
9. Stellen Sie die Jugendzeit im historischen Wandel dar.
   (Abschnitt 2.3.3)
10. Erläutern Sie den historischen Wandel der Familie.
    (Abschnitt 2.4.1
11. Stellen Sie die proletarische und die bürgerliche Familie gegenüber, indem Sie Gemeinsamkeiten und Unterschiede herausarbeiten.
    (Abschnitt 2.4.2)
12. a) Stellen Sie den Wandel der Familie im 21. Jahrhundert dar.
    b) Beschreiben Sie mögliche Ursachen, die zu diesem Wandel geführt haben bzw. führen.
    (Abschnitt 2.4.3)
13. Erläutern Sie an Beispielen Funktionen der Familie.
    (Abschnitt 2.4.4)
14. a) Lesen Sie sozialwissenschaftliche Forschungsergebnisse zu unterschiedlichen Lebenswelten von Kindern und Jugendlichen (zum Beispiel Kinder- und Jugendbericht, JIM-Studie 2010 oder Shell-Jugendstudie).

b) Analysieren und interpretieren Sie diese Forschungsergebnisse.
c) Bewerten Sie die Aussagekraft der verwendeten statistischen Untersuchungen.
(Abschnitt 2.3 und *Kapitel 4.2*)

15. a) Arbeiten Sie im Internet gesellschaftliche Entwicklungstendenzen und Besonderheiten der Lebenssituation einzelner Bevölkerungsgruppen heraus.
b) Diskutieren Sie in Gruppen Lösungsansätze und halten Sie Ihre Ergebnisse auf einer Plakatwand fest.
c) Stellen Sie Ihre Diskussionsergebnisse der Klasse vor.

Anregungen

16. Fertigen Sie in Gruppen eine Mindmap zu dem Thema „Pädagogik und Psychologie im historischen Wandel" an: Das Thema wird als Stichwort in die Mitte eines Blattes geschrieben und stellt sozusagen den Baumstamm dar. Von diesem Stamm gehen Äste ab, die die zum Thema gehörenden Hauptgedanken – wiederum in Stichworten – beinhalten. Von den Ästen abgehende Zweige und schließlich Zweiglein gliedern das Thema weiter auf und beinhalten stichwortartig die Nebengedanken.

17. *Biografie und Internetsuche*
- Suchen Sie in Gruppen im Internet nach Informationen über das Leben und Werk von:
  - Gruppe 1 und 2: *Aristoteles*
  - Gruppe 3 und 4: *Aurelius Augustinus*
  - Gruppe 5 und 6: *Jean-Jacques Rousseau*
  - Gruppe 7 und 8: *Ellen Key*
- Fertigen Sie in Kleingruppen eine Übersicht zur Biografie Ihres jeweiligen Wissenschaftlers an.
- Erarbeiten Sie vier bis sechs wichtige Abschnitte seines Lebens.

18. *Projekt: Familie in der Vergangenheit*
- Bilden Sie drei Gruppen.
- Schreiben Sie – eventuell in Untergruppen – ein Drehbuch über das Leben in der Familie in einem früheren Zeitabschnitt (zum Beispiel im 16. Jahrhundert).
- Spielen Sie in einer Art Theateraufführung das Leben in der Familie in dem gewählten Zeitabschnitt.
- Sprechen Sie anschließend in der Klasse über die Aufführung.

19. *Familien- oder Fremderziehung?*
- Stellen Sie in Ihrer Klasse je sechs Stühle gegeneinander gerichtet auf. Fünf Mitschüler, die die Erziehung vornehmlich in der eigenen Familie vertreten, setzen sich in die eine Reihe, weitere fünf Mitschüler, die eine Erziehung in außerfamiliären Einrichtungen befürworten, nehmen auf den Stühlen gegenüber Platz. In jeder Reihe bleibt ein Stuhl leer.
- Diskussionsablauf: Die eine Gruppe will als Wissenschaftler die andere Gruppe davon überzeugen, dass ihre Art der Erziehung (Familienerziehung bzw. Fremderziehung) die richtige ist.
- Wer von der Klasse einen Diskussionsbeitrag leisten möchte, setzt sich auf den leeren Stuhl. Er nimmt auf derjenigen Seite Platz, die er mit seinem Beitrag unterstützen will. Nach dem Beitrag verlässt der Schüler den Stuhl wieder.

3 Forschungsmethoden der Pädagogik und Psychologie

Die Frage ist, welche Methoden wenden Wissenschaftler an, um zu Erkenntnissen zu kommen.

Folgende Fragen werden in diesem Kapitel geklärt:

1. *Was versteht man unter Wissenschaft, was unter wissenschaftlicher Methode? Welche Arten von Methoden kennen die Pädagogik und die Psychologie?*
2. *Was sind die bedeutendsten naturwissenschaftlichen Methoden? Was sind bildgebende Verfahren?*
3. *Was sind die wichtigsten geisteswissenschaftlichen Methoden?*

3.1 Wissenschaftliche Methoden in Pädagogik und Psychologie

Es ist ein großes Bedürfnis der Menschen, über die Welt Bescheid zu wissen und Kenntnisse, Einsichten, Daten sowie Fakten über die Beschaffenheit der Wirklichkeit zu gewinnen.

3.1.1 Wissenschaft und wissenschaftliche Methode

Um dem Bestreben nach Wissen nachzukommen, haben sich Wissenschaften herausgebildet, die – unterteilt nach ihrem Gegenstand – Wissen sammeln und weitergeben.

> *„Wissenschaft ist nur ein Mittel, um Zugang zur Erkenntnis der (…) Realität zu erhalten."*
> *(Maslow, 1989, S. 35)*

Dieses Wissen bezieht sich sowohl auf die Gegenwart, die Vergangenheit und Zukunft als auch auf Naturvorgänge und -erscheinungen, auf kulturelle Inhalte sowie auf gesellschaftliche Strukturen und Prozesse.

Diese Aufgabe, Wissen über die Beschaffenheit der Wirklichkeit zu gewinnen, haben sich die zahlreichen existierenden Wissenschaften gesetzt. Dabei konzentriert sich jede Wissenschaft auf einen ganz bestimmten **Bereich der Wirklichkeit**.

> Die Biologie beispielsweise befasst sich mit den Lebensweisen der Organismen, die Physik erforscht den Aufbau und das Verhalten der unbelebten Materie, die Geschichte beschäftigt sich mit der Entwicklung der Menschheit und ihren Kulturleistungen und die Soziologie untersucht das regelhafte Zusammenleben und Zusammenwirken von Menschen.

Um Wissen über einen Bereich der Wirklichkeit zu gewinnen, benötigen Wissenschaften bestimmte **Methoden**, die je nach Gegenstand der jeweiligen Wissenschaft unterschiedlich sind.[1]

> Wissenschaften kommen etwa durch Beobachtung oder Experimente zu ihrem Wissen oder Wissenschaftler führen Tests und Interviews durch, um zuverlässige Daten zu gewinnen.

Das durch bestimmte Methoden gewonnene Wissen wird in einen Ordnungszusammenhang, in ein **System**, gebracht. Verschiedene Aussagen werden zu einem geordneten Ganzen gefügt – systematisiert – und in einen größeren Zusammenhang gestellt, wodurch sich das Wissen einordnen und einander zuordnen lässt. Dieser systematisierte Inhalt einer Wissenschaft wird als ***Theorie*** bezeichnet.[2]

Zur Wissenschaft gehören allerdings nicht nur das Gewinnen von Wissen durch bestimmte Methoden und seine Einordnung in einen Ordnungszusammenhang, sondern auch die **Formulierung von Aussagen** über die gewonnenen Erkenntnisse und deren Mitteilung, die in der Regel durch eine Veröffentlichung geschieht. Aus dieser Sicht ist Wissenschaft ein methodisch gewonnenes System von Aussagen über einen Gegenstandsbereich

---

[1] *vgl. Abschnitt 3.1.2*
[2] *vgl. Kapitel 1.3.2 und 1.3.3*

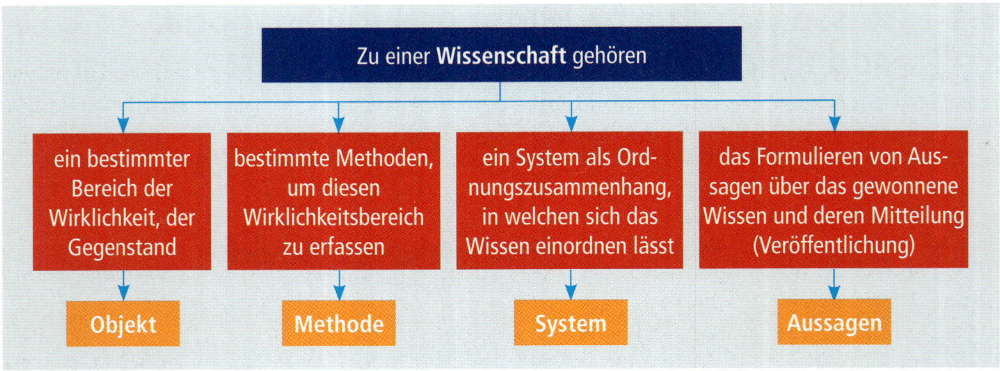

Wissenschaft bedeutet methodisch gewonnenes und in ein System gebrachtes Wissen und die Formulierung von Aussagen über einen Bereich der Wirklichkeit.

Methode[1] bedeutet das Vorgehen bzw. das Verfahren zur Erreichung eines bestimmten Zieles – in der Forschung zur Gewinnung von Wissen über einen Objektbereich.

Die Psychologie beispielsweise möchte über ihren Objektbereich „Erleben und Verhalten" Wissen gewinnen. Dazu bedient sie sich bestimmter Methoden wie etwa der Beobachtung oder des Experimentes.

Hinsichtlich des Begriffes „Methode" unterscheidet man in der Psychologie zwischen ***Forschungs- bzw. Erkenntnismethoden und Interventionsmethoden*** *(vgl. Eid u. a., 2010, S. 3): Interventionsmethoden sind Vorgehensweisen und Verfahren in der praktischen psychologischen Arbeit wie zum Beispiel in der Beratung, der Psychotherapie oder in der Rehabilitation; Forschungs- bzw. Erkenntnismethoden dienen der Gewinnung von Erkenntnissen über einen Objektbereich.*

Wissenschaftler müssen, um zu „richtigen" Ergebnissen zu kommen, **planmäßig, gezielt und systematisch** vorgehen. Systematisch bedeutet in diesem Zusammenhang das geplante und organisierte Vorgehen nach ganz bestimmten wissenschaftlichen „Regeln", wie sie in *Kapitel 4.1.1* dargestellt sind.

Wissenschaftliche Methoden sind systematisch geplante Vorgehensweisen oder Verfahren, um Wissen über einen Objektbereich zu gewinnen.

Die Art und Weise, wie Menschen zu Erkenntnissen kommen, ist die entscheidendste Frage einer jeden Wissenschaft überhaupt. **Denn das methodische Vorgehen einer Wissenschaft bestimmt, ob ihre Ergebnisse richtig und damit brauchbar sind oder nicht.** Sind die Erkenntnisse einer Wissenschaft falsch, so ist eigentlich ihr methodisches Vorgehen, mit dem diese Erkenntnisse gewonnen wurden, falsch; ist das methodische Vorgehen hingegen richtig, so müssen auch ihre Ergebnisse richtig sein.

„Die Ergebnisse der Forschung hängen in jeder Hinsicht von ihren Methoden ab, und es ist klar, dass eine Wissenschaft oder eine einzelne wissenschaftliche Richtung mit der Leistungsfähigkeit ihrer Methoden steht oder fällt." *(Traxel, 1974[2], S. 19)*

Zwischen Methode und Ergebnis einer Untersuchung besteht also ein Zusammenhang: ***Die Methode ist der „Schlüssel" zur Antwort auf die Frage des Forschers.***

---

[1] *méthodos (griech.): entlang eines Weges; eine Methode ist der Weg zu einem gesetzten Ziel.*

3.1.2 Die Vielfalt der Methoden

Der Mensch ist, wie in *Kapitel 1.2.4* ausgeführt, einerseits ein Teil der Natur und funktioniert als Naturwesen nach Naturgesetzen. Andererseits hat er als geistiges Wesen Kultur geschaffen und kann zielgerichtet handeln. Entsprechend dieser beiden Betrachtungsweisen unterscheidet man das methodische Vorgehen in:

Naturwissenschaftliche Methoden

Pädagogik und Psychologie benötigen Methoden, die dazu beitragen, die **Wirklichkeit zu beobachten und zu beschreiben**. Mit ihrer Hilfe ist es möglich, von der Person des Forschers unabhängige (= intersubjektive) und überprüfbare Daten zu gewinnen, um beispielsweise Häufigkeiten feststellen, Beziehungen und Zusammenhänge zwischen einzelnen beschriebenen Merkmalen herausfinden sowie Gesetzmäßigkeiten aufstellen und ***erklären*** zu können.[1]

> So möchte zum Beispiel ein Erziehungswissenschaftler Erkenntnisse darüber gewinnen, wie sich Gewaltdarstellungen im Fernsehen auf Kinder auswirken. Durch seine Untersuchungen kann er möglicherweise zu der Erkenntnis gelangen, dass sich etwa bei vermehrtem Fernsehkonsum gewalttätige Verhaltensweisen häufen und dass ein Zusammenhang besteht zwischen medialem Gewaltkonsum und gewalttätigem Verhalten. Möglicherweise kann er aufgrund seiner Untersuchungen die Gesetzmäßigkeit aufstellen, dass vermehrter medialer Gewaltkonsum zu gewalttätigem Verhalten führt. Doch um zu diesem Wissen zu gelangen, braucht der Wissenschaftler Methoden, die ihm helfen, die Erziehungssituation genau beobachten und beschreiben zu können sowie intersubjektiv überprüfbare Daten zu erhalten.

Beobachtbar bedeutet grundsätzlich „der Erfahrung zugänglich". Deshalb werden Methoden, die der Beobachtung eines bestimmten Sachverhaltes dienen, **erfahrungswissenschaftliche Methoden** oder auch **empirische[2] Methoden** genannt.

> **Methoden, die der planmäßigen Beobachtung und Beschreibung eines bestimmten Bereiches der Wirklichkeit und der Gewinnung von intersubjektiv überprüfbaren Daten zum Zwecke der Erklärung dienen, werden als erfahrungswissenschaftliche bzw. empirische Methoden bezeichnet.**

Die wichtigsten empirischen Methoden sind die **Beobachtung**, die **Befragung** bzw. das **Interview**, der **Test** und das **Experiment.** Die Neuropsychologie[3] benötigt für ihre Zwecke eigene Methoden wie zum Beispiel bildgebende Verfahren.[4] Die mittels empirischer Methoden gesammelten Daten werden mithilfe statistischer Verfahren ausgewertet.[5]

Geisteswissenschaftliche Methoden

Pädagogik und Psychologie benötigen aber auch Methoden, die dazu beitragen, durch das Herausfinden von Wert- und Sinnzusammenhängen dem ***Verstehen*** zu dienen. Solche Methoden werden als **geisteswissenschaftliche Methoden** bezeichnet. Mit ihrer Hilfe ist es möglich, Ziele des Handelns herauszufinden sowie Wert- und Sinnzusammenhänge menschlichen Erlebens und Verhaltens zu erfassen.[6]

---

[1] *vgl. Kapitel 1.3.2*
[2] *émpeiros (griech.): auf Erfahrung beruhend*
[3] *Die Neuropsychologie untersucht und beschreibt Zusammenhänge zwischen Erleben und Verhalten eines Menschen sowie den diesen zugrunde liegenden neuronalen und biochemischen Prozessen.*
[4] *Die genannten empirischen Methoden sind in Abschnitt 3.2 ausgeführt.*
[5] *siehe Kapitel 4.2*
[6] *vgl. Kapitel 1.3.3*

Methoden, die durch das Herausfinden von Wert- und Sinnzusammenhängen dem Verstehen dienen, werden als geisteswissenschaftliche Methoden bezeichnet.

Die wichtigsten geisteswissenschaftlichen Methoden sind die **Hermeneutik**, die **Phänomenologie** und die **Dialektik**.[1]

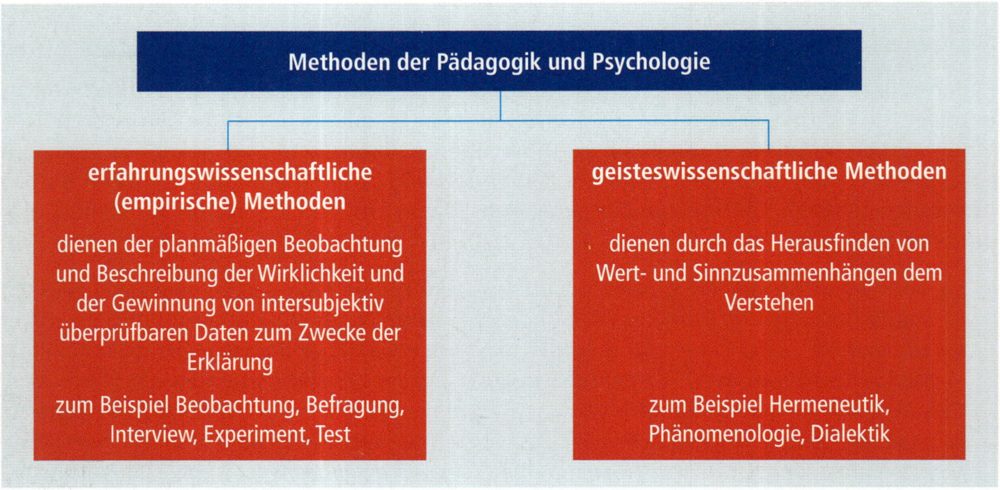

Das Kriterium, ob Erkenntnisse „wissenschaftlich" sind oder nicht, darf sich nicht nur auf Aussagen beziehen, die sich rein empirisch nachweisen und überprüfen lassen. Eine einseitige naturwissenschaftliche Betrachtungsweise würde versagen, weil die soziale Wirklichkeit eine ganzheitliche, umfassende Sicht erfordert. Dieser ganzheitlichen Erfassung müssen sich die Pädagogik und Psychologie in besonderem Maße verpflichtet fühlen.

„Der traditionelle Verhaltensbegriff der empirischen Wissenschaften wird abgelöst durch eine Sicht des Menschen, der seinem Tun und seiner Welt einen Sinn, eine Bedeutung zuschreibt: ‚Sinn', ‚Bedeutung' und ‚Verstehen' werden als Kategorien wieder wichtig."

(Gudjons, 2008[10], S. 48)

3.2 Naturwissenschaftliche Methoden

Durch die genaue Beobachtung und Beschreibung eines bestimmten Wirklichkeitsbereiches können Ursache-Wirkungs-Zusammenhänge hergestellt und erklärt werden. Damit können auch Voraussagen über die Beziehung zwischen beschriebenen Merkmalen gemacht sowie „Handlungsanweisungen" zur Veränderung des Erlebens und Verhaltens aufgestellt werden. Die Pädagogik und die Psychologie kennen vornehmlich vier Methoden: die **Beobachtung**, das **Experiment**, den **Test** und die **Befragung**.

3.2.1 Die Beobachtung

Die Pädagogik und die Psychologie benötigen Methoden, die dazu beitragen, ihren Forschungsgegenstand genau beschreiben und erklären zu können. Jeder Beschreibung geht

[1] *Diese Methoden sind in Abschnitt 3.3 dargestellt.*

eine Beobachtung voraus. Aus diesem Grund sind Pädagogik und Psychologie auf die Beobachtung angewiesen, um Erkenntnisse zu gewinnen. ***Insofern geht jedes pädagogische und psychologische Wissen auf eine Beobachtung irgendeiner Art zurück.***

„Ziel einer jeden Wissenschaft ist es, Erkenntnisse über die Natur, d.h. über die Gesetzmäßigkeit von Zusammenhängen zu gewinnen. In diesem Bemühen bedient sich die Psychologie verschiedener allgemeiner Verfahrensweisen (Methoden), deren genereller Ausgangspunkt aber stets die Beobachtung ist." (Sarris, 1990, S. 46)

Beobachten bedeutet, Vorgänge, Geschehnisse oder Sachverhalte durch unsere Sinnesorgane wahrzunehmen und zu erfassen.

Dabei ist zu unterscheiden zwischen der **Selbstbeobachtung** und der **Fremdbeobachtung**. Bei der Selbstbeobachtung handelt es sich um eine unmittelbare Wahrnehmung von Vorgängen im Menschen, die nicht „von außen" beobachtet werden können, sondern die der Mensch nur an sich selbst wahrnehmen kann. Die Fremdbeobachtung dagegen bezieht sich auf alle von Außenstehenden wahrnehmbaren Äußerungen eines Lebewesens.

Verhaltensweisen, wie beispielsweise Körperbewegungen oder Ausdrucksformen, können durch Fremdbeobachtung, Erlebensweisen, wie Denkabläufe, Erinnerungen und Träume, dagegen nur durch Selbstbeobachtung erschlossen werden.

Die Selbstbeobachtung wird als wissenschaftliche Methode oft infrage gestellt, da die durch sie gewonnenen Daten zum einen nicht überprüfbar sind und diese zum anderen häufig erst aufgezeichnet werden können, nachdem die Vorgänge, die beobachtet werden sollen, abgelaufen sind.

Der Laie beobachtet ebenso wie der Wissenschaftler, man erwartet jedoch von einem Wissenschaftler, dass er **systematisch** nach ganz bestimmten Regeln und Prinzipien vorgeht.[1] Aus diesem Grund unterscheiden wir die **systematische Beobachtung**, die wesentliche Voraussetzung für wissenschaftliches Vorgehen ist und deshalb auch ***wissenschaftliche Beobachtung*** genannt wird, von der **unsystematischen Beobachtung**, die der alltäglichen Beobachtung sehr nahekommt und auch als ***Alltagsbeobachtung*** bezeichnet wird.

Als wissenschaftliche Methode bezieht sich die Beobachtung also nicht auf das gesamte Verhalten, sondern auf bestimmte, vom Forscher festgelegte **Verhaltensaspekte**. Im Gegensatz zum Laien legt der Wissenschaftler genau fest, was er beobachten will und wie er diesen Teilbereich der Wirklichkeit erfassen will. Er bestimmt auch genau, womit er beobachten will, welche Beobachtungshilfen er benützt. Solche Hilfen können zum Beispiel Beobachtungsbogen sein, deren Fixierung genau durchdacht ist, ein Tonband oder eine Kamera.

---

[1] *vgl. hierzu Kapitel 4.1.1*

Der Wissenschaftler legt genau fest, was er am Spielplatz beobachten will – etwa wie viele aggressive Verhaltensweisen in einer bestimmten Zeiteinheit von den Kindern gezeigt werden. Er organisiert die Durchführung seiner Beobachtung bis ins Detail und folgt einem fein und exakt ausgearbeiteten Beobachtungsplan, um die Aggressionen der Kinder möglichst genau erfassen und registrieren zu können.

Hier ein Beispiel für einen Beobachtungsbogen aggressiven Verhaltens eines Kindes im Kindergarten (im Heim, in der Schule usw.):

Name des Kindes: ______					Beobachtungszeitraum: ______				
	Schreien und Herumbrüllen	Trampeln	Umsichschlagen	Attackieren der eigenen Person	Attackieren von anderen Personen	Attackieren von Gegenständen	usw.	usw.	usw.
1. Tag Vormittag									
1. Tag Nachmittag									
2. Tag Vormittag									
2. Tag Nachmittag									
3. Tag Vormittag									
3. Tag Nachmittag									
4. Tag Vormittag									
4. Tag Nachmittag									
etc.									
etc.									

Beobachtung als wissenschaftliche Methode bedeutet die geplante, gezielte und systematische Wahrnehmung eines bestimmten Teilbereiches der Wirklichkeit mit dem Ziel, diesen Bereich möglichst genau zu erfassen und festzuhalten.

Merkmale der wissenschaftlichen (systematischen) Beobachtung:

- **Die Beobachtung ist geplant, gezielt, exakt und kontrolliert.**
- **Es wird festgelegt, was beobachtet werden soll (Teilbereich eines gesamten Geschehens).**
- **Dieser Teilbereich wird möglichst genau erfasst und festgehalten.**
- **Es wird festgelegt, wie beobachtet werden soll.**
- **Es wird festgelegt, womit beobachtet werden soll (Beobachtungshilfen).**

Die Grenzen zwischen systematischer Beobachtung und Alltagsbeobachtung sind auf keinen Fall eindeutig zu ziehen, die Übergänge sind fließend.

Beobachtung

systematische Beobachtung
wissenschaftliche Beobachtung

geplante, gezielte und kontrollierte Wahrnehmung eines konkret festgelegten Teilbereiches der Wirklichkeit mit dem Ziel, diesen Bereich möglichst genau zu erfassen und festzuhalten, mit exakter Festlegung, was, wie und womit beobachtet wird

unsystematische Beobachtung
Alltagsbeobachtung

eine mehr zufällige Wahrnehmung ohne Absicht und Plan, die sich global auf das gesamte Geschehen richtet, ohne exakte Festlegung, was, wie und womit beobachtet wird

„Die systematische Beobachtung wird oft als wesentliche Voraussetzung für Wissenschaftlichkeit genannt, während unsystematische, d.h. ohne Plan erzielte Beobachtungsdaten als vorwissenschaftlich gelten. Bei systematischer Beobachtung stellt der Wissenschaftler präzise Fragen an die Natur, auf die er sich durch Beobachtung eine Antwort erhofft. Dennoch sind Zufallsbeobachtungen für den Forscher nicht ohne Wert; sie können – wie die Geschichte der Wissenschaft lehrt – oft Auslöser systematischer Beobachtung sein und somit wenigstens indirekt zu wissenschaftlichen Erkenntnissen führen." *(Sarris, 1990, S. 51)*

Je nachdem, was man mit einer Beobachtung erreichen will, kann man unterscheiden zwischen einer **teilnehmenden Beobachtung**, in welcher der Beobachter aktiv oder passiv am Geschehen beteiligt ist, und einer **nicht teilnehmenden Beobachtung**, in der er „außen vor" ist, wie das beispielsweise bei einer „One-way-window-Beobachtung"[1] oder bei einer Beobachtung mit einer Filmkamera der Fall ist. Zudem kann eine Beobachtung **verdeckt** sein, wenn sich der Beobachter als solcher nicht zu erkennen gibt, oder **offen**, wenn er als Beobachter identifiziert werden kann. Häufig trifft man auch die Unterscheidung zwischen einer **Feldbeobachtung**, auch ***Feldforschung*** genannt, die in natürlichen Situationen – zum Beispiel die Beobachtung am Spielplatz – stattfindet, und einer **Laborbeobachtung**, die im Labor durchgeführt wird und damit die gezielte Vorgabe von experimentellen Reizen und die Kontrolle von sogenannten Störfaktoren ermöglicht.

Kriterium	Art der Beobachtung	
Beteiligtsein des Beobachters am Geschehen	teilnehmende Beobachtung	nicht teilnehmende Beobachtung
(Nicht-)Wissen um den Beobachter	verdeckte Beobachtung	offene Beobachtung
Ort der Beobachtung	Feldbeobachtung	Laborbeobachtung

3.2.2 Das Experiment

Das Experiment ist eine bestimmte Form der Beobachtung: Während sich eine Beobachtung auf eine bereits vorhandene Situation beschränkt, wird beim Experiment diese absichtlich herbeigeführt.

---

[1] *one-way window (engl.): Einwegscheibe; der Forscher kann zwar das zu Beobachtende durch ein Fensterglas sehen, aber die Beobachteten können den Forscher nicht sehen.*

Wenn ein Forscher beispielsweise in Schulklassen geht und wissen will, wie sich die Lehrer und in Abhängigkeit davon die Schüler verhalten, so handelt es sich um eine Beobachtung. Gibt nun der Forscher dem Lehrer genau vor, wie er sich zu verhalten hat, um dann das Schülerverhalten als Reaktion auf das Lehrerverhalten beobachten zu können, so handelt es sich um ein Experiment.

Unter einem Experiment versteht man das absichtliche und planmäßige Herbeiführen eines Vorganges, um ihn gezielt beobachten zu können.

Dabei setzt der Forscher bestimmte Bedingungen für ein Geschehen fest und beobachtet, welchen Einfluss diese Bedingungen haben, welche Wirkungen sie zeigen.

Ein Forscher will zum Beispiel die Wirkung von Pausen auf das Lernen untersuchen. Er legt den Zeitpunkt, die Länge und die Art der Pausen selbst fest (= Bedingungen des Geschehens) und beobachtet, welche Wirkung diese auf das Lernen haben.

In dieser absichtlichen und planmäßigen Herbeiführung eines Vorganges liegt ein großer Vorteil des Experiments: Der Forscher kann die Bedingungen, deren Wirkungen er beobachten will, und die Situation, unter der die Beobachtung stattfinden soll, sowie den Ort und die Zeit für die Untersuchung selbst bestimmen. Dieses Kriterium der Selbstbestimmung von Bedingungen, Situation, Ort und Zeit wird **Willkürlichkeit** genannt.

Willkürlichkeit als Kriterium des Experiments bedeutet, dass der Forscher die Bedingungen, deren Wirkungen er beobachten will, und die Situation, unter der die Beobachtung stattfinden soll, sowie den Ort und die Zeit für die Untersuchung selbst bestimmen kann.

„Von großem Wert ist bereits die Beherrschung der Eintrittsbedingungen. Der Experimentator braucht nicht darauf zu warten, bis der ihn interessierende Vorgang gelegentlich von selbst eintritt. Weiterhin hat der Experimentator die Möglichkeit, durch die Gestaltung des Versuchs störende Einflüsse (...) fernzuhalten, und schließlich ist er auch in der Lage, die Untersuchung auf einen Zeitpunkt zu legen, zu dem er für die Beobachtung besonders gut vorbereitet ist."

(Traxel, 1974[2], S. 180)

Das Merkmal der Willkürlichkeit steht mit einem weiteren in engem Zusammenhang: Der Forscher kann die Bedingungen, deren Wirkungen er beobachten will, verändern bzw. variieren.

Der Forscher kann, um bei obigem Beispiel zu bleiben, den Zeitpunkt der Pausen verändern: In einem Untersuchungsdurchgang beispielsweise setzt er alle 45 Minuten, in einem anderen Durchgang alle 90 Minuten eine Pause fest. Er kann die Länge der Pausen abwandeln: Er macht Untersuchungen mit einer Pausenlänge von 15 Minuten und von 30 Minuten. Und er kann die Tätigkeit der Schüler in den Pausen beliebig variieren: In einem Versuch lässt er die Schüler möglichst aktiv, in einem anderen möglichst passiv sein.

Dieses Kriterium der Veränderbarkeit der Bedingungen wird als **Variierbarkeit** bezeichnet.

Variierbarkeit als Kriterium des Experiments bedeutet, dass der Forscher die Bedingungen, deren Wirkungen er beobachten will, verändern kann.

Dadurch, dass der Forscher einen bestimmten Vorgang absichtlich herbeiführen will, ist es für ihn auch möglich, dass dies mehrmals in gleicher Weise geschieht.

So kann der Forscher sein Experiment über die Wirkung von Pausen auf das Lernen beliebig oft wiederholen.

Dieses Kriterium des mehrmaligen Durchführen-Könnens eines Versuches wird **Wiederholbarkeit** genannt.

> **Wiederholbarkeit als Kriterium des Experiments bedeutet, dass der Forscher seinen absichtlich herbeigeführten Vorgang beliebig oft durchführen kann.**

Die Wiederholbarkeit eines Experiments ermöglicht, dass eine größere Anzahl von Daten gewonnen werden kann und die Ergebnisse der Untersuchung überprüft werden können. Das Experiment kann auch von einem anderen Forscher wiederholt werden, um so feststellen zu können, ob die Untersuchung objektiv ist.

Kriterien des Experiments
(absichtliches und planmäßiges Herbeiführen eines Vorganges, um ihn gezielt beobachten zu können)

Willkürlichkeit
Der Forscher kann die Bedingungen, die Situation, den Ort und die Zeit für die Untersuchung selbst bestimmen.

Variierbarkeit
Der Forscher kann die Bedingungen verändern.

Wiederholbarkeit
Der Forscher kann den absichtlich herbeigeführten Vorgang beliebig oft durchführen.

3.2.3 Der Test

Mithilfe eines Tests will man bestimmte psychische Merkmale erfassen und feststellen, in welchem Maße diese Merkmale bei einem Menschen ausgeprägt sind.

> So will zum Beispiel ein Intelligenztest die Intelligenz (= psychisches Merkmal) eines Menschen erfassen und feststellen, wie ausgeprägt diese bei ihm ist.

> **Test ist die Bezeichnung für ein Messverfahren, mit dessen Hilfe die individuelle Ausprägung eines oder mehrerer psychischer Merkmale eines Menschen festgestellt werden kann.**

Bei der Durchführung des Tests werden mehrere Aufgaben bzw. Fragen, die ebenfalls nach ganz bestimmten festgelegten Kriterien entworfen werden, vorgegeben und das Lösungs- bzw. Antwortverhalten von dem, der den Test absolviert, registriert. Solche Aufgaben bzw. Fragen werden **Items** genannt.

In der Skala zur Erfassung manifester Angst (MAS) zum Beispiel lautet ein Item „Ich glaube, ich bin nicht nervöser als andere" oder „Ich schlafe unruhig und werde oft wach". Der Proband, das ist derjenige, der einen Test absolviert, muss diese Fragen mit „richtig" oder „falsch" beantworten.

Um den Grad der individuellen Ausprägung eines bestimmten psychischen Merkmals feststellen zu können, braucht der Test eine Bezugsgröße, eine **Norm**.

So genügt es zum Beispiel nicht, wenn ein Wissenschaftler sagt: „Sie haben 51 Aufgaben in dem Intelligenztest richtig gelöst." Es ist eine Bezugsgröße, eine Norm erforderlich, die besagt, ob man mit der richtigen Lösung von 51 Aufgaben über oder unter dem Durchschnitt liegt und damit über- oder unterdurchschnittlich intelligent ist. So hat man sich bei allen Intelligenztests auf einen Intelligenzquotienten (IQ) von 100 geeinigt. Dies entspricht dem Durchschnitt.

Jeder Test muss also, bevor er zum Einsatz kommt, ***normiert*** sein.[1]

Die Psychologie kennt eine Vielzahl von Tests, die sich drei Gruppen zuordnen lassen:

- **Leistungstests:** Sie wollen bestimmte Lern- oder Denkleistungen eines Menschen messen. Zu dieser Gruppe von Tests gehören beispielsweise Intelligenz-, Reaktions-, Konzentrations-, Begabungs- und Eignungstests.
- **Reife- und Entwicklungstests:** Sie wollen messen, inwieweit der Proband altersangemessenes Verhalten zeigt. Ein typisches Beispiel hierfür sind die Schulreifetests.
- **Persönlichkeitstests:** Sie wollen ein oder mehrere Persönlichkeitsmerkmale und deren Ausprägung erfassen.

Test-Sucht
Ein Mensch weiß, von Verstand gesund,
Längst, wo begraben liegt der Hund.
Ja, selbst die dümmsten Menschen haben
Seit je gewußt, wo er begraben.
Und alle Welt kennt das Ergebnis
Von dieses Hundes Erdbegräbnis.
Doch jetzt erst wird, was lang erhärtet,
Streng wissenschaftlich ausgewertet
Und jeder Zweifel dran besiegt,
Daß hier der Hund begraben liegt.
(Eugen Roth)

Solche Persönlichkeitsmerkmale sind zum Beispiel Intelligenz, bestimmte Begabungen, Fähigkeiten, Gefühle, Einstellungen und dergleichen.

Diese Einteilung darf nicht absolut gesehen werden, es gibt Überschneidungen.

3.2.4 Die Befragung

Die Befragung ist eine sehr weitverbreitete Technik zur Gewinnung von bestimmten Daten. Dabei werden an bestimmte Personen bzw. Personengruppen Fragen gerichtet, die diese beantworten.

Die Befragung ist eine Technik zur Erfassung von Daten mithilfe der Beantwortung von Fragen, die einem bestimmten Personenkreis gestellt werden.

Eine Befragung kann ***schriftlich*** mithilfe eines Fragebogens oder aber auch ***mündlich*** stattfinden. Ein **Fragebogen** ist eine schriftliche Zusammenstellung von zweckgerichteten Fragen nach bestimmten Daten.

„Sind Sie Mitglied eines Sportvereins?", „Wie viel Liter Milch trinken Sie pro Tag?" oder „Wie zufrieden sind Sie mit Ihrem Ehepartner?" sind Beispiele für solche zweckgerichteten Fragen.

---

[1] *vgl. Kapitel 4.2.3*

Die Fragen können dabei ***geschlossen*** oder ***offen*** sein. Bei geschlossenen Fragen werden alternative Antworten vorgegeben, bei offenen Fragen antworten die Befragten mit ihren eigenen Worten.

Um eine geschlossene Frage handelt es sich beispielsweise, wenn der Befragte sich zwischen „ja" oder „nein" („Treiben Sie täglich Sport?") entscheiden oder auf einer mehrstufigen Skala – etwa von „stimme völlig zu" bis „lehne völlig ab" – eine Entscheidung treffen muss oder wenn ihm eine Auswahl von verschiedenen Antworten zur Verfügung steht.

Ein Beispiel für offene Fragen ist: „Was schätzen Sie an Ihrem Partner am meisten, was am wenigsten?"

Ein Beispiel zur Erfassung manifester Angst (MAS):

Anweisung

„Hier sind eine Anzahl von Behauptungen aufgeführt, die persönliche Eigenschaften und Einstellungen betreffen. Lesen Sie bitte jeden Satz und bestimmen Sie, ob die Behauptungen in Bezug auf Sie selbst richtig oder falsch ist. Machen Sie jeweils einen Kreis um ‚richtig' oder ‚falsch'."

MAS	richtig	falsch
1. Ich glaube, ich bin nicht nervöser als andere.	☐	☐
2. Ich arbeite unter großer innerer Spannung.	☐	☐
3. Ich erröte nicht öfter als andere.	☐	☐
4. Ich mache mir ziemlich viel Sorgen über mögliches Missgeschick.	☐	☐
5. Wenn ich verlegen bin, bricht mir manchmal der Schweiß aus, was mich sehr stört.	☐	☐
6. Ich bemerke nur selten Herzklopfen bei mir und komme nur selten außer Atem.	☐	☐
7. Ich habe Zeiten gehabt, wo ich vor Sorgen nicht genügend schlafen konnte.	☐	☐
8. Ich schlafe unruhig und werde oft wach.	☐	☐
9. Ich habe oft Träume, die ich am besten für mich behalte.	☐	☐
10. Meine Gefühle sind leichter verletzbar als die anderer Menschen.	☐	☐
11. Es passiert mir oft, dass ich mir um etwas Sorgen mache.	☐	☐
12. Ich wünschte, ich könnte so glücklich sein, wie andere Leute zu sein scheinen.	☐	☐
13. Ich habe fast immer Angst um irgendetwas oder um irgendjemanden.	☐	☐
14. Ich habe Zeiten, in denen ich so ruhelos bin, dass ich nicht lange auf einem Stuhl sitzen kann.	☐	☐
15. Ich hatte manchmal das Gefühl, als häuften sich so viele Schwierigkeiten, dass ich sie nicht überwinden könnte.	☐	☐
16. Manchmal habe ich mir unsinnig viel Sorgen über etwas gemacht, was wirklich nicht wichtig war.	☐	☐
17. Im Vergleich zu meinen Bekannten habe ich sehr wenig Ängste.	☐	☐
18. Ich bin befangener als die meisten anderen Menschen.	☐	☐
19. Ich neige dazu, Dinge schwerzunehmen.	☐	☐
20. Ich bin ein sehr nervöser Mensch.	☐	☐
21. Das Leben ist oft eine Last für mich.	☐	☐
22. Ich scheue mich, einer Schwierigkeit ins Auge zu sehen oder eine wichtige Entscheidung zu treffen.	☐	☐
23. Ich habe volles Selbstvertrauen.	☐	☐

(Lück/Timaeus, 1969, S. 138)

Zudem können die Fragen nur jeweils eine Antwort oder auch mehrere Antworten zulassen.

Eine mündliche Befragung wird gewöhnlich **Interview** genannt.

Ein Interview ist eine mündliche, zweckgerichtete Befragung, um bestimmte Daten zu erhalten.

Dabei passt der Interviewer in der Regel seine Fragen den Besonderheiten des Befragten und der jeweiligen Situation an.

Interviews sind uns allen beispielsweise durch das Fernsehen bekannt, wenn Politiker, Künstler, Sportler, Schauspieler, Sänger u. a. zu einem bestimmten Thema befragt werden.

Bei einer **Umfrage** wird einer relativ großen Gruppe von Menschen eine bestimmte Anzahl von festgelegten Fragen gestellt. Geht es bei einer Umfrage um die Ansicht oder Meinung von Menschen, so handelt es sich um eine **Meinungsforschung** bzw. **Demoskopie**.

Die sogenannte Sonntagsfrage in öffentlichen Medien, wie viel Prozent die einzelnen Parteien erhalten würden, sollte am nächsten Sonntag Wahl sein, ist hierfür ein treffendes Beispiel.

Sehr häufig wird die Befragung in der Klinischen Psychologie eingesetzt, wo sie meist als ***Exploration*** *bezeichnet wird. Hierbei werden gezielte Fragen zu der aktuellen Lebenssituation einer Person gestellt, zum Beispiel über ihre familiären Verhältnisse und sozialen Beziehungen. In der* ***Anamnese*** *wird die Person über ihre bisherige Lebensgeschichte befragt und es werden Daten über ihre Entwicklungsgeschichte erhoben. Mithilfe halbwegs strukturierter Fragen erstellt der Psychologe ein möglichst lückenloses Bild bedeutsamer lebensgeschichtlicher Faktoren. Die dafür nötigen Informationen werden möglichst gründlich erhoben und durch gezieltes Nachfragen vervollständigt.*

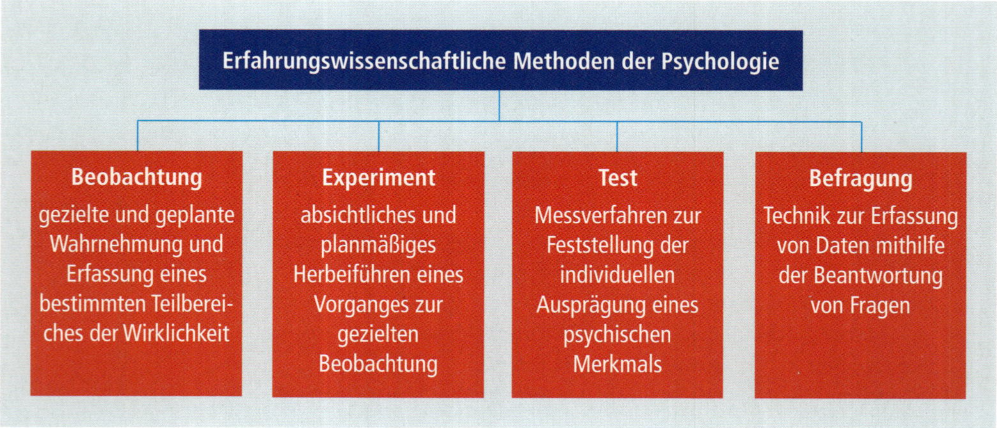

In den 70er-Jahren des letzten Jahrhunderts entstand die Methode der **Handlungs- bzw. Aktionsforschung**, die darauf abzielt, verändernd in die Praxis einzugreifen und Forschung sowie Veränderung mit der Praxis zu verbinden. Sie spielt aber in der Psychologie eine untergeordnete Rolle und findet mehr in der Pädagogik Anwendung.

3.2.5 Bildgebende Verfahren

Neurowissenschaften wie zum Beispiel die Neuropsychologie benötigen besondere Methoden zur Erforschung des Zusammenhanges zwischen neurologischen Vorgängen im Gehirn bzw. Nervensystem und psychischen Phänomenen. Man spricht hier von **bildgebenden Verfahren**. Damit sind verschiedene Methoden gemeint, die der Aufnahme und Darstellung des Körperinneren dienen.

> **„Bildgebende Verfahren" ist eine umfassende Bezeichnung für verschiedene Methoden, die der Aufnahme und Darstellung des Körperinneren dienen.**

Dabei benutzen Neurowissenschaften insbesondere folgende Verfahren:

- Die **Positronenemissionstomografie**[1] **(PET)** erzeugt Schnittbilder des Organismus, indem sie die Verteilung einer schwach radioaktiven Substanz im Organismus sichtbar macht und damit biochemische sowie physiologische Funktionen abbildet.
- Die **funktionelle Kernspintomografie**[2] **(fMRT)** ermöglicht mithilfe elektromagnetischer Wellen eine dreidimensionale Darstellung von Körperschichten auf dem Bildschirm. Der Spintomograf nutzt das Verhalten von Atomkernen in hochfrequenten Magnetfeldern und wertet die dabei ausgesandte elektromagnetische Hochfrequenzstrahlung computergestützt aus.
- Der **Computertomograf** **(CT)** erstellt eine Vielzahl aus verschiedenen Richtungen aufgenommener Röntgenaufnahmen des Organismus und wertet diese aus, um ein dreidimensionales Bild zu erzeugen.
- Die **transkranielle Magnetstimulation**[3] **(TMS)** ist eine Technologie, mit der – mithilfe starker Magnetfelder – Bereiche des Gehirns sowohl stimuliert als auch gehemmt werden können.

Auch die **Magnetoenzephalografie**[4] **(MEG)**, eine Methode zur Messung der magnetischen Aktivität des Gehirns, und die **Elektroenzephalografie (EEG)**, eine Methode zur Messung der summierten elektrischen Aktivität des Gehirns durch Aufzeichnung der Spannungsschwankungen an der Kopfoberfläche, werden eingesetzt. Die **Diffusions-Tensor-Bildgebung** misst die Bewegung von Wassermolekülen im Gehirn und ermöglicht auf diese Weise, Nervenfasern in der weißen Substanz sichtbar zu machen (vgl. *Goebel/Zimmermann, 2011, S. 65*).

Bildgebende Verfahren werden in ihrer Aussagekraft meist überschätzt. Bildgebende Verfahren, auf die sich die Neurowissenschaften stützen, haben jedoch mit der naturalistischen Realität wenig zu tun. „Bunte Gehirnbilder" – so der Neurowissenschaftler von der University of Texas, Russell Poldrack, führen dazu, „dass die Möglichkeiten der Methode, alles zu erklären (...) allgemein überschätzt werden." (Hackenbroch, 2011, S. 121)

---

[1] *Ein Positron (gebildet aus den zwei Wörtern „positiv" und „Elektron") ist ein Elementarteilchen eines Elektrons.*
[2] *Tomograf: tome (griech.): der Schnitt; gráphein (griech.): schreiben*
[3] *transkraniell (lat.): durch den Schädel hindurch*
[4] *encephalon (griech.): das Gehirn; gráphein (griech.): schreiben*

3.3 Geisteswissenschaftliche Methoden

Erfahrungswissenschaftlichem Vorgehen sind dort Grenzen gesetzt, wo Ereignisse und Sachverhalte nicht mehr beobachtbar sind. Dies ist beispielsweise der Fall, wenn es um Ziel, Zweck und Sinn oder um die historische Bedingtheit des Erlebens und Verhaltens geht.

> *„Was der Mensch in seinem Wesen ist, lässt sich nicht einfach empirisch ermitteln (...), ist vielmehr das Resultat unseres Nachdenkens über den Menschen, also über uns selbst, (...).“*
>
> *(Mittelstraß, 2008, S. 80)*

Die wichtigsten geisteswissenschaftlichen Methoden sind die **Hermeneutik**, die **Phänomenologie** und die **Dialektik**.

3.3.1 Die Hermeneutik

Ein wissenschaftliches Verfahren, das auf eine rationale und überprüfbare Auslegung und Interpretation der Wirklichkeit – zum Beispiel der Erziehungswirklichkeit – abzielt, wird hermeneutisches[1] Verfahren genannt. Meist wird es auf Textauslegung und Sprachanalyse beschränkt, doch es bezieht sich auch auf die Wirklichkeit als Praxisfeld. Mit Interpretation und Auslegung ist das methodische Vorgehen gemeint, mit welchem der Wissenschaftler die Wirklichkeit in ihrem Sinngehalt erfassen will (vgl. *Gudjons, 2008[10], S. 32*). Hermeneutische Verfahren dienen also dazu, die Bedeutung, den Sinn der Wirklichkeit zu erfassen und zu verstehen.

> **Hermeneutik ist die Bezeichnung für alle methodischen Verfahren der rationalen und überprüfbaren Auslegung und Interpretation der Wirklichkeit mit dem Ziel, deren Sinn- und Bedeutungszusammenhänge zu erfassen und zu verstehen.**

> *„Unter Hermeneutik versteht man die Auslegung oder Interpretation der Lebenswirklichkeit in der Zeit (Vergangenheit – Gegenwart – Zukunft). Die Erfahrung der Lebenswirklichkeit wird über das Erleben, den Ausdruck und das Verstehen vermittelt (...). Diese Vermittlung geschieht in erster Linie über die Sprache als Ausdruck des Lebens und des objektiven Geistes.“*
>
> *(Tschamler, 1996[3], S. 38)*

3.3.2 Die Phänomenologie

Ausgangspunkt der Phänomenologie[2], die auf den Philosophen *Edmund Husserl* (1859–1938) zurückgeht, ist das Gegebene, wie es dem Bewusstsein **erscheint**. Dabei geht es um die ***Wirklichkeit***, wie sie uns erscheint. Mit Phänomenologie ist also eine „Lehre der Erscheinungen und ihrer Zusammenhänge" gemeint, die als Methode die Erscheinungen der Welt erforscht. Damit grenzt sich *Husserl* von der empirischen Vorgehensweise ab, weil sie sich nicht an „der Sache selbst" orientiert. **Die Phänomenologie ist** also **die Beschreibung von Sachverhalten der Welt, wie sie uns erscheinen**.

Dadurch ist es möglich, zu dem Wesen des jeweils Gegebenen vorzudringen, dessen Wesen zu erfassen. Die Phänomenologie bleibt also nicht bei der reinen Beschreibung stehen,

---

[1] *hermeneuein (griech.): auslegen, aussagen*
[2] *phainómenon (griech.): das Erscheinende*

sondern stellt das allgemeine Wesen, die Eigenart des zu Erfassenden heraus. In diesem Sinne ist Phänomenologie auf eine ***umfassende Wesensschau von Bewusstseins-Gegebenheiten*** ausgerichtet.

> Neurowissenschaftler versuchen beispielsweise allein aufgrund der Erforschung von neurologischen Vorgängen im Gehirn das „Menschsein" zu begreifen. Damit reduzieren sie aber den Menschen lediglich auf physikalische und chemische Prozesse. Entscheidend ist jedoch, den Menschen in seinem Wesen und seiner Ganzheit zu erfassen.

Verstehen setzt erst ein, wenn der Sachverhalt in seinem Wesen genau erfasst ist. Dies gilt auch für historische Gegebenheiten.

> **Phänomenologie als geisteswissenschaftliche Methode ist darauf gerichtet, Bewusstseins-Gegebenheiten – so wie sie uns erscheinen – zu beschreiben und dadurch in ihrem Wesen zu erfassen.**

3.3.3 Die Dialektik

Die Dialektik[1] als geisteswissenschaftliche Methode dient der Erkenntnisgewinnung durch **das Aufdecken von Widersprüchen und Gegensätzen**. Widerspruch und Gegensatz drängen nach einer Auflösung. Diese besteht in der **Aufhebung des Gegensatzes**. Aufheben besagt einmal ein Beseitigen des Gegensätzlichen und Widersprüchlichen und zum anderen ein Festhalten am Gemeinsamen, Übereinstimmenden. Auf diese Weise ist es möglich, das Wesen der Dinge zu erhellen und zu Erkenntnissen zu kommen.

> Die Schule beispielsweise soll den Einzelnen optimal fördern (= These), zugleich hat sie eine Auslesefunktion (= Antithese), weil die Gesellschaft auf qualifizierten Nachwuchs angewiesen ist. Beide Positionen erweisen sich als zutreffend und notwendig, sind aber widersprüchlich. Dieser anfängliche Widerspruch geht in eine Synthese über, bis sich dieser „Widerspruch" als nur scheinbar auflöst. Ähnlich verhält es sich mit der heute sehr intensiv diskutierten Frage, ob Erziehung von der Familie (= These) oder von öffentlichen Erziehungseinrichtungen wie Kindertagesstätten (= Antithese) übernommen werden soll. Dieser Widerspruch verlangt als Synthese nach einer Lösung, die diesen aufhebt.

> **Dialektik ist eine geisteswissenschaftliche Methode der Erkenntnisgewinnung durch das Aufdecken und Aufheben von Widersprüchen und Gegensätzen.**

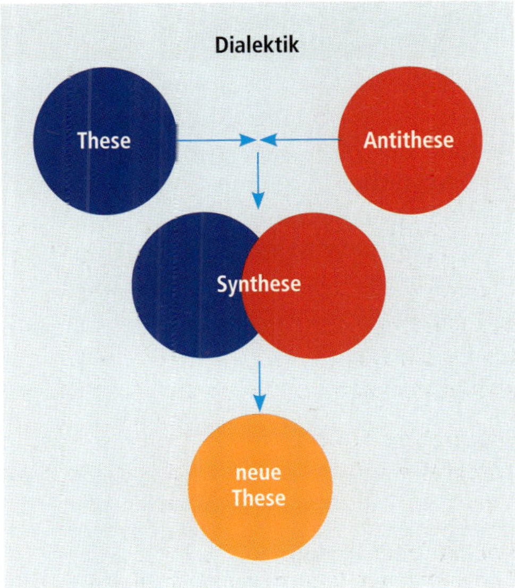

Der erste methodische Schritt der Dialektik besteht im Setzen einer **These**, die durch eine **Antithese** verneint wird. Diese Verneinung kann ein Widerspruch oder ein Gegensatz sein und ist inhaltlich an die These gebunden, die sie „aufzuheben" versucht. Der zweite Schritt will die Aufhebung des Gegensatzes in der **Synthese**, die ein Beseitigen des Gegensätzlichen und Widersprüchlichen sowie ein Bewahren des Über-

[1] *dialektikē (griech.): Kunst der Gesprächsführung*

einstimmenden darstellt und einen neuen, der Erkenntnisgewinnung näheren Zusammenhang eröffnet. Der Prozess setzt sich fort, indem die Synthese zu einer neuen These wird, die wiederum durch eine Antithese verneint wird und in einer erneuten Synthese endet. Auf diese Weise kommt man der Erkenntnisgewinnung immer näher.

> *Karl Marx* geht in seiner Theorie des Historischen Materialismus[1] ebenfalls dialektisch vor: Dieser beginnt bei der ursprünglichen Einheit der Menschheit (= These) und entwickelt sich hin zu einem Zustand der Entfremdung – die Menschheit befindet sich in einem Gegensatz zur Natur (= Antithese). Daraus entfaltet sich dann auf einer höheren Ebene die Synthese des Sozialismus als Übergangsstadium zum Kommunismus.

„Dialektik hat ihren Ursprung im Dialog, d.h. im Hin und Her von Rede und Gegenrede, von Argument und Gegenargument, bis (...) beide Partner sich schließlich bei einer gemeinsam akzeptierten Ansicht treffen, die als wahr anerkannt werden muss, insofern sich kein Widerspruch mehr erhebt." *(Seiffert/Radnitzky, 1992², S. 33)*

Friedemann Schulz von Thun[2] misst der Dialektik hinsichtlich Realisierung von sozialen Werten große Bedeutung bei: Ein bestimmter Wert braucht immer einen Gegenpol, will er als Wert nicht verfallen und untauglich werden. So zum Beispiel benötigt „Sparsamkeit" den Gegensatz der „Großzügigkeit", denn Sparsamkeit würde ansonsten zu Geiz und Großzügigkeit zur Verschwendung führen. Erst durch das Zusammenbringen dieser beiden Gegensätze lässt sich ein Wert sinnvoll verwirklichen. Dabei geht es nach Schulz von Thun nicht um eine Balance oder eine statische Mitte, „sondern um einen dynamischen und dialektischen Prozess, in dem als etwas Drittes eine neue Qualität entsteht" (Huber, 02/2012, S. 62).

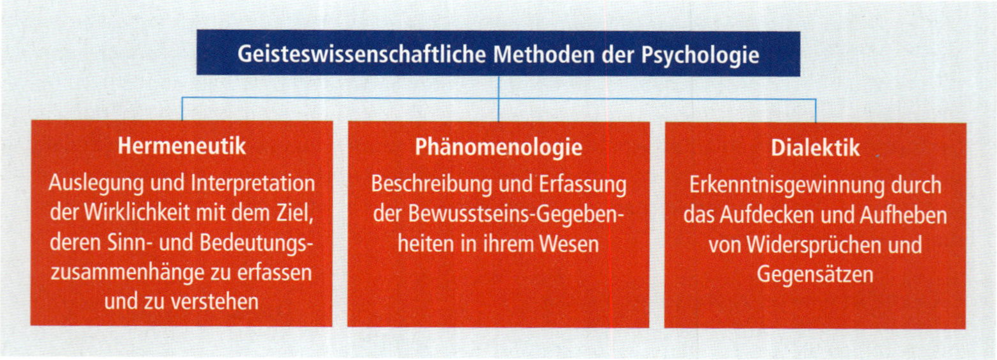

Anfang der 70er-Jahre des vergangenen Jahrhunderts entstand als weiteres geisteswissenschaftliches Vorgehen die **qualitative Forschung**, die davon ausgeht, dass menschliches Handeln eine Bedeutung besitzt und Menschen aufgrund dieser handeln. Ziel der qualitativen Forschung ist es, diese Bedeutung menschlichen Handelns zu erfassen. Es gibt kein einheitliches Konzept der qualitativen Forschung, es handelt sich dabei um unterschiedliche Vorgehensweisen.

---

[1] *Nach der Theorie des Historischen Materialismus, der auf Karl Marx (1818–1883) zurückgeht, wird das Leben durch die ökonomischen Verhältnisse bestimmt, insbesondere durch die private Verfügung über die Produktionsmittel, wodurch die Mehrheit der Bevölkerung gezwungen ist, ihre Arbeitskraft zu verkaufen.*

[2] *Eine Biografie von Friedemann Schulz von Thun befindet sich in Kapitel 23.2.1.*

Zusammenfassung

- Wissenschaft bedeutet methodisch gewonnenes und in ein System gebrachtes Wissen und die Formulierung von Aussagen über einen Bereich der Wirklichkeit. Wissenschaftliche Methoden sind systematisch geplante Vorgehensweisen oder Verfahren, um Wissen über einen Objektbereich zu gewinnen; sie kennzeichnen einen Prozess, der auf ein bestimmtes Ziel gerichtet ist, und umfassen ein System von Regeln, das diesen Prozess festlegt. Die Art und Weise, wie Menschen zu Erkenntnissen kommen, ist die entscheidendste Frage einer jeden Wissenschaft überhaupt. Denn das methodische Vorgehen einer Wissenschaft bestimmt, ob ihre Ergebnisse richtig und damit brauchbar sind oder nicht.

- Entsprechend den beiden Arten von Wissenschaften – Natur- und Geisteswissenschaften – unterscheidet man erfahrungswissenschaftliches (= empirisches) Vorgehen, das dazu beiträgt, die Wirklichkeit zu beobachten und zu beschreiben, Zusammenhänge zwischen Merkmalen zu erkennen sowie Gesetzmäßigkeiten aufzustellen und zu erklären, und geisteswissenschaftliches Vorgehen, das durch das Herausfinden von Wert- und Sinnzusammenhängen dem Verstehen dient.

- Als erfahrungswissenschaftliche bzw. empirische Methoden bezeichnen wir Vorgehensweisen, die der planmäßigen Beobachtung und Beschreibung eines bestimmten Bereiches der Wirklichkeit und der Gewinnung von überprüfbaren Daten zum Zwecke der Erklärung dienen. Die wichtigsten empirischen Methoden sind die Beobachtung, das Experiment, der Test und die Befragung bzw. das Interview. Beobachtung bedeutet die geplante, gezielte und systematische Wahrnehmung eines bestimmten Teilbereiches der Wirklichkeit mit dem Ziel, diesen Bereich möglichst genau zu erfassen und festzuhalten. Unter einem Experiment versteht man das absichtliche und planmäßige Herbeiführen eines Vorganges, um ihn gezielt beobachten zu können. Test bezeichnet ein Messverfahren, mit dessen Hilfe die individuelle Ausprägung eines oder mehrerer psychischer Merkmale eines Menschen festgestellt werden kann. Die Befragung ist eine Technik zur Erfassung von Daten mithilfe der Beantwortung von Fragen, die einem bestimmten Personenkreis gestellt werden. Eine mündliche Befragung wird gewöhnlich Interview genannt.

- Als geisteswissenschaftliche Methoden bezeichnen wir Vorgehensweisen, die durch das Herausfinden von Wert- und Sinnzusammenhängen dem Verstehen dienen. Die bedeutendsten geisteswissenschaftlichen Verfahren sind die Hermeneutik, die auf eine Auslegung und Interpretation von Dokumenten abzielt, die Phänomenologie, die darauf gerichtet ist, Bewusstseins-Gegebenheiten, so wie sie uns erscheinen, in ihrem Wesen zu erfassen, sowie die Dialektik, die durch das Aufdecken und Aufheben von Widersprüchen und Gegensätzen zu Erkenntnissen gelangt.

Aufgaben und Anregungen Kapitel 3

Aufgaben

1. Bestimmen Sie den Begriff „wissenschaftliche Methode“ und erläutern Sie, warum die Pädagogik und die Psychologie auf eine Vielfalt von Methoden angewiesen sind.
   (Abschnitt 3.1.1 und 3.1.2)

2. Beschreiben Sie anhand einer Beobachtungssituation (zum Beispiel Schüler auf dem Pausenhof, Kinder auf dem Spielplatz) die Unterschiede zwischen einer wissenschaftlichen Beobachtung und einer Alltagsbeobachtung.
   (Abschnitt 3.2.1)

3. Zeigen Sie an geeigneten Beispielen verschiedene Formen der Beobachtung auf.
   (Abschnitt 3.2.1)

4. Stellen Sie an einem Beispiel aus der Pädagogik das Experiment als empirische Methode dar.
   (Abschnitt 3.2.2)

5. Bestimmen Sie, was ein Test ist, und beschreiben Sie an Beispielen verschiedene Arten von Tests.
   (Abschnitt 3.2.3)

6. Stellen Sie an verschiedenen Beispielen die wissenschaftliche Technik der Befragung dar.
   (Abschnitt 3.2.4)

7. Beschreiben Sie verschiedene bildgebende Verfahren.
   (Abschnitt 3.2.5)

8. Bestimmen Sie, was man unter geisteswissenschaftlichen Methoden versteht, und beschreiben Sie an einem Beispiel die Hermeneutik als wissenschaftliche Methode in der Pädagogik und Psychologie.
   (Abschnitt 3.3.1)

9. Zeigen Sie an verschiedenen Beispielen die Phänomenologie als geisteswissenschaftliche Methode auf.
   (Abschnitt 3.3.2)

10. Stellen Sie an einem geeigneten Beispiel die Dialektik als wissenschaftliches Verfahren dar.
    (Abschnitt 3.3.3)

Anregungen

11. Fertigen Sie in Gruppen einen hierarchischen Abrufplan zum Thema „Forschungsmethoden der Pädagogik und Psychologie" an: Das Thema wird in einem ersten Schritt zu Begriffen bzw. Stichworten zusammengefasst. Danach werden diese Begriffe in Oberbegriffe, Unterbegriffe, untere Unterbegriffe usw. gegliedert.

12. Entwerfen Sie einen Beobachtungsbogen, mit dem Sie eine einfache systematische Verhaltensbeobachtung in einer sozialpädagogischen Einrichtung (zum Beispiel Kindergarten, Jugendzentrum) durchführen und auswerten können.

13. *Oft liest man heute in der Literatur, wissenschaftlich sei nur, was empirisch erforscht wurde. Pädagogik und Psychologie müssen eine empirische Wissenschaft sein.* Sprechen Sie in der Klasse über mögliche Probleme und Gefahren einseitigen empirischen Vorgehens.

14. *„Wohin Denken ohne Experimentieren führt, hat uns das Mittelalter gezeigt; aber dieses Jahrhundert lässt uns sehen, wohin Experimentieren ohne Denken führt."* Diskutieren Sie in der Klasse diese Aussage von *Arthur Schopenhauer*[1].

---

[1] *Arthur Schopenhauer (1768–1860), ein Schüler Immanuel Kants, war deutscher Philosoph. Bekannt wurde er durch die Schriften über den „Subjektiven Idealismus".*

4 Methodisches Vorgehen in Pädagogik und Psychologie

Das Stanford-Prison-Experiment

Ein Experiment zeigte: Die jeweilige Situation, in der sich ein Mensch befindet, insbesondere der Druck in einer solchen, bestimmt sein Verhalten und Handeln und kann ganz „normale" Bürger dazu verleiten, gegen die Moral zu verstoßen.

Philip G. Zimbardo richtete dieses Experiment unter den Bedingungen eines Gefängnislebens an der Universität von Stanford aus, in welchem einige Personen Wächter und andere Gefangene waren. Diese Rollen wurden unerwartet überaus ernst genommen: Die Aufseher verhielten sich sehr autoritär, aggressiv und zum Teil sadistisch (als Strafe kein Essen, Isolationshaft oder Toilettenputzen mit bloßen Händen), die Gefangenen unterwürfig, passiv und resigniert. Das Experiment geriet sehr schnell außer Kontrolle: Schon nach drei Tagen zeigte ein Gefangener extreme Stressreaktionen und musste entlassen werden; einige der Wärter zeigten gewalttätiges und sadistisches Verhalten. Nach sechs Tagen musste das Experiment abgebrochen werden.

Die Frage ist, wie Wissenschaftler zu Erkenntnissen kommen, die auch richtig und damit brauchbar sind.

Folgende Fragen werden in diesem Kapitel geklärt:

1. *Welche Anforderungen werden an wissenschaftliche Aussagen gestellt?*
   Welche Prinzipien muss der Wissenschaftler beachten, damit seine Ergebnisse richtig sind?

2. *Wie gehen Forscher vor, wenn sie etwas erforschen?*

3. *Wie bereiten Pädagogik und Psychologie ihre Forschungsergebnisse auf?*
   Wie stellen sie ihre Ergebnisse dar?
   Wie wertet man die gewonnenen Daten aus und interpretiert sie?

4.1 Prinzipien und Vorgehensweise in Pädagogik und Psychologie

Wie in *Kapitel 3.1.1* ausgeführt, ist die Art und Weise, wie Menschen zu Erkenntnissen kommen, die entscheidendste Frage einer jeden Wissenschaft überhaupt. Denn das methodische Vorgehen einer Wissenschaft bestimmt, ob ihre Ergebnisse richtig und damit brauchbar sind oder nicht.

4.1.1 Prinzipien methodischen Vorgehens

Wissenschaftler, die empirisch vorgehen, haben grundlegende Prinzipien zu beachten, wenn sie zu überprüfbaren und allgemeingültigen Aussagen gelangen wollen.

Die **Beschreibung muss möglichst klar, präzise und genau, zentrale Begriffe müssen eindeutig bestimmt sein**.

> Wenn zum Beispiel ein Forscher untersuchen will, ob autoritär erzogene Menschen sich sehr aggressiv verhalten, so müssen die zentralen Begriffe eindeutig bestimmt werden: Was heißt „autoritäre Erziehung"? Was bedeutet „sehr aggressiv"? Wie äußert sich autoritäre Erziehung, wie Aggressivität?

Neben einer klaren, präzisen und genauen Beschreibung sowie einer eindeutigen Begriffsbestimmung ist es zur Überprüfung einer wissenschaftlichen Aussage erforderlich, dass der Forscher **genaue Angaben macht, auf welche Art und Weise er zu seinen Erkenntnissen kommt**, wie er also methodisch vorgeht bzw. vorgegangen ist. Nur so ist es möglich nachzuprüfen, ob der Wissenschaftler methodisch richtig verfahren ist und damit brauchbare Ergebnisse erzielt hat oder ob er Fehler gemacht und damit unbrauchbare Ergebnisse geliefert hat.

Um zu Aussagen zu kommen, die tatsächlich der Wirklichkeit entsprechen, muss ein Wissenschaftler **das untersuchen, was er zu untersuchen angibt**.

> Wenn ein Forscher zum Beispiel Wirkungen eines „geringen Selbstbewusstseins" beobachten will, so muss er tatsächlich das geringe Selbstbewusstsein und nicht die Schüchternheit oder Befangenheit beobachten.

Dieses Prinzip wissenschaftlichen Erforschens wird als **Gültigkeit bzw. Validität**[1] bezeichnet.

> **Validität (Gültigkeit) bedeutet, dass ein Forscher auch tatsächlich das untersucht, was er zu erforschen angibt.**

Zudem muss ein Forscher **das, was er zu untersuchen angibt, genau und exakt beobachten bzw. messen**. Das Ergebnis muss also weitgehend frei von zufälligen Einflüssen sein.

> Misst man beispielsweise eine bestimmte Wegstrecke mit Schritten, so ist dieses Messinstrument nicht zuverlässig. Ein Metermaß dagegen ist ein zuverlässiges Messinstrument.

---

[1] *validus (lat.): stark, kräftig*

Dieses Prinzip wissenschaftlicher Erforschung wird als **Zuverlässigkeit bzw. Reliabilität**[1] bezeichnet und ist dann gegeben, wenn die Untersuchung bei Wiederholung unter Beachtung der gleichen Bedingungen immer wieder zum gleichen Ergebnis führt.

Messe ich zum Beispiel eine bestimmte Wegstrecke mit Schritten, so wird bei jeder Messung möglicherweise ein anderes Ergebnis erzielt werden, während eine Messung mit dem Meterstab bei Wiederholung unter Beachtung der gleichen Bedingungen zum gleichen Ergebnis führt.

Reliabilität (Zuverlässigkeit) bedeutet, dass ein Forscher das, was er zu untersuchen angibt, genau und exakt beobachtet bzw. misst.

Die Kriterien der Validität und Reliabilität müssen natürlich auch auf Beobachtungshilfen, wie zum Beispiel Beobachtungs- oder Fragebogen, sowie auf Messinstrumente, die der Forscher benutzt, zutreffen.

Verschiedene Wissenschaftler müssen mit ihrer Untersuchung unter gleichen Bedingungen zu gleichen Ergebnissen kommen. Dieses Prinzip wird, wie in *Kapitel 1.1.2* ausgeführt, **Objektivität** genannt. Eine Untersuchung ist dann objektiv, wenn unabhängig von den Personen, die sie durchführen, auswerten und interpretieren, gleiche Ergebnisse erreicht werden. Das Ergebnis einer Forschungsuntersuchung darf also nicht von der Person des Forschers abhängen.

Die Beobachtung zum Beispiel, wie viele aggressive Verhaltensweisen Kinder auf verschiedenen Spielplätzen in der Bundesrepublik Deutschland zeigen, ist dann objektiv, wenn verschiedene Forscher auf den gleichen Spielplätzen unter Beachtung der gleichen Bedingungen zu demselben Ergebnis kommen.

Objektivität heißt, dass eine Untersuchung in ihrer Durchführung, Auswertung und Interpretation von der Person des Forschers unabhängig ist.

„Mancher meint, er wäre objektiv, weil er mit seinem rechten und linken Auge dasselbe sieht."
(Stanislaw J. Lec[1])

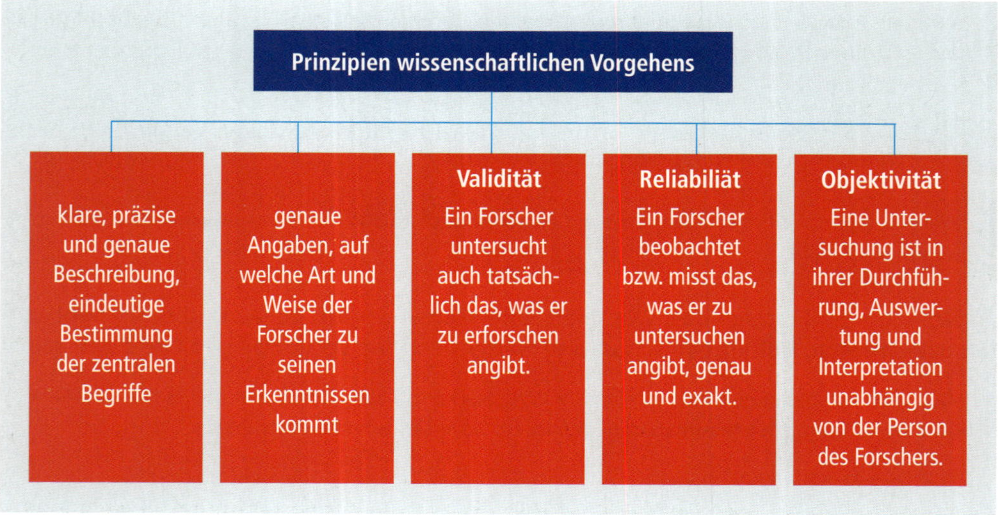

[1] *reliable (engl.): verlässlich*
[2] *Stanislaw Jerzy Lec (1909–1966) war polnischer Lyriker und Satiriker.*

Ulrich Charpa (1996, S. 105 ff.) hebt in diesem Zusammenhang moralische Prinzipien des Forscherhandelns hervor. Dabei geht es um Fragen wie Ehrlichkeit, Rechtschaffenheit und Aufrichtigkeit der beteiligten Forscher sowie um Sorgfalt und Verantwortungsbewusstsein. Gerade in unserer heutigen Zeit ist dieser „Ruf" nach Ehrlichkeit, Rechtschaffenheit und Verantwortungsbewusstsein in der Wissenschaft sehr bedeutsam, da etwa aus wirtschaftlichen oder politischen Gründen Forscher oft Beeinflussung von Erkenntnissen, Datenfälschung, Vortäuschung von Autorenschaft, Ideendiebstahl u.a. begehen. Je nach Auftraggeber können wir in der Literatur sehr unterschiedliche, ja oft gegensätzliche Ergebnisse zu ein und demselben Sachverhalt lesen. „Anscheinend" – so der Assistenzprofessor für Theorie und Geschichte der Psychologie an der Universität Groningen (Niederlande), Stefan Schleim (2010, S. 44) – „geschehen hinter den verschlossenen Türen selbst eines hochkarätigen Labors Dinge, die sich kaum mit wissenschaftlichen Prinzipien vereinbaren lassen."

> *„Der Zwang zum Offenlegen der Verfahrenswege und zur Kontrolle der Regelgeleitetheit des eigenen Vorgehens unterscheidet wissenschaftliches vom Alltagshandeln. Wissenschaftliche Tätigkeit hat öffentlichen Charakter, was auch heißt: Der Forscher muss stets auf die Kommunizierbarkeit seiner Aussagen achten. Er muss auch die Voraussetzungen seiner Entscheidung für eine bestimmte Fragestellung, Methode oder Theorie offenlegen und erläutern können."*
>
> *(Ulich/Bösel, 2005[4], S. 52)*

4.1.2 Die Vorgehensweise bei naturwissenschaftlichen Untersuchungen

Bezüglich des Vorgehens bei empirischen Untersuchungen können wir acht Schritte unterscheiden.

1. Schritt: Die wissenschaftliche Fragestellung

Jeder Wissenschaftler, der eine Untersuchung startet, geht von einer bestimmten Fragestellung aus; er legt fest, welchen Sachverhalt er untersuchen will. Am Anfang einer wissenschaftlichen Untersuchung steht also immer eine **wissenschaftliche Fragestellung**.

> So will zum Beispiel ein Forscher untersuchen, ob ein Zusammenhang besteht zwischen der Mitarbeit eines Schülers im Unterricht und seinen schulischen Leistungen.

> **Eine wissenschaftliche Fragestellung ist eine Mitteilung darüber, welcher Sachverhalt untersucht werden soll.**

2. Schritt: Bildung der Hypothese

Sobald ein Forscher festgelegt hat, welchen Sachverhalt er untersuchen will, formuliert er seine **Vermutung über den Ausgang seiner erst noch zu unternehmenden Untersuchung**.

> Wenn ein Wissenschaftler untersuchen will, ob ein Zusammenhang besteht zwischen der aktiven Mitarbeit des Schülers im Unterricht und seinen schulischen Leistungen, so formuliert er, um die Untersuchung organisieren zu können, die Vermutung über den Ausgang seiner Untersuchung: „Es besteht ein Zusammenhang zwischen der aktiven Mitarbeit eines Schülers im Unterricht und seinen schulischen Leistungen."

Die Wissenschaft spricht hier von einer **Hypothese**[1], die der Organisation einer Untersuchung dient.

---

[1] *hypotithénai (griech.): eine Behauptung aufstellen, etwas unterstellen*

Eine Hypothese ist eine formulierte Vermutung über den Ausgang einer erst noch zu unternehmenden Untersuchung (vgl. *Traxel, 1974²*, *S. 16*).

In der Regel handelt es sich bei Hypothesen um die Aussage über einen Zusammenhang zwischen zwei Merkmalen, sogenannte ***Merkmalszusammenhänge*** (vgl. *Diekmann, 2009²⁰, S. 124)*.

Bei der Aussage „Es besteht ein Zusammenhang zwischen der aktiven Mitarbeit des Schülers im Unterricht und seinen schulischen Leistungen" handelt es sich um eine Beziehung zwischen den beiden Merkmalen „aktive Mitarbeit im Unterricht" und „schulische Leistungen".

Eine Hypothese muss so formuliert sein, dass sie durch die Untersuchung **entweder bestätigt, (= verifiziert) oder nicht bestätigt, verworfen (= falsifiziert)** werden kann.

Die Aussage „Welche Wirkung die Mitarbeit eines Schülers im Unterricht auf seine schulischen Leistungen hat, ist ungewiss" ist als Hypothese unzulässig, weil sie weder verifiziert noch falsifiziert werden kann. Dagegen ist die Vermutung „Zwischen der Mitarbeit eines Schülers im Unterricht und seinen schulischen Leistungen besteht ein Zusammenhang" als Hypothese zulässig, da sie durch eine entsprechende Untersuchung bestätigt oder verworfen werden kann.

Bei einer Hypothese geht es um einen Zusammenhang zwischen Merkmalen, die **Variablen**[1] genannt werden.

Bei der oben genannten Hypothese sind die beiden Variablen die „aktive Mitarbeit im Unterricht" und die „schulischen Leistungen".

Dabei setzt man bei einer wissenschaftlichen Hypothese mindestens zwei Variablen voraus, die **unabhängige und die abhängige Variable**. Die unabhängige Variable (UV) ist die Ursache, die Bedingung, von der sich der Forscher eine bestimmte Wirkung erwartet.

Der Grad der Mitarbeit des Schülers im Unterricht ist die unabhängige Variable; sie ist die Ursache, von der sich der Wissenschaftler eine bestimmte schulische Leistung erwartet.

In einem Experiment wird die unabhängige Variable vom Forscher absichtlich und geplant eingeführt und auch verändert.[2]

Die abhängige Variable (AV) stellt die – vom Versuchsleiter vermutete – Wirkung der unabhängigen Variable dar, sie verändert sich in Folge dieser.

Die abhängige Variable sind die schulischen Leistungen, die sich in Abhängigkeit von dem Grad der Mitarbeit verändern.

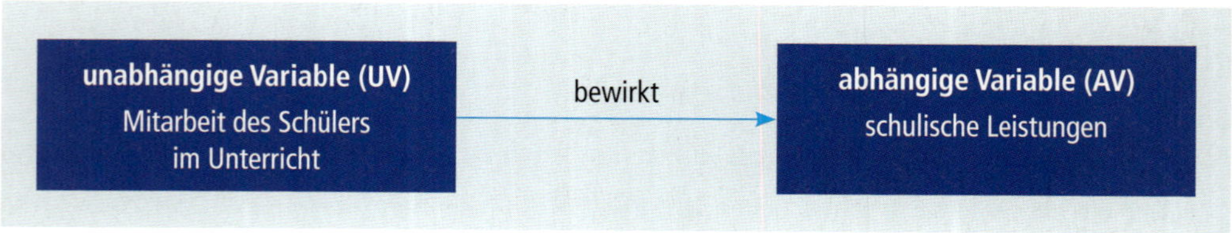

3. Schritt: Operationalisierung der zentralen Begriffe

Der Forscher legt genau fest, wie er die Merkmale, die untersucht werden sollen, beobachten kann – er ***führt sie auf das Beobachtbare zurück***.

[1] *variabilis (lat.): veränderlich; eine Variable ist eine „veränderliche Größe"*
[2] *siehe Kapitel 3.2.2*

In dem Beispiel „Es besteht ein Zusammenhang zwischen der aktiven Mitarbeit eines Schülers im Unterricht und seinen schulischen Leistungen" legt der Forscher genau fest, wie er „aktive Mitarbeit" und „schulische Leistungen" beobachten und feststellen will – zum Beispiel:

- Anzahl der Meldungen des Schülers im Unterricht, Erledigen der Hausaufgaben ...
- Erfassen der schulischen Noten, Errechnen ihres Durchschnittes

Das Zurückführen von Begriffen auf das Beobachtbare wird als **Operationalisierung**[1] bezeichnet. Sind die Begriffe auf das Beobachtbare zurückgeführt, so spricht man von einer **operationalen Definition**.

Operationale Definition ist eine Begriffsbestimmung, in welcher ein Begriff auf das Beobachtbare zurückgeführt, einer Beobachtung zugänglich gemacht ist.

Eine unklare bzw. unterschiedliche Definition der entsprechenden Begriffe ist oft der Grund dafür, dass verschiedene Untersuchungen zu ein und demselben Thema zu unterschiedlichen Ergebnissen kommen. Es gibt beispielsweise zu der Fragestellung, ob ein geringes Selbstbewusstsein ein Nährboden für Aggressionen ist, mehrere Untersuchungen, die aber zu unterschiedlichen Ergebnissen führen. Der Grund hierfür können Definitionen des Begriffes „geringes Selbstbewusstsein" sein, die jeder Forscher anders vorgenommen hat.

4. Schritt: Ausschalten von Merkmalen, die das Ergebnis verfälschen könnten

Der Wissenschaftler macht sich Gedanken, wie er ***mögliche Merkmale, die sein Ergebnis beeinflussen und damit verfälschen könnten, in den Griff bekommen bzw. ausschalten kann***.

So könnte es möglich sein, dass die Schüler sehr effektive Lernstrategien beherrschen oder sich Nachhilfeunterricht geben lassen, um dadurch gute Noten zu erzielen und diese nicht aufgrund der aktiven Mitarbeit im Unterricht zustande kommen.

In der Wissenschaft spricht man in diesem Zusammenhang von einer **intervenierenden**[2] **Variable (IV)**, dasjenige Merkmal, das die Beziehung zwischen unabhängiger und abhängiger Variable beeinflusst.

Intervenierende Variablen sind im obigen Beispiel die effektiven Lernstrategien und der Nachhilfeunterricht; sie können die Beziehung zwischen der Mitarbeit und den schulischen Leistungen beeinflussen und damit das Ergebnis verfälschen.

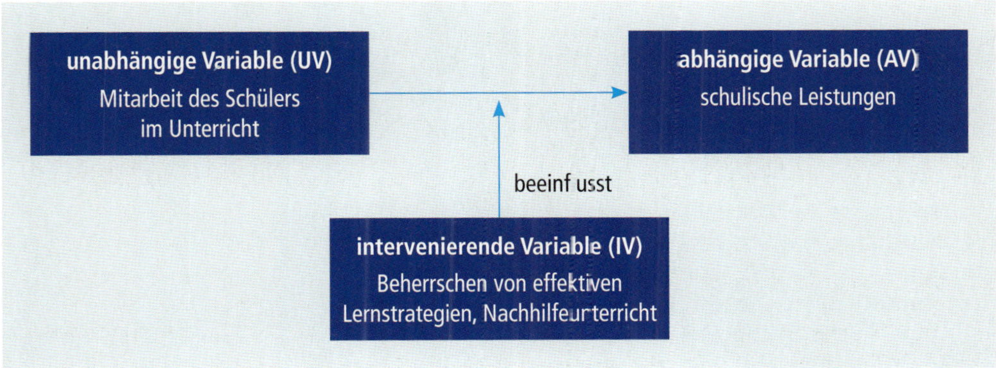

[1] operari (lat.): arbeiten
[2] intervenire (lat.): dazwischentreten

5. Schritt: Bestimmung der Stichprobe

Um zu allgemeingültigen Aussagen zu kommen, müsste man genau genommen alle Personen bzw. Personengruppen, auf die die Aussage zutreffen soll, untersuchen.

Will ein Forscher untersuchen, ob ein Zusammenhang zwischen der aktiven Mitarbeit des Schülers im Unterricht und seinen schulischen Leistungen besteht, so müsste er alle Schülerinnen und Schüler der Bundesrepublik Deutschland beobachten.

Die Gesamtheit aller Personen, auf die die Aussage zutreffen soll, wird **Grundgesamtheit bzw. Population**[1] genannt.

Die Grundgesamtheit bzw. die Population umfasst alle Schülerinnen und Schüler der Bundesrepublik Deutschland; auf sie soll nämlich oben genannte Aussage zutreffen.

Die Gesamtheit aller Personen, für die man aufgrund einer Untersuchung eine Aussage treffen will, bezeichnet man als Grundgesamtheit bzw. Population.

Es ist aber nicht möglich, alle Personen, auf die die Aussage zutreffen soll, zu untersuchen. Wissenschaftler wählen deshalb aus der Population bestimmte Personen aus. Wird eine Untersuchung nur an einem Teil der Population durchgeführt, so spricht man von einer **Stichprobe**.

Der Forscher wählt bei der Untersuchung, ob ein Zusammenhang zwischen der aktiven Mitarbeit des Schülers im Unterricht und seinen schulischen Leistungen besteht, aus der Population beispielsweise 2.000 Schülerinnen und Schüler aus, um an diesen die gefragten Merkmale zu beobachten. Diese 2.000 Schülerinnen und Schüler stellen in diesem Beispiel die Stichprobe dar.

Der ausgewählte Teil aus einer Population, an dem eine Untersuchung durchgeführt wird, wird als Stichprobe bezeichnet.

Dabei ist es wichtig, dass sich die Stichprobe in allen Merkmalen, die für das zu untersuchende Verhalten bedeutsam sein könnten, genauso zusammensetzt wie die Population.

So müssen Merkmale wie beispielsweise Intelligenz, Begabungen, Alter, Geschlecht und Herkunft in der Stichprobe berücksichtigt werden. Sie muss bezüglich dieser Merkmale genauso zusammengesetzt sein wie die Population.

Man spricht dann von der **Repräsentativität einer Stichprobe**: Sie setzt sich in ihren Merkmalen genauso zusammen wie die Population, sie stellt gleichsam eine „verkleinerte Population“ dar. Bei einer genügend großen Stichprobe, bei der jede Person die gleiche Chance hat, in die Stichprobe aufgenommen zu werden, ist in der Regel die Repräsentativität gegeben. Eine Möglichkeit, eine solche Stichprobe auszuwählen, ist die **Zufallsauswahl**, wie dies beispielsweise beim Losverfahren der Fall ist.

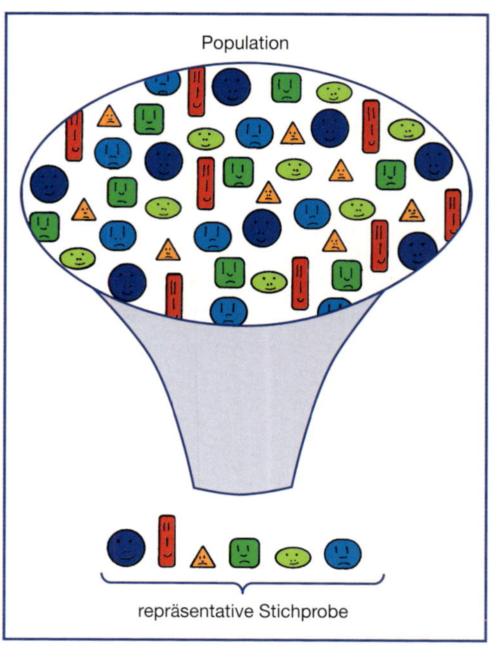

[1] *populus (lat.): das Volk*

6. Schritt: Durchführung der Untersuchung

Nach dieser „Vorarbeit" kann der Wissenschaftler seine Untersuchung durchführen und die Ergebnisse festhalten. Je nachdem, was erforscht bzw. untersucht wird, handelt es sich um eine **Beobachtung**, ein **Experiment**, einen **Test** oder eine **Befragung**.[1]

Es reicht nicht aus, die zu untersuchenden Merkmale lediglich einmal zu beobachten und festzuhalten; mehrere Untersuchungsergebnisse müssen miteinander verglichen werden. Erst dann sind sie aussagekräftig.

7. Schritt: Auswertung und Interpretation der gewonnenen Daten

Die zu untersuchenden Merkmale müssen als Zahlenwerte angegeben, **quantifiziert**[2] werden.

Quantifizierung bedeutet die Angabe der zu untersuchenden Merkmale in messbaren Größen bzw. Zahlen.

Dabei erhält der Wissenschaftler als Ergebnis seiner Untersuchung Angaben über die Ausprägung bzw. über die Häufigkeit von bestimmten Verhaltensmerkmalen.

Der Forscher erhält auf der einen Seite Angaben über die Aktivität von Schülerinnen und Schülern im Unterricht, auf der anderen Seite erfährt er, wie es um die Leistungen dieser Schülerinnen und Schüler steht.

Diese Angaben werden ***Daten*** genannt, die mithilfe **statistischer Verfahren** ausgewertet und interpretiert werden.[3]

8. Schritt: Formulierung von allgemeingültigen Aussagen

Auf der Grundlage der ausgewerteten und interpretierten Daten stellt sich heraus, ob sich die Hypothese bestätigt oder nicht. Hat sich die Vermutung des Forschers verifiziert, so ist es nun möglich, **allgemeingültige Aussagen – Gesetzmäßigkeiten, Theorien – zu formulieren bzw. aufzustellen** und gegebenenfalls zu veröffentlichen.

Dem Wissenschaftler ist es nun möglich, mithilfe der Statistik die allgemeingültige Aussage zu formulieren: „Zwischen der aktiven Mitarbeit eines Schülers im Unterricht und seinen schulischen Leistungen besteht ein Zusammenhang" oder „Zwischen der aktiven Mitarbeit eines Schülers im Unterricht und seinen schulischen Leistungen besteht kein Zusammenhang".

---

[1] *vgl. Kapitel 3.2.1 bis 3.2.4*
[2] *quantum (lat.): wie viel*
[3] *siehe Abschnitt 4.2*

Vorgehensweise bei einer wissenschaftlichen Untersuchung

Formulierung einer wissenschaftlichen Fragestellung
↓
Bildung der Hypothese
↓
Operationalisierung der zentralen Begriffe
↓
Ausschalten von Merkmalen, die das Ergebnis verfälschen könnten
↓
Bestimmung der Stichprobe
↓
Durchführung der Untersuchung
↓
Auswertung und Interpretation der gewonnenen Daten
↓
Formulierung von allgemeingültigen Aussagen

4.2 Die Darstellung, Auswertung und Interpretation von Daten

Allein die Daten, die ein Forscher aufgrund einer Untersuchung gewonnen hat, nützen ihm noch wenig. Er muss sie erst einmal darstellen und in einem zweiten Schritt auswerten und interpretieren. Erst dann kann er sagen, ob sich seine Hypothese bestätigt hat oder nicht.

4.2.1 Die Zuordnung von Daten

Zur Quantifizierung der untersuchten Merkmale dienen sogenannte **Skalen**[1]. Durch sie werden Untersuchungsobjekten Zahlen nach bestimmten Regeln zugeordnet (vgl. *Eid u. a., 2010, S. 75*). Auf diese Weise lassen sich die Werte einer Untersuchung darstellen. Das Erstellen einer Skala wird als ***Skalierung*** bezeichnet. Man unterscheidet Skalen nach ihrem Niveau, dem sogenannten **Skalenniveau**, in folgende Stufen:

- **Nominalskala**[2], in der die Werte nach bestimmten Kategorien klassifiziert, aber nicht in eine Rangfolge gebracht werden.

> Um eine Nominalskala handelt es sich beispielsweise, wenn Menschen nach Geschlecht, Typ, Schulausbildung, Beruf, Herkunft oder Schichtzugehörigkeit gruppiert werden.

---

[1] *scala (ital.): Treppe, Leiter*
[2] *nominalis (lat.): zum Namen gehörig*

Eine Nominalskala beinhaltet „lediglich" Klassifikationen und Häufigkeitsangaben.

Bei der Untersuchung, ob ein Zusammenhang zwischen der aktiven Mitarbeit eines Schülers im Unterricht und seinen schulischen Leistungen besteht, kann der Forscher auf einer Nominalskala beispielsweise die Anzahl der Meldungen des Schülers im Unterricht oder des Erledigens der Hausaufgaben festhalten.

- **Ordinalskala**[1], auch ***Rangskala*** genannt, in der die Werte in eine bestimmte Reihenfolge, eine Rangordnung, gebracht werden.

Der Wissenschaftler kann die Anzahl der Meldungen der Schüler im Unterricht oder des Erledigens von Hausaufgaben in eine Rangordnung bringen: Schülerin A meldet sich mit 61 Meldungen am häufigsten pro Tag, Schüler B mit 54 am zweithäufigsten ... und Schülerin M mit einer Meldung am wenigsten. Ebenso kann er die Noten der Schüler in eine Reihenfolge bringen: Schüler B hat mit 13 Punkten die besten Noten, Schülerin A mit 12 die zweitbesten ... und Schüler N mit 6 Punkten die schlechtesten Noten.

- **Intervallskala**[2], in der die Abstände, die Differenzen, zwischen den Werten bestimmt werden.

Der Forscher kann die Unterschiede beispielsweise in den Meldungen der Schüler festhalten: Schülerin A meldet sich 7-mal häufiger als Schüler B, gegenüber dem „stillsten" Schüler besteht ein Unterschied von 60 Meldungen.

Eine Form der Intervallskala ist die ***Verhältnisskala*** (Ratioskala), die bei einem Nullpunkt, der nicht unterschritten werden kann, beginnt. Auf diese Weise können die Werte zueinander in Beziehung gesetzt werden.

Die Messung aggressiven Verhaltens ist eine Verhältnisskala, wenn ihre Häufigkeit bei Null beginnt. Weitere Beispiele sind das Lebensalter (0 Jahre), das Gewicht (0 Kilogramm) oder die Geschwindigkeit (0 km/h).

„Auf dem niedrigsten Niveau der Nominalskala lassen sich nur Aussagen über die Gleichheit und Verschiedenheit machen. Auf dem nächsthöheren Niveau der Ordinalskala lassen sich zusätzlich Aussagen über die Ordnung der Merkmalsausprägungen machen. Auf Intervallskalenniveau kommen Aussagen über das Verhältnis von Merkmalsdifferenzen hinzu."

(Eid u. a., 2010, S. 77 f.)

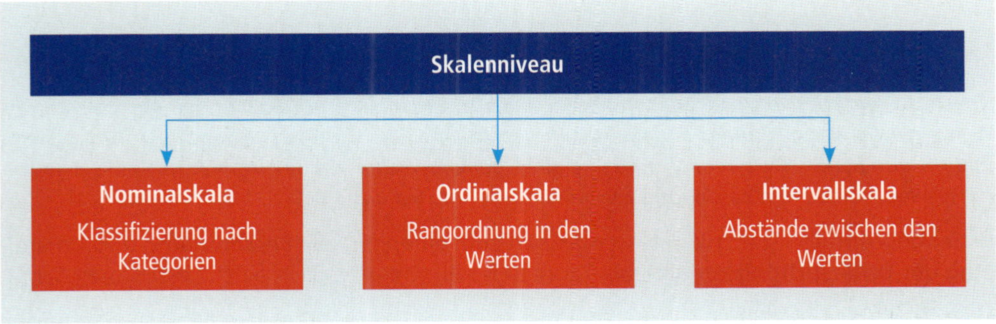

[1] *ordo (lat.): die Ordnung, der Rang*
[2] *intervallum (lat.): der Zwischenraum*

4.2.2 Der Begriff „Statistik“

Der Wissenschaftler erhält als Ergebnis seiner Untersuchung Angaben über die Ausprägung bzw. Häufigkeit von bestimmten Verhaltensmerkmalen.

> Um obiges Beispiel aufzugreifen: Der Forscher erhält auf der einen Seite Angaben über die Aktivität von Schülern im Unterricht, auf der anderen Seite erfährt er, wie es um die Leistungen dieser Schüler steht.

Diese Angaben bezeichnen wir als Daten, die mithilfe statistischer[1] Verfahren ausgewertet und interpretiert[2] werden.

> **Statistik ist die Bezeichnung für mathematische Verfahrensweisen, die der Aufbereitung, Auswertung und Interpretation von empirisch gewonnenen Daten dienen.**

Dabei unterscheidet man zwischen **deskriptiver Statistik** und **Interferenzstatistik**, oft auch ***Entscheidungsstatistik*** genannt.[3] Die deskriptive Statistik meint bestimmte Verfahrensweisen zur Beschreibung und Darstellung der in der Stichprobe gewonnenen Daten. Sie wird auch oft ***beschreibende Statistik*** genannt.

> Stellt man beispielsweise dar, wie oft sich ein Schüler in einer Unterrichtsstunde meldet, so handelt es sich um eine deskriptive Statistik.

Die Interferenzstatistik, in der Literatur auch ***schließende Statistik*** oder ***induktive bzw. schlussfolgernde Statistik*** genannt, dient der Berechnung und Bestimmung, ob die Ergebnisse, die an einer Stichprobe gewonnen wurden, auf die Population verallgemeinert werden können oder ob sie aus irgendwelchen Gründen zufallsbedingt sind[4].

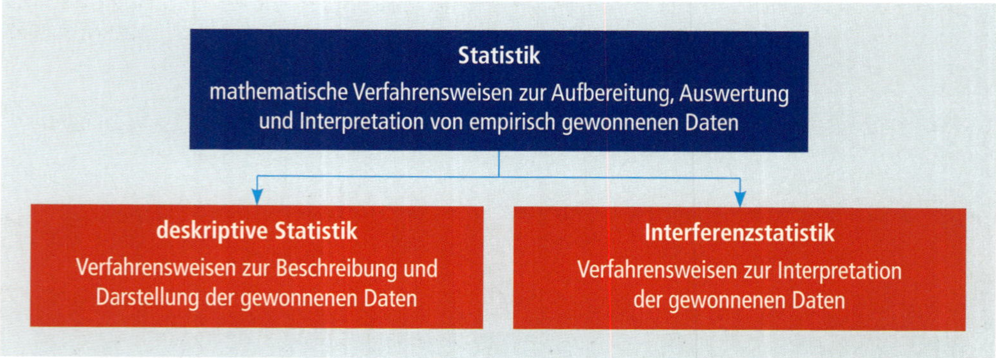

*Neben der deskriptiven und der Interferenzstatistik wird häufig als eigener Teil der Statistik die **Wahrscheinlichkeitsrechnung** angegeben, die etwas über das Eintreten eines Ereignisses aussagt. Mithilfe von Berechnungen kann eine – relativ – genaue Vorhersage der Wahrscheinlichkeit getroffen werden, mit der ein bestimmtes Ereignis eintritt (vgl. Eid u.a., 2010, S. 143 ff.).*

In der deskriptiven Statistik befasst man sich zum einen mit der **Beschreibung und Darstellung der Untersuchungsergebnisse** – zum Beispiel, wie oft sich in einer bestimmten Schul-

[1] *statisticus (lat.): staatswissenschaftlich*
[2] *Auswertung bedeutet in diesem Zusammenhang das Ordnen von Zahlen in einer Weise, dass sie eine Aussage ergeben (vgl. Eid u.a., 2010, S. 10). Interpretation (lat.) meint hier das Auslegen und Deuten der gewonnenen Daten.*
[3] *describere (lat.): beschreiben; interferire (lat.): wörtlich „dazwischenschlagen“; hier: die Übertragung von Daten auf die Allgemeinheit*
[4] *vgl. Abschnitt 4.2.5*

klasse die Schüler melden[1] –, zum anderen mit der Feststellung einer **Beziehung zwischen Merkmalen** – ob beispielsweise ein Zusammenhang besteht zwischen der Mitarbeit eines Schülers und seinen Noten[2].

4.2.3 Beschreibung und Darstellung der Untersuchungsergebnisse

Häufig werden **Durchschnittswerte (Mittelwerte)** und **Abweichungen** vom Durchschnitt errechnet. Der Mittelwert, manchmal auch **arithmetisches Mittel** genannt, ist der Durchschnitt der Messwerte, die man aufgrund der Untersuchung bekommen hat.

So lässt sich zum Beispiel der Durchschnitt von Schülermeldungen im Unterricht in verschiedenen Klassen errechnen und miteinander vergleichen: Beobachtet in mehreren Unterrichtsstunden, meldete sich in der Klasse 11 a jeder Schüler pro Unterrichtsstunde im Durchschnitt 5,21-mal (= Mittelwert). In der Parallelklasse dagegen meldete sich jeder Schüler im Durchschnitt nur 4,81-mal (= Mittelwert).

Der Mittelwert ist der Durchschnitt aller Messwerte.

Der Mittelwert allein sagt aber konkret noch nicht viel aus; interessant ist in diesem Zusammenhang, inwieweit sich einzelne Werte um den Mittelwert ausbreiten und von ihm entfernt liegen. Wir sprechen hier von **Standardabweichung**, die das Maß der Streuung um den Mittelwert beschreibt.

Um den Mittelwert von Schülermeldungen im Unterricht in verschiedenen Schulen in seiner Bedeutung und Aussagekraft richtig abzuschätzen, können Abweichungen vom Durchschnitt in den einzelnen Schulen festgestellt werden. So kann es möglich sein, dass die Schüler in der einen Klasse in etwa alle gleich aktiv im Unterricht sind, während es in der Parallelklasse eine bestimmte Gruppe von Schülern gibt, die durch sehr viele Wortmeldungen auffallen, während sich der größte Teil der Schüler im Unterricht passiv verhält.

Die Standardabweichung beschreibt das Maß der Streuung der Messwerte um den Mittelwert.

Vieles lässt sich nur darstellen, indem man angibt, wie ***häufig*** ein bestimmtes Merkmal auftritt.

So zum Beispiel lässt sich untersuchen, wie häufig sich ein Schüler in einer Unterrichtsstunde in Psychologie meldet.

Die **Häufigkeitsverteilung** gibt die Anzahl eines jeden in der Untersuchung vorgekommenen Wertes an. Eine solche Verteilung kann man in einer Tabelle oder einem ***Histogramm*** (die grafische Veranschaulichung der Beurteilung von Häufigkeiten) darstellen.

Die Klasse 11 a hat insgesamt 28 Schüler. Wie in mehreren Unterrichtsstunden in Pädagogik/Psychologie beobachtet, ergab sich hinsichtlich der Schülermeldungen folgende Häufigkeitsverteilung (Tabelle):

Meldungen	0	1	2	3	4	5	6	7	8	9	10	11	12	13	14	15
Schüler	3	3	1	0	8	2	1	2	3	1	2	1	0	0	0	1

[1] *vgl. Abschnitt 4.2.3*
[2] *vgl. Abschnitt 4.2.4*

Stellt man beispielsweise dar, wie oft sich ein Schüler in einer Unterrichtsstunde meldet, so handelt es sich um eine deskriptive Statistik.

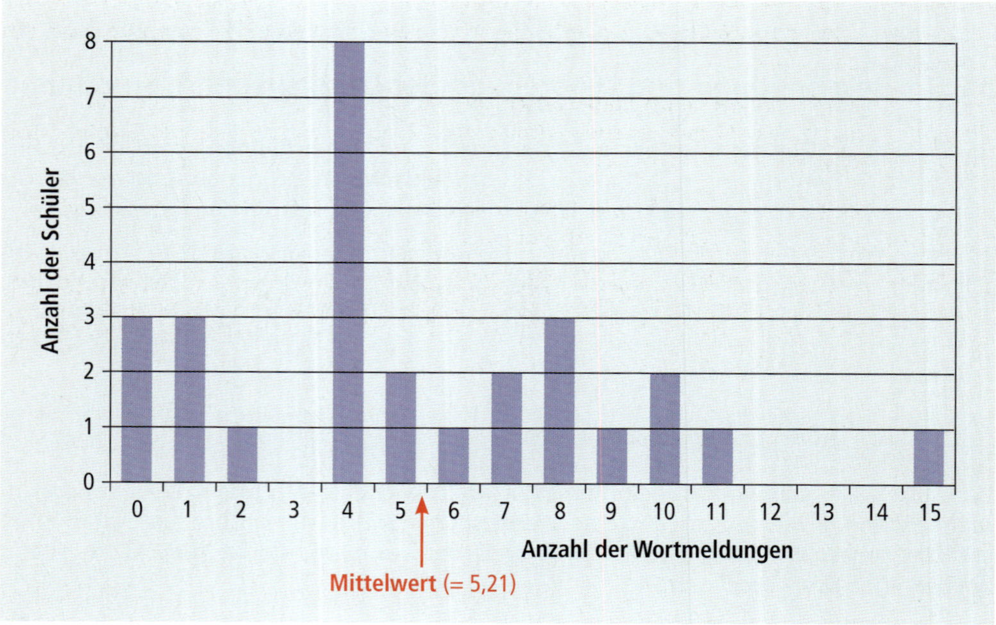

*Neben dem **Säulendiagramm** können Häufigkeitsverteilungen beispielsweise auch in einem **Kreis- bzw. Kuchendiagramm (1)**, in einem **Balkendiagramm (2)**, in einem **Liniendiagramm (3)** oder auch in einem **Flächendiagramm (4)** dargestellt werden.*

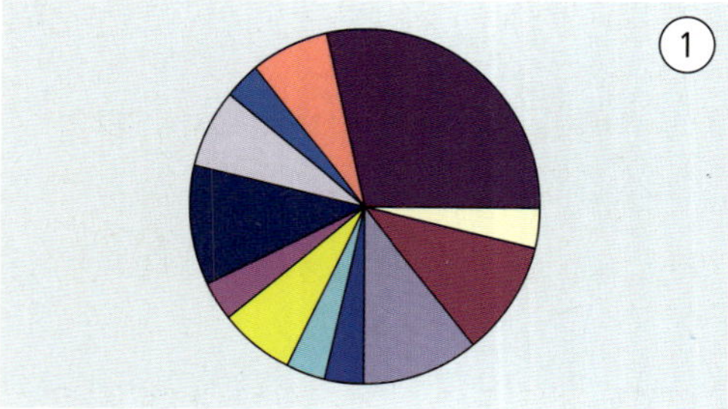

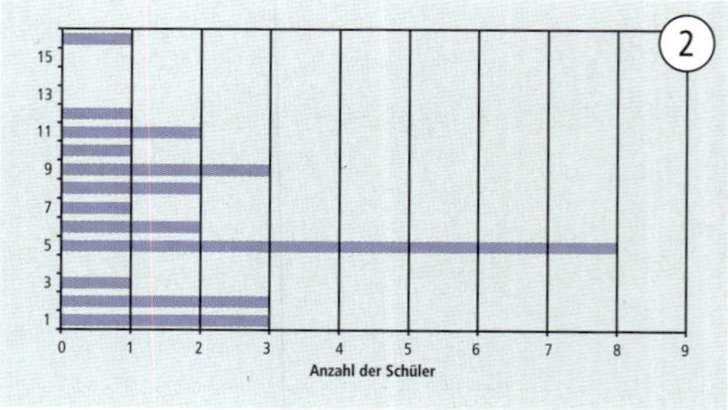

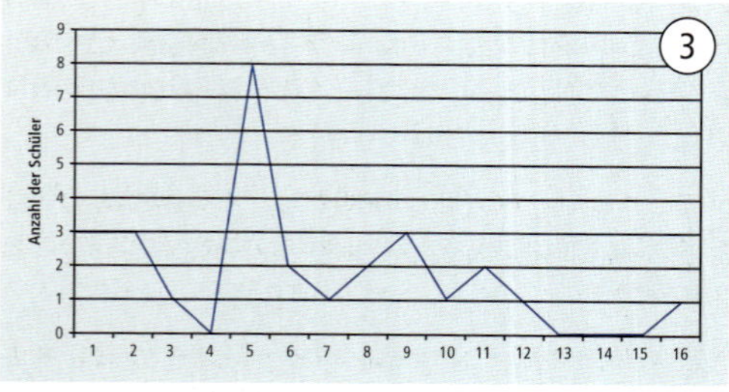

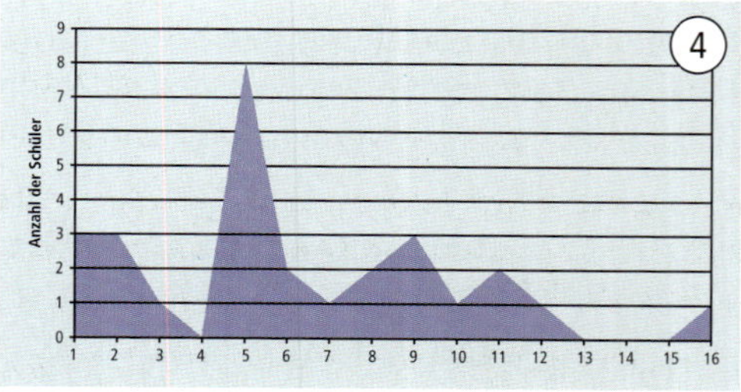

Dabei wird zwischen ***absoluter*** und ***relativer Häufigkeit*** unterschieden. Die absolute Häufigkeit gibt die Anzahl der jeweiligen Werte bzw. das Ergebnis des Zählens wieder.

Obige Verteilung stellt eine absolute Häufigkeit dar: Die Schüler A, F und K beispielsweise meldeten sich 8-mal in einer Unterrichtsstunde.

Absolute Häufigkeiten sind nur begrenzt aussagekräftig, da sie beziehungslos sind und die Zahlen nur für sich betrachtet werden können.

Man weiß zwar, dass sich 3 Schüler 8-mal in einer Unterrichtsstunde meldeten, man kann aber nicht beurteilen, ob die 8 Meldungen im Vergleich zur gesamten Klasse oder zu allen Klassen der Schule viel oder wenig sind.

Darüber gibt die relative Häufigkeit Aufschluss, die verhältnismäßig ist und einen Vergleich ermöglicht. Die Anzahl der jeweiligen Werte wird im Vergleich zur Summe aller Werte angegeben.

In der Pädagogikprüfung zum Beispiel haben 9 Schüler die Note 3 erhalten. Das allein sagt noch nicht viel aus, erst die relative Verteilung gibt genauere Auskunft:

Note	Anzahl der Schüler (absolute Häufigkeit)	relative Häufigkeit	Prozentwerte (relativ)
1	2	0,08	8 %
2	4	0,16	16 %
3	9	0,36	36 %
4	7	0,28	28 %
5	2	0,08	8 %
6	1	0,04	4 %
	∑ (Summe): 25	∑ 25 = 1	∑ 25 = 1 · 100

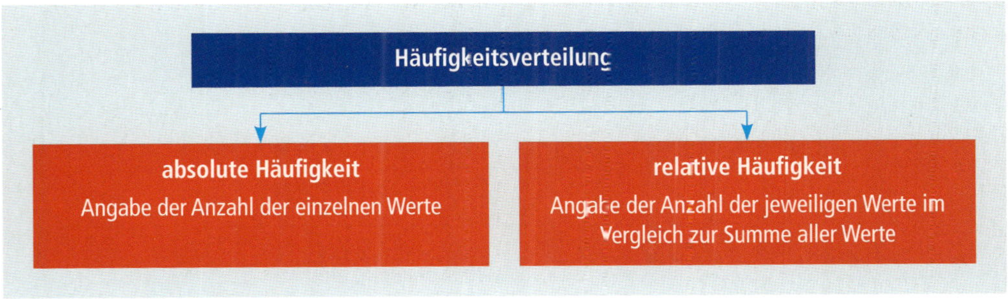

Man braucht bei vielen Untersuchungen eine Bezugsgröße, in der Regel ***Norm*** genannt.

So genügt es beispielsweise nicht, wenn ein Wissenschaftler sagt: „Sie haben 51 Aufgaben in dem Intelligenztest richtig gelöst." Es ist eine Bezugsgröße, eine Norm erforderlich, die besagt, ob man mit der richtigen Lösung von 51 Aufgaben über oder unter dem Durchschnitt liegt und damit über- oder unterdurchschnittlich intelligent ist.

Man spricht hier von einer **Standardisierung** bzw. von einer **Normierung**: Die Ergebnisse einer Untersuchung werden so ausgearbeitet, dass ihre Verteilung bestimmten Bedingungen entspricht, die sich auf den Mittelwert und ihre Standardabweichung beziehen.

Man hat sich beispielsweise bei allen Intelligenztests auf einen Intelligenzquotienten (IQ) von 100 geeinigt. Dies entspricht dem Durchschnitt (= Mittelwert). Gehen wir davon aus, dass im obigen Beispiel die richtige Lösung von 43 Aufgaben einen IQ von 100 bedeuten würde, so können nun mithilfe von Rechenverfahren bestimmte „Werte" festgelegt werden: Wer einen IQ von 85 bis 115 hat, ist durchschnittlich intelligent; wer einen IQ von 115 bis 130 hat, kann als überdurchschnittlich, wer einen IQ von 85 bis 70 hat, als unterdurchschnittlich intelligent gelten; ein IQ von über 130 wäre weit überdurchschnittlich, ein IQ von unter 70 weit unterdurchschnittlich intelligent.

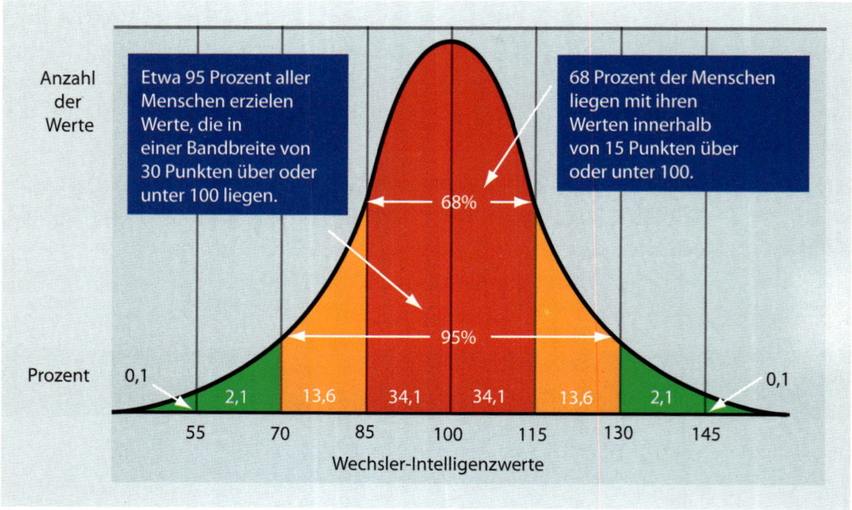

(Myers, 2008[2], S. 473)

Eine solche Verteilung von Werten um den Durchschnitt bezeichnen wir als **Normalverteilung**, die symmetrisch und glockenförmig ist. Sie ist auch bekannt als ***Gauß'sche Kurve***[1] und stellt die wichtigste Verteilungsform dar, da sie am aussagekräftigsten ist.

Bei vielen Untersuchungen ist interessant, welcher Wert bei der Verteilung am häufigsten besetzt ist.

> Um bei dem Beispiel der Schülermeldungen zu bleiben: Die meisten Schüler der Klasse 11 a haben sich in einer Unterrichtsstunde 4-mal gemeldet.

In der Statistik wird dabei vom **Modalwert** bzw. **Modus**[2] gesprochen.

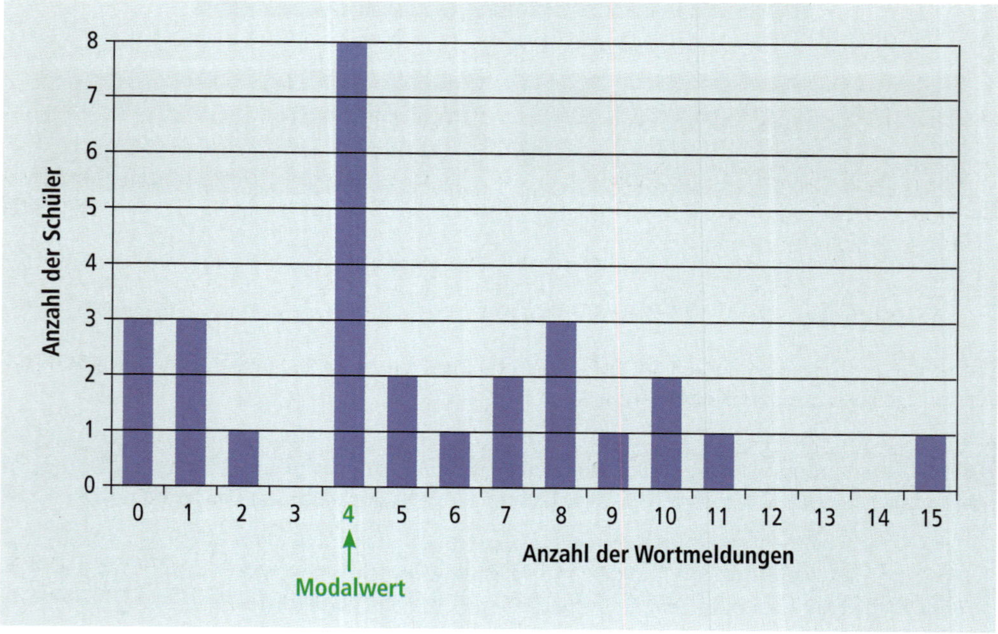

---

[1] benannt nach Carl Friedrich Gauß (1777–1855), der die Berechnung von Flächeninhalten untersuchte und dabei die Glockenkurve erfand

[2] modus (lat.): das Maß, der Maßstab, die Größe, die Menge, die Masse

Der Modalwert (Modus) gibt an, welcher Wert in einer Verteilung am häufigsten vorkommt (vgl. *Leonhart, 2004, S. 36*).

Der Modalwert bei der Notenübersicht der Pädagogikprüfung liegt bei 3; es ist die Note, die am häufigsten vorkommt.

Vor allem bei der Ausprägung von bestimmten Persönlichkeitsmerkmalen – zum Beispiel der Intelligenz (über- bzw. unterdurchschnittlich intelligent) – ist derjenige Wert von Bedeutung, der die geordnete Reihe der Messwerte in die oberen und unteren 50 Prozent aufteilt.

Die Intelligenzwerte bei einem Intelligenztest sind zum Beispiel – wie man in obiger Abbildung deutlich sieht – so verteilt, dass 50 Prozent über- und 50 Prozent unterdurchschnittlich intelligent sind.

Diesen Wert bezeichnet man als **Median**[1] (vgl. *Leonhart, 2004, S. 37*).

Der Median bezeichnet denjenigen Wert, der die geordnete Reihe der Messwerte in die oberen und unteren 50 Prozent aufteilt.

In der obigen Notenübersicht der Pädagogikprüfung liegt der Median bei 3.

Oft ist der Median zusammen mit dem Mittelwert am aussagekräftigsten, weil beide Werte einen Vergleich zulassen.

Im Durchschnitt besitzt zum Beispiel jeder deutsche Haushalt ca. 160.000 Euro in Form von Geldvermögen und Immobilien (= Mittelwert). Betrachtet man nun den Median, der bei 67.000 Euro deutlich darunter liegt, so wird deutlich, wie ungleichmäßig die Vermögensverteilung in der BRD ist.

4.2.4 Die Beziehung zwischen Merkmalen

Die häufigste Art einer statistischen Berechnung ist jedoch die Feststellung einer **Beziehung zwischen Merkmalen**, um eine Hypothese bestätigen, verifizieren, oder nicht bestätigen, falsifizieren, zu können.[2]

So berechnet der Wissenschaftler mithilfe der Statistik, ob ein Zusammenhang zwischen der aktiven Mitarbeit eines Schülers im Unterricht und seinen schulischen Leistungen besteht.

Einen solchen statistisch berechneten Zusammenhang zwischen verschiedenen Merkmalen bezeichnet man als **Korrelation**[3].

Korrelation bezeichnet den statistisch berechneten Zusammenhang zwischen zwei oder mehreren Merkmalen.

„Wenn zwei Variablen korrelieren, kann man von den Ausprägungen einer Variablen auf die Ausprägungen der anderen Variablen schließen." *(Eid u. a., 2010, S. 497)*

---

[1] *medianus (lat.): in der Mitte liegend*
[2] *vgl. Abschnitt 4.1.2*
[3] *correlatio (lat.): die Wechselbeziehung*

Die Korrelation wird mithilfe des **Korrelationseffizienten** gemessen und mit dem Buchstaben „r" angegeben. Er gibt die **Enge des Zusammenhanges zwischen den Merkmalen** an und geht von + 1 bis –1. Bei einem Korrelationseffizienten von +1 ist der untersuchte Zusammenhang perfekt bestätigt (= ***positive Korrelation***). Dies kommt aber in der Praxis so gut wie nie vor. Bei –1 würde sich ein perfekt negativer Zusammenhang, also genau die gegenteilige Beziehung, ergeben (= ***negative Korrelation***). Dies ist aber ebenso realitätsfremd. Bei 0 existiert kein Zusammenhang zwischen den Werten beider Variablen.

In nebenstehender Abbildung liegt eine hohe ***positive Korrelation*** vor, es besteht eine enge Beziehung zwischen den Werten der beiden Variablen.

Um bei obigem Beispiel zu bleiben, hätte sich der Zusammenhang zwischen der aktiven Mitarbeit eines Schülers im Unterricht und seinen schulischen Leistungen bestätigt.

(vgl. Asendorpf, 2007[4], S. 53)

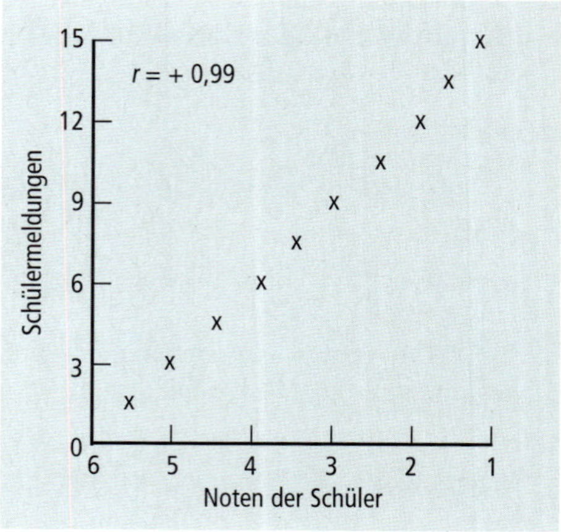

Hier liegt eine hohe ***negative Korrelation*** vor, es besteht eine „umgekehrte" enge Beziehung zwischen den Merkmalen.

Hier hätte sich bestätigt, dass, je weniger sich der Schüler im Unterricht meldet, er umso bessere Noten schreibt – also genau das Gegenteil von dem, was der Forscher vermutet hätte.

(vgl. Asendorpf, 2007[4], S. 53)

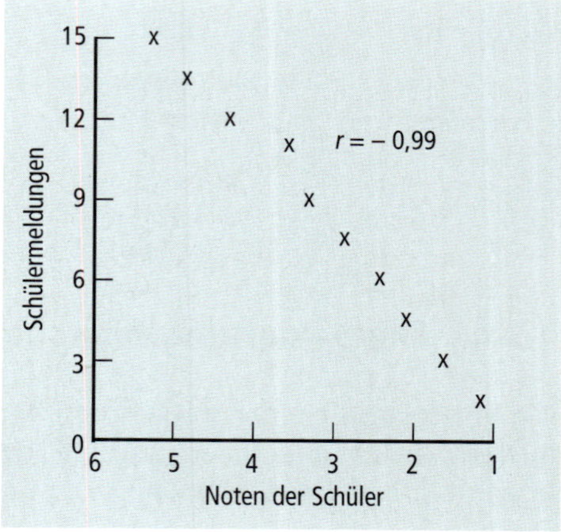

Hier liegt ***keine Korrelation*** vor, weder eine positive noch eine negative. Es besteht überhaupt keine Beziehung zwischen den Merkmalen.

Die Untersuchung hätte ergeben, dass kein Zusammenhang zwischen der aktiven Mitarbeit eines Schülers im Unterricht und seinen schulischen Leistungen besteht – weder ein positiver noch ein negativer.

(vgl. Asendorpf, 2007[4], S. 53)

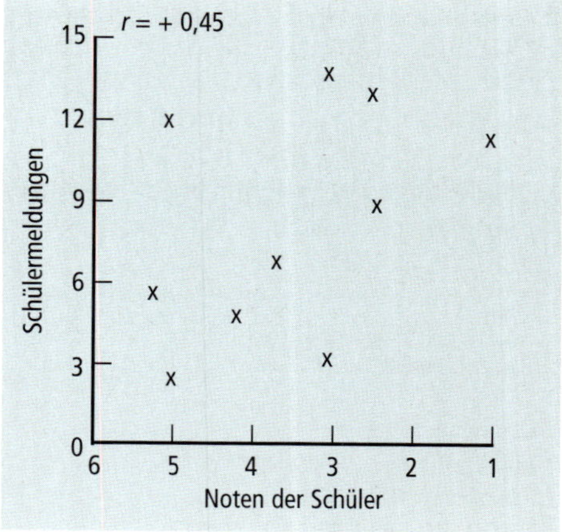

Eine Korrelation ist ein mathematischer Wert, der lediglich die Beziehung zwischen zwei Merkmalen angibt, aber nicht so ohne Weiteres als Ursache-Wirkungs-Zusammenhang interpretiert werden darf. Es handelt sich um einen ***linearen***, nicht um einen kausalen Zusammenhang.

Das wohl bekannteste Beispiel hierfür stammt aus Südschweden, wo viele Störche nisten und zudem im Vergleich zu anderen Ländern auch viele Kinder geboren werden (vgl. *Eid u. a., 2010, S. 66*).

Wissenschaftler müssen hier sehr vorsichtig vorgehen, um sagen zu können, ob es sich bei einer festgestellten Beziehung zwischen zwei Merkmalen tatsächlich um einen Ursache-Wirkungs-Zusammenhang handelt.

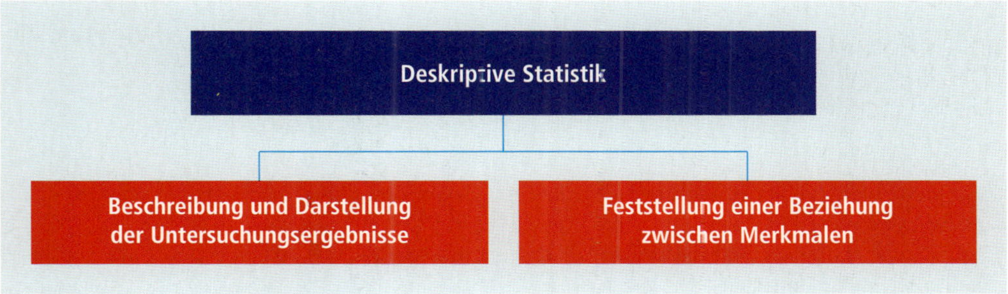

4.2.5 Die Interpretation der statistischen Daten

Nun kann es möglich sein, dass die Ergebnisse der durchgeführten Untersuchung **zufällig** auftreten und nicht auf die gesamte Population verallgemeinert werden dürfen. Von „zufallsbedingt" spricht man in diesem Zusammenhang, wenn zwar das erwartete Ergebnis eintritt, aber nicht aufgrund dessen, was der Forscher eigentlich beabsichtigt hat, sondern aufgrund eines Zustandes, der nicht gewollt war.

Dies kann beispielsweise der Fall sein, wenn die Stichprobe sehr klein ist.

Mithilfe von mathematischen Verfahren der ***Interferenzstatistik***[1] lässt sich angeben, ob Unterschiede oder Zusammenhänge von Merkmalen zufällig sind oder nicht. Die Feststellung der Zuverlässigkeit von Daten und der Wahrscheinlichkeit (un)richtiger Verallgemeinerungen sind also Gegenstand der Interferenzstatistik. Sind die Ergebnisse nicht zufällig, so bezeichnet man sie als „statistisch bedeutsam", als **signifikant**[2].

Als signifikant bezeichnet man ein Ergebnis einer Untersuchung, bei dem es sich mit sehr hoher Wahrscheinlichkeit um kein Zufallsergebnis handelt.

Eine Verallgemeinerung von der Stichprobe auf die Population ist nur dann zulässig, wenn die Daten der Stichprobe signifikant sind.

[1] *vgl. Abschnitt 4.2.2*
[2] *significans (lat.): bezeichnend*

Die mithilfe der Statistik gewonnenen Aussagen sind zwar allgemeingültig, entsprechen aber kaum der Realität und lassen im extremsten Fall keinen Rückschluss auf den Einzelfall zu. Am Beispiel des Weinens wird dies deutlich: Im Durchschnitt weint jeder erwachsene Deutsche in der Woche 1,7-mal; kein erwachsener Deutscher weint aber vermutlich wöchentlich genau 1,7-mal.
Statistisch gewonnene Aussagen sind Wahrscheinlichkeitsaussagen, keine Naturgesetze.[1] Sie zeigen uns, wie die Wirklichkeit statistisch beschaffen ist. Die durch Untersuchungen festgestellte Aussage beispielsweise, dass ein Zusammenhang zwischen Bildung und Einkommen besteht – je höher die Bildung eines Menschen, desto größer sein Einkommen –, entspricht nicht in allen Teilen der Realität; sie trifft nur „in der Regel" zu. Ausnahmen von dieser Aussage gibt es viele und trotzdem trifft diese Aussage auf das Ganze gesehen zu. Die Statistik stellt eine vorherrschende Tendenz fest, die nur bedingt Rückschlüsse auf den Einzelfall zulässt.

„Die Lüge hat zwei Steigerungsformen: Diplomatie und Statistik." *(Marcel Achard[2])*

„Sechs weise Männer aus Indien trafen auf einen Elefanten. Sie tasteten sorgfältig seine Gestalt ab, denn sie waren blind.
Der Erste befühlte den Stoßzahn und sagte: ‚Mir scheint, dass dieses Prachtstück von einem Tier einem Speer gleicht.'
Der Zweite tastete die Flanke der Kreatur ab und meinte: ‚Ich weiß schon, was wir alle vor uns haben: Hoch und flach, das ist wie eine Wand.'
Der Dritte meinte, nachdem er ein Bein ergriffen hatte: ‚Dieses Geschöpf ist wie ein Baum.'
Der Vierte bekam den Rüssel zu fassen und sprach: ‚Dieses Wesen ist in Wirklichkeit eine Schlange.'
Der Fünfte bekam ein Ohr zu fassen. Er ließ seine Finger darübergleiten und rief: ‚Dieses Tier ist wie ein Fächer.'
Der Sechste stieß auf den Schwanz bei seinem Suchen und tastete ihn ab: ‚Hört meine Entscheidung: Dieses Tier ist wie ein Seil.'
Und so stritten die sechs Männer fort, lange und unerbittlich über die Gestalt des Elefanten. Und obwohl jeder teilweise recht hatte, irrten sie alle."

(Hampden-Turner, 2000[4], S.10)

---

[1] vgl. Kapitel 1.1.2 und 1.3.2
[2] Marcel Achard (1899–1974) war französischer Dramatiker und Autor von witzigen, poesievollen Komödien; den größten Erfolg hatte er mit der Komödie „Jan der Träumer" (1929).

Zusammenfassung

- Wissenschaftler, die naturwissenschaftlich vorgehen, haben grundlegende Prinzipien zu beachten, wenn sie zu überprüfbaren, allgemeingültigen und systematisch gewonnenen Aussagen gelangen wollen:
  - Klarheit und Genauigkeit in der Beschreibung, Eindeutigkeit in der Begriffsbestimmung
  - Angaben, auf welche Art und Weise der Forscher zu seinen Erkenntnissen kommt
  - Validität (Gültigkeit), das heißt tatsächliche Beobachtung bzw. Untersuchung dessen, was beobachtet bzw. untersucht werden soll
  - Reliabilität (Zuverlässigkeit), das heißt genaue und exakte Beobachtung bzw. Messung dessen, was zu beobachten bzw. messen angegeben ist
  - Objektivität, das heißt Unabhängigkeit der Beobachtung bzw. Messung in ihrer Durchführung, Auswertung und Interpretation

- Die Vorgehensweise bei naturwissenschaftlichen Untersuchungen geschieht in mehreren Schritten:
  - Formulierung einer wissenschaftlichen Fragestellung
  - Bildung einer Hypothese
  - Operationalisierung der zentralen Begriffe, das heißt ihre Zurückführung auf das Beobachtbare
  - Ausschalten von Merkmalen, die das Ergebnis verfälschen könnten
  - Bestimmung einer Stichprobe
  - Durchführung der Untersuchung
  - Auswertung und Interpretation von Daten mithilfe statistischer Verfahren
  - Formulierung von allgemeingültigen Aussagen

- Zur Quantifizierung der untersuchten Merkmale dienen sogenannte Skalen, in denen sich die Werte einer Untersuchung darstellen lassen. Das Erstellen einer Skala wird als Skalierung bezeichnet. Man unterscheidet Skalen nach ihrem Niveau, dem sogenannten Skalenniveau, in Nominal-, Ordinal- und Intervallskalen.

- Statistik ist die Bezeichnung für mathematische Verfahrensweisen, die der Aufbereitung, Auswertung und Interpretation von empirisch gewonnenen Daten dienen. Deskriptive Statistik meint eine Gruppe von Verfahrensweisen zur Beschreibung und Darstellung der in der Stichprobe gewonnenen Daten. Dabei spielen der Mittelwert, die Standardabweichung, die Häufigkeits- und Normalverteilung, der Median, der Modalwert bzw. Modus und die Korrelation eine wichtige Rolle.

- Die Interferenzstatistik dient der Berechnung und Bestimmung, ob die Ergebnisse, die an einer Stichprobe gewonnen wurden, auf die Population verallgemeinert werden können oder ob sie aus irgendwelchen Gründen zufallsbedingt sind. Als signifikant bezeichnet man ein Ergebnis einer Untersuchung, bei dem es sich mit sehr hoher Wahrscheinlichkeit um kein Zufallsergebnis handelt. Eine Verallgemeinerung von der Stichprobe auf die Population ist nur dann zulässig, wenn die Daten der Stichprobe signifikant sind.

Aufgaben und Anregungen Kapitel 4

Aufgaben

1. Bestimmen Sie die Kriterien wissenschaftlichen Vorgehens und führen Sie aus, warum die Objektivität Voraussetzung für Reliabilität und diese wiederum Voraussetzung für Validität ist.
   (Abschnitt 4.1.1)

2. Stellen Sie die Vorgehensweise einer wissenschaftlichen Untersuchung zu folgenden Fragestellungen dar:
   a) *Beeinträchtigt Angst vor Schulaufgaben die Leistungsfähigkeit von Schülern?*
   b) *Fördert der Mathematikunterricht das logische Denken?*
   c) *Bewirken ein Meinungsaustausch, ein Gespräch in der Gruppe eine effektivere Einstellungsänderung als irgendein Massenkommunikationsmittel oder gar ein gut durchdachter, rhetorisch einwandfreier Vortrag?*
   d) *Ein Wissenschaftler möchte untersuchen, ob Stress Krankheitsfolgen wie erhöhten Blutzucker- und Cholesterinspiegel oder koronare Herzerkrankungen hervorrufen kann.*
   (Abschnitt 4.1.2)

3. *Aufgrund guter Kontakte zum Jugendamt hat eine 13. Klasse im Rahmen des Pädagogik/Psychologie-Unterrichts die Möglichkeit, Häufigkeit und Intensität fremdenfeindlicher Einstellungen unter den Besuchern der kommunalen Jugendzentren zu ermitteln.*
   a) Stellen Sie die verschiedenen Arbeitsschritte dar, nach denen man bei dieser Untersuchung vorgehen würde.
   (Abschnitt 4.1.2)
   b) Erläutern Sie an dieser Untersuchung die Zuordnung von Untersuchungsergebnissen.
   (Abschnitt 4.2.1)

4. *„Kinder in Großstädten sollen aggressiver sein als Kinder in Kleinstädten und auf dem Lande."*
   a) Zeigen Sie an dieser Untersuchung die statistische Auswertung (deskriptive Statistik) von gewonnenen Daten auf.
   (Abschnitt 4.2.3)

5. *„Die Persönlichkeit eines Lehrers ist ausschlaggebend. Bei Lehrern, die bei Schülern beliebt sind, schreiben diese bessere Noten."*
   a) Stellen Sie die Vorgehensweise bei dieser Untersuchung dar.
   (Abschnitt 4.1.2)
   b) Erläutern Sie an dieser Untersuchung die Zuordnung von Untersuchungsergebnissen.
   (Abschnitt 4.2.1)
   c) Zeigen Sie an dieser Untersuchung die statistische Auswertung (deskriptive Statistik) von gewonnenen Daten auf.
   (Abschnitt 4.2.3)
   d) Erläutern Sie an diesem Beispiel die Bedeutung der Interferenzstatistik.
   (Abschnitt 4.2.5)

6. *Drei Wissenschaftler von der Universität Düsseldorf kamen in Experimenten zu dem Ergebnis, dass Stress zur deutlichen Abnahme der Erinnerungsleistung für emotionale Wörter führt. Forscher der University of California dagegen fanden in ihren Untersuchungen heraus, dass Stress unter bestimmten Bedingungen die Erinnerungsleistung verbessern kann* (vgl. *Caspary, 2010, S. 195f.*).
Stellen Sie dar, woran es liegen könnte, dass Wissenschaftler in ihren Experimenten zu ein und demselben Sachverhalt zu völlig unterschiedlichen Ergebnissen kommen. (Abschnitt 4.1)

Anregungen

7. *Wer wird Millionär?*
Erstellen Sie in Kleingruppen je zehn Fragen zu dem Thema „Methodisches Vorgehen in Pädagogik und Psychologie". Jeder Frage sind vier Antwortvorschläge anzufügen, wovon nur eine Antwort richtig sein darf. Mischen Sie anschließend die Fragen der verschiedenen Kleingruppen und spielen Sie in der Klasse das Spiel „Wer wird Millionär?".

8. Überlegen Sie sich in Gruppen, warum man selbst wissenschaftliche Forschungsergebnisse kritisch prüfen soll.

9. *Wir führen eine Untersuchung durch.*
   - Überlegen Sie sich in Gruppen eine Fragestellung, die Sie untersuchen möchten und auch bewältigen können. Dabei kann es sich um eine eigene Idee handeln (zum Beispiel: Bringen kleinere Schüler in der Schule bessere Leistungen als größere?) oder um eine Ihnen bekannte Untersuchung (zum Beispiel das Experiment von *Solomon Asch* mit dem Schätzen von Balkenlängen[1]).
   - Bereiten Sie entsprechend *Abschnitt 4.1.2* unter Berücksichtigung der Prinzipien methodischen Vorgehens (*Abschnitt 4.1.1*) die Untersuchung vor.
   - Führen Sie in Gruppen diese Untersuchung durch.
   - Setzen Sie sich mit Ihrem Mathematiklehrer in Verbindung, der Ihnen bei der statistischen Auswertung der Daten helfen soll.
   - Stellen Sie Ihr Untersuchungsergebnis Ihrer Klasse vor und schildern Sie auch, wie Sie vorgegangen sind.

10. *Zeitschriftentests*
    - Lesen Sie in einer Zeitschrift eine Untersuchung oder einen Test.
    - Beurteilen Sie in Gruppen, ob diese(r) den Prinzipien wissenschaftlichen Vorgehens gerecht wird. Begründen Sie Ihre Entscheidung.

11. *„Anscheinend" – so der Assistenzprofessor für Theorie und Geschichte der Psychologie an der Universität Groningen (Niederlande), Stefan Schleim (2010, S. 44) – „geschehen hinter den verschlossenen Türen selbst eines hochkarätigen Labors Dinge, die sich kaum mit wissenschaftlichen Prinzipien vereinbaren lassen."*
Diskutieren Sie in der Klasse, warum Wissenschaftler gelegentlich gegen wissenschaftliche Prinzipien verstoßen und auf diese Weise gefälschte Ergebnisse bekommen.

---

[1] *vgl. Kapitel 8.2.4*

5 Die Wesensmerkmale des Menschen

Verwilderte Kinder
1920 fand der indische Missionar und ehemalige Leiter des Waisenhauses von Midnapore, *Joseph Amrito Lal Singh*, im Dschungel zwei verwilderte Mädchen. Er befreite sie aus einer Wolfshöhle und versuchte, sie in einem Waisenhaus in Midnapore aufzuziehen. Über das Vorleben dieser beiden Kinder kann nichts Genaues ausgesagt werden, vermutlich sind sie schon in frühester Kindheit ausgesetzt worden oder verloren gegangen. Das jüngere der beiden Mädchen, *Amala*, starb bereits ein Jahr später, während das ältere, *Kamala* genannt, neun Jahre später im Alter von etwa 17 Jahren verstarb. Bei ihrem Auffinden zeigten die beiden Kinder wolfähnliches Verhalten. Trotz intensiver Förderung entwickelten sich bei *Kamala* spezifisch menschliche Verhaltensweisen nur kümmerlich: Sie erwarb erst nach fünf Jahren den aufrechten Gang, konnte aber nie auf zwei Beinen laufen; ihr aktiver Wortschatz bestand lange nur aus wenigen Silben, mit denen sie Personen und Gegenstände bezeichnete oder Bedürfnisse zum Ausdruck brachte. Bis zu ihrem Tod erwarb sie nur etwa 50 Wörter. Als sie starb, war sie auf der Entwicklungsstufe eines Menschen mit einer schweren geistigen Behinderung (vgl. *Singh u .a., 1964*).
Im Jahre 1970 brachte eine Frau ein ängstliches Kind auf ein Sozialamt in Los Angeles, welches weder sprechen noch stehen und gehen konnte. Nachforschungen ergaben, dass das Kind sein bisheriges Leben angebunden auf einem Toilettenstuhl verbracht hatte.
2009 wurde in Chita (Sibirien) ein etwa 5-jähriges Mädchen entdeckt, das unter Hunden aufgewachsen war und hundeähnliches Verhalten angenommen hatte.

Wenn auch solchen Berichten zum Teil mit Vorsicht zu begegnen ist, so werfen sie selbst bei kritischer Betrachtung zentrale Fragen auf.

Folgende Fragen werden in diesem Kapitel geklärt:

1. *Was sind die spezifischen Merkmale der Gattung Mensch?*
   Wie wird das Wesen des Menschen bestimmt?
   Welche pädagogischen Konsequenzen ergeben sich aus den einzelnen Wesensmerkmalen?
2. *Was geschieht, wenn Lernen und Erziehung ausbleiben, unzureichend sind oder misslingen?*
3. *Welche Rolle spielt die Bindung zwischen Erzieher und zu Erziehendem in der frühen Kindheit?*
   Welche Bedeutung hat diese Bindung für die menschliche Entwicklung?
   Welche pädagogischen Folgerungen ergeben sich aus den Erkenntnissen über die Bindungsforschung?

5.1 Naturwissenschaftliche Erkenntnisse zum Wesen des Menschen

Mit der **Lernfähigkeit und Erziehbarkeit** (Erziehungsfähigkeit) des Menschen wird die ***Möglichkeit des Lernens und der Erziehung*** angesprochen. **Lern- und Erziehungsbedürftigkeit** bedeutet die ***Notwendigkeit des Lernens und der Erziehung***. Die Lernfähigkeit und Erziehbarkeit sowie die Lern- und Erziehungsbedürftigkeit des Menschen werden von einem Teilgebiet der **Anthropologie**[1], der **pädagogischen Anthropologie**, untersucht.

> **Unter Anthropologie versteht man die Wissenschaft vom Menschen und seiner Entstehung; sie untersucht das Wesen „Mensch" in seiner Eigenart und seiner besonderen Stellung in der Natur und in der Geschichte.**

Anthropologen haben viele Erkenntnisse zum Wesen des Menschen zusammengetragen. Dabei stützen sie sich auf Ergebnisse aus den **Naturwissenschaften** sowie den **Geistes- und Sozialwissenschaften**[2], die den Menschen als ein **lern- und erziehungsbedürftiges Wesen** charakterisieren: ***Der Mensch ist auf Lernen und Erziehung angewiesen***.

Wenn hier und im Folgenden zwischen naturwissenschaftlichen Erkenntnissen einerseits und geistes- und sozialwissenschaftlichen andererseits unterschieden wird, so darf diese Grenze nicht absolut gesehen werden. Die folgenden Positionen über die menschliche Eigenart stellen keine Gegensätze dar, sondern zeigen sie lediglich aus verschiedenen Sichtweisen auf.

5.1.1 Der Mensch, ein Gehirnwesen

Der Mensch unterscheidet sich vom Tier vor allem durch folgende Merkmale:

- aufrechte Körperhaltung
- Wortsprache
- Denkvermögen
- Fähigkeit, geplant zu handeln
- Umweltbeherrschung
- extreme Lernfähigkeit

Damit nimmt der Mensch eine **Sonderstellung** unter den Lebewesen ein, die aus biologischer Sicht mehrfach begründet werden kann (vgl. *Goerttler, 1984, S. 217 ff.*):

- Anordnung und Gestaltung von Schädel, Kehlkopf, Wirbelsäule, Hand und Fuß ermöglichen dem Menschen eine vielseitige Raumorientierung und mannigfaltige Verwendung seiner Körperteile.

> So kann der Mensch zum Beispiel im Gegensatz zum Tier seine Hand vielseitig einsetzen.

- Die spezielle Beschaffenheit des menschlichen Gehirns lässt die Ausbildung höherer Funktionen wie Gedanken, Vorstellungen, Wortsprache, Planen und Ähnlichem zu. Beim Menschen sind sehr komplexe Informationsverarbeitungs- und -speicherungsprozesse möglich. *Alfred K. Treml (1987, S. 48)* bezeichnet deshalb den Menschen als **Gehirnwesen**, der durch die Überlegenheit seiner internen Informationsverarbeitung die

[1] *anthropos (griech.): der Mensch; logos (griech.): die Lehre, die Wissenschaft*
[2] *Natur- und Geisteswissenschaften sind in Kapitel 1.2.4 näher bestimmt; mit dem Begriff „Sozialwissenschaften" bezeichnen wir alle Wissenschaften, die mit dem Zusammenleben und -wirken von Menschen zu tun haben. Geistes- und Sozialwissenschaften werden heute häufig unter dem Begriff Humanwissenschaften zusammengefasst (vgl. Zimmerli, 1992², S. 88).*

„Unterentwicklung" seiner Sinne – seiner externen Informationsverarbeitung – ausgleichen kann.[1]

„Der Mensch ist also in erster Linie ein Gehirnwesen und kein Sinneswesen. (...) Die interne Umweltverarbeitung des Menschen ist um das 100.000-Fache leistungsfähiger als die externe durch die Sinne. (...) Das Gehirn ist also des Menschen wichtigstes Sinnesorgan."
(Treml, 1987, S. 48)

Folgerungen für die Erziehung:

- Die spezielle Hirnstruktur macht den Menschen extrem lernfähig und erziehbar.
- Die Funktionen des Gehirns sind in ihrer Entfaltung auf Anregung und Lernhilfe seitens der Umwelt angewiesen, was den Menschen in hohem Maße lern- und erziehungsbedürftig macht.
- Verhaltensweisen wie aufrechter Gang, Wortsprache, Denkvermögen, die Fähigkeit, geplant zu handeln, oder Umweltbeherrschung vermag der Mensch nicht „von Natur aus" zu vollbringen, sondern er muss sie durch Erziehung erlernen.

5.1.2 Der Mensch, ein Wesen ohne ausreichende Instinkte

Gegenüber dem Tier, bei dem die Lebensweise weitgehend durch bestimmte Steuerungsmechanismen der Natur, durch **Instinkte** geregelt wird, reichen sie beim Menschen zur Regulierung seiner Lebensweise nicht aus. Sie können ihm nicht helfen, sich in seiner Umwelt zurechtzufinden.

Instinkte sind ererbte Verhaltensweisen, die durch entsprechende Reize, sogenannte Schlüsselreize, ausgelöst werden und stets gleichförmig und automatisch ablaufen sowie der Selbst- und Arterhaltung dienen.

Beispiele für Instinkte bei Tieren sind Nahrungsaufnahme, Sexualverhalten, Brutpflege, Aufzucht oder Nestbau.

„Dem Menschen sind (...) keine festgelegten Triebziele angeboren; er bringt keine festgelegten Werthaltungen und Welteinstellungen mit auf die Welt." *(Roth, 1991[5], S. 117)*

Der niederländische Zoologe *Nikolaas Tinbergen*[2] bezeichnet den Menschen deshalb als ein **instinktreduziertes Wesen**.

---

[1] *vgl. Kapitel 9.3*

[2] *Nikolaas Tinbergen (1907–1988), Nobelpreisträger, war Professor in Leiden und Oxford und ist Mitbegründer der vergleichenden Verhaltensforschung. 1973 erhielt er zusammen mit Karl von Frisch und Konrad Lorenz den „Nobelpreis für Physiologie und Medizin".*

Menschliches Verhalten bleibt zwar wegen seiner Instinktarmut störbar und gefährdet, bildet aber die Voraussetzung für die ***Befreiung des Menschen vom Zwang der Natur***. Sie gibt ihm die Freiheit, zwischen mehreren Verhaltensweisen zu wählen, überlegte Entscheidungen zu treffen und produktive Lösungen zu finden. Wir bezeichnen den Menschen deshalb als ein **weltoffenes Wesen**: Während das Tier in seine Umwelt eingebettet, „eingebunden" ist und nur jeweils sein eingegrenztes Lebensfeld hat, das für es notwendig ist, kann der Mensch die Welt als Ganzes erfassen; er ist nicht nur auf Anpassung ausgerichtet, sondern auf Veränderung, auf aktive Gestaltung der Umwelt eingestellt (vgl. *Roth, 1991*[5]*, S. 125*).

Folgerungen für die Erziehung:

- Die Instinktarmut ermöglicht die enorme Lernfähigkeit und Erziehbarkeit des Menschen. Wäre menschliches Verhalten durch Instinkte festgelegt, dann wäre Erziehung gar nicht möglich.
- Weil die menschliche Lebensweise instinktiv nicht ausreichend geregelt wird, ist der Mensch auf Lernen und Erziehung angewiesen; er muss die zum Leben und Überleben notwendigen Verhaltensweisen, die die Natur nur unzureichend hervorgebracht hat, im Laufe seines Lebens erst erlernen.
- In der Weltoffenheit des Menschen liegt einerseits seine Lern- und Erziehungsfähigkeit begründet, andererseits muss er das Leben in der Welt und die aktive Gestaltung seiner Umwelt durch Erziehung erst erlernen.

5.1.3 Der Mensch, ein Wesen, das biologisch mangelhaft ausgestattet ist

Der Philosoph und Soziologe *Arnold Gehlen*[1] bezeichnet den Menschen als **unspezialisiertes biologisches Mängelwesen**:

- Er ist **organisch unspezialisiert**, d. h. „‚organisch mittellos' ohne natürliche Waffen, ohne Angriffs- oder Schutz- oder Fluchtorgane, mit Sinnen von nicht besonders bedeutender Leistungsfähigkeit, denn jeder unserer Sinne wird von den ‚Spezialisten' im Tierreich weit übertroffen." *(Gehlen, 1984, S. 46)*

  Affen zum Beispiel übertreffen den Menschen in ihren einmaligen Kletterleistungen, Adler mit ihren Augen („Adleraugen") und Hunde mit ihrem hervorragenden Geruchssinn.

- Er ist **organisch unfertig**: Er besitzt beispielsweise kein Haarkleid und keinen Pelz; einzelne Organe sind „unterentwickelt" wie zum Beispiel der Aufbau seiner Hand, die sich nicht zu Spezialleistungen (wie Greif-, Krallen- oder Schaufelhände) eignet.
- Er ist, wie in *Abschnitt 5.1.2* ausgeführt, **instinktreduziert**, was auch die Ursache dafür ist, dass die menschlichen Antriebskräfte, wie zum Beispiel die Sexualität, nicht auf bestimmte, natürlich fixierte Ziele ausgerichtet und im Überschuss vorhanden sind.

---

[1] *Arnold Gehlen (1904–1976), Philosoph und Soziologe, war Professor in Leipzig, Königsberg, Wien, Speyer und Aachen. Bekannt geworden ist Gehlen vor allem durch sein Hauptwerk „Der Mensch, seine Natur und seine Stellung in der Welt", erstmals 1940 erschienen und 1950 grundlegend überarbeitet.*

> *„Es fehlt das Haarkleid und damit der natürliche Witterungsschutz; es fehlen natürliche Angriffsorgane, aber auch eine zur Flucht geeignete Körperbildung; (...) er hat einen geradezu lebensgefährlichen Mangel an echten Instinkten (...). Mit anderen Worten: Innerhalb natürlicher, urwüchsiger Bedingungen würde er als bodenlebend inmitten der gewandtesten Fluchttiere und der gefährlichsten Raubtiere schon längst ausgerottet sein."*
>
> *(Gehlen, 2009[15], S. 33)*

Tiere werden als Spezialisten geboren, Menschen sind zum „Mängelwesen" erkoren.

Die organische Unspezialisiertheit und Unfertigkeit sowie seine Instinktreduktion befähigen den Menschen zum **zielbewussten und geplanten Handeln**. Diese Möglichkeit zum Handeln ist dem Menschen durch die **Struktur seines Großhirns** gegeben.[1] Intellektuelle Fähigkeiten erlauben ihm planendes, schöpferisches Handeln, wodurch er imstande ist, seine biologischen Mängel auszugleichen. Er gestaltet die Natur so um, dass er in ihr leben und überleben kann. **Die vom Menschen ins Lebensdienliche umgearbeitete Natur** bezeichnet *Gehlen* als **Kultur**[2].

Durch die Gestaltung der Umwelt und Schöpfung der Kultur ist der Mensch selbst Teil davon und muss deshalb „kultiviert" werden. Dies geschieht nach *Gehlen* durch sogenannte Außenstützen, durch **Institutionen**, die menschliches Verhalten regulieren. Mit Institution meint er ein ***Regelsystem wie alle geschriebenen und ungeschriebenen Normen, Sitten und Gesetze sowie die Einrichtungen, die die Realisierung dieser Normen, Sitten und Gesetze sicherstellen***.

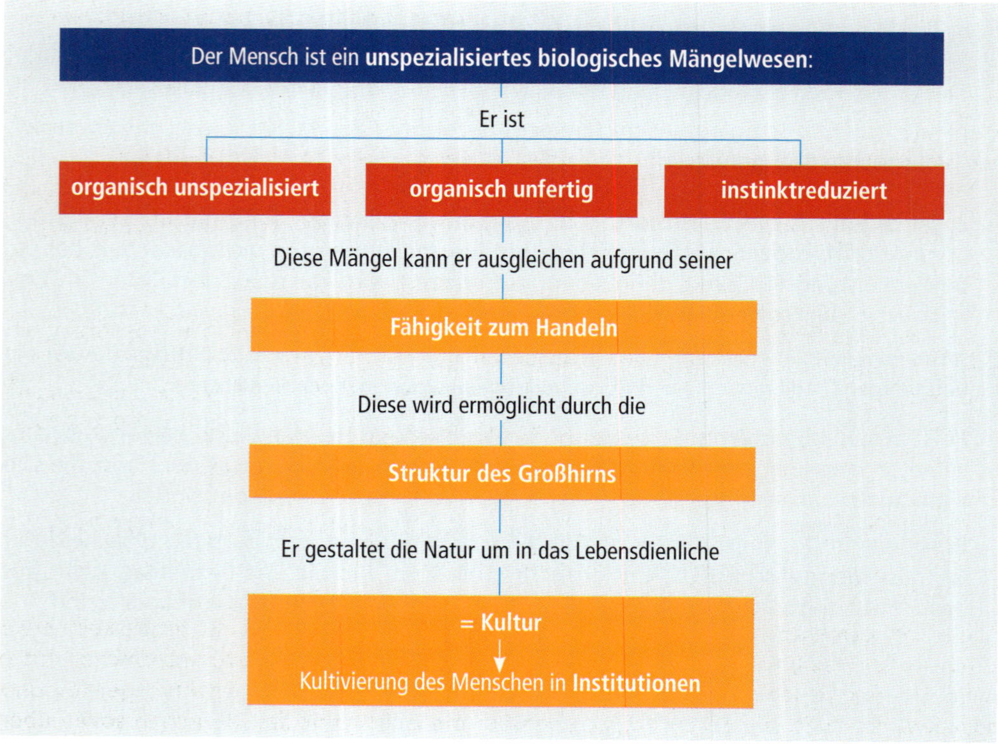

---

[1] *vgl. Abschnitt 5.1.1*
[2] *vgl. Abschnitt 5.2.2*

Folgerungen für die Erziehung:

- Die organische Unspezialisiertheit und Unfertigkeit des Menschen sowie seine Instinktreduktion und die spezielle Struktur des Großhirns ermöglichen seine enorme Lernfähigkeit und Erziehbarkeit.
- Die Fähigkeit zur vielseitigen Verwendung der Organe muss durch Lernen und Erziehung erst entwickelt werden.
- Intellektuelle Fähigkeiten, wie zum Beispiel Denken, Planen und Kreativität, entfalten sich organisch nicht von selbst, sondern benötigen Anregung und Lernhilfe von außen.
- Als „Kulturwesen" muss der Mensch durch Erziehung lernen, in seiner Kultur leben bzw. Kultur schaffen und ändern zu können.[1]
- Die noch nicht auf bestimmte Ziele gerichteten und im Überschuss vorhandenen Antriebskräfte des Menschen müssen über Lernvorgänge geregelt und in kulturelle Bahnen gelenkt werden. Dazu sind **Institutionen** von größter Bedeutung.
- Die Schaffung von Institutionen ist sowohl für den Einzelnen als auch für die Gesellschaft wichtig: Einerseits kann der Einzelne nur durch sie seine spezifisch menschlichen Verhaltensweisen wie Denken, Sprache, geplantes Handeln und Umweltbeherrschung entwickeln; andererseits kann auch die Gesellschaft nur durch Institutionen weiter bestehen und sich erneuern.

Gegebenheiten der Natur	Folgerungen für die Erziehung
der Mensch, ein Gehirnwesen	Entfaltung der Hirnfunktionen und der Struktur der Nervenzellen; Erlernen der spezifisch menschlichen Verhaltensweisen wie aufrechter Gang, Wortsprache, Denkvermögen, die Fähigkeit, geplant zu handeln, und Umweltbeherrschung
der Mensch, ein instinktreduziertes Wesen	Erlernen der menschlichen Lebensweise und der zum Zusammen- und Überleben notwendigen Verhaltensweisen
der Mensch, ein weltoffenes Wesen	Erlernen der dem Menschen weltoffen aufgegebenen Lebensführung
der Mensch, ein unspezialisiertes biologisches Mängelwesen	Erlernen der Fähigkeit zur vielseitigen Verwendung der Organe; Entfaltung der intellektuellen Fähigkeiten; Erlernen der kulturellen Lebensweise; Formierung der Antriebsenergie

„Erziehungsbedürftigkeit meint: Der Mensch braucht Erziehung, um das ihm als Aufgabe gegebene Menschsein ausformen, ausprägen zu können. Der Mensch kommt nicht als ‚fertiges Lebewesen' in die Existenz, sondern als ‚lebendige Möglichkeit'; Menschsein heißt Menschwerden." (Badry, 2003[4], S. 166)

5.2 Geistes- und sozialwissenschaftliche Erkenntnisse zum Wesen des Menschen

Die bisher dargestellten Aussagen begründen die Lernfähigkeit und Erziehbarkeit sowie die Lern- und Erziehungsbedürftigkeit des Menschen lediglich aus naturwissenschaftlicher Sicht. Um das Wesen des Menschen vollständig zu erfassen, müssen sie durch geistes- und sozialwissenschaftliche Erkenntnisse, wie über die Geistigkeit des Menschen sowie über Einsichten aus dem Verhältnis zwischen ihm und seiner ihn umgebenden und sich wandelnden Gesellschaft und Kultur, ergänzt werden.

[1] *vgl. Abschnitt 5.2.2*

5.2.1 Der Mensch, ein Wesen mit Geist und Vernunft

Der Mensch ist das einzige Wesen, das mit **Bewusstsein, Verstand, Erinnerungsvermögen, Begriffssprache** sowie **Urteils- und Reflexionsvermögen** ausgestattet ist. Er ist ein **geistiges Wesen**.

> *„Diese Geistigkeit des Menschen stellt sich dar im Denken, in der Sprache, in seiner Wertempfänglichkeit und kulturellen Schaffenskraft, in all den menschlichen Fähigkeiten und Kräften, die Voraussetzung sind für Kunst und Wissenschaft, Vernunft und Weisheit, Sittlichkeit und Religion, Zivilisation und Kultur."* *(Roth, 1991[5], S. 134)*

Aufgrund seines Geistes kann sich der Mensch gegenüber sich selbst distanzieren und sich selbst zum Objekt der Betrachtung machen. Diese Tatsache befähigt ihn, sich als Person zu erfassen.

„Cogito ergo sum." – „Ich denke, also bin ich." ***(René Descartes[1])***

> *„Dass der Mensch in seiner Vorstellung das Ich haben kann, erhebt ihn unendlich über alle anderen auf Erden lebenden Wesen. Dadurch ist er eine Person (…)."* *(Kant[2], 1983, S. 407)*

Folgerungen für die Erziehung:

- Die Ausstattung des Menschen mit Geist und Vernunft befreit den Menschen vom Zwang der Natur und ermöglicht ihm eine enorme Lern- und Erziehungsfähigkeit.
- Die Geistigkeit des Menschen entfaltet sich nicht von selbst, sondern muss durch Lernprozesse und Erziehung im Laufe des Lebens hervorgebracht werden. Dies ist eine sehr schwierige Aufgabe der Erziehung, weil von deren Realisierung das Schicksal des Menschen und seiner Kultur abhängt.

> **Zeitgemäß**
> Ein Mensch, der mit Descartes gedacht,
> Dass Denken erst das Leben macht,
> Gerät in Zeiten, wo man Denker
> Nicht wünscht – und wenn, dann nur zum Henker.
> Er kehrt den alten Lehrsatz um
> Und sagt: Non cogito, ergo sum!
> *(Eugen Roth, 2001, S. 137)*

5.2.2 Der Mensch, ein Kulturwesen

Der Mensch lebt immer in einer Kultur, er ist ein **kulturelles Wesen**.

> *„Der Mensch ist ein Naturwesen, das nur als Kulturwesen leben kann und nur als Kulturwesen seine Bestimmung findet."* *(Mittelstraß, 2008, S. 82)*

Mit Kultur[3] bezeichnet man das, was der Mensch selbst geschaffen hat – im Gegensatz zur Natur, die nicht von ihm erzeugt ist.

---

[1] René Descartes (1596–1650) war französischer Philosoph und Mathematiker und ist Begründer des modernen Rationalismus.

[2] Immanuel Kant (1724–1804) war deutscher Philosoph und Professor für Logik und Metaphysik in Königsberg. Bekannt wurde Kant vor allem durch sein Werk „Kritik der reinen Vernunft" und durch seinen sogenannten kategorischen Imperativ, ein Prinzip zur Begründung moralischen Handelns.

[3] cultura (lat.): Bearbeitung, Pflege, Ackerbau

Dazu gehören beispielsweise die Sprache, die Neuschaffung und Veränderung von Wohnverhältnissen, technische Leistungen, Wirtschaft, Kunst, Religion, Recht, Wissenschaft, Wert- und Normvorstellungen ebenso wie die Veränderung und Umgestaltung der Natur selbst.

Kultur ist also all das, was sich der Mensch zur Bewältigung seines Daseins aufgebaut hat und aufbaut; sie ist eine von ihm selbst geschaffene bzw. veränderte Umwelt (vgl. *Wössner, 1986[9], S. 91)*.

Kultur ist die umfassende Bezeichnung für das, was der Mensch im Gegensatz zur Natur selbst geschaffen hat, eine von ihm selbst geschaffene bzw. veränderte Umwelt.

Machen wir mal Kultur!

Kultur ist die vom Menschen umgestaltete Natur, um sein Leben zu bewältigen, zu erleichtern und zu gestalten.

Bereiche der Kunst und der Literatur sowie technische Errungenschaften, Kleidung, Trinken und Essen sind Beispiele hierfür.

Zum anderen schließt der Kulturbegriff auch Regelungen zum Zusammenleben und die damit verbundenen Lebensweisen von Menschen mit ein.

Hierzu zählen Wert- und Normvorstellungen, Bräuche und Gewohnheiten, Sitten, Traditionen und Gesetze.

Jeder Kulturkreis hat seine eigene Kultur hervorgebracht, auch wenn sich die einzelnen Kulturen aufgrund der Mobilisierung ähnlicher werden.

Die Kultur von arabischen Ländern beispielsweise ist eine völlig andere als die der europäischen.

Leben Menschen aus unterschiedlichen kulturellen Lebenskreisen in einer Gesellschaft zusammen, so spricht man von **multikulturell**.

Der Mensch ist ein **Kulturwesen im doppelten Sinn**: Einerseits gestaltet sich der Mensch durch planendes und schöpferisches Handeln seine eigene „Welt"; er ist also aktiver Erzeuger der Kultur.

Technische Errungenschaften oder Werte und Normen zum Beispiel hat sich der Mensch selbst geschaffen.

Durch die Gestaltung und Schöpfung der Kultur wird er andererseits selbst Teil dessen und somit auch ein Erzeugnis seiner Kultur.

Der Mensch beispielsweise spricht die Sprache seiner Kultur und denkt so, wie es in seinem kulturellen Lebenskreis üblich ist.

Der Mensch wird von seiner Kultur häufig so stark geprägt, dass sie ihm als das einzig Wahre, das „Natürliche" schlechthin erscheint.

Kultur ist ein Produkt des Menschen und der Mensch ein Produkt seiner Kultur.

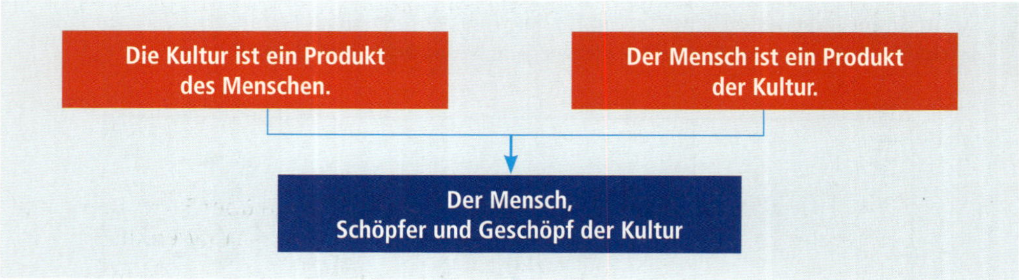

Folgerungen für die Erziehung:

- Um in einer Kultur leben zu können, muss der Mensch die jeweilige kulturelle Lebensweise erlernen. Dabei kommt es bei der Erziehung vor allem auf den Erwerb von Kulturtechniken an, welche die Erhaltung und Weitergabe der jeweiligen Kultur ermöglichen.

Dazu gehören beispielsweise Sprache, Denken, Lesen und Schreiben, Wertbewusstsein und Moralvorstellungen.

- Durch Lernen und Erziehung muss aber auch die Fähigkeit zu produktivem Neuschaffen und zur Veränderung von kulturellen Verhältnissen vermittelt werden. Hierzu zählen Kompetenzen wie Kritikfähigkeit, Kreativität, Produktivität, Engagement und Verantwortungsbewusstsein sowie die Fähigkeit, fehlerhafte Entwicklungen zu erkennen.

5.2.3 Der Mensch, ein soziales Wesen

Der Mensch lebt nicht isoliert und allein, sondern ist von vornherein in ein umfassendes Ganzes, in eine soziale Situation eingebettet. Er ist auf eine gesellschaftliche Lebensweise hin angelegt und von Geburt an auf Mitmenschen und soziale Beziehungen angewiesen. Nur durch das Zusammenleben mit anderen kann er existieren und zum Menschen im humanen Sinne werden.

„Man is not born human." – „Der Mensch wird nicht als ‚Mensch' geboren, sondern erst dazu gemacht."
(Burgess/Locke, 1945, S. 213)

Der Mensch ist ein **soziales Wesen**: Seine Daseinsform ist das Zusammenleben, welches sich in verschiedenen Gruppen und Einrichtungen wie Familie, Schule, Betrieb usw. vollzieht und durch Verhaltensvorschriften geregelt wird. Ein Verstoß gegen diese Regeln kann den Einzelnen mit sich selbst und anderen in Schwierigkeiten bringen bzw. Störungen in der menschlichen Existenz nach sich ziehen.

„Biologisch gesehen ist ein einzelner Mensch undenkbar. Er würde das Ende der Menschheit bedeuten. (...) Der Mensch wird nur unter Menschen ein Mensch (...).“ (Lassahn, 1997[3], S. 117)

Das menschliche Gehirn ist auf Beziehung ausgelegt, es ist – wie es Daniel Goleman (2008) bezeichnet – ein „geselliges Hirn“. Das Bedürfnis nach Kontakt mit anderen Menschen ist quasi „in uns eingebaut“.

„Der Mensch wird am DU zum ICH.“ *(Martin Buber[1])*

Folgerungen für die Erziehung:

- Um mit anderen Menschen zusammenleben zu können, müssen über Erziehung die für das Zusammenleben notwendigen sozialen Verhaltensregeln erlernt werden.
- Neben der Anpassung an bestehende soziale Spielregeln und soziale Lebensformen soll Erziehung zur Neuerung und Veränderung von sozialen Verhältnissen befähigen.

Kulturelle Gesichtspunkte

Rationalität, Reflexionsvermögen, Wertbewusstsein, Leben in der Kultur, aber Unkenntnis der jeweiligen kulturellen Lebensweise, Notwendigkeit der Kulturübernahme, Anpassung an kulturelle und Veränderungen von kulturellen Gegebenheiten

Soziale Überlegungen

Zusammenleben in Gruppen und Einrichtungen, aber Unkenntnis der „Spielregeln“ des Zusammenlebens, Streben nach sozialen Kontakten, Angewiesensein auf Mitmenschen, auf geregeltes Zusammenleben, Befriedigung von Bedürfnissen, die auf das DU ausgerichtet sind,

**geben Aufschluss über
die Möglichkeit und Notwendigkeit des Lernens
und der Erziehung des Menschen**

Resümee

Die aufgezeigten wissenschaftlichen Erkenntnisse belegen, dass ***der Mensch in einem hohen Maße lern- und erziehungsfähig ist sowie*** im Vergleich mit anderen Lebewesen ***auf Lernen und auf Erziehung*** besonders stark ***angewiesen ist***.

„Der Mensch ist das einzige Geschöpf, das erzogen werden muss. (...) Der Mensch kann nur Mensch werden durch Erziehung. Er ist nichts, als was die Erziehung aus ihm macht.“
(Kant, 1983, S. 697 und 699)

---

[1] *Martin Buber (1878–1965), jüdischer Religionsforscher und -philosoph, lehrte zunächst jüdische Religionswissenschaft und Ethik an der Universität Frankfurt am Main. 1938 ging er nach Palästina, wo er Philosophie und Soziologie lehrte. Sein bekanntestes Werk ist „Ich und Du“, welches auch die christliche Theologie und vor allem die Ethik nachhaltig beeinflusste.*

In der heutigen Zeit besteht die Notwendigkeit des Lernens für den Menschen nicht nur im Kindes- und Jugendalter, sondern lebenslang. Kulturelle und gesellschaftliche Lebensbedingungen wandeln sich ständig und jedem Menschen wird ein lebenslängliches Um- und Weiterlernen abverlangt. Deshalb wird der Mensch in der heutigen Zeit als **Homo discens**[1] bezeichnet: ***Er ist ein Wesen, das ständig in jedem Lebensabschnitt und unvermeidlich auf Lernen angewiesen ist***.

„Für die Rolle der Erziehung im Menschenleben haben beide Positionen die gleichen Konsequenzen: Ob der Mangel oder Reichtum des Menschen zum anthropologischen Ausgangspunkt genommen wird, was seine Mängel ausmacht, ist gleichzeitig sein Reichtum: Die Kehrseite seiner Lern- und Erziehungsbedürftigkeit ist seine unendliche Lern- und Erziehungsfähigkeit."
(Roth, 1991^5, S. 149)

5.3 Folgen fehlender und unzulänglicher Erziehung

Bisher wurde versucht zu klären, warum der Mensch lernen und erzogen werden muss. Die Frage ist aber auch: Was geschieht, wenn Erziehung fehlt bzw. unzulänglich ist? Wo Erziehung ausbleibt, unzureichend ist oder misslingt, kommt es zur Gefährdung bzw. Verhinderung der Menschwerdung des Menschen. Die Berichte über „verwilderte Kinder", zu Beginn dieses Kapitels, belegen dies.

5.3.1 Entwicklungsstörungen und sozial abweichendes Verhalten

Unzureichende, misslungene oder fehlende Erziehung bringt es oft mit sich, dass Kinder und Jugendliche Entwicklungsverzögerungen, Entwicklungsstörungen und/oder ein sozial abweichendes Verhalten entwickeln. Eine Entwicklungsstörung liegt vor, wenn die Entwicklung eines oder mehrerer Teilbereiche – beispielsweise der Motorik, der Wahrnehmung, der Sprache, der Intelligenz und des Denkens, des Gedächtnisses, der Gefühle und Bedürfnisse und/oder des Sozialverhaltens – von der „normalen" Entwicklung abweicht.

Dabei kann es sich beispielsweise um eine Funktionseinschränkung oder Entwicklungsverzögerung handeln.

Eine Entwicklungsstörung bezeichnet die Abweichung der Entwicklung eines oder mehrerer Teilbereiche eines Kindes von der „normalen" Entwicklung.

Sozial abweichendes Verhalten liegt dann vor, wenn ein Individuum den Anforderungen des geregelten Zusammenlebens nicht bzw. nicht mehr gerecht wird. Die Folge ist, dass es dadurch immer wieder zu Schwierigkeiten für das Individuum selbst und/oder für seine Umwelt kommt. Um von einem sozial abweichenden Verhalten zu sprechen, müssen diese Schwierigkeiten jedoch erheblich und relativ dauerhaft sein.

---

[1] *homo (lat.): der Mensch; discere (lat.): lernen; Homo discens: der lernende Mensch*

Sozial abweichendes Verhalten kann sich beispielsweise in aggressiven Verhaltensweisen wie Streitsucht, Zerstörungswut, Brutalität, in sozialen Auffälligkeiten wie Schuleschwänzen, Streunen, Davonlaufen, Diebstahl oder Kontaktgestörtheit, in der Unfähigkeit, soziale Beziehungen befriedigend gestalten zu können, in Leistungsproblemen und -verweigerung oder in der Neigung zu kriminellen Handlungen zeigen.

Ein sozial abweichendes Verhalten liegt vor, wenn ein Individuum den Anforderungen des geregelten Zusammenlebens nicht bzw. nicht mehr gerecht wird und es dadurch immer wieder zu erheblichen und relativ dauerhaften Schwierigkeiten für das Individuum und/oder seine Umwelt kommt.

In der älteren Literatur ist in diesem Zusammenhang oft von ***Verwahrlosung*** *die Rede, was eine Abweichung von Einstellungen und Verhaltensweisen von in einer Gesellschaft für gültig gehaltenen Wert- und Normvorstellungen aufgrund eines Mangelzustands an Pflege und Erziehung bedeutet. Doch dieser Begriff ist kaum mehr brauchbar, da es in einer pluralistischen und multikulturellen Gesellschaft schwierig geworden ist, eine solche Abweichung eindeutig und einmütig zu bestimmen.*

Aus den Berichten über „verwilderte Kinder"[1] und den Erkenntnissen über sozial abweichendes Verhalten lassen sich für die Möglichkeit und Notwendigkeit des Lernens und der Erziehung folgende Einsichten ableiten:

- Der Mensch wird nicht als Mensch im humanen Sinne geboren, er wird erst dazu geformt.
- Er ist von Natur aus noch nicht auf eine bestimmte Lebensform festgelegt.
- Er ist von Anfang an auf mitmenschliche Fürsorge angewiesen, ohne die er weder leben noch überleben kann.
- Das, was die Natur nur unzureichend hervorgebracht hat, nämlich die menschliche Lebensweise, muss der Mensch im Laufe seines Lebens, insbesondere in der frühen Kindheit erlernen.
- Die Ausprägung der menschlichen Lebensweise benötigt langjährige Anregung und Lernhilfe. Diesbezügliche Versäumnisse in der frühen Kindheit sind später kaum mehr auszugleichen.

5.3.2 Der Mensch, ein Wesen, das ohne liebevolle Zuwendung verkümmert

Der Psychoanalytiker *René A. Spitz*[2] (*2005*[12]) und weitere Forscher haben beobachtet, dass Säuglinge und Kleinkinder beginnen, körperlich und seelisch zu leiden und zu verkümmern, wenn sie emotionale Zuwendung, geduldige Umsorgung, liebevolle Zärtlichkeit, Körperkontakt und Ansprache durch Bezugspersonen entbehren müssen. Diese leib-seelische Störung, die zuerst in Säuglingsheimen und Krankenhäusern beobachtet wurde, wird als **Hospitalismus**[3] bezeichnet.

---

[1] *siehe Einleitung zu diesem Kapitel*

[2] *René Arpad Spitz (1887–1974) war österreichisch-amerikanischer Psychoanalytiker und Wegbereiter der Säuglingsforschung.*

[3] *Hospital (lat.): Krankenhaus; Spitz machte seine Beobachtungen in Hospitälern.*

Mit Hospitalismus bezeichnet man leib-seelische Störungs- und Verkümmerungserscheinungen im Säuglings- und Kleinkindalter, die auf mangelnde emotionale Zuwendung und Reizvermittlung zurückzuführen sind.

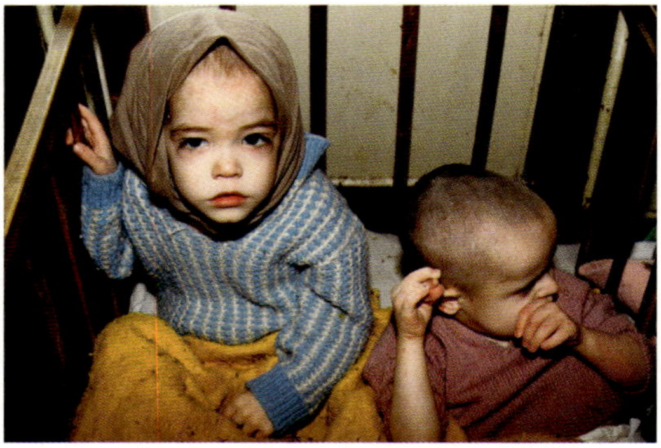

Die Befriedigung der physischen Bedürfnisse reicht also nicht aus, ein Neugeborenes hat weitergehende, ***emotionale Bedürfnisse***. *Spitz* (*2005*[12], *S, 292*) bezeichnet deshalb den Hospitalismus als eine ***Gefühlsmangelkrankheit***, die auftritt, wenn Säuglinge und Kleinkinder von ihrer(n) Bezugsperson(en) mangelnde emotionale und soziale Zuwendung sowie unzureichende sensorische und motorische Reize erhalten. Bei Ablehnung und Vernachlässigung des Säuglings können, wie vielfältige Untersuchungen zeigen, Entwicklungsstörungen auftreten.

Die Art und Weise der frühkindlichen emotional-affektiven Erlebnisse entscheidet nach *Erik H. Erikson* darüber, ob es bei einem Menschen zur Ausprägung des **Urvertrauens** oder des **Urmisstrauens** kommt.

Mit Urvertrauen ist eine auf die Erfahrungen in den ersten Lebensjahren zurückgehende positive Einstellung zu sich selbst, zu anderen Personen und zur Umwelt gemeint, die es ermöglicht, sich mit unbekannten Personen und Dingen sowie mit sich selbst auseinanderzusetzen.

Diese positive Einstellung lässt sich nach *Erik H. Erikson* (*2005*[14], *S. 15*) umschreiben „als ein Gefühl des Sich-verlassen-Dürfens (...) in Bezug auf die Glaubwürdigkeit anderer und die Zuverlässigkeit seiner selbst". Doch wo dieses Gefühl des Sich-verlassen-Dürfens fehlt, entsteht ein Urmisstrauen.

Urmisstrauen bezeichnet eine auf die Erfahrungen in den ersten Lebensjahren zurückgehende negative Einstellung zu sich selbst, zu anderen Personen und zur Umwelt, die eine Auseinandersetzung mit unbekannten Personen und Dingen sowie mit sich selbst weitgehend be- bzw. verhindert.

Das Gefühl des Sich-nicht-verlassen-Könnens erzeugt im Menschen eine pessimistische Lebenseinstellung, die sich auf die weitere Entwicklung des Kindes sehr negativ auswirkt.

Die Bedeutung der Bindung des Säuglings und des Kleinkindes zu einer oder mehreren Personen wird auch in den Erkenntnissen der **Bindungstheorie** sichtbar. Sie sind im *folgenden Abschnitt* dargestellt.

5.4 Die Bedeutung der Bindung

Die Bindungstheorie, die auf *John Bowlby* und *Mary Ainsworth*[1] zurückgeht und in Deutschland von dem Ehepaar *Karin und Klaus Grossmann* (*2006*[4]) bekannt gemacht wurde, geht davon aus, dass Säuglinge und Kleinkinder auf eine ***feste Bindung mit einer***

---

[1] *Edward John Mostyn Bowlby (1907–1990) war britischer Kinderarzt, Kinderpsychiater psychoanalytischer Ausrichtung und Pionier der Bindungsforschung. Eine Kurzbiografie von Mary Ainsworth befindet sich in Abschnitt 5.4.3.*

Bezugsperson zurückgreifen können müssen, damit sie ihr Neugierverhalten ausleben können.

Karin Grossmann *(* 1942), Dr. phil., Diplom-Psychologin, lehrte am Psychologischen Institut der Universität Regensburg und an der Universität Salzburg. Seit 1974 forscht sie im Rahmen der bindungstheoretisch ausgerichteten Studien.*
Klaus E. Grossmann *(* 1935), Dr. phil., Diplom-Psychologe, war Professor zunächst in Bielefeld, später am Institut für Psychologie der Universität Regensburg. Er leitet die Forschungsarbeiten im Rahmen der bindungstheoretisch ausgerichteten Untersuchungen. Zusammen mit seiner Frau wurde er im Zusammenhang mit der Fortführung und Verbreitung der Bindungstheorie bekannt.*

5.4.1 Der Mensch, ein Wesen, das auf Bindung angewiesen ist

Der Säugling benötigt für seine positive Entwicklung eine Bezugsperson. Das ist eine Person, die mit einer anderen Person in einer engeren positiven emotionalen Beziehung – in einer Bindung – steht. Aus der Sicht der Bezugsperson ist Bindung durch eine ***positive emotionale Grundhaltung*** gegenüber dem Kind gekennzeichnet.

Diese positive emotionale Grundhaltung zeigt sich beispielsweise in emotionaler Zuwendung, Achtung, Wärme, Nähe, Schutz und dergleichen mit all seinen Äußerungsformen (Körperkontakt, liebevolle Zärtlichkeit, geduldige Umsorgung, Ansprache usw.).

Aus der Sicht der Bindungsperson (Säugling, Kleinkind) ist es die ***gefühlte Sicherheit***, die ihr die Bezugsperson gibt (vgl. *Wicki, 2010, S. 49*).

Bindung im Sinne der Bindungstheorie ist die besondere, enge, relativ dauerhafte und stark emotionale Beziehung zwischen einem Kind und seiner Bezugsperson bzw. seinen Bezugspersonen, die es betreuen.

Eine gute sichere Bindung ist Voraussetzung für eine **stabile psychische Sicherheit**. Fehlt eine Bezugsperson oder baut diese keine Bindung zum Kleinkind auf, kann sich bei der Bindungsperson keine Selbstsicherheit entwickeln, die für die Erkundung seiner Umwelt notwendig ist.

Die Psychologie spricht in diesem Zusammenhang von einem ***Explorationsbedürfnis***[1], das Bedürfnis, die Umwelt zu erforschen. **Bindungs- und Explorationsbedürfnis stehen in einer wechselseitigen Abhängigkeit**; einer sicheren Bindung entspricht ein aktives Explorationsverhalten des Säuglings bzw. Kleinkindes, weil es die Erfahrung gemacht hat, dass es sich auf seine Bezugsperson verlassen kann. Die Bezugsperson ist die Bindungsfigur

[1] *explorare (lat.): erforschen, erkunden*

und stellt für das Kleinstkind eine „Sicherheitsbasis" dar, die ihm hilft, Angst und Hilflosigkeit zu bewältigen. Es erforscht seine Umwelt und kehrt bei „Gefahr" wieder zurück in den „sicheren Hafen", wo es um Erleichterung und Zuwendung weiß.

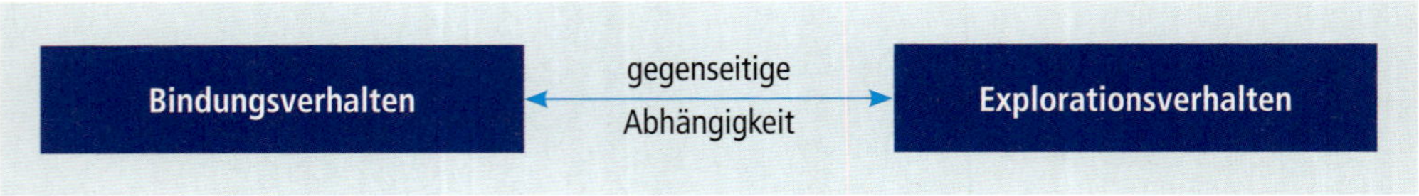

Kinder, die sich ***sicher gebunden*** fühlen, sind so optimaler auf den Umgang mit neuen Erfahrungen vorbereitet und in der Lage, sich lernend und entdeckend auf neue Dinge, Situationen und Personen einzulassen sowie in kritischen Situationen angemessen mit sich selbst und anderen umzugehen. Das Kind entwickelt aufgrund dieser Erfahrung darüber hinaus ein gesundes Selbstwertgefühl. Auch in späteren Jahren können sich Kinder, die eine sichere Bindung entwickeln konnten, vergleichsweise selbstsicher mit neuartigen Situationen und Personen auseinandersetzen (vgl. *Mietzel, 2002[4], S. 135*).

> *„Eine sichere Bindung ist die Voraussetzung dafür, dass ein Kind zunehmend unabhängiges Explorationsverhalten nach außen zeigt und damit Autonomie[1] entwickeln kann. Bindungsverhalten ist damit das Gegenteil von Abhängigkeit."* *(Becker-Stoll/Grossmann, 2008[2], S. 251)*

Einem Kind dagegen, das keine sichere Gebundenheit erfährt, fehlt die „Sicherheitsbasis", auf die es seine Weiterentwicklung stützen könnte. ***Unsicher gebundene Kinder*** werden sich deshalb in ihrem späteren Leben ihrer Umwelt gegenüber ängstlich verschließen und sich nicht an die Erforschung von Unbekanntem heranwagen, was die Gewinnung neuer Erfahrungen behindert. Sie erleben kritische Situationen als stressreich und können so kaum angemessen mit sich selbst und anderen umgehen.

Eine negative emotionale Grundhaltung kann auch die Gesundheit eines Menschen bis in das Erwachsenenalter hinein beeinträchtigen. Menschen, die als Babys von ihrer Bezugsperson nicht liebevoll umsorgt wurden, zeigen (noch) im Erwachsenenalter riskante Blutwerte. Die Art der emotionalen Grundhaltung scheint im Organismus des Kindes Stoffwechselfunktionen und Stressreaktionen zu „programmieren" (vgl. Saum-Aldehoff, 2010, S. 56).

„Das Geheimnis erfolgreicher Bildung liegt in der Bindung." *(Gordon Neufeld[2])*

5.4.2 Die Entwicklung der Bindung in den ersten Lebensjahren

Die ***Bindungsfähigkeit*** wird im ersten Lebensjahr entwickelt. Nach *Karin und Klaus E. Grossmann (2006[4], S. 73 ff.)* durchläuft der Säugling vier Phasen:

- In der **Phase der unspezifischen sozialen Reaktionen** kommen Reaktionsweisen wie Horchen, Anschauen, Schreien, Festsaugen, Umklammern und Anschmiegen vor und sind noch nicht spezifisch an eine Person gebunden.
- In der **Phase der unterschiedlichen sozialen Reaktionsbereitschaft** reagiert der Säugling differenzierter und schneller auf Äußerungen der ihm vertrauten Person.

---

[1] *Autonomie (griech., autonomía): Selbstbestimmung*

[2] *Im Juni 2010 veranstaltete das Familiennetzwerk in Düsseldorf die Tagung zum Thema „Das Geheimnis erfolgreicher Bildung". Bei dieser Veranstaltung sagte der kanadische Entwicklungspsychologe Gordon Neufeld im Rahmen eines Referats diesen Satz.*

- In der **Phase des aktiven und initiierten Bindungsverhaltens** erweitert der Säugling durch selbstständige Fortbewegung (Krabbeln, Rutschen), gezieltes Greifen und eine wachsende geistige Vorstellung von seiner Bezugsperson das Repertoire seines Sozialverhaltens, aus dem sich die Bindungsverhaltensweisen jetzt deutlich hervorheben.

Die Bezugsperson „ist zum Zentrum seiner Welt geworden. In ihrer Nähe fühlt [der Säugling] sich wohl und kann aus diesem Wohlbefinden heraus neugierig und unternehmungslustig sein. (...) Die Bindungsperson ist zum ‚sicheren Hafen' (‚haven of safety') geworden, den das Krabbelkind aufsucht, wenn es sich unwohl fühlt (...). Das Neue mag verlockend und interessant sein, aber es könnte auch Gefahren bergen, sodass er sich beim Erkunden stets rückversichert, wo die Bezugsperson ist. Dieses Rückversichern gibt ihm Information, wohin er fliehen muss, wenn er Sicherheit braucht. Ohne seine ‚Sicherheitsbasis' wäre er ‚verloren'." *(Grossmann/Grossmann, 2006[4], S. 74)*

- Die **Phase der zielkorrigierten Partnerschaft** tritt dann ein, wenn das Kind sprechen kann und auch versteht, was die Bezugsperson will. Auf diese Weise ist es ihm möglich, die Absichten der Bezugsperson in sein Denken und Handeln in der Beziehung mit einzubeziehen.

5.4.3 Bindungstypen

Mary Ainsworth untersuchte zusammen mit *Barbara Wittig* in der berühmt gewordenen ***Baltimore-Studie*** unterschiedliche Bindungsverhaltensweisen zwischen Bezugsperson und Kleinkind sowie ihre Auswirkungen auf das Kind. Sie gingen der Frage nach, ob und wie ein Kleinkind seine Bezugsperson – in den Versuchen die Mutter – nach einer kurzen Trennung beim Wiedersehen als Sicherheitsbasis sieht, um zu einer ausgeglichenen Gefühlslage zurückzufinden.

Mary D. Salter Ainsworth *(1913–1999) war US-amerikanische Entwicklungspsychologin und arbeitete in London mit John Bowlby, dem Pionier der Bindungsforschung, zusammen. Auf sie geht das* **Konzept der Feinfühligkeit**[1] *zurück und sie untersuchte über längere Zeiträume hinweg das Interaktionsverhalten zwischen Mutter und Säugling. Bekannt wurde Ainsworth durch ihre Untersuchungen in Baltimore – deshalb Baltimore-Studien –, in denen es um die Reaktionen von Kleinkindern auf die Trennung von der Bezugsperson geht.*

---
[1] *vgl. Abschnitt 5.4.4*

Ainsworth und *Wittig* ermittelten vier Bindungstypen (vgl. *Grossmann/Grossmann, 2006[4], S. 136 ff.; Brisch, 2010[10], S. 52 f.*):

- Die **sicher gebundenen Kinder**, die ein deutliches Bindungsverhalten zeigen und bei ihrer Rückkehr zu ihrer Bezugsperson laufen, sich freuen, ihr die Arme hinstrecken, auf den Arm genommen und getröstet werden wollen; sie beruhigen sich aber dann nach kurzer Zeit und wenden sich erneut dem Spielen zu.
- Die **unsicher-vermeidend gebundenen Kinder**, die kein deutliches Bindungsverhalten zeigen und ihre Bezugsperson beim Wiedersehen ignorieren; sie wollen nicht auf den Arm genommen und getröstet werden, sie wenden sich eher von ihr ab.
- Die **unsicher-ambivalent[1] gebundenen Kinder**, die einerseits Kontakt mit der Bezugsperson haben wollen, ihn aber zugleich wieder ablehnen und sich ärgerlich zeigen (Strampeln mit den Beinen, Schlagen, Stoßen oder Wegwollen); sie können auch wenig beruhigt werden und benötigen längere Zeit, um wieder in einen emotional stabilen Zustand zu kommen.
- Die **(unsicher-)desorganisiert gebundenen Kinder**, die erkennen lassen, dass sie ihre Bezugsperson als nur wenig sicherheitsgebend empfinden und sich auch nicht von ihr trösten und beruhigen lassen; sie zeigen Unterbrechungen, Zurückweichen oder Vermeidung, vermischt mit Ärger und Verzweiflung (zum Beispiel auf den Boden schlagen) während der Annäherung zur Bezugsperson, aggressives Verhalten gegenüber Gegenständen oder auch gegenüber der Bezugsperson (sich schreiend verstecken, brüllend neben der Bezugsperson sitzen, ohne Kontakt aufnehmen zu wollen).

„Während der desorganisierte Bindungstyp heute die volle Aufmerksamkeit in der Klinischen Praxis für gestörte Mutter-Kind-Beziehungen erhält, gehören die restlichen drei Bindungstypen zur normalen Bandbreite der Bindungsbeziehungen, die ein Kind zu seiner Mutter entwickelt."
(Ahnert, 2010, S. 53)

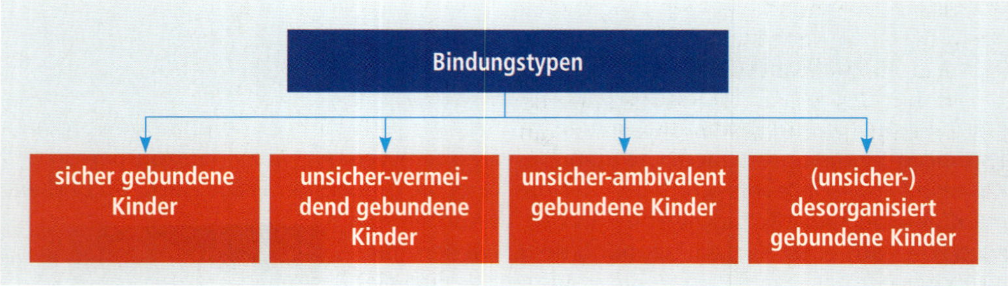

5.4.4 Folgerungen für die Erziehung

Aus den Erkenntnissen der Bindungstheorie lässt sich eine Reihe von Aufgaben für die Erziehung in den ersten Lebensjahren ableiten:

- Der Säugling muss eine **Bindung zu einer (oder mehreren) Person(en) herstellen** können. Dies geschieht durch positive Gefühle wie Verbundenheit, Nähe, Zärtlichkeit, Fürsorge, Schutz, Körperkontakt und Ansprache seitens der Bezugsperson dem Säugling gegenüber.

---

[1] *ambivalent (lat.): in sich widersprüchlich, zwiespältig*

- Grundlage für die Qualität der Bindung bildet die **Feinfühligkeit** der Bezugsperson(en), welche darin besteht, dass die Bezugsperson in der Lage ist, ***die Signale des Kindes wahrzunehmen und richtig zu interpretieren sowie die dahinter steckenden Bedürfnisse angemessen und prompt zu befriedigen***.[1]

So muss zum Beispiel die betreuende Person das Weinen des Kindes bemerken und nicht ignorieren, dieses Weinen richtig deuten – weint das Kind wegen Hunger, Unwohlsein, Schmerzen, aus Langeweile oder weil es Nähe sucht – sowie das Bedürfnis angemessen – zum Beispiel richtige Dosierung der Nahrungsmenge – und innerhalb einer für das Kleinkind tolerablen Frustrationszeit befriedigen.

- Dabei ist zu beachten, dass die Bezugsperson **sowohl das Bedürfnis nach Nähe als auch das nach dem Ausleben der Neugierde** akzeptiert: Sie gibt dem Kind Nähe, Zärtlichkeit, Fürsorge, Schutz und dergleichen, wenn es das will und braucht – nicht aber, wenn es der Erwachsene will und das Kind gar nicht danach verlangt. Die Bezugsperson lässt dem Kind den Freiraum, in welchem es selbstständig Erfahrungen sammeln kann, und bevormundet es nicht, wenn es etwas selbst tun kann bzw. tun möchte; sie ist aber da, wenn das Kind Nähe, Zärtlichkeit, Fürsorge und Schutz benötigt (vgl. *Nuber, 2005, S. 21 f.*).
- Eingebettet in die emotionale Beziehung sind **Reize**, die der Säugling für eine gesunde Entwicklung benötigt wie das Sprechen mit dem Kind, Mobile, Spielzeug, Rasseln usw.

„Vonseiten der Mutter werden neben Füttern, Baden, Wickeln, Anziehen noch zahlreiche andere Kontakte an das Kind herangebracht, und zwar körperliche (Streicheln, Küssen, Auf-den-Arm-Nehmen, An-sich-Drücken, Wiegen, Kitzeln, Hochheben etc.), sprachliche (Sprachspiele, handlungsbegleitendes Sprechen, Begrüßen, Necken, Trösten, Locken, zum Lächeln, Schauen, Spielen, Trinken, Schlafen überreden etc.), mimische (Lächeln, Mimik des Kindes nachahmen, den Blick des Kindes suchen). Auch Gebärden finden sich im Verhaltensinventar der Mutter, etwa das Ausstrecken der Arme, die Bittgebärde, Winken beim Weggehen etc.“ *(Schenk-Danzinger, 1999[25], S. 107)*

Um unsicher gebundenen Bindungsverhaltensweisen entgegenzuwirken, werden heute in vielen Städten **Bindungstrainings** angeboten. Ziel solcher Trainings ist es, der Entwicklung unsicherer Bindungsbeziehungen vorzubeugen und eine sicherere Eltern-Kind-Bindung zu fördern. Durch entsprechende Angebote soll die Qualität dieser Beziehung verbessert und Unsicherheiten sowie Sorgen der Eltern aufgefangen werden. Ein solcher präventiver Anspruch setzt voraus, dass Probleme und Störungen in der Eltern-Kind-Beziehung möglichst früh erkannt und entsprechend bearbeitet werden.

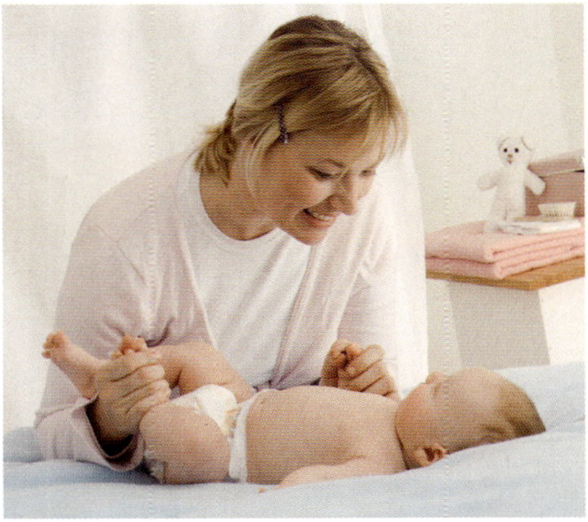

Ein Beispiel für ein Bindungstraining ist das Düsseldorfer Projekt ***„Bindungsförderndes Training für Eltern mit Säuglingen und Kleinkindern“*** (***BITES***). Es richtet sich an Eltern, bei denen das Risiko besteht, dass die Eltern-Kind-Kommunikation gestört ist, oder bei denen aufgrund geringen Alters oder Bildungsstands möglicherweise Defizite in der Kenntnis entwicklungspsychologischer Grundlagen oder emotionaler Dekodierung bestehen. Dabei handelt es sich um eine videounterstützte Methode der Beratung, bei der Eltern im Umgang mit ihrem Kind gefilmt werden und

[1] *Das Konzept der Feinfühligkeit geht auf Mary Ainsworth zurück.*

diese Aufnahmen anschließend besprochen werden. Danach werden gelungene und weniger gelungene Situationen herausgearbeitet, sodass einerseits eine Stärkung des elterlichen Selbstbewusstseins stattfindet, andererseits aber auch ein Trainingseffekt erreicht wird. Gleichzeitig werden entwicklungspsychologische Grundkenntnisse vermittelt.

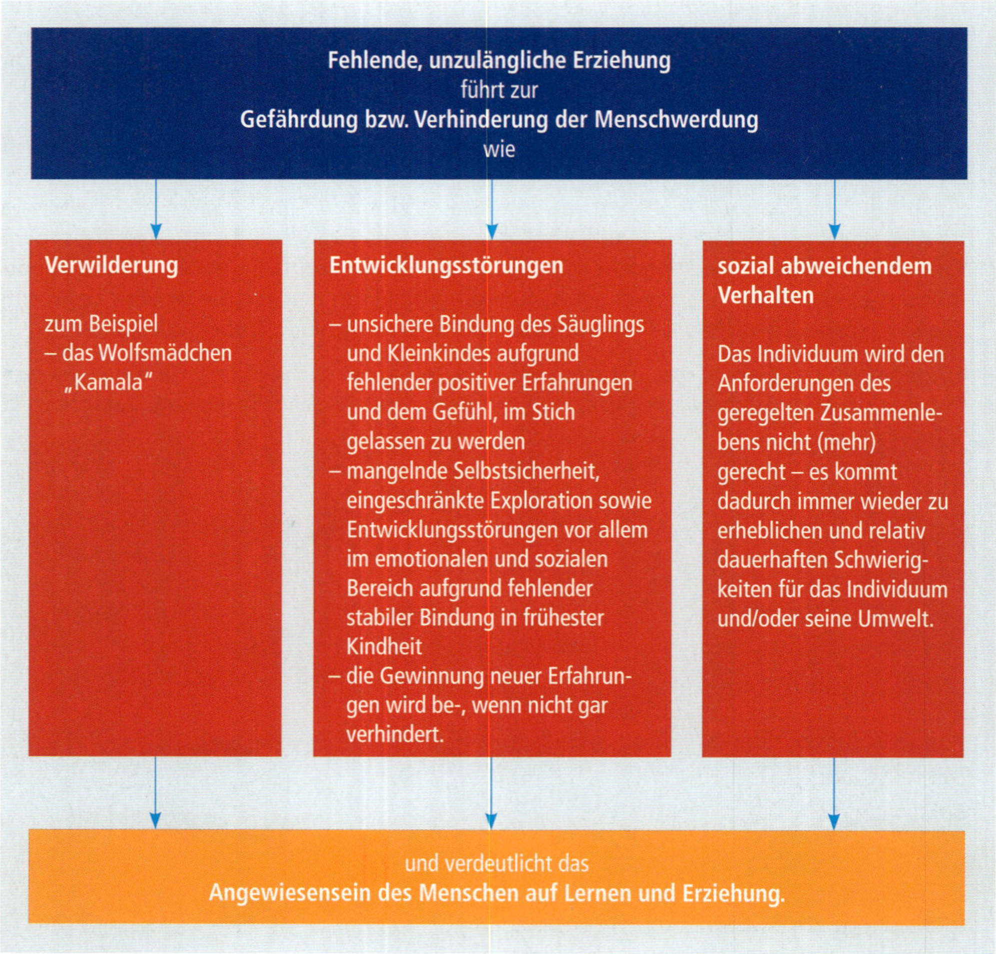

Zusammenfassung

- Naturwissenschaftliche Erkenntnisse wie die der biologischen Sonderstellung des Menschen, seiner „Instinktreduktion" und „Weltoffenheit" sowie die Aussagen vom „unspezialisierten, biologischen Mängelwesen" lassen deutlich werden, dass der Mensch einerseits extrem lernfähig und erziehbar, andererseits jedoch in hohem Maße lern- und erziehungsbedürftig ist.

- Allein durch die Herausstellung der Unterschiede zwischen Mensch und Tier ist das Wesen des Menschen noch nicht ausreichend erfasst. Geistes- und sozialwissenschaftliche Gesichtspunkte („der Mensch, ein geistiges und rationales, kulturelles und soziales Wesen") stellen Wesensmerkmale des Menschseins heraus, die Lernen und Erziehung ermöglichen, aber auch notwendig machen.

- Wo Lernen und Erziehung ausbleiben, unzureichend sind oder misslingen, kommt es zur Gefährdung bzw. Verhinderung der Menschwerdung des Menschen. An Erscheinungen wie Verwilderung (zum Beispiel „Wolfskinder"), Entwicklungsverzögerungen und -störungen, sozial abweichendem Verhalten und Bindungsverhalten ist abzulesen, welche Bedeutung Lernen und Erziehung für den Menschen haben.

- Mit Hospitalismus bezeichnet man leib-seelische Störungs- und Verkümmerungserscheinungen im Säuglings- und Kleinkindalter, die auf mangelnde emotionale Zuwendung und Reizvermittlung zurückzuführen sind. Die Art und Weise der frühkindlichen emotional-affektiven Erlebnisse entscheidet darüber, ob es bei einem Menschen zur Ausprägung des Urvertrauens oder des Urmisstrauens kommt. Mit Urvertrauen ist eine auf die Erfahrungen in den ersten Lebensjahren zurückgehende positive Einstellung zu sich selbst, zu anderen Personen und zur Umwelt gemeint, die es ermöglicht, sich mit unbekannten Personen und Dingen sowie mit sich selbst auseinanderzusetzen. Urmisstrauen bezeichnet eine auf die Erfahrungen in den ersten Lebensjahren zurückgehende negative Einstellung zu sich selbst, zu anderen Personen und zur Umwelt, die eine Auseinandersetzung mit unbekannten Personen und Dingen sowie mit sich selbst weitgehend be- bzw. verhindert.

- Eine große Rolle spielen in diesem Zusammenhang die Erkenntnisse der Bindungstheorie, die davon ausgeht, dass eine sichere Bindung des Kindes zur Bezugsperson vorhanden sein muss. Bindung ist die besondere, enge, relativ dauerhafte und stark emotionale Beziehung zwischen einem Kind und seiner Bezugsperson bzw. seinen Bezugspersonen, die es betreuen. Nur eine sichere Bindung kann sowohl Ausgangspunkt für die Exploration des Kleinkindes als auch Fluchtpunkt in Momenten des Unwohlseins und der Angst sein. Fühlt es sich sicher, wird es imstande sein, sich voll auf sein Spiel und seine Entdeckungsreisen zu konzentrieren und diese zu vertiefen.

- Abhängig von der Qualität der Bindung können sich vier verschiedene Bindungstypen entwickeln: das sicher gebundene Kind, das unsicher-vermeidend gebundene Kind, das unsicher-ambivalent gebundene Kind und das (unsicher-)desorganisiert gebundene Kind.

- Aus den Erkenntnissen der Bindungstheorie lässt sich eine Reihe von Aufgaben für die Erziehung in den ersten Lebensjahren ableiten, insbesondere das Vorhandensein der Feinfühligkeit der Bezugsperson(en), welche darin besteht, dass die Bezugsperson in der Lage ist, die Signale des Kindes wahrzunehmen und richtig zu interpretieren sowie die dahintersteckenden Bedürfnisse angemessen und prompt zu befriedigen.

Aufgaben und Anregungen Kapitel 5

Aufgaben

1. Erläutern Sie die These „Der Mensch, ein Gehirnwesen" und stellen Sie dar, welche Folgerungen sich aus dieser These für die Möglichkeit und Notwendigkeit des Lernens und der Erziehung ergeben.
   (Abschnitt 5.1.1)

2. a) Erläutern Sie an geeigneten Beispielen, was gemeint ist, wenn man den Menschen als „ein instinktreduziertes und weltoffenes Wesen" bezeichnet.
   b) Zeigen Sie die Bedeutung dieser beiden Thesen für die Lern- und Erziehungsfähigkeit sowie für die Lern- und Erziehungsbedürftigkeit des Menschen auf.
   (Abschnitt 5.1.2)

3. Erläutern Sie, wie *Arnold Gehlen* die Möglichkeit und Notwendigkeit der Erziehung begründet. Stellen Sie dabei dessen Aussagen und die daraus folgenden Konsequenzen für die Möglichkeit und Notwendigkeit des Lernens und der Erziehung dar.
   (Abschnitt 5.1.3)

4. a) Erläutern Sie die These „Der Mensch, ein Wesen mit Geist und Vernunft".
   b) Stellen Sie die Bedeutung dieser These für die Lern- und Erziehungsfähigkeit sowie für die Lern- und Erziehungsbedürftigkeit des Menschen dar.
   (Abschnitt 5.2.1)

5. *Bestimmt der Mensch die Kultur oder wird er von der Kultur bestimmt?*
   Erörtern Sie diese Frage unter Berücksichtigung von anthropologischen Aussagen.
   (Abschnitt 5.2.1 und 5.2.2)

6. Beschreiben Sie die These „Der Mensch, ein soziales Wesen" und zeigen Sie ihre Bedeutung für das Lernen und die Erziehung auf.
   (Abschnitt 5.2.3)

7. *„Die Fähigkeit, lernen zu können, bedeutet gleichzeitig auch, lernen zu müssen." (Scheunpflug, 2001, S. 52)*
   Begründen Sie diese Aussage mithilfe von anthropologischen Aussagen zur Lern- und Erziehungsfähigkeit sowie Lern- und Erziehungsnotwendigkeit.
   (Abschnitt 5.1 und 5.2)

8. *Was die Mängel des Menschseins „ausmacht, ist gleichzeitig sein Reichtum: Die Kehrseite seiner Lern- und Erziehungsbedürftigkeit ist seine unendliche Lern- und Erziehungsfähigkeit" (Roth, 1991^5, S. 149).*
   Begründen Sie diese Aussage von *Heinrich Roth* auf der Grundlage von anthropologischen Aussagen zur Lern- und Erziehungsfähigkeit sowie zur Lern- und Erziehungsnotwendigkeit.
   (Abschnitt 5.1 und 5.2)

9. Bestimmen Sie, was man unter einer Entwicklungsstörung versteht, und zeigen Sie an einem Beispiel eine solche auf.
   (Abschnitt 5.3.1)

10. a) Beschreiben Sie, was unter sozial abweichendem Verhalten verstanden wird, und zeigen Sie auf, wie sich ein solches Verhalten äußern kann.
    b) Zeigen Sie auf, worauf sich sozial abweichendes Verhalten zurückführen lässt.
    c) Erläutern Sie Konsequenzen, die sich aus den Erkenntnissen über sozial abweichendes Verhalten für die Erziehung ableiten lassen.
    (Abschnitt 5.3.1)

11.

Urwaldfrau nach Jahren eingefangen

Phnom Penth (AP) In Kambodscha ist nach 19 Jahren eine Frau aufgetaucht, die die ganze Zeit über in der Wildnis gelebt hat. Dorfbewohner stellten der Frau nach und brachten sie zu ihren Eltern. Rochom P'ngieng ist jetzt 27 Jahre alt und kann nicht mehr sprechen, sodass sie selbst bislang keine Auskunft zu ihrem Schicksal geben konnte.

„Sie ist wie ein halber Mensch und ein halbes Tier", sagte der Polizeichef des Bezirks Oyadao in der Provinz Rattanakiri, Mao San. „Sie ist verdreht. Sie schläft tagsüber und steht nachts auf." Der Vater von Rochom P'ngieng sagte, er habe seine Tochter an ihren Gesichtszügen und an einer Narbe am Rücken wiedererkannt. Vater Sal Lou ist Dorfpolizist und gehört zur ethnischen Minderheit der Pnong. Seine Tochter verschwand nach gestrigen Polizeiangaben im Alter von acht Jahren, als sie in der abgelegenen Dschungelregion im Nordosten von Kambodscha Rinder hütete. Entdeckt wurde sie am 13. Januar von einem Dorfbewohner, der einen Korb mit Nahrungsmitteln in der Nähe seines Bauernhofs vergessen hatte. Als er ihn holen wollte, war ein Teil der Nahrungsmittel verschwunden. „Der Mann beschloss, die Gegend abzusuchen, und entdeckte einen nackten Menschen", sagte der Polizist Chea Bunthoeun. Der Dorfbewohner holte seine Freunde, und die Gruppe fing die Frau im Dschungel ein.

„Ihre Eltern hatten schon die Hoffnung aufgegeben, sie je wiederzusehen", sagte Chea Bunthoeun. „Der Vater weinte und umarmte sie, als er wieder mit seiner Tochter zusammentraf." Die junge Frau hat nach Angaben von Mao San jedoch immer noch große Schwierigkeiten, sich an das Leben im Dorf zu gewöhnen.

(Donaukurier Nr. 16, 19.01.2007, S. 6)

Diskutieren Sie diese Begebenheit in Kambodscha entweder unter Berücksichtigung von Erkenntnissen über das Wesen des Menschen oder der Bindungstheorie.
(Abschnitt 5.1 und 5.2 oder 5.4)

12. Erläutern Sie, was mit „Hospitalismus" gemeint ist, und stellen Sie seine Ursachen dar.
(Abschnitt 5.3.2)

13. Bestimmen Sie den Begriff „Bindung" und stellen Sie die Grundaussagen der Bindungstheorie dar.
(Abschnitt 5.4.1)

14. Legen Sie die Bindungsentwicklung nach *Karin und Klaus E. Grossmann* in den ersten Lebensjahren dar.
(Abschnitt 5.4.2)

15. Beschreiben Sie die verschiedenen Bindungstypen nach *Mary Ainsworth* und *Barbara Wittig*.
(Abschnitt 5.3.4)

16. Zeigen Sie die Bedeutung von Bindung für die menschliche Entwicklung auf.
(Abschnitt 5.4.1 und 5.4.3)

17. Erläutern Sie, welche Konsequenzen sich für die Erziehung aus der Bindungstheorie ergeben.
(Abschnitt 5.4.4)

18. Welche pädagogischen Forderungen würden Sie an ein Säuglings- und Kleinkinderheim stellen, um spätere Entwicklungsschäden zu vermeiden? Begründen Sie Ihre Forderungen mithilfe psychologischer Erkenntnisse.
(Abschnitt 5.4)

19. Der Psychologe *Wolfgang Metzger* hat festgestellt, dass bereits in den ersten Lebensjahren über das Ausmaß der späteren Lernfähigkeit und Erziehbarkeit eines Menschen weitgehend vorentschieden wird.
Begründen Sie diese Aussage aus psychologischer Sicht.
(Abschnitt 5.3 und 5.4)

Anregungen

20. *Die „Handelstheke"*
    - Finden Sie sich zu Fünfergruppen zusammen und entwerfen Sie auf je einem roten Zettel fünf Aufgaben zu dem Thema „Die Wesensmerkmale des Menschen".
    - Auf je einen grünen Zettel schreiben Sie die Antworten zu diesen Aufgaben.
    - Die Aufgaben werden an einer „Theke" (Tisch, Bank usw.), die Antworten auf einer anderen „Theke" ausgelegt.
    - Jeder Schüler wählt eine Aufgabe aus, die nicht in seiner Gruppe entworfen wurde, und bearbeitet diese. Anschließend überprüft er seine Bearbeitung mit der Antwort auf der zweiten „Theke".
    - Nach erfolgreicher Überprüfung wählt er eine weitere Aufgabe usw.

21. *Menschen sind nicht an eine bestimmte Umwelt gebunden, sie „haben" Welt, über die sie verfügen können.*
    - Diskutieren Sie in der Klasse oder in Gruppen folgende Fragen:
    - Welche Gefahren liegen in dieser dem Menschen weltoffen aufgegebenen Lebensführung in unserer heutigen Zeit?
    - Wie beurteilen Sie aus anthropologischer Sicht das aktuelle Problem, ob die Menschheit mit diesen Gefahren fertigwerden kann?

22. *Ursache für sozial abweichendes Verhalten ist unzureichende, misslungene oder fehlende Erziehung.*
    - Diskutieren Sie in der Gruppe folgende Frage: Was könnte man tun, damit sich „gefährdete" Kinder und Jugendliche oder solche, die den Anforderungen des geregelten Zusammenlebens nicht bzw. nicht mehr gerecht werden (können), wieder in die Anforderungen eines geregelten Zusammenlebens einfügen können?
    - Die „Auswertung" der Gruppenergebnisse können Sie nach der Methode *„Innenkreis/Außenkreis"* vornehmen:
        - Bilden Sie einen Innenkreis, in welchem die Gruppensprecher Platz nehmen.
        - Stellen Sie einen Stuhl mehr in diesen Kreis als nötig – dieser bleibt leer. Die „restliche" Klasse bildet einen Außenkreis.

- Die Gruppensprecher teilen den anderen Mitgliedern des Innenkreises mit, was ihre Gruppe diskutiert hat. Wer aus dem Außenkreis etwas ergänzen oder sich an der Diskussion des Innenkreises beteiligen möchte, kann hineingehen, sich auf den leeren Stuhl setzen, seinen Beitrag leisten und dann wieder in den Außenkreis zurückkehren.

23. *Wir bauen eine Kinderkrippe*[1] *und richten sie ein.*
    - Entwerfen Sie in Gruppen einen Plan für den Bau, die Einrichtung, die Ausstattung und den Personalbedarf einer Kinderkripppe.
    - Erstellen Sie für diese Kinderkrippe ein Erziehungskonzept.
    - Stellen Sie auch einen Finanzierungsplan für die festen und laufenden Kosten auf, und machen Sie sich Gedanken, wie die Krippe finanziert werden könnte.

[1] *Was eine Kinderkrippe ist, ist in Kapitel 7.3.2 dargestellt.*

6 Grundlagen der Erziehung

Kann möglicherweise Erziehung erreichen, dass Sigmund mit seinen Eltern spielt, anstatt ständig Computerspiele zu spielen?

Folgende Fragen werden in diesem Kapitel geklärt:

1. *Was versteht man unter Lernen?*
   Was meint man mit Erziehung?
   Welche Aufgaben hat Erziehung zu erfüllen?

2. *Was meint die Pädagogik mit Bildung?*
   Welcher Zusammenhang besteht zwischen Erziehung und Bildung?

3. *Welchen Bedingungen ist die Erziehung ausgesetzt?*
   Welche Rolle spielen das Menschenbild sowie kulturelle und gesellschaftliche Gegebenheiten?

6.1 Merkmale von Erziehung

Die Pädagogik hat es mit dem Menschen als ***Homo discens***, als lernendem Wesen, zu tun, das, wie in *Kapitel 5* ausgeführt, von Natur aus auf Lernen angewiesen ist und erst durch das Lernen zum Menschen im humanen Sinne wird. Der eigentliche Oberbegriff aller pädagogischen Bemühungen ist demnach der Begriff **Lernen**. Manche Erziehungswissenschaftler wie zum Beispiel *Hermann Giesecke (2004⁷, S. 47)* würden auch lieber von „Lernwissenschaft“ als von Erziehungswissenschaft sprechen.

6.1.1 Der Begriff „Lernen“

Häufig wird unter Lernen die Anhäufung von schulischem Wissen, die bewusste, teilweise anstrengende Arbeit des Einprägens und Übens von Begriffen, Wissen, Kenntnissen oder Fertigkeiten verstanden, wie zum Beispiel „Vokabeln lernen“, „Gedichte lernen“, „Tanzen lernen“, „Skifahren lernen“ usw.

Die Wissenschaft fasst diesen Begriff jedoch wesentlich weiter und versteht darunter zum einen den **Erwerb neuer bzw. die Änderung bestehender Verhaltens- und Erlebensweisen als Folge von Erfahrung und Übung**. Man spricht also nur dann von Lernen, wenn der Erwerb neuer und/oder die Änderung bestehender Verhaltens- bzw. Erlebensweisen durch die **Auseinandersetzung mit bestimmten Umweltsituationen** zustande kommt. Damit wird der Begriff „Lernen“ abgegrenzt von angeborenen Reaktionsweisen wie zum Beispiel das Angsthaben bei Lärm, von Reifungsvorgängen, die primär organisch bedingt sind, und von vorübergehenden oder andauernden Zuständen des Organismus wie Ermüdung, Stress, Rausch, Drogeneinfluss, Krankheit u. a.

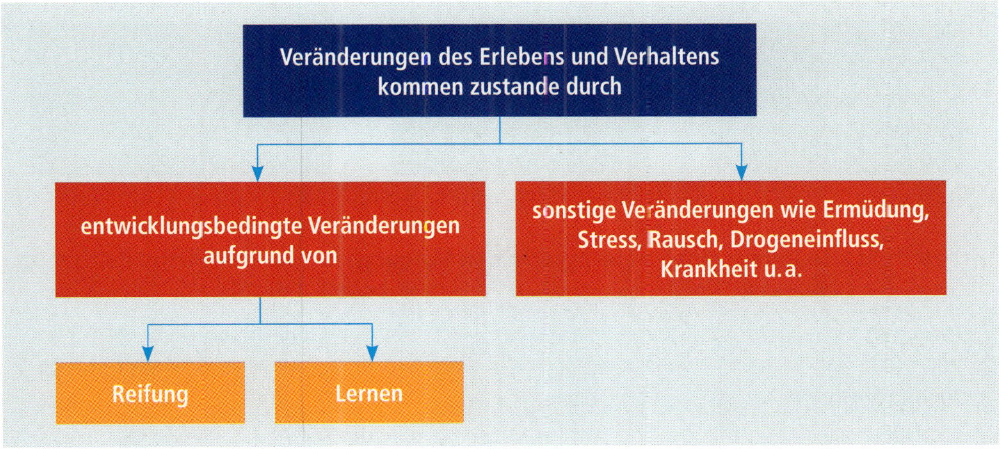

(Krapp, 1997⁵, S. 82, verändert)

In der älteren Literatur wird der Begriff „Lernen“ eingeengt auf das beobachtbare Verhalten; neuere Ansätze berücksichtigen auch Veränderungen von Erleben wie beispielsweise Denken, Emotionen und Motivationen, Wertüberzeugungen und Einstellungen.

„Gewohnheiten sind das Uhrwerk unseres Lebens. Neue Erfahrungen sind seine Uhrzeiger."
(André Maurois[1])

Dieses erworbene bzw. veränderte Verhalten und Erleben darf nicht nur zufällig zustande kommen, es muss den Augenblick überdauern, also **relativ beständig** sein.

Wenn ein Kind beispielsweise zufällig einmal das Hemd richtig anzieht, so spricht man hier nicht von Lernen.

Zum anderen umfasst Lernen neben dem Prozess des Erwerbs und der Änderung, also der **Aneignung**, auch den **Prozess der Verarbeitung** und **der Speicherung von Informationen**. Die Verarbeitung von Informationen beinhaltet die innere Organisation von Wissen und Fertigkeiten.

*In neueren Ansätzen der Lernpsychologie beinhaltet der Begriff „Lernen" den Aufbau und die Veränderung von **kognitiven[2] Strukturen** aufgrund von Erfahrungen. Diese Strukturen zeigen sich infolge eines Lernprozesses in einer Änderung der Wissensstruktur. In sogenannten **informationstheoretischen Konzepten** wird Lernen als die Veränderung des Verhaltens und Erlebens aufgrund der stattfindenden Informationsverarbeitung gesehen. In beiden Ansätzen werden Annahmen darüber angestellt, was im Organismus vor sich geht.*

Im Prozess der Speicherung wird das Erworbene relativ andauernd gespeichert und kann bei Bedarf abgerufen werden.

Das Lernen selbst ist ein Prozess, der **nicht beobachtbar** ist. Unmittelbar beobachtbar sind die Ursachen, die diesen Prozess ausgelöst haben, und die neue bzw. geänderte Verhaltens- oder Erlebensweise als Ergebnis des Lernvorganges. Wir können beobachten, wie sich ein Mensch in einer früheren Situation A und in einer späteren Situation B verhält bzw. wie er diese beiden Situationen erlebt. Daraus schließen wir auf dazwischenliegende Lernprozesse.

Man kann beispielsweise beobachten, dass das kleine Kind ein Wort spricht, zu einem späteren Zeitpunkt können wir wahrnehmen, dass es plötzlich schon zwei Wörter sagt. Den dazwischenliegenden Lernprozess können wir jedoch nicht beobachten.

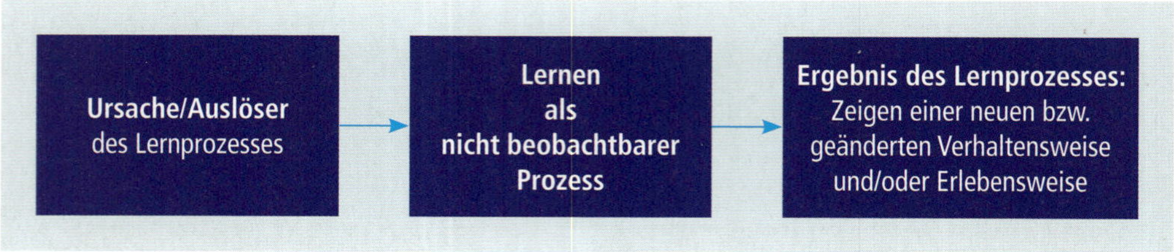

Lernen stellt also immer einen **innerpsychischen Vorgang** dar, der nicht beobachtbar ist.

Lernen ist ein nicht beobachtbarer Prozess, der durch Erfahrung und Übung zustande kommt und durch den Verhalten sowie Erleben relativ dauerhaft erworben oder verändert und gespeichert werden.

---

[1] *André Maurois (1885–1967), ursprünglich Émile Herzog, war französischer Schriftsteller.*
[2] *kognitiv (lat.: erkennen) bedeutet alle psychischen Vorgänge, die der Aufnahme, der Verarbeitung, der Speicherung sowie des Abrufens und Weiterverwendens von Informationen dienen (vgl. Kapitel 2.2.3 und 9.1.1).*

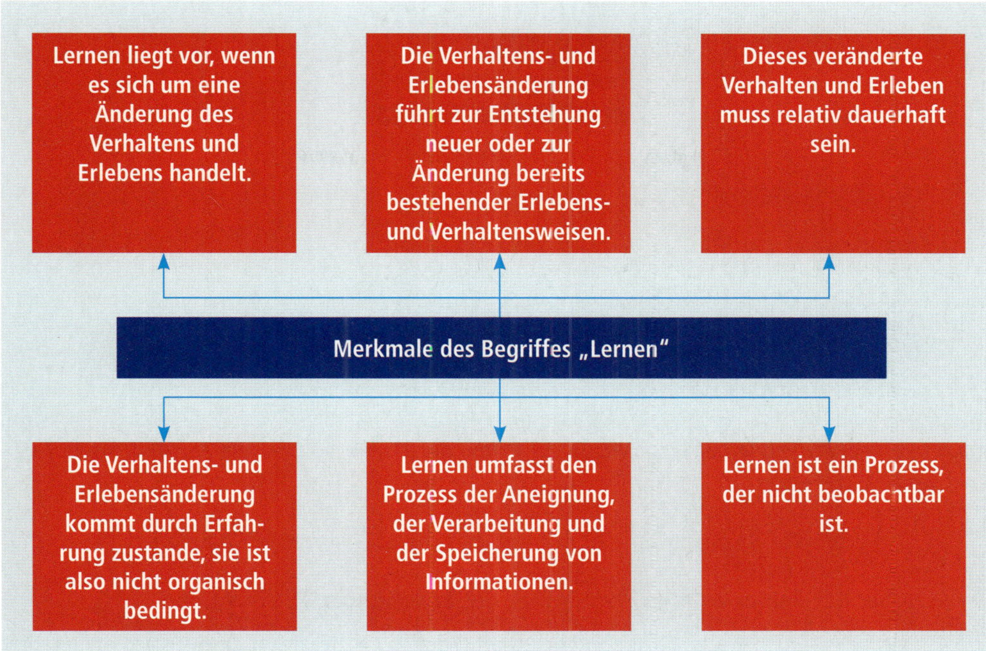

Im Hinblick auf die Erziehung können wir zwischen **intentionalem und funktionalem Lernen** unterscheiden: Intentionales Lernen umfasst alle Lernprozesse, die von einem selbst oder von anderen Personen mit einer bestimmten Absicht (= Intention) bewusst ausgelöst werden.

Karl-Heinz möchte das Skifahren lernen. Hierbei handelt es sich um einen Lernprozess, der bewusst mit einer bestimmten Absicht herbeigeführt wird.

Wir lernen aber auch vieles im Leben zufällig, ungeplant und ohne Absicht, meist gar nicht bewusst.

Karl-Heinz hat die Mimik und Gestik seines Vaters übernommen. Ihm ist das aber gar nicht bewusst.

Solche unbeabsichtigten, meist nicht bewusst wirksam werdenden Lernvorgänge bezeichnen wir als funktionales Lernen (vgl. *Giesecke, 2004[7], S. 64 f.*).

„Wir glauben, Erfahrungen zu machen, aber die Erfahrungen machen uns." (Eugène Ionesco[1])

6.1.2 Der Begriff „Erziehung"

Zur Erziehung gehören immer mindestens zwei Personen: ein **Erzieher, *der bestimmte Lernprozesse bei dem zu Erziehenden herbeiführen, auslösen bzw. unterstützen*** will, und ein **zu Erziehender, *der diese Lernprozesse vollbringen muss***.

---

[1] *Eugène Ionesco (1909–1994) war französischer Dramatiker rumänischer Herkunft und einer der Hauptvertreter des absurden Theaters.*

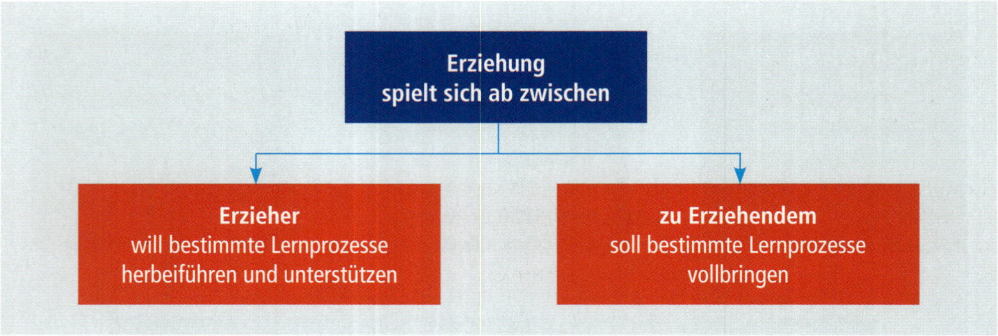

*Dabei spielt die **Beziehung zwischen Erzieher und zu Erziehendem** eine wichtige Rolle. Von der Art und Weise, wie sich die persönliche Beziehung zwischen Erzieher und zu Erziehendem gestaltet, hängt in einem nicht unerheblichen Maße der Erfolg der Erziehung bzw. die Persönlichkeitsentfaltung des zu Erziehenden ab.*

Wo die Beziehung nicht stimmt, hat die Sache wenig Chancen.

Der Erzieher hat immer ein bestimmtes Ziel, das **Erziehungsziel**, vor Augen.

Das Kind soll beispielsweise laufen und sprechen können, soll selbstständig werden und ein Verhalten lernen, das es nicht gefährdet.

Aufgabe des Erziehers ist es nun, durch **bestimmte Handlungen** das Verhalten und Erleben des zu Erziehenden **relativ dauerhaft** dahin gehend **zu ändern**, dass es dem Erziehungsziel entspricht (vgl. *Brezinka, 1999*[3]*, S. 81*).

Damit strebt Erziehung stets ein Ziel an: Sobald der Erzieher auf den zu Erziehenden einwirkt, will er etwas erreichen. Hat der Erzieher kein Ziel mehr vor Augen, besteht für ihn auch nicht mehr die Notwendigkeit, auf den zu Erziehenden Einfluss zu nehmen. **Erziehung ist also ohne Erziehungsziel undenkbar**.

Zusammenfassend kann das Wesen der Erziehung folgendermaßen umschrieben werden:

Erziehung geschieht im Wechselspiel zwischen
- **dem zu Erziehenden, der bestimmte Lernprozesse bewältigen muss,**
- **dem Erzieher, der diese Lernprozesse absichtlich und bewusst herbeiführt, auslöst oder unterstützt und mit bestimmten Handlungen das Verhalten und Erleben des zu Erziehenden relativ dauerhaft ändern will, und**
- **dem Erziehungsziel, das der Erzieher vor Augen hat.**

Erziehung ist damit auch immer **soziales Handeln**[1], welches im zwischenmenschlichen Kontakt von Erzieher und zu Erziehendem stattfindet. Erzieherische Handlungen werden „sozial" genannt, weil sie sich auf einen oder mehrere andere Menschen – auf die zu Erziehenden – beziehen. Pädagogisches soziales Handeln ist eine besondere Art des Handelns, welches **bewusst und willentlich auf andere Menschen bezogen** ist und auf die Gestaltung bzw. Veränderung von anderen Menschen abzielt.

---

[1] *Handeln bezeichnet jede menschliche Aktivität, mit welcher bewusst und überlegt eine bestimmte Absicht verfolgt wird (vgl. Kapitel 1.2.4).*

„Soziales Handeln ist eine besondere Art des Handelns, die sich durch eine bestimmte Intention von anderen Arten unterscheidet: Es ist bewusst und willentlich auf andere Menschen bezogen; es ist sinnhaft orientiert am vergangenen, gegenwärtigen oder für künftig erwarteten Verhalten anderer." *(Brezinka, 1990^5, S. 75)*

Zusammenfassend kann man Erziehung als ein soziales Handeln definieren, welches bestimmte Lernprozesse bewusst und absichtlich herbeiführen und unterstützen will. Diese Lernprozesse streben solche dauerhaften Veränderungen des Verhaltens und Erlebens an, die bestimmten Erziehungszielen entsprechen.

Erziehung ist ein soziales Handeln, welches bestimmte Lernprozesse bewusst und absichtlich herbeiführen und unterstützen will, um relativ dauerhafte Veränderungen des Verhaltens und Erlebens zu erreichen, die bestimmten Erziehungszielen entsprechen.

6.2 Aufgaben der Erziehung

Erziehung will Lernprozesse bewusst und absichtlich herbeiführen, um relativ dauerhafte Verhaltens- und Erlebensänderungen zu erreichen. Fragt man sich, warum Erzieher das Verhalten und Erleben des zu Erziehenden zu ändern beabsichtigen, so kann Erziehung als Hilfe zur ***Eingliederung in Kultur und Gesellschaft sowie zur Entfaltung der eigenen Persönlichkeit*** verstanden werden.

6.2.1 Erlernen der Kultur, des Sozialverhaltens und des Personseins

Der Mensch lebt immer in einer Kultur; er ist ein Kulturwesen, das seine kulturelle Lebensweise erlernen muss.[1] Diesen Vorgang des Erlernens der Kultur, der Übernahme der jeweiligen kulturellen Lebensweise bezeichnet man als **Enkulturation**.

Enkulturation bezeichnet das Erlernen der Kultur, den Prozess der Übernahme der jeweiligen kulturellen Lebensweise.

Enkulturation bedeutet nicht nur die Anpassung an die jeweils gegebene Kultur, sondern auch die Fähigkeit zu produktivem Neuschaffen und zur Veränderung von kulturellen Verhältnissen. Die Erziehung hat beim Erlernen der Kultur „Hilfestellung" zu leisten, sie ist aus dieser Sichtweise ***beabsichtigte Enkulturationshilfe***.

Erziehung ist jenes soziale Handeln, das beabsichtigte Hilfe und Unterstützung beim Erlernen der kulturellen Lebensweise bieten will.

Dabei kommt es einerseits darauf an, Lernhilfen beim Erwerb von Kulturtechniken zu geben, welche die Erhaltung und Weitergabe der jeweiligen Kultur ermöglichen, wie zum Beispiel das Erlernen der Sprache, der Formen der Verständigung, Gefühle und Ausdrucksweisen, des Denkens, Lesens und Schreibens, des Wertebewusstseins und der Moralvorstellungen. Andererseits hat Erziehung auch solche Lernprozesse zu organisieren, die den Menschen befähigen, seine Lebensverhältnisse zu ändern bzw. neu zu gestalten. Hierzu

---

[1] *vgl. Kapitel 5.2.2*

gehören Techniken wie Kritikfähigkeit, Kreativität, Produktivität, Engagement, Verantwortungsbewusstsein und die Fähigkeit, fehlerhafte Entwicklungen zu erkennen.

Der Mensch ist nicht nur ein kulturelles, sondern auch ein soziales Wesen, das auf eine gesellschaftliche Lebensweise hin angelegt und von Geburt an auf Mitmenschen und soziale Beziehungen angewiesen ist.[1] Diesen Vorgang des Erlernens des sozialen Verhaltens, den Prozess, in welchem der Mensch in der Gesellschaft bzw. in einer ihrer Gruppen handlungsfähig wird, bezeichnet man als **Sozialisation**.

Sozialisation bezeichnet das Erlernen des sozialen Verhaltens, den Prozess, in welchem der Mensch in der Gesellschaft bzw. in einer ihrer Gruppen handlungsfähig wird.

Die Erziehung hat dabei die Aufgabe der Herbeiführung und Unterstützung von Lernprozessen, die dem Hineinwachsen des Menschen in „seine" Gesellschaft dienen. Aus dieser Sicht ist sie ***beabsichtigte Sozialisationshilfe***.

Erziehung ist auch jenes soziale Handeln, das beabsichtigte Hilfe und Unterstützung beim Erlernen des sozialen Verhaltens bieten will.

Der Mensch ist jedoch nicht nur ein soziales Wesen, sondern auch ein **personales Wesen**, das sich als Individuum begreifen kann und eine einmalige, unverwechselbare Persönlichkeit darstellt.[2] Er wird – wie in *Kapitel 5.3.1* ausgeführt – jedoch nicht als Mensch im humanen Sinne geboren; er muss sein Personsein, seine „Personwerdung" erst ausbilden und lernen, sich als Individuum zu begreifen. Diesen Vorgang der Entfaltung des Personseins bezeichnet man als **Personalisation**.

Personalisation bezeichnet den Prozess der Ausbildung des Personseins, der „Personwerdung".

Personalisation bezieht sich zum einen auf das Individuum selbst mit seinen eigenen Befindlichkeiten, Gefühlen, Kräften, Konflikten usw. und zum anderen auf seine Beziehung zur Welt, in der es lebt und mit der es sich auseinandersetzen muss (vgl. *Weber, 1999[8], S. 208)*. Die Erziehung ist dabei für die Herbeiführung und Unterstützung von Lernprozessen zuständig, die der Entfaltung des Personseins eines Menschen dienen. Aus dieser Sicht ist sie ***beabsichtigte Personalisationshilfe***.

Erziehung ist auch jenes soziale Handeln, das beabsichtigte Hilfe und Unterstützung bei der Ausbildung des Personseins bieten will.

---

[1] *vgl. Kapitel 5.2.3*
[2] *vgl. Kapitel 5.2.1*

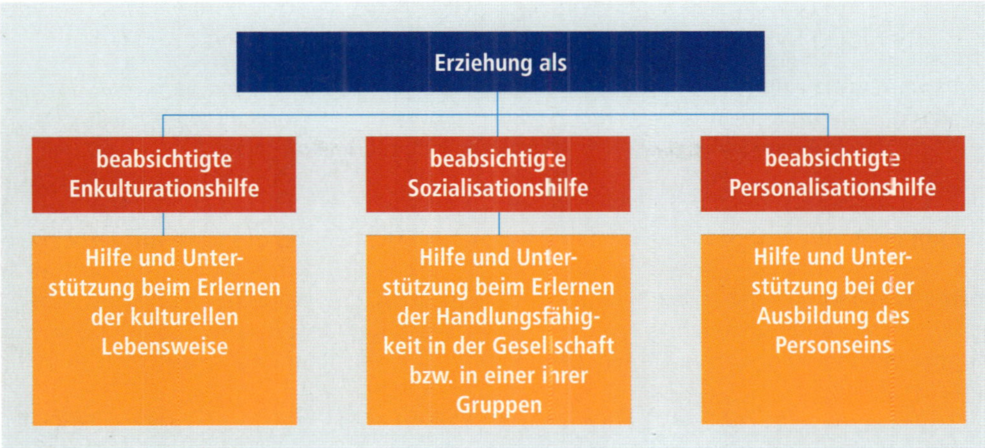

6.2.2 Erziehung und Bildung

Der Begriff „Bildung" zählt zu den ungenauesten Fachausdrücken der Pädagogik. Er wird sehr unterschiedlich verwendet, was nur vor dem Hintergrund deutscher Geistesgeschichte verständlich ist. Im deutschen Sprachraum tritt dieser Begriff etwa um die Mitte des 18. Jahrhunderts auf; verwandt ist er mit dem Wort „Bild" und bedeutet wörtlich so viel wie „im Bilde sein", womit gemeint ist, die Welt zu verstehen und zu begreifen. In die Pädagogik wurde er um 1800 von *Wilhelm von Humboldt* eingeführt.

Wilhelm von Humboldt *(1767–1835) war ein deutscher Gelehrter, Staatsmann und Mitbegründer der Universität Berlin, der heutigen Humboldt-Universität. Er zählt zu den großen, fortwirkend einflussreichen Persönlichkeiten in der deutschen Kulturgeschichte. Seine Schwerpunkte lagen in der Beschäftigung mit kulturwissenschaftlichen Zusammenhängen wie der Bildungsproblematik, der Staatstheorie, der analytischen Betrachtung von Sprache, Literatur und Kunst sowie in aktiver politischer Mitgestaltung als Reformmotor im Schul- und Hochschulwesen und als preußischer Diplomat.*

Im Prozess der Bildung geht es um die Entfaltung der eigenen Individualität, die Ausgestaltung des Menschseins; es geht darum, aus sich selbst etwas zu machen. Diese Selbstentfaltung ist aber nur möglich in der **aktiven Auseinandersetzung mit der Welt**, insbesondere mit den Inhalten der Kultur sowie mit der sozialen, politischen und sachhaften Wirklichkeit. In dieser Auseinandersetzung erschließt sich für den Menschen die Welt, sie wird für ihn durchschaubar, durchsichtig, vertraut, zugänglich; er lernt, Zusammenhänge zu erkennen, mit der Welt umzugehen und sich in ihr angemessen zu verhalten. Bildung ist aus dieser Sicht der **Vorgang der Erschließung der Welt für den Menschen**.

In dieser Auseinandersetzung mit der Welt erschließt sich aber auch der Mensch selbst, wodurch für das Individuum das eigene Ich erfahrbar wird; ihm wird seine eigene Stellung in der Welt und unter den Menschen verständlich. Der Mensch selbst wird aufgeschlossen für die Wirklichkeit und wird fähig, in ihr zu leben, sowie sein Leben in der Welt selbstbestimmt und verantwortlich zu gestalten. In diesem Sinne ist Bildung auch der **Vorgang der Erschließung des Menschen für die Welt**.

„Die Objektivität der Welt steht den Subjekten (...) zunächst einmal gleichgültig gegenüber; erst indem der Mensch sich an ihr geistig abarbeitet, kann er eben dadurch auch zur höheren Entfaltung seiner Individualität gelangen. Die subjektive Seite der Bildung, nämlich die durch sie ermöglichte Individualisierung, entfaltet sich nicht aus der psychischen Innerlichkeit heraus, sondern durch deren Konfrontation mit objektiven kulturellen Ansprüchen."

(Giesecke, 1998, S. 25)

Bildung bedeutet jedoch nicht nur den **Prozess** der Erschließung der Welt für den einzelnen Menschen und des einzelnen Menschen für die Welt („sich bilden"), sondern auch dessen **Ergebnis** („gebildet sein"). Bildung besteht darin, dass der Mensch über das, was er sich in der Auseinandersetzung mit der Welt zu eigen gemacht hat, verfügen und so mit ihr angemessen umgehen sowie sein Leben ohne Fremdbestimmung verantwortlich in ihr gestalten kann.

Bildung ist der Prozess und das Ergebnis der Erschließung der Welt für den Menschen und des Menschen für die Welt durch die aktive Auseinandersetzung des Einzelnen mit ihr.

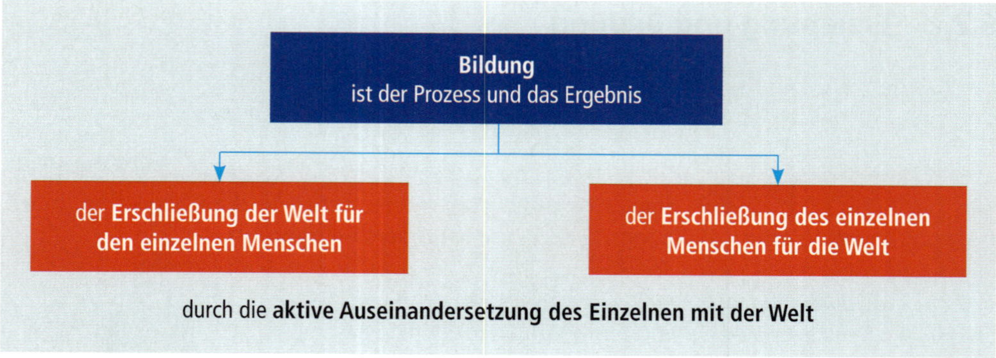

Bildung wird dementsprechend als Entfaltung der eigenen Individualität und Ausgestaltung des Menschseins gesehen, die durch die Auseinandersetzung mit seiner Lebenswelt entsteht. Bildung ist aus dieser Sicht immer ein Prozess, der sich im Gegensatz zur Erziehung am Menschen selbst vollzieht. Erziehung ist ein Vorgang, der sich zwischen Menschen abspielt. Aufgabe der Erziehung ist es, dem zu Erziehenden diese Auseinandersetzung zu ermöglichen und Voraussetzungen dafür zu schaffen.

So können Eltern und andere Erzieher beispielsweise den zu Erziehenden mit der Wirklichkeit in Verbindung bringen, ihn Erfahrungen sammeln lassen, ihn ermuntern, vor Überforderung schützen, günstige Bedingungen schaffen usw.

Erziehung ist auch jenes soziale Handeln, das beabsichtigte Hilfe und Unterstützung bei der aktiven Auseinandersetzung des zu Erziehenden mit der kulturellen, sozialen, politischen und sachhaften Welt bieten will.

Bildung ist nicht gleichzusetzen mit Ausbildung, bei der es um den Erwerb von Kenntnissen, Fähigkeiten und Fertigkeiten – um berufliche Qualifikationen – geht, die zur Ausübung eines bestimmten Berufes erforderlich sind. Bildung ist nach Wilhelm von Humboldt grundsätzlich unter dem Aspekt der Zweckfreiheit zu sehen. Sie dient in erster Linie nicht äußeren Zwecken, sondern der Ausgestaltung des inneren Menschseins, zu der eine bestimmte Ausbildung dazugehört. Jede Spezialisierung und jede Ausbildung muss durch eine umfassendere Bildung abgesichert werden. Wo Ausbildung nicht der Bildung zugeordnet wird, „verzweckt sie den Menschen, liefert ihn der Entfremdung aus; sie nimmt ihm die Verantwortung für den Umgang mit seinen Qualifikationen; die Folgen können angesichts der in den Qualifikationen gewonnenen Verfügungsmöglichkeiten gegenwärtiger Technik nicht ernst genug bedacht werden" (Heitger, 1983, S. 117).

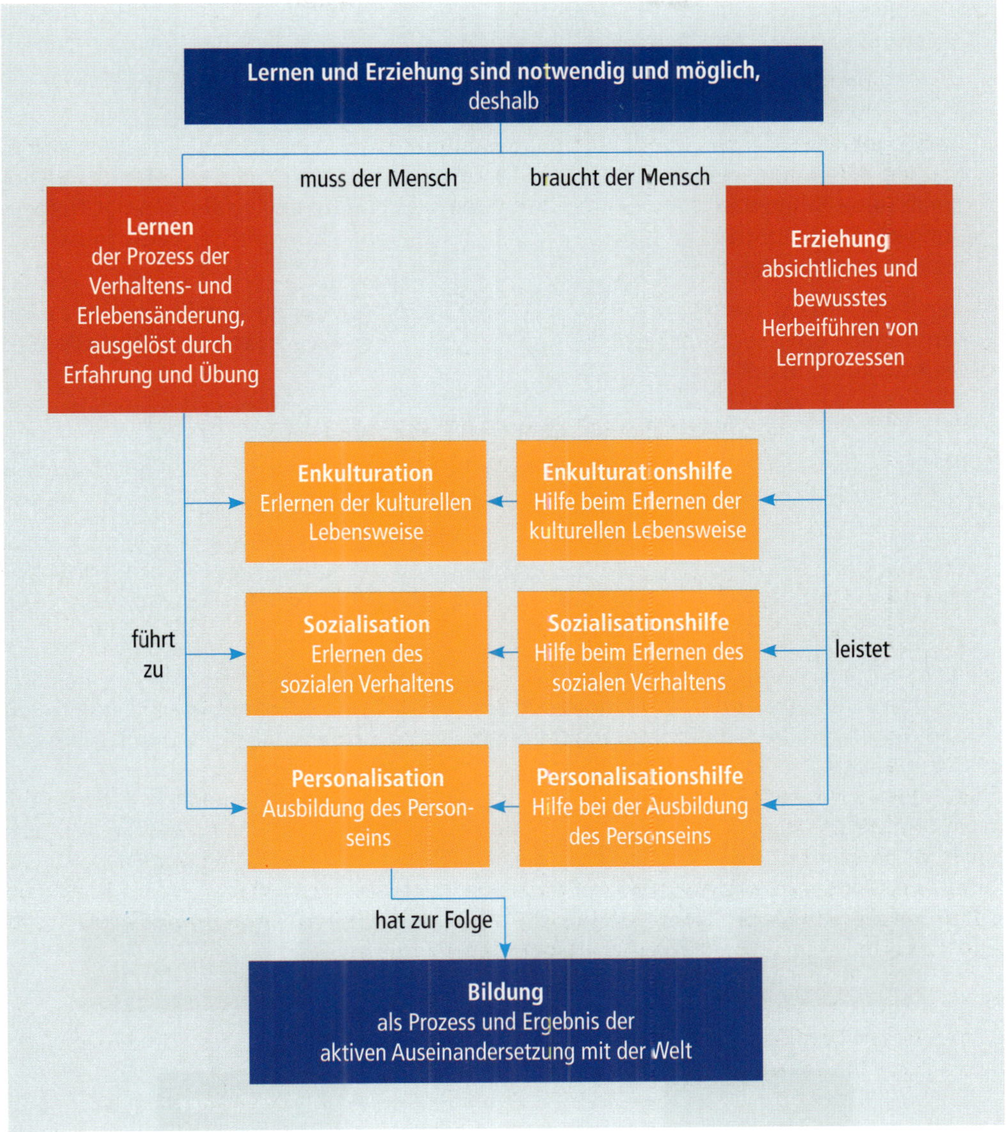

6.3 Bedingungen der Erziehung

Erziehung geschieht nicht in einem luftleeren Raum, sondern ist vielen bedeutsamen Einflussfaktoren ausgesetzt, die den Erziehungsprozess in einem nicht unerheblichen Maße (mit)bestimmen und den gesamten Komplex der Erziehung oft unüberschaubar machen.

6.3.1 Das Bedingungsfeld der Erziehung

Folgende Faktoren beeinflussen den Prozess der Erziehung:

- Der **Erzieher**, der bestimmte Persönlichkeitseigenschaften wie Fähigkeiten, Fertigkeiten, Begabungen, Interessen, Erfahrungen, Überzeugungen, Einstellungen, Weltanschauungen, Erwartungen, Wünsche, Bedürfnisse und dergleichen besitzt und der zahlreichen Einflüssen (zum Beispiel Bezugsgruppen, Beruf, Trends) ausgesetzt ist. Zudem hat jeder Erzieher ein bestimmtes ***Menschenbild***, welches sich nicht unerheblich auf die Vorstellungen von Erziehung auswirkt.[1]
- Der **zu Erziehende**, der ebenfalls zahlreichen Einflüssen (beispielsweise Freundeskreis, Medien, Werbung) ausgeliefert ist und aufgrund seiner persönlichen Lerngeschichte durch seine Fähigkeiten, Fertigkeiten, Begabungen, Interessen, Erfahrungen, Überzeugungen, Einstellungen, Weltanschauungen, Erwartungen, Wünsche, Bedürfnisse u.a. die Erziehung mitbestimmt.
- Der Bereich bzw. die konkrete Situation, in der die Erziehung stattfindet – oft auch Lernbereich oder **Lernsituation** genannt. Damit ist die ***momentane bzw. aktuelle Umwelt*** gemeint, in der sich die Erziehung abspielt.

Dies kann zum Beispiel die Familie, der Kindergarten, die Schule oder das Heim sein.

- Die weitere **Umwelt**, in die Erziehung eingebettet und die für den Erziehungsprozess nicht unerheblich ist.

Dies kann zum Beispiel die direkte und indirekte Umgebung sein wie etwa die Wohnsituation oder -gegend; dies kann auch ein umfassendes kulturelles, soziales, ökonomisches, juristisches oder auch politisches System sein, das die Erziehung in Gestalt von gesetzlichen Regelungen, Traditionen, Religionen und dergleichen beeinflusst.

Hinsichtlich der Umwelt sind viele Einflussfaktoren bedeutsam wie zum Beispiel ***vorherrschende Wert- und Normvorstellungen, politische und ökonomische Interessen und Gegebenheiten, Weltschauungen und Ideologien sowie kulturelle und soziale Gegebenheiten.***[2]

- **Gesellschaftliche Ansprüche**, wie bestimmte Gruppen, die durch politische Entscheidungen auf die Erziehung Einfluss nehmen können[3].

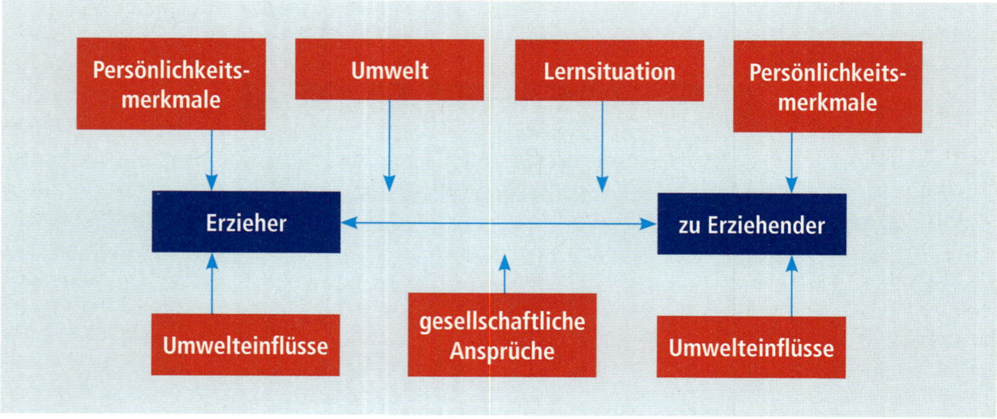

---

[1] *vgl. Abschnitt 6.3.2*
[2] *vgl. Abschnitt 6.3.3*
[3] *vgl. Abschnitt 6.3.3*

6.3.2 Das Menschenbild in der Erziehung

Jeder Mensch geht bei seiner Erziehung von einem bestimmten Menschenbild aus, welches auch das Bild vom Kind beinhaltet. Je nach Menschenbild gibt es verschiedene Erziehungs- und Schulkonzepte. Bei einem Menschenbild handelt es sich um eine ***tief verankerte Überzeugung, um eine Vorstellung, die jemand vom Wesen des Menschen hat***.

So wird der Mensch etwa als ein „von Natur aus“ aggressives Wesen gesehen, der dem anderen Menschen ein Wolf ist (*Thomas Hobbes*[3]) und der destruktive Antriebskräfte besitzt, die zu einem „Kampf aller gegen alle“ führen. Nach anderen Vorstellungen wie beispielsweise der von *Jean-Jacques Rousseau*[4] ist der Mensch „von Grund auf gut“ und muss nur in seiner Entfaltung gefördert werden.

Ein Menschenbild ist eine Überzeugung, eine Vorstellung, die jemand vom Wesen des Menschen hat.

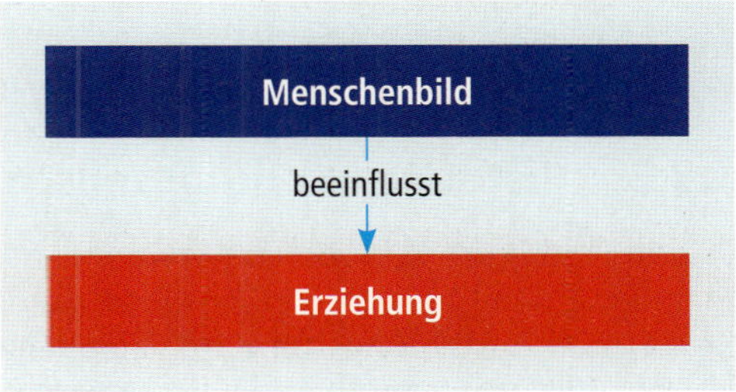

Ein Menschenbild ist immer in eine bestimmte Weltanschauung oder Lehre eingebunden, die jemand vertritt. So gibt es beispielsweise ein christliches, ein buddhistisches, ein humanistisches, ein darwinistisches oder auch ein ökonomisches Menschenbild. Bei wissenschaftlichen Theorien bestimmt es in einem nicht unerheblichen Maße, worauf der Forscher das Augenmerk lenkt und von welchen Fragestellungen er ausgeht (vgl. Flammer, 2009[4], S. 23). Insofern ***besteht ein Zusammenhang zwischen dem Menschenbild des Wissenschaftlers und seinen theoretischen Aussagen****.*

Abhängig von Menschenbild bzw. Ansicht über das Wesen des Menschen gibt es verschiedene Vorstellungen über Erziehung. Die verbreitetste Vorstellung ist die, durch erzieherische Handlungen auf das Kind einzuwirken, damit es fähig wird, mit sich selbst zurechtzukommen sowie das kulturelle und soziale Leben bewältigen zu können. Hier wird ***Erziehung als „bewusstes Einwirken“*** verstanden, in der durch aktives Tun von Erziehern (Eltern, Erzieher, Lehrer) bestimmte Fähigkeiten, Fertigkeiten, Bereitschaften, Eigenschaften, Kompetenzen und dergleichen hervorgebracht werden.

Eine weitere, aktuelle Auffassung ist, dass der Mensch von Natur aus entsprechende Wachstumspotenziale besitzt, die dadurch entfaltet werden, dass durch Erziehung möglichst nicht in seine Entwicklung eingegriffen wird. Hier wird ***Erziehung als „Wachsenlassen“*** verstanden. Das Kind ist imstande, von sich aus alle lebensnotwendigen Erfahrungen zu erwerben, und es benötigt keine direkte Lernhilfe. Die Rolle der Erziehung besteht zum einen darin, dass sie als eine Art Resonanzboden zu fungieren hat, auf welchem das Kind sich selbst aufgrund eigener Erfahrungen regulieren kann. Zum anderen muss Erziehung darauf achten, dass dieser Prozess nicht durch fragwürdige kulturelle bzw. gesellschaftliche Einflüsse gestört oder gar verhindert wird; sie hat die Aufgabe zu verhüten, dass etwas gegen die Natur des Kindes geschieht, und soll schädliche Umwelteinflüsse fernhalten, damit es ungestört und natürlich wachsen und sich entfalten kann.

---

[1] *Thomas Hobbes (1588–1679) war englischer Philosoph und Staatstheoretiker; von ihm stammt der Satz: „Homo homini lupus est.“ – „Der Mensch ist dem Menschen ein Wolf.“*

[2] *Eine Kurzbiografie von Jean-Jacques Rousseau befindet sich in Kapitel 2.3.1.*

Rousseau vertrat als Erster diese Auffassung des „Wachsenlassens". Die Reformpädagogik griff zu Beginn des 20. Jahrhunderts diesen Gedanken auf, indem sie das Schlagwort ***„Pädagogik vom Kinde aus"*** postulierte.[1] Beide vertraten das Menschenbild, dass das Kind von Natur aus „gut" sei und es keinerlei ursprüngliche Verderbtheit und Boshaftigkeit gebe.

„Ruhig und langsam die Natur sich selbst helfen lassen und nur sehen, dass die umgebenden Verhältnisse die Arbeit der Natur unterstützen, das ist Erziehung." *(Key[2], 2000[2], S. 77)*

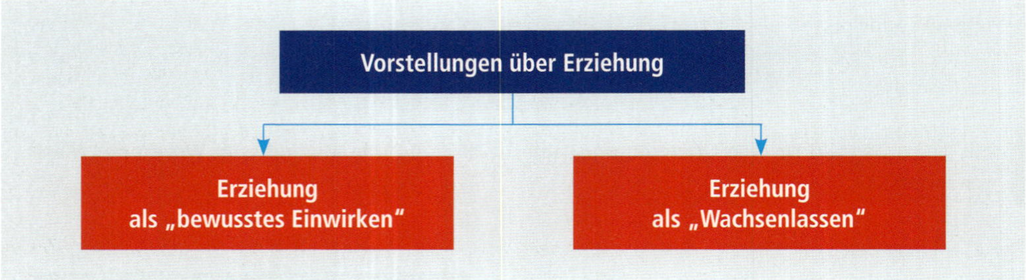

6.3.3 Historische und gesellschaftliche Faktoren

Wie in *Abschnitt 6.3.1* bereits erwähnt, hat die Gesellschaft ein großes Interesse an der Erziehung, weil sie sich von ihr einen gesellschaftskonformen Nachwuchs mit dem in ihr benötigten Ausbildungsstandard verspricht. Sie erwartet von der Erziehung einen an ihre Wert- und Normvorstellungen angepassten Menschen, der einem bestimmten Beruf nachgeht und seine „gesellschaftlichen Pflichten" erfüllt. Deshalb versucht auch die Gesellschaft bzw. deren Regierung durch staatliche und pädagogische Einrichtungen wie beispielsweise den Kindergarten, die Schule oder die Jugendarbeit auf Ziele und Inhalte der Erziehung Einfluss zu nehmen.

Wie die Geschichte der Pädagogik zeigt, wurden und werden in unserem Kulturkreis nach- und nebeneinander recht unterschiedliche Erziehungsvorstellungen vertreten. Abhängig von Menschenbild und Weltanschauung, von politischen, militärischen oder wirtschaftlichen Gegebenheiten und Interessen einer Gesellschaft, von ihren aktuellen Wert- und Normvorstellungen wurden und werden im Laufe der Zeit unterschiedliche Erziehungsvorstellungen und -ziele formuliert.

Während beispielsweise bis in die 60er-Jahre des vergangenen Jahrhunderts hinein Vorstellungen wie Disziplin, Pflichterfüllung, Gehorsam, Leistung, Ordnung usw. im Mittelpunkt standen, geht man heute davon aus, dass sich in den letzten Jahren so etwas wie ein Wertewandel – und damit eine Veränderung der Erziehungsziele – ergeben hat: Danach werden sogenannte Selbstentfaltungswerte wie Emanzipation, Autonomie, Selbstverwirklichung, Selbststeuerung, Kritikfähigkeit usw. betont (vgl. *Gudjons, 2008[10], S. 192 f.*).

Erziehung und die Festlegung von Erziehungszielen kann nur aus der jeweiligen historischen Struktur einer Gesellschaft und Kultur verstanden werden.

Im Dritten Reich war es die Ideologie des Nationalsozialismus, in der ehemaligen Deutschen Demokratischen Republik die des Sozialismus, in der Bundesrepublik Deutschland ist es die Vorstellung einer freiheitlichen, demokratischen Gesellschaft, die die Festlegung von bestimmten Erziehungszielen bestimmt.

---

[1] vgl. Kapitel 2.3.2
[2] Eine Kurzbiografie von Ellen Key befindet sich in Kapitel 2.3.2.

Unterschiedliche Erziehungsvorstellungen zu ein und demselben Zeitpunkt ergeben sich aus den verschiedenen Denkweisen und Einstellungen innerhalb einer Gesellschaft. Dies ist vor allem in demokratischen Systemen der Fall, die unterschiedliche, zum Teil sogar gegensätzliche Wert- und Normvorstellungen zulassen. Deshalb kann es in einer demokratiefreundlichen Gesellschaft niemals nur *die* Erziehung bzw. *das* Ziel der Erziehung geben, es herrscht immer eine Vielfalt von Vorstellungen vor.

Der Wandel von Erziehungsvorstellungen und -zielen ist immer Folge einer Änderung von gesellschaftlichen, kulturellen, sozialen, politischen, ökonomischen, wissenschaftlichen, weltanschaulichen oder auch von subjektiven Verhältnissen.

So hat die Einführung des demokratischen Staatswesens in der früheren Bundesrepublik Deutschland nach dem Zweiten Weltkrieg zu einer Veränderung der Erziehungsziele geführt. Die Entwicklung der Antibabypille in den 50er- und 60er-Jahren des 20. Jahrhunderts brachte die sexuelle Selbstbestimmung der Frauen und in der Folge ihre zunehmende Selbstverwirklichung und Emanzipation.

Die aktuelle gesellschaftliche Diskussion über die Zukunft der Arbeit – und im Zusammenhang damit die Bedeutung der Informationstechnologie – wird beispielsweise ebenfalls eine Veränderung von Erziehungsvorstellungen und -zielen zur Folge haben. Der Arbeitnehmer der Zukunft soll sich selbstständig Informationen beschaffen können, Flexibilität und die Bereitschaft, sich auf Neues einzulassen, werden wesentliche Ziele der Erziehung sein.

Historische und gesellschaftliche Faktoren:

zum Beispiel
- vorherrschende Wert- und Normvorstellungen
- politische Interessen und Gegebenheiten
- Weltanschauung und Ideologien
- kulturelle und soziale Gegebenheiten
- ökonomische Interessen und Gegebenheiten

haben Einfluss auf

(Vorstellungen über) Erziehung und die Festlegung von Erziehungszielen.

Zusammenfassung

- Lernen ist ein nicht beobachtbarer Prozess, der durch Erfahrung und Übung zustande kommt und durch den Verhalten sowie Erleben relativ dauerhaft erworben oder verändert und gespeichert wird. Erziehung ist ein soziales Handeln, welches bestimmte Lernprozesse bewusst und absichtlich herbeiführen und unterstützen will, um relativ dauerhafte Veränderungen des Verhaltens und Erlebens zu erreichen, die bestimmten Erziehungszielen entsprechen.

- Aufgabe der Erziehung ist es, Hilfe und Unterstützung zu bieten beim Erlernen der jeweiligen kulturellen Lebensweise (Erziehung als beabsichtigte Enkulturationshilfe), beim Erlernen des sozialen Verhaltens (Erziehung als beabsichtigte Sozialisationshilfe) und bei der Ausbildung des Personseins (Erziehung als beabsichtigte Personalisationshilfe). Den Vorgang des Erlernens der Kultur, der Übernahme der jeweiligen kulturellen Lebensweise bezeichnet man als Enkulturation, den Prozess, in welchem der Mensch in der Gesellschaft bzw. in einer ihrer Gruppen handlungsfähig wird, als Sozialisation und den Vorgang der Entfaltung des Personseins als Personalisation.

- Bildung ist der Prozess und das Ergebnis der Erschließung der Welt für den Menschen sowie des Menschen für die Welt durch die aktive Auseinandersetzung des Einzelnen mit ihr. Bildung ist so gesehen immer ein Prozess, der sich im Gegensatz zur Erziehung am Menschen selbst vollzieht. Bildung ist nicht gleichzusetzen mit Ausbildung; jede Spezialisierung und jede Ausbildung muss durch eine umfassendere Bildung abgesichert werden.
- Erziehung geschieht nicht in einem luftleeren Raum, sondern ist vielen bedeutsamen Einflussfaktoren ausgesetzt, die den Erziehungsprozess in einem nicht unerheblichen Maße (mit)bestimmen. Je nach Menschenbild gibt es verschiedene Vorstellungen über Erziehung, wie zum Beispiel Erziehung als „bewusstes Einwirken" oder Erziehung als „Wachsenlassen". Historische und gesellschaftliche Faktoren wie soziale Wert- und Normvorstellungen, politische und ökonomische Interessen und Gegebenheiten, Weltanschauungen und Ideologien sowie kulturelle und soziale Gesichtspunkte haben einen großen Einfluss auf die Vorstellung von Erziehung und die Festlegung von Erziehungszielen.

Aufgaben und Anregungen Kapitel 6

Aufgaben

1. Bestimmen Sie den Begriff „Lernen" und beschreiben Sie an einem Beispiel die Merkmale dieses Begriffes.
   (Abschnitt 6.1.1)
2. Bestimmen Sie am Beispiel einer pädagogischen Einrichtung (zum Beispiel Kindergarten, Schule, Jugendzentrum) den Begriff „Erziehung".
   (Abschnitt 6.1.2)
3. Bestimmen Sie den Begriff
   a) „Enkulturation" und beschreiben Sie an einem Beispiel Erziehung als beabsichtigte Enkulturationshilfe.
   b) „Sozialisation" und beschreiben Sie an einem Beispiel Erziehung als beabsichtigte Sozialisationshilfe.
   c) „Personalisation" und beschreiben Sie an einem Beispiel Erziehung als beabsichtigte Personalisationshilfe.
   (Abschnitt 6.2.1)
4. Bestimmen Sie den Begriff „Bildung" und erläutern Sie die Merkmale dieses Begriffes an einer geeigneten Situation.
   (Abschnitt 6.2.2)
5. a) Bestimmen Sie die Begriffe „Erziehung" und „Bildung".
   (Abschnitt 6.1.2 und 6.2.2)

b) Grenzen Sie die beiden Begriffe „Erziehung" und „Bildung" voneinander ab und verdeutlichen Sie dies an einem Beispiel.
(Abschnitt 6.2.2)

6. Erläutern Sie an je einem Beispiel das Bedingungsfeld der Erziehung.
(Abschnitt 6.3.1)

7. Zeigen Sie an einem Beispiel auf, wie Erzieher Bedingungen der Erziehung so gestalten können, dass sie ihren Absichten entsprechen oder zumindest nicht widersprechen.
(Abschnitt 6.3.1)

8. Erläutern Sie, wie das Menschenbild die Erziehung beeinflussen kann.
(Abschnitt 6.3.2)

9. Zeigen Sie, wie historische und gesellschaftliche Faktoren Vorstellungen von Erziehung beeinflussen.
(Abschnitt 6.3.3)

Anregungen

10. *Spiel: „Tabu"*
Schreiben Sie in Kleingruppen wichtige Begriffe zu dem Thema „Grundlagen der Erziehung" auf je eine Karte und schreiben Sie unter jeden Begriff vier Wörter, die bei der Erläuterung des Begriffes nicht verwendet werden dürfen. Im Spiel geht es darum, dass verschiedene Teams gegeneinander spielen. Ein Spieler eines Teams zieht einen Begriff, den seine Mitspieler nicht sehen und den er seinen Mitspielern (seines Teams) erläutern muss. Bei dieser Beschreibung darf er die Wörter, die bei dem jeweiligen Begriff angegeben sind, nicht verwenden. Das Team, das die meisten Begriffe erraten hat, hat gewonnen.

11. *„So erlebe ich Erziehung."*
Stellen Sie mithilfe einer Collage dar, wie Sie Erziehung erleben und erlebt haben.

12. *„Erziehung zwischen den Ansprüchen der Gesellschaft und des Individuums"*
    - Überlegen Sie in Gruppen eine Situation, in der diese konfliktreiche Aufgabe der Erziehung deutlich wird.
    - Einigen Sie sich in der Klasse auf eine Situation.
    - Spielen Sie diese Situation, indem eine oder mehrere Person(en) die Vertreter der Gesellschaft und eine oder mehrere das Individuum mit seinen Wünschen und Bedürfnissen darstellen.

13. *Was heißt gebildet? Wer ist gebildet?*
    - Sammeln Sie bei Verwandten, Freunden und Bekannten Äußerungen über dieses Thema.
    - Vergleichen Sie diese Äußerungen mit den Ausführungen in *Abschnitt 6.2.2*.

14. Stellen Sie Ihr persönliches Bedingungsfeld der Erziehung mithilfe von Plastilin dar.

15. *Mein Bild vom Menschen*
    - Notieren Sie Ihr eigenes Menschenbild und welchen Einfluss dieses auf Ihr Leben hat.
    - Schreiben Sie auch nieder, wie Ihr Menschenbild Ihre Erziehung beeinflussen könnte.
    - Finden Sie sich zu Vierergruppen zusammen und erzählen Sie sich gegenseitig das Notierte.
    - Diskutieren Sie die unterschiedlichen Menschenbilder und ihre Auswirkungen.

7 Pädagogische und psychologische Handlungsfelder

Folgende Fragen werden in diesem Kapitel geklärt:

1. *Welche Arbeitsfelder kennt die Soziale Arbeit?*
   Was sind ihre Ziele bzw. Aufgaben?
   Welche Methoden werden in der Sozialen Arbeit verwendet?

2. *Was versteht man unter einer Kindertagesstätte, was unter einer Kinderkrippe?*
   Was sollten Eltern beachten, wenn sie ein Kind in die Kindertagesstätte geben?

3. *Durch welche Merkmale ist der Kindergarten gekennzeichnet?*
   Welche Aufgaben hat er?
   Wie ist er organisiert?

4. *Was versteht man unter einem Heim?*
   Welche Aufgaben hat es als familienersetzende Einrichtung?
   Welche Formen erzieherischer Arbeit herrschen dort vor?

5. *Welche reformpädagogischen Konzepte sind heute bedeutsam?*
   Welche alternativen Schulkonzepte gibt es bei uns?
   Was versteht man unter Erlebnispädagogik?

7.1 Einrichtungen der Sozialen Arbeit

Die Soziale Arbeit wird vor allem durch ihre vielfältigen Praxisfelder bestimmt. Diese Vielfalt zeigt sich in der weit gestreuten Tätigkeit eines Sozialarbeiters bzw. -pädagogen.

7.1.1 Arbeitsfelder der Sozialen Arbeit

Hans Thiersch (2009[5], S. 433) ersetzt die früheren Begriffe „Sozialarbeit" und „Sozialpädagogik" durch den Begriff **Soziale Arbeit**, deren Aufgaben aus der Tradition von Sozialarbeit und Sozialpädagogik zusammengewachsen sind. Er bezeichnet „Soziale Arbeit" als eine „praxisbezogene, kritische Handlungswissenschaft, die die unterschiedlichen Traditionen von Sozialpädagogik und Sozialarbeit integriert". Indem Soziale Arbeit ihre Adressaten dabei unterstützt, ihren Alltag zu meistern, leistet sie *„Hilfe zur Selbsthilfe"*.

> *„Soziale Arbeit ist ein sozialwissenschaftliches und praktisch-pädagogisches Instrument moderner Gesellschaften und damit Teil deren sozialpolitisch-administrativen Handlungsapparats. Soziale Arbeit zielt dabei auf spezifische Problem- und Mangellagen von Personen, die weder durch die vorherrschende Art und Weise des Güter-, Arbeits- und Dienstleistungsmarktes ausgeglichen werden noch von familiären oder ähnlichen privaten Formen."*
>
> *(Erler, 2010[7], S. 14)*

Soziale Arbeit fasst die beiden Bereiche der Sozialarbeit und Sozialpädagogik zusammen und beinhaltet die berufsmäßige, wissenschaftlich fundierte Hilfeleistung an Menschen aller Altersgruppen zur Verhinderung und Bewältigung von unterschiedlichen Notsituationen individueller und sozialer Art.

Die International Federation of Social Workers (IFSW) definiert im Jahr 2000 in Montreal, Kanada, Soziale Arbeit wie folgt: Soziale Arbeit als Beruf fördert den sozialen Wandel und die Lösung von Problemen in zwischenmenschlichen Beziehungen. Sie befähigt Menschen, in freier Entscheidung ihr Leben besser zu gestalten. Gestützt auf wissenschaftliche Erkenntnisse über menschliches Verhalten und soziale Systeme greift Soziale Arbeit dort ein, wo Menschen und ihre Umwelt aufeinander einwirken; Grundlagen der Sozialen Arbeit sind die Prinzipien der Menschenrechte und der sozialen Gerechtigkeit (vgl. Engelke u. a., 2009[5], S. 12).

Die wichtigsten Praxisbereiche Sozialer Arbeit sind

- die **Sozialhilfe** mit den Aufgaben der Beratung, finanziellen Unterstützung und Rehabilitation,
- die **Gesundheitshilfe** in Form sozialer Dienste, von Betreuung und Unterstützung alter Menschen, Menschen mit Behinderung, Kranker und Drogenabhängiger sowie
- die **Kinder- und Jugendhilfe** mit den Aufgaben der Erziehung, Beratung, Hilfe und Fürsorge. Sie bildet den eigentlichen Bereich der Sozialpädagogik und ist nicht nur für hilfsbedürftige, benachteiligte, gefährdete Kinder und Jugendliche ein Dienstleistungsangebot, sondern für alle im Sinne einer ***Sozialisationshilfe*** (vgl. *Bock/Seelmeyer, 2005[3], S. 989*).

  Die primäre Aufgabe der Kinder- und Jugendhilfe besteht darin, Kinder und Jugendliche bei ihrem Recht auf Förderung der Entwicklung und auf Erziehung zu eigenverantwortlichen und gemeinschaftsfähigen Persönlichkeiten zu unterstützen (vgl. § 1 SGB VIII)[1].

---

[1] *SGB VIII: Sozialgesetzbuch, Achtes Buch, Kinder- und Jugendhilfe*

Geleistet wird Soziale Arbeit von den ***öffentlichen Trägern***, die alle behördlichen Aufgaben wahrnehmen und die Gesamtverantwortung haben, sowie von den ***freien Trägern***, die Aufgaben übernehmen, die nicht behördlich getragen werden.

> Öffentliche Träger sind beispielsweise das Sozialamt oder das Jugendamt; freie Träger sind zum Beispiel die Kirchen, Caritasverband, Diakonisches Werk, Wohlfahrtsverbände wie das Deutsche Rote Kreuz oder der Paritätische Wohlfahrtsverband, freie Vereinigungen oder private Träger.

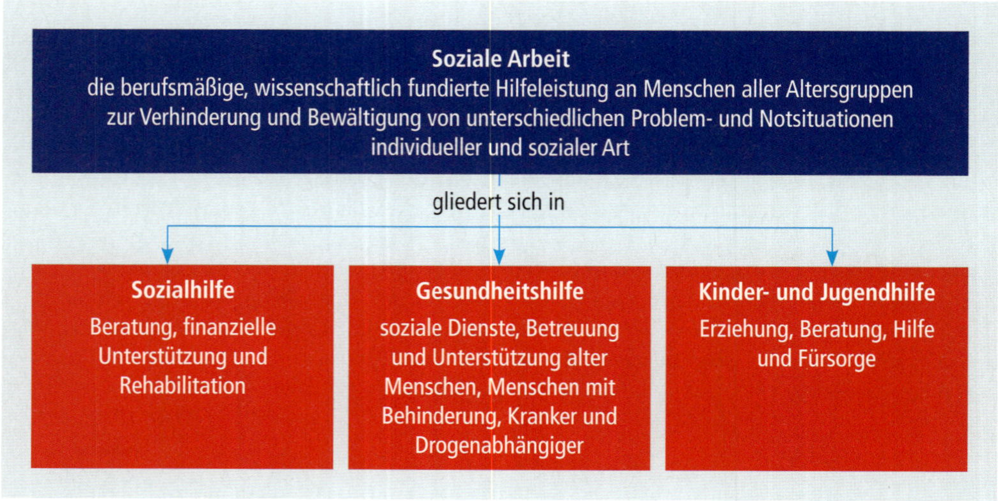

Die Kinder- und Jugendhilfe mit den Aufgaben der Erziehung, Beratung, Hilfe und Fürsorge bildet den eigentlichen Bereich der **Sozialpädagogik**, der sich auf die Erziehung und Bildung von Menschen in der Sozialen Arbeit bezieht. Dabei geht es um ***Unterstützung*** und ***Ergänzung*** sowie um ein ***Ersetzen der familialen Erziehung***, wenn eine dem Wohl des Kindes oder des Jugendlichen entsprechende Erziehung nicht (mehr) gewährleistet ist.

Entsprechend dieser Aufgaben können wir von **familienergänzenden und -ersetzenden Einrichtungen** sprechen. Daneben bietet die Sozialpädagogik als weitere Arbeitsfelder die **Beratung** sowie **Freizeit- und Bildungsangebote** an.

familienergänzende Einrichtungen	familienersetzende Einrichtungen	Freizeit- und Bildungsangebote	Beratung
Kinderkrippe, Krabbelstube, Kindertagesstätte, Kindergarten (Kinderhaus), offene Ganztagsschule, Tagesheimschule, Schulkindergarten, Kinderhort, Internat bzw. Schülerheim, Heim für Auszubildende, Wohnheim	Säuglingsheim, Kinder- und Jugendheim, Kinderdorf, Heim für Menschen mit Behinderung bzw. Beeinträchtigung	Jugendzentrum, Jugendtreff, betreute Spielplätze, Abenteuerspielplatz, Jugendarbeit in Sport, Spiel und Geselligkeit, arbeitswelt-, schul- und familienbezogene Jugendarbeit, innerdeutsche und internationale Jugendarbeit, Kinder- und Jugenderholung	Schwangerschaftskonfliktberatung, Erziehungsberatung, Jugendberatung, Schulberatung, schulpsychologische Beratung, Schulsozialarbeit, Berufsberatung, Drogen- und Suchtberatung, Ehe- und Familienberatung, Schuldnerberatung, Telefonseelsorge

Als Beispiele werden in *Abschnitt 7.3* die Kindertagesstätte als familienergänzende Einrichtung und in *Abschnitt 7.4* das Heim als familienersetzende Einrichtung dargestellt.

7.1.2 Ziele und Aufgaben von Einrichtungen der Sozialen Arbeit

Die Aufgaben von Einrichtungen der Sozialen Arbeit sind abhängig von den Gründen, warum ein Mensch Angebote der Sozialen Arbeit in Anspruch nimmt. Grundsätzlich geht es – wie in *Abschnitt 7.1.1* bereits erwähnt – um eine **Unterstützung** und **Ergänzung** sowie um ein **Korrigieren** bzw. **Ersetzen der familialen Erziehung**. Bei Letzterem dreht es sich vor allem um eine ***Nachholung von Erziehungsversäumnissen***, beispielsweise bei sozial abweichendem Verhalten bei einem Kind oder Jugendlichen.

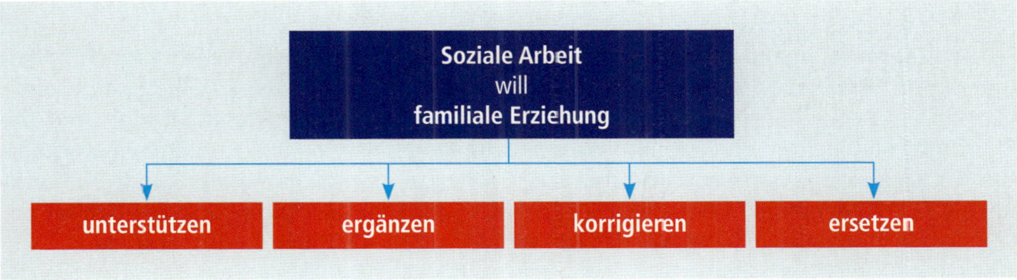

Dabei leistet Soziale Arbeit zum einen **Prävention**[1]. Damit sind alle Maßnahmen und Möglichkeiten gemeint, die das Entstehen individueller und sozialer Probleme verhindern sollen.

> Beispielsweise werden in der Jugendarbeit Programme zur Suchtprävention durchgeführt, in denen einerseits über Drogen informiert wird, aber andererseits auch die Lebenskompetenz der Jugendlichen gefördert wird. Das geschieht beispielsweise durch die Stärkung ihrer sozialen Kompetenzen, des Selbstwertgefühls und der Fähigkeit, Krisen und Probleme zu bewältigen. Andere Präventionsprogramme helfen, kritische Lebensereignisse zu vermeiden oder zu bewältigen. Beispielsweise werden an Beratungsstellen Therapiegruppen für Erwachsene und Kinder durchgeführt, die eine Trennung oder Scheidung erlebt haben, um langfristig negativen psychischen Folgen vorzubeugen.

Prävention umfasst Maßnahmen und Möglichkeiten, die dem Entstehen von individuellen und sozialen Problemen vorbeugen.

Sehr viele soziale Einrichtungen dienen der Prävention wie zum Beispiel Freizeit- und Bildungsangebote oder familienergänzende Einrichtungen.

Zum anderen leistet die Soziale Arbeit Hilfe zur Verminderung oder Beseitigung, wenn eine Notsituation eingetreten ist. Je nachdem, um welche Art von Problemen es sich handelt, wird von **Beratung** oder **Rehabilitation** gesprochen.

*Manchmal führen Sozialarbeiter/-pädagogen eine **Psychotherapie** durch, doch dazu benötigen sie eine qualifizierte psychotherapeutische Zusatzausbildung und die rechtliche Befugnis zur Ausübung der psychotherapeutischen Heilkunde durch das Gesundheitsamt.*

Der Begriff „Beratung" wird in der Psychologie in verschiedenen Bedeutungen verwendet.[2] In der Sozialen Arbeit bedeutet Beratung ein Vorgehen, das die Beseitigung von persönlichen und/oder sozialen Problemen bzw. den effektiven Umgang mit diesen zum

---

[1] *praevenire (lat.): zuvorkommen*

[2] *So gewinnt beispielsweise die Unternehmensberatung in den Bereichen der Team- und Organisationsentwicklung, die Beratung von Führungskräften oder die Personalberatung immer größere Bedeutung.*

Ziel hat.[1] Dabei handelt es sich nicht um „gute Ratschläge" oder um ein einfaches „Ermutigen", der Berater nutzt dabei wissenschaftlich fundierte Erkenntnisse, um effektiv helfen zu können.

Beratung in der Sozialen Arbeit ist ein wissenschaftlich fundiertes Vorgehen, das die Beseitigung von persönlichen und/oder sozialen Problemen bzw. den effektiven Umgang mit diesen als Ziel hat.

Auch bei der Durchführung einer Beratung ist eine Zusatzausbildung des Sozialarbeiters/-pädagogen erforderlich.

Rehabilitation[2] fasst alle Maßnahmen zusammen, die der Wiedereingliederung von beeinträchtigten Personen in Arbeit und Beruf sowie der Sicherung an der Teilhabe am gesellschaftlichen Leben dieser Personen dienen. Wichtige Felder von Rehabilitation sind die Frühförderung in Frühförderstellen, medizinische Rehabilitation in Suchtkliniken, Kurkliniken für Krebskranke oder psychosomatisch[3] Erkrankte, berufliche Rehabilitation in Werkstätten für Menschen mit Behinderung oder Integrationsfirmen und soziale Rehabilitation, wie sie sich zum Beispiel in Wohngruppen für Menschen mit Behinderung abspielt.

Rehabilitation fasst alle Maßnahmen zusammen, die der Wiedereingliederung von beeinträchtigten Personen in Arbeit und Beruf sowie der Sicherung an der Teilhabe am gesellschaftlichen Leben dieser Personen dienen.

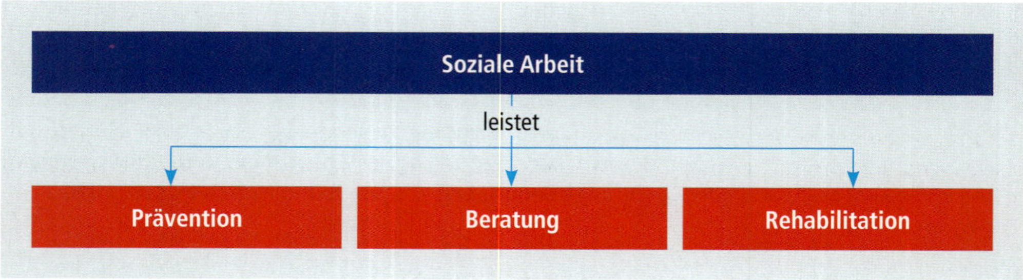

7.2 Methoden der Sozialen Arbeit

Eine Methode ist **ein planmäßiges Vorgehen zur Erreichung eines Zieles**. Im Laufe der Praxis haben sich in der Sozialen Arbeit drei klassische Methoden entwickelt: die **soziale Einzelhilfe**, die **soziale Gruppenarbeit** und die **soziale Gemeinwesenarbeit**.

7.2.1 Die soziale Einzelhilfe

Die soziale Einzelhilfe bzw. Einzelfallhilfe, auch als **Casework** oder soziale Fallarbeit bezeichnet, wird von beruflichen und eigens dazu ausgebildeten Helfern angewandt, um Menschen mit psychischen und sozialen Schwierigkeiten zu helfen. Dabei handelt es sich

[1] *Eine Übersicht der Anwendungsgebiete der Beratung befindet sich in Abschnitt 7.1.1.*
[2] *rehabilitatio (lat.): das Wiederherstellen*
[3] *Mit dem Begriff „psychosomatisch" wird zum Ausdruck gebracht, dass psychische Faktoren den Organismus – den Körper (soma, griech.: der Körper) – beeinflussen.*

um eine **Betreuung oder Beratung**[1]**, in der das Individuum mit seinem Problem und seiner außergewöhnlichen Belastung im Mittelpunkt steht.** Dabei werden auf der Grundlage wissenschaftlicher Erkenntnisse und mithilfe einer effektiven Gestaltung der Beziehung zwischen dem Helfer und dem Klienten[2] Unterstützungsmöglichkeiten durch bestimmte Personen wie zum Beispiel Verwandte, Freunde oder Nachbarn mobilisiert und die im Klienten vorhandenen Fähigkeiten geweckt, um eine „Hilfe zur Selbsthilfe" zu ermöglichen.

> Ehepaar M. hat vier Kinder im Alter zwischen sechs Monaten und acht Jahren. Die Frau klagt darüber, dass ihr Mann zu viel Alkohol trinke, die Arbeitsstellen häufig wechsle, finanzielle Probleme habe usw.; schließlich wendet sich die Frau an einen Sozialarbeiter. Die Frau erwartet vom Sozialarbeiter Betreuung, Beratung oder Therapie, in der ihre Familie und sie selbst im Mittelpunkt stehen. Diese Hilfe kann der Sozialarbeiter auf der Grundlage wissenschaftlicher Erkenntnisse geben, und er wird versuchen, eine Beziehung zwischen sich und der Frau bzw. Familie aufzubauen. Er wird auf andere Hilfsquellen der Gesellschaft (beispielsweise finanzielle Angebote des Staates und/oder eine Selbsthilfegruppe für anonyme Alkoholiker) hinweisen und sich bemühen, dass die Frau eine günstigere Einstellung zu sich selbst und ihrer Umwelt findet. Ziel ist dann, dass die Frau oder die gesamte Familie ihre Probleme selbst löst und sich aus dieser Belastungssituation mithilfe des beruflichen Helfers selbst befreien kann.

> **Soziale Einzelhilfe ist eine Methode der Sozialen Arbeit, deren Hilfe durch Beratung und Betreuung erfolgt, in welcher das Individuum im Mittelpunkt steht. Durch eine effektive Gestaltung der Beziehung zwischen Helfer und Klient sowie durch die Mobilisierung von Unterstützungsmöglichkeiten durch bestimmte Personen (Verwandte, Freunde, Nachbarn) und der Fähigkeit des Klienten wird angestrebt, das Individuum zu befähigen, sein Problem zu lösen und sich aus seiner Belastungssituation selbst zu befreien.**

Aufgrund der Tatsache, dass ein Klient und sein Familiensystem häufig von mehreren Problemen betroffen sind und der Klient in seiner Lebenswelt gesehen werden muss, fand in den 1980er-Jahren eine Weiterentwicklung vom Casework zum Case Management statt (vgl. Belardi, 2010, S. 64).

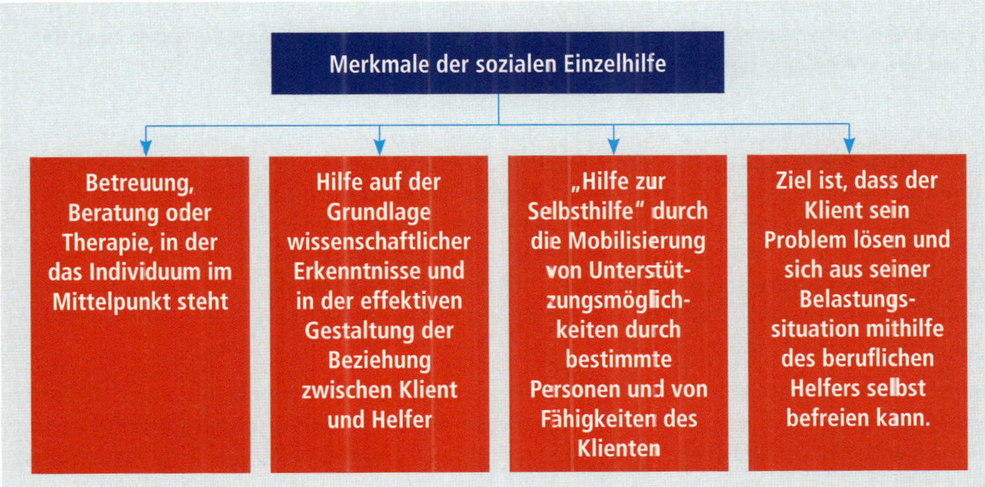

---

[1] *gelegentlich auch um eine Psychotherapie (vgl. Abschnitt 7.1.2)*
[2] *Klient: der Hilfesuchende*

7.2.2 Die soziale Gruppenarbeit

In der Sozialen Arbeit stellt Gruppenarbeit eine Methode dar, wodurch Gruppen von Menschen mit persönlichen und sozialen Problemen durch geregelte Gruppenerlebnisse geholfen wird. Dabei geht man davon aus, dass die gemachten Gruppenerfahrungen auch auf Situationen und Probleme außerhalb der Gruppe übertragen werden können.

„Ganz recht, hier ist heute Gruppenarbeit für Geschiedene."

Zu unterscheiden von der sozialen Gruppenarbeit ist die therapeutische Gruppenarbeit bzw. Gruppentherapie, welche Sozialpädagogen/-innen mit Zusatzqualifikation durchführen.

Gruppenarbeit scheint dann angebracht zu sein, wenn eine bestimmte Anzahl von Personen ähnliche bzw. vergleichbare Aufgaben, Probleme und Situationen zu bewältigen hat.

Dies ist zum Beispiel bei Problemen nach Ehescheidungen, bei Arbeitslosigkeit oder Alkoholabhängigkeit der Fall.

Gruppenarbeit wird vor allem im Freizeitbereich wie beispielsweise in Jugendzentren, in der Jugendarbeit, in Beratungseinrichtungen im Bereich des Gesundheitswesens (zum Beispiel für Suchtgefährdete) und im Strafvollzug eingesetzt. Aber auch in stationären Einrichtungen wie bei Therapiegruppen oder in der Heimerziehung gewinnt die soziale Gruppenarbeit zunehmend an Bedeutung.

Soziale Gruppenarbeit ist eine Methode der Sozialen Arbeit, die dem Individuum durch sinnvolle Gruppenerlebnisse hilft, sich als Person zu begreifen und ihr soziales Verhalten zu entfalten sowie Probleme und Situationen selbst meistern zu können.

Gruppendynamische und gruppenpädagogische Ansätze wurden in vielen Bereichen übernommen und weiterentwickelt. Soziale Arbeit wendet sich neben Jugendlichen auch zunehmend der frühen Förderung von Kindern in Kinderkrippen und Kindergärten zu. Aufgaben sind hier die Steuerung von Gruppenprozessen und Begleitung des interaktiven Geschehens der Gruppenmitglieder sowie gruppentherapeutische Interventionen beispielsweise bei aggressiven, ängstlichen oder traumatisierten Kindern. Die Gruppenmitglieder sollen gesellschaftsfähig werden, ohne dabei ihre eigene Identität zu verlieren (vgl. *Müller, 2010, S. 69 f.*).

Die Gruppe als Lerngemeinschaft wird bei erlebnispädagogischen Angeboten[1] genutzt. Durch das Arrangement von Lernsituationen können individuelle, soziale und fachliche Kompetenzen wie beispielsweise Selbstständigkeit, Entscheidungsfähigkeit, Kooperationsfähigkeit , Rollenverhalten, Wahrnehmung und Ausdruck von Gefühlen erworben werden (vgl. Galuske, 2009[8], S. 244 ff.).

---

[1] *vgl. Abschnitt 7.5.4*

7.2.3 Die soziale Gemeinwesenarbeit

Die dritte klassische Methode der Sozialen Arbeit entstand aus der Erkenntnis heraus, dass Probleme von einzelnen Menschen häufig gesellschaftlichen Ursprungs sind und dass deshalb Hilfe für den Einzelnen auch **Veränderung von gesellschaftlichen Bedingungen** bedeuten muss. Dazu gehört, dass die Bewohner einer Straße, einer Wohnsiedlung, eines Dorfes, eines Stadtteils oder einer ganzen Stadt gemeinsame Probleme erkennen und eigene Kräfte entwickeln, um an der Beseitigung von sozialen Missständen und deren Ursachen gemeinsam zu arbeiten.

Gemeinwesen bezeichnet eine bestimmte räumliche Einheit, wie zum Beispiel einen Stadtteil, eine Wohnsiedlung, eine Gemeinde oder eine ganze Stadt. Gemeinwesenarbeit meint eine **grundsätzliche Herangehensweise an soziale Probleme und will eine Verbesserung für die Menschen und ihre Probleme in dieser räumlichen Einheit**. Die Verbesserung wird durch eine Vielzahl von Handlungen, Tätigkeiten und Maßnahmen erreicht und schließt in der Regel die Aktivierung der betroffenen Menschen mit ein.

> Solche Handlungen, Tätigkeiten und Maßnahmen können beispielsweise die Schaffung von Grünflächen, die Errichtung eines Spielplatzes, einer Freizeiteinrichtung und/oder eines Treffs, Freizeitangebote für die Bewohner, die Schaffung eines Jugendtreffs, die Gründung einer Initiative gegen den Fluglärm und dergleichen sein.

Daneben gibt es auch öffentliche Einrichtungen, die die Wohlfahrt und die Gesundheit der betroffenen Menschen in einem Gemeinwesen verbessern helfen.

> Solche Einrichtungen sind zum Beispiel Sozialdienste, die Schaffung von Entlastungsmöglichkeiten für Familien und die Vermittlung von Berufsförderungsmaßnahmen.

> **Soziale Gemeinwesenarbeit als Methode der Sozialen Arbeit ist eine Sammelbezeichnung für eine Vielzahl von Handlungen, Tätigkeiten und Maßnahmen, durch welche Einrichtungen, Einzelpersonen, Gruppen und/oder Organisationen zur Verbesserung der Lebenssituation der Menschen und zur Lösung ihrer Probleme in einer räumlichen Einheit beitragen.**

Die heutige Sichtweise von Gemeinwesenarbeit ist eine andere: Gemeinwesenarbeit wird nicht mehr als „dritte Methode" neben der sozialen Einzelhilfe und der sozialen Gruppenarbeit gesehen, sondern als **übergreifendes Arbeitsprinzip, welches soziale Einzelhilfe und soziale Gruppenarbeit mit einschließt**. Arbeitsprinzip meint dabei eine grundsätzliche professionelle Herangehensweise an soziale Probleme in der Sozialen Arbeit (vgl. *Oelschägel, 2005³, S. 654*).

Gemeinwesenarbeit als Arbeitsprinzip wurde weiterentwickelt zur Stadtteil- und schließlich zur Sozialraumorientierung.

Aufgaben Sozialer Arbeit sind neben der Aktivierung Betroffener, die Nutzung personaler und sozialer Ressourcen[1], auch die Vernetzung und Integration verschiedener Dienste (vgl. *Hinte, 2010, S. 83 ff.*).

---

[1] *Ressource ist eine allgemeine Bezeichnung für Kräfte eines Individuums, die zur Bewältigung einer bestimmten Situation zur Verfügung stehen. Personale Ressourcen liegen in der Person selbst – zum Beispiel individuelle Fähigkeiten, Stärken oder Talente –, soziale Ressourcen sind im sozialen Umfeld der betroffenen Person zu suchen wie beispielsweise Freunde, Sozialarbeiter oder bestimmte Institutionen bzw. Dienste.*

> *„Gemeinwesenarbeit ist eine sozialräumliche Strategie, die sich ganzheitlich auf den Stadtteil und nicht pädagogisch auf einzelne Individuen richtet. Sie arbeitet mit den Ressourcen des Stadtteils und seiner BewohnerInnen, um seine Defizite aufzuheben. Damit verändert sie dann allerdings auch die Lebensverhältnisse seiner BewohnerInnen."*
>
> *(Oelschlägel, 2005[3], S. 653)*

Übergeordnetes Ziel der sozialen Gemeinwesenarbeit ist eine **qualitative Verbesserung der menschlichen Lebensräume**. Damit dieses Ziel erreicht werden kann, sind ***vorhandene Ressourcen zu bündeln und Einzelmaßnahmen zu vernetzen*** (vgl. *Krebs, 2004, S. 64*).

> *Gemeinwesenarbeit hat „einen politischen Charakter, der auf gesellschaftliche Veränderungen zielt; gleichzeitig auch einen pädagogischen Charakter, denn gesellschaftliche Veränderungen sind an Bewusstsein und Lernprozesse des je einzelnen Menschen gebunden; schließlich hat sie einen therapeutischen Charakter, da es ja auch um das Aufbrechen von krankhaften und krankmachenden Strukturen geht. Die Postulate (...) sind (...) allesamt aufgehoben in dem strategischen Ansatz, den wir ‚Arbeitsprinzip Gemeinwesenarbeit' genannt haben."*
>
> *(Oelschlägel, 1985, S. 15)*

Heute kennt die Soziale Arbeit eine Vielfalt von Methoden, sodass die Aufteilung in die drei klassischen Methoden – Einzelhilfe, Gruppenarbeit, Gemeinwesenarbeit – nicht mehr ausreicht.

7.3 Die Kindertagesstätte als familienergänzende Einrichtung

Der Begriff „Kindertagesstätte" – meist nur „Kita" genannt – wird in unterschiedlicher Bedeutung gebraucht: In bestimmten Gegenden meint man damit einen Ganztagskindergarten. Doch in der Regel steht dieser Terminus für verschiedene Einrichtungen für Kinder unter einem Dach.

7.3.1 Der Begriff „Kindertagesstätte"

Kindertagesstätten, oft auch **Ganztagseinrichtungen** oder **Tageseinrichtungen** genannt, sind außerschulische Einrichtungen, in denen Kinder vom zweiten bis ca. zum 12. Lebensjahr halb- oder ganztags betreut werden und die Familienerziehung ergänzt und unterstützt wird. In diesem Sinne sind Kindertagesstätten eine ***familienergänzende Einrichtung***. Die Betreuung und Erziehung von Kindern wird von einem pädagogischen Fachpersonal (Sozialpädagogen, Erzieher, Kinderpfleger) vorgenommen. Gegenüber einem Heim bleiben die Kinder in Kindertagesstätten nicht über Nacht.

Kindertagesstätten sind außerschulische Einrichtungen auf freiwilliger Basis für Kinder bis zum 12. Lebensjahr, die dort halb- oder ganztags von pädagogischem Fachpersonal betreut werden und die Familienerziehung ergänzen.

Die Tendenz, Kinder in einer Kindertagesstätte unterzubringen, wird sich in naher Zukunft verstärken, da immer öfter beide Elternteile einem Beruf nachgehen oder Kinder nur von einem Elternteil erzogen werden. Zudem sind nach *Klaus Mollenhauer* (*2001, S. 154*) Kindertagesstätten heute aufgrund gesamtgesellschaftlicher Veränderungen notwendig geworden: Die Familie kann dem Kind heute vor allem in den Städten nicht mehr den freien und gesicherten Spielraum, die Altersgruppe, die außerfamiliären Sozialerfahrungen oder die vielfältigen Spielmöglichkeiten zur Verfügung stellen, deren es in unserer Gesellschaft bedarf. Der Staat versucht deshalb, Gelder bereitzustellen, um das Netz von Kindertagesstätten auszubauen.

Die bekanntesten Einrichtungen der Kindertagesstätte sind die **Kinderkrippe**, der **Kindergarten** und der **Kinderhort**. Meist sind diese Einrichtungen unter einem Dach vereint, wenn man von Kindertagesstätte spricht.

Ein Kinderhort ist eine Tagesstätte für schulpflichtige Kinder außerhalb der Unterrichtszeit bzw. in der Freizeit. Von pädagogisch ausgebildeten Fachkräften werden sie dort betreut, insbesondere bei der Erledigung der schulischen Hausaufgaben und in der Freizeitgestaltung.

Die Zahl der Kinderhorte nimmt wegen der zunehmenden Schaffung von Ganztagsschulen stetig ab. Doch es wird meist übersehen, dass auch durch den Kinderhort eine Ganztagsbetreuung von Schülern möglich ist.

Für Kinder bis zum 12. Lebensjahr gibt es als weitere Tageseinrichtungen die **offene Ganztagsschule (OGS)** und die **Tagesheimschule.** Die offene Ganztagsschule (OGS) bietet neben dem Unterricht eine freizeitpädagogische Betreuung am Nachmittag mit einem gemeinsamen Mittagessen an. Sozialpädagogische Fachkräfte betreuen die Kinder, helfen bei der Erledigung von schulischen Hausaufgaben und machen mit ihnen Freizeitgestaltung. Tagesheimschulen sind ähnlich einer offenen Ganztagsschule konzipiert, hier wird jedoch der Klassenverband ganztägig aufrechterhalten.

7.3.2 Die Kinderkrippe

In einer Kinderkrippe – manchmal auch ***Krabbelstube*** genannt – werden Kleinkinder vom ersten bis etwa vierten Lebensjahr tagsüber von Erziehern und Kinderpflegern gepflegt und betreut. In der Regel handelt es sich dabei um Kinder, deren Eltern außerfamiliäre Betreuung und Erziehung aus unterschiedlichen Gründen in Anspruch nehmen wollen oder um Kinder, die tagsüber nicht von ihren Eltern bzw. von einem Elternteil versorgt werden können.

Eine Kinderkrippe ist eine außerschulische Einrichtung auf freiwilliger Basis zur Betreuung von Kindern von null bis drei Jahren, die dort halb- oder ganztags von pädagogischem Fachpersonal betreut werden; sie will die Familienerziehung ergänzen.

Für die Inanspruchnahme einer Kinderkrippe sind in der Regel persönliche und soziale Gründe wie Berufstätigkeit beider Elternteile, unvollständige Familie (Alleinerziehende) oder die Überzeugung der Eltern, dass ihre Kinder dort Erfahrungswelten und damit Entwicklungschancen bekommen, die zu Hause so nicht geboten werden können, ausschlaggebend.

Hatte in früheren Zeiten Beaufsichtigung und Pflege im Vordergrund gestanden, so wollen Kinderkrippen heute zur **Förderung der Entwicklung** in den verschiedenen Persönlichkeitsbereichen beitragen. Die Frage „Familie oder Kinderkrippe" ist nach heutigen Erkenntnissen eine falsch gestellte. Kinder, die in Krippen erzogen werden, entwickeln sich weder besser noch schlechter als Familienkinder. Eine eindeutige Aussage kann dahingehend getroffen werden, dass sich Krippenerziehung auf die Entwicklung von Kindern aus bildungsfernen Schichten positiv auswirkt. Die Einrichtung muss jedoch optimale Bedingungen bieten. Diese betreffen die Konzeption der Einrichtung, ihre Personalausstattung, die Qualifikation der Mitarbeiter, die Größe der jeweiligen Gruppe und die Anzahl der Betreuer in einer Gruppe sowie die materielle Ausstattung.

Die Diskussion um die Betreuung in Kinderkrippen wird sehr ideologisch geführt. „Es ist ein Glaubenskrieg", stellen Andrea Brandt u. a. (2008, S. 42) fest und schreiben weiter, dass jeder sein eigenes Lebensmodell rechtfertigen möchte.

Aufgrund heutiger Erkenntnisse kann man davon ausgehen, dass eine gute Bindung zur „primären" Bezugsperson (Mutter, Vater) Voraussetzung für eine Fremdbetreuung ist.

Jedes Kleinkind benötigt eine Bezugsperson, die für es eine **Sicherheitsbasis** darstellt, zu der es jederzeit hingehen und die es beruhigen und trösten kann.[1] Kleinkinder leiden unter dem Verlust ihrer Sicherheitsbasis, wenn in der Kinderkrippe keine vertraute Person (neben den Eltern) vorhanden ist. Nur eine wirkliche Bezugsperson ist imstande, das Kind zu trösten, eine andere kann es allenfalls ablenken. Daher ist es wichtig, dass ein Erzieher in der Krippe zu einer ***neuen Sicherheitsbasis*** wird. Dies erfordert eine Übergangszeit von der Familie zur Krippe, in der ein Erzieher eine echte Bindung zum Kind aufbaut. Hat das Kleinkind im Laufe der Eingewöhnungszeit in einem Erzieher eine neue Sicherheitsbasis gefunden, kann davon ausgegangen werden, dass es auch eine längere Trennung von der „primären Bezugsperson" (Eltern) bewältigen kann.

> *„Die Lösung (...) liegt für Eltern in einer sanften, langsamen Gewöhnung an die neue Betreuungsperson im Beisein der Bindungsperson, bis die Betreuungsperson das Kind auch bei Unwohlsein beruhigen und trösten kann. Dann ist die Betreuungsperson zu einer neuen Sicherheitsbasis geworden und das Kind kann besser zeitweise auf ‚die alte' Sicherheitsbasis verzichten."*
>
> (Grossmann/Grossmann, 2006[4], S. 248)

Die Eingewöhnungszeit darf nicht zu schnell und hastig vorgenommen werden, da dann die Mutter-Kind-Beziehung von einem sicheren zu einem unsicheren Muster kippen kann. Die Bindung bleibt jedoch erhalten, wenn sich die primäre Bezugsperson – in der Regel die Mutter – Zeit für die Eingewöhnung nimmt (vgl. Ahnert, 2010, S. 192).

7.3.3 Der Kindergarten

Der Kindergarten will die Erziehung der Familie unterstützen und ergänzen. Im Gegensatz zur Schulpflicht besteht keine gesetzliche Pflicht, einen Kindergarten zu besuchen. Die Eltern schicken ihre Kinder ***freiwillig*** dorthin und können daher den Eintritt in den Kindergarten nach dem Entwicklungsstand des Kindes richten. Außerdem muss ihn das

---

[1] *vgl. hierzu Kapitel 5.4.1*

Kind nicht jeden Tag besuchen. Der Aufenthalt ist zeitlich nicht genau festgelegt, sondern kann von den Eltern flexibel gehandhabt werden.

Kindergärten stehen Kindern in der Regel im Alter zwischen drei und fünf bis sechs Jahren offen. Die meisten Kindergärten (ca. 70 Prozent) sind in freier Trägerschaft wie dem *Diakonischen Werk* oder dem *Caritasverband* und etwa 30 Prozent der Kindergärten liegen in öffentlicher Trägerschaft.[1] Die anderen Wohlfahrtsverbände, beispielsweise das *Deutsche Rote Kreuz e. V.*, der *Paritätische Wohlfahrtsverband* und private Träger wie Betriebe, Krankenhäuser, Studentenwerke spielen zahlenmäßig kaum eine Rolle.

Pflege und Erziehung werden von ausgebildeten Sozialpädagogen, Erziehern und Kinderpflegern geleistet. Die frühere Berufsbezeichnung „Kindergärtner" ist heute durch den Begriff „Erzieher" abgelöst worden.

Der Kindergarten ist eine familienergänzende Einrichtung auf freiwilliger Basis für Kinder zwischen dem vierten und sechsten Lebensjahr. Pflege und Erziehung werden in der Regel von ausgebildeten Sozialpädagogen, Erziehern und Kinderpflegern geleistet. Der Kindergarten wird von Wohlfahrtsverbänden, Kommunen, Kirchen oder Vereinen getragen und untersteht der Aufsicht von Jugendämtern und Regierungen.

Aufgaben des Kindergartens

Hauptaufgabe des Kindergartens ist seine ***familienergänzende Funktion***: Der Kindergarten soll die Erziehung in der Familie unterstützen und ergänzen. Insbesondere hat er als Aufgaben

- **die Förderung der Motorik,**
- **die Förderung der Sprache und der Kommunikation,**
- **die Förderung der Kreativität,**
- **die Förderung der Wahrnehmung und der Orientierung,**
- **die Förderung der Konzentration sowie der Denk- und Gedächtnisleistung,**
- **die Förderung der Leistungsmotivation,**
- **die Förderung des Sozialverhaltens,**
- **die Förderung des Umwelt- und Naturverständnisses und der Gesundheit** sowie
- **die Elternarbeit**.

Den ersten Kontakt mit den Eltern haben die Erzieher meistens bei der Anmeldung des Kindes für den Kindergarten; es findet häufig ein ***Aufnahmegespräch*** statt. Zu weiteren Gesprächen zwischen Eltern und Erziehern kann es kommen, wenn die Kinder täglich von ihren Eltern in den Kindergarten gebracht werden; *Wilma Aden-Grossmann (2002, S. 226)* nennt dies ***„Gespräche zwischen Tür und Angel"***. Das ausgebildete Personal des Kindergartens bietet in der Regel noch Sprechstunden an, wenn wichtige Fragen erörtert werden sollen. Zusätzlich haben alle Eltern die Möglichkeit, sich an ***Elternabenden*** über die Erziehungsarbeit des Kindergartens zu informieren. Weitere Möglichkeiten stellen ***gemeinsame Feiern und Feste*** mit Eltern, Personal und Kindern dar, um den Kontakt aufrechtzuerhalten.

---

[1] Grund dafür war eine Regelung des Jugendwohlfahrtsgesetzes (JWG), dass öffentliche Träger erst dann aktiv werden können, wenn kein freier Träger für einen Kindergarten zur Verfügung steht. Das JWG stammte aus dem Jahr 1922, damals Reichsjugendwohlfahrtsgesetz, und wurde 1961 neu geregelt. In den neuen Bundesländern trat das Kinder- und Jugendhilfegesetz (KJHG) am 3.10.1990 und im alten Bundesgebiet am 1.01.1991 in Kraft und löste das JWG ab. Das KJHG wurde als Buch VIII dem Sozialgesetzbuch zugefügt (vgl. Schulin, 2010[39], S. 22 ff.).

In Kindergärten, in denen die Kirche Träger ist, spielt als Aufgabe auch die **religiöse Erziehung** eine wichtige Rolle.

Nicht zu trennen von den genannten Aufgaben ist die **Vorschulerziehung**, die meist im Kindergarten, gelegentlich aber auch in anderen Einrichtungen wie dem Schulkindergarten stattfindet; sie soll gezielt auf die Schule vorbereiten und Benachteiligungen von Kindern aufgrund ihrer sozialen Herkunft abbauen. Heute gibt es Vorschulerziehung in diesem Sinne kaum noch; der Begriff bezeichnet heute die gesamte Erziehung von Fünfjährigen, bevor diese eingeschult werden.

Ernstzunehmende Wissenschaftler lehnen es ab, schulisches Lernen in den Kindergarten vorzuverlegen. Die beste Vorbereitung auf die Schule ist das ***freie Spiel*** *(im Gegensatz zum „Spiel" als planvolle, angeleitete Aktivität), das die für alle Bereiche notwendigen Grundlagen für das schulische Lernen legt. Ein Spiel selbst zu gestalten, fordert und fördert das sich entwickelnde Gehirn ungleich mehr als vorgegebene Regeln zu übernehmen (vgl. Wenner, 2009, S. 42).*

Des Weiteren ist eine Aufgabe des Kindergartens, Auffälligkeiten bei Kindern in verschiedenen Bereichen zu erkennen und diese Kinder an entsprechende Einrichtungen weiterzuvermitteln.

Methoden des Kindergartens

Vornehmlich durch zwei Methoden versucht der Kindergarten, diesen Aufgaben gerecht zu werden: durch **das Freispiel** und **die Beschäftigung (gezielte Aktivitäten)**.

Das Freispiel stellt für das Kind ein „elementares Lebensbedürfnis" dar und ist die dem Kind entsprechende Tätigkeit schlechthin. Es steht auch deshalb im Mittelpunkt erzieherischer Arbeit. Das Freispiel nimmt im Gegensatz zur Beschäftigung einen zeitlich größeren Raum ein. Während der Zeit des Freispiels kann das Kind beispielsweise selbst seine Spielkameraden und -materialien aussuchen, es kann seine eigenen Ideen allein oder gemeinsam mit anderen Kindern verwirklichen.

„Kinder erfassen ‚spielend' die Welt." *(Haug-Schnabel/Schmid, 1994³, S. 183)*

Mit Beschäftigung ist ein „gezieltes Angebot" durch das Personal des Kindergartens für die Kinder gemeint. Ziele sind unter anderem, dass sich das Kind über einen begrenzten Zeitraum konzentriert und dass es lernt, seine eigenen Wünsche aufzuschieben.

Dies können beispielsweise das Vorlesen einer Geschichte im Stuhlkreis, das Basteln eines Gegenstandes, das Betrachten von Blumen und dergleichen sein.

Die Organisation des Kindergartens

Die pädagogische Arbeit im Kindergarten ist größtenteils geplant und organisiert.

Der Tagesablauf etwa verläuft nach ganz bestimmten Regeln:
- Eintreffen der Kinder bis ca. 8:00 Uhr
- Freispiel bis ca. 10:00 Uhr
- Beschäftigung bis ca. 10:30 Uhr
- variable Gestaltung, die abhängig ist vom Wetter bis ca. 12:00 Uhr (zum Beispiel Spiele im Gruppenraum, Spielplatz, Spaziergang)
- Abholen der Kinder durch die Eltern gegen 12:00 Uhr

Die Kindergartengruppen sind altersgemischt und bestehen aus Jungen und Mädchen. Auf diese Weise können Kinder in der Gruppe wichtige Lernerfahrungen sammeln.

Beispielsweise können kleinere Kinder Hilfe von Größeren bekommen, ältere Kinder können die kleineren beim Spielen anregen; oft werden ältere Kinder als Anführer einer Gruppe akzeptiert, was wiederum deren Selbstbewusstsein stärkt.

In der Kindergartengruppe lernen Kinder, etwas gemeinsam zu machen; sie lernen Spielregeln im Umgang miteinander.

Sie lernen zum Beispiel andere Ansichten anzuerkennen, sich zu entschuldigen oder die eigene Meinung zu äußern; sie lernen, mit Konflikten umzugehen und sie zu lösen, sich durchzusetzen oder auch, wenn es nötig ist, nachzugeben.

Lernprozesse in den Kindergärten werden vor allem durch Spielsituationen und soziale Situationen angeregt; das ausgebildete Personal hat dabei die Aufgabe, Voraussetzungen und Möglichkeiten für solche Situationen zu schaffen. Die meisten Kindergärten orientieren sich bei der Planung der pädagogischen Arbeit an der Folge der Jahreszeiten und an kirchlichen Festen.

In der Weihnachtszeit führen die Kinder ein Krippenspiel in der Kirche auf.
Ein Faschingsfest mit einem selbst gewählten Thema (beispielsweise Indianer) steht auf dem Programm.
Die Kinder bemalen Eier vor der Osterzeit.
Es werden Geschenke zum Muttertag gebastelt.

Daneben planen viele Kindergärten auch längerfristige Projekte, sogenannte didaktische Einheiten; hier soll das Kind in den verschiedenen Bereichen seiner Entwicklung gefördert werden. Als Methoden können dabei Basteln, Rollenspiele, Gespräche über das Erlebte oder das Betrachten von Bilderbüchern eingesetzt werden.

Die Architektur eines Kindergartens ist so gestaltet, dass sich Kinder ungestört beschäftigen können, auch bei schlechtem Wetter ein Toben und Rennen möglich ist und das Personal innerhalb einer Gruppe Untergruppen bilden kann. In den einzelnen Gruppenräumen von Kindergärten findet man in der Regel eine Mal- und eine Bauecke, einen Platz für Bücher sowie eine Puppenecke vor.

*In jüngster Zeit entstehen sogenannte **Waldkindergärten**, in welchen die Kinder bei jedem Wetter draußen („Kindergarten ohne Dach und Wand") und ihr Spielzeug Gegenstände der Natur sind. Das Konzept beinhaltet Lernen durch wesentliche Erfahrungen und Erlebnisse in der Natur.*

7.4 Heim und Heimerziehung

Heimerziehung ist sehr vielfältig. Heime gibt es zum einen als ***familienergänzende*** und zum anderen als ***familienersetzende Einrichtungen***.

7.4.1 Der Begriff „Heim"

Bei dem Konzept des Heimes handelt es sich um eine „Erziehung in einer Einrichtung über Tag und Nacht" (§ 34 *SGB VIII*), in der Kinder und Jugendliche von Erziehern und/oder Sozialpädagogen versorgt, betreut und erzogen werden. Dabei sollen die Kinder und Jugendlichen „auf ein selbstständiges Leben vorbereitet und in Fragen der Lebensführung, der Ausbildung und Beschäftigung beraten und unterstützt werden" (§ 34 *SGB VIII*).

Heime sind Einrichtungen, in denen Kinder und Jugendliche von eigens dazu ausgebildeten Erziehern und/oder Sozialpädagogen über Tag und Nacht versorgt, betreut und erzogen werden.

Träger von Heimen sind überwiegend die Kirchen oder bestimmte Vereinigungen, aber auch der Staat. Die Aufsicht obliegt den jeweiligen Jugendämtern.

Es gibt Heime, welche die Familienerziehung **ergänzen bzw. unterstützen**. Kinder oder Jugendliche besuchen diese, weil es ihnen aus beruflichen oder persönlichen Gründen nicht möglich ist, am Heimatort zu bleiben. In bestimmten Abständen und in der Ferienzeit leben die Kinder aber in der Regel bei ihren Eltern. Diese Heime bieten den Kindern erzieherische und schul- bzw. berufsbegleitende Hilfen an.

Beispielsweise besuchen Auszubildende oft Heime, wenn sich die entsprechende Berufsschule in großer Entfernung vom Wohnort befindet. Oder Eltern wollen ihrem Kind eine besondere Erziehung wie etwa eine „Eliteerziehung" zukommen lassen.

Je nach Klientel existieren familienergänzende Heime als ***Wohnheime, Internate bzw. Schülerwohnheime*** oder ***Heime für Auszubildende bzw. Lehrlingsheime***. Einem Internat sind (private) Schulen angegliedert oder die Schule im Ort wird vom ihm aus aufgesucht.

Daneben gibt es das Heim auch als **familienersetzende Einrichtung**, welche die Erziehung in der Familie mittel- oder längerfristig ersetzen will. Es soll nach § 34 *SGB VIII* durch eine

Verbindung von Alltagserleben und pädagogischen sowie therapeutischen Angeboten Kinder und Jugendliche in ihrer Entwicklung fördern.

Solch ein Heim ist beispielsweise das Kinder- und Jugendheim oder das Kinderdorf.

7.4.2 Aufgaben der Heimerziehung

Nach § 34 *SGB VIII* hat die Heimerziehung als ***familienersetzende*** Einrichtung einen dreifachen Auftrag zu erfüllen:

- die Rückkehr des Kindes oder des Jugendlichen in die Familie zu erreichen (bzw. dies zu versuchen),
- die Erziehung in einer anderen Familie oder einer familienähnlichen Lebensform vorzubereiten sowie
- die Verselbstständigung des Jugendlichen zu fördern und zu begleiten.

Heime haben deshalb unterschiedliche Erziehungsangebote entwickelt, die sich jeweils auf die Notwendigkeit eines mittel- oder längerfristigen Heimaufenthaltes mit entsprechender Zusammenarbeit mit den Eltern bzw. dem Elternteil oder besondere Formen der Verselbstständigung beziehen (vgl. *Junge/Lendermann, 1990, S. 76*).

Die Aufgaben der Heimerziehung sind abhängig von den Gründen, aus denen ein Kind bzw. ein Jugendlicher in ein Heim kommt:

- Krankheit oder Tod der Eltern bzw. eines Elternteils
- Erziehungsunfähigkeit der Eltern bzw. eines Elternteils
- Kindesmisshandlungen durch die Eltern oder Straftaten an minderjährigen Kindern
- Vernachlässigung des Kindes
- ungünstige Voraussetzungen im Elternhaus für eine günstige Entwicklung des Kindes; Gefährdung der Entwicklung des Kindes in der Familie
- soziale Auffälligkeiten des Kindes, die auf die Familienerziehung zurückzuführen sind (beispielsweise milieugeschädigte Kinder)
- Behinderung des Kindes

Aus den Einweisungsgründen lassen sich die Aufgaben der Heimerziehung ableiten:

- **Wiedereingliederung in die Gesellschaft**, beispielsweise bei delinquenten[1] Jugendlichen
- **Förderung des Sozialverhaltens**, beispielsweise bei erlebens- und verhaltensgestörten oder „erziehungsschwierigen" Kindern und Jugendlichen
- **Förderung von individuellen Interessen und Fähigkeiten**, beispielsweise durch den Versuch des Ausgleichs beruflicher oder schulischer Defizite

[1] *delinquent (lat.): der Angeklagte, der Verbrecher*

- **Schul- und Berufsausbildung**, beispielsweise Planung der Schullaufbahn verbunden mit einer Berufsausbildung
- **Behandlung von psychosozialen Schwierigkeiten**, beispielsweise der Abbau von Schulangst, um ständiges Schuleschwänzen zu verhindern
- **Nachholung von Erziehungsversäumnissen**, beispielsweise bei sozial abweichendem Verhalten
- **heil- bzw. sonderpädagogische Förderung**, beispielsweise das Lesenlernen bei Kindern mit einer geistigen Behinderung mithilfe spezieller Techniken

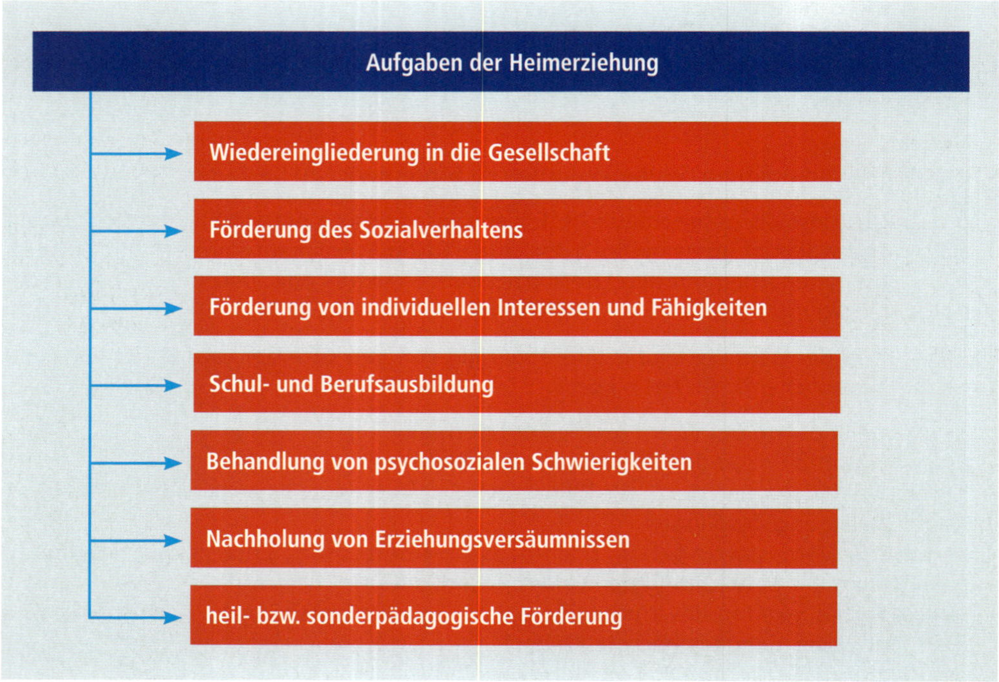

7.4.3 Bereiche erzieherischer Arbeit im Heim

Die Heimerziehung als familienersetzende Einrichtung umfasst drei Bereiche:

- die **Vorbereitung und Durchführung der Aufnahme,**
- den **Aufenthalt im Heim** sowie
- die **Vorbereitung und Durchführung der Entlassung** aus dem Heim.

Am Anfang steht die Vorbereitung und Durchführung der Aufnahme. Sie muss gut durchdacht sein, um dem Kind bzw. dem Jugendlichen mögliche Ängste und Unsicherheiten zu nehmen.

> So zum Beispiel ist es wichtig, dass das Kind bzw. der Jugendliche, der in das Heim eintreten will bzw. soll, dieses schon vorher kennenlernt und Antworten auf seine Fragen bezüglich seines Heimaufenthaltes erhält.

Je nach Einweisungsgrund bietet das Heim **Erziehungshilfen verschiedenster Art**. Wo es notwendig ist, gibt das Heim auch **therapeutische Hilfe**. Dies ist vor allem bei erlebens-

und verhaltensgestörten Jugendlichen der Fall. Meist sind es Psychologen, die versuchen, den Kindern und Jugendlichen durch Gespräche, Musik und Sport und vor allem durch Spieltherapie zu helfen.

In der Regel arbeitet jedes Heim nach einem **Erziehungsplan**[1]: Das Vorgehen bei jedem einzelnen Kind bzw. Jugendlichen wird individuell abgestimmt, um ihn in seiner Entwicklung optimal fördern zu können sowie dabei zu unterstützen, sein Fehlverhalten zu beheben und Schädigungen zu bewältigen. Einen großen Platz nimmt die Wahrnehmung und Weckung der individuellen Interessen, Fähigkeiten und Fertigkeiten der Kinder und Jugendlichen ein. Dazu gehört, dass Freizeitangebote wie zum Beispiel Sport, Spiel, Theater und Musikband vorhanden sind.

Schließlich gibt das Heim **Hilfen zur Entlassung**. Dabei ist es wichtig, dass der Jugendliche aus dem Heim „heraus" in die neue Umgebung „hineinbegleitet" wird; ihm wird auch bei der Wohnungs- und Arbeitssuche geholfen.

In der Regel arbeiten heute die Heime – ob familienersetzend oder -ergänzend – nach dem **Familienprinzip**: Es werden familienähnlich aufgebaute Gruppen gebildet, sogenannte **Erziehungsgruppen**, die von der Anzahl ihrer Mitglieder her überschaubar sind und mit ihrem Erzieher zusammenwohnen. Diese Gruppe bildet für das Kind bzw. den Jugendlichen ***Wohn- und Lebensraum***. Dort sind die menschlichen Beziehungen und der intensive Kontakt untereinander das Entscheidende. Meist bleibt der Heimzögling während seines gesamten Heimaufenthaltes in der gleichen Erziehungsgruppe. Dies gewährleistet eine möglichst effektive Erziehungsarbeit.

Neben den Erziehungsgruppen gibt es im Heim mehrere **Interessensgruppen**, in denen sich Kinder und Jugendliche mit ähnlichen Interessen, Fähigkeiten oder Neigungen zusammenfinden. Die Formen der Interessensgruppen sind innerhalb der Heimerziehung in ihrer Fülle und Verschiedenartigkeit unerschöpflich. Es kann zum Beispiel verschiedene Sportgruppen, Video-, Musik-, Mal-, Modellier- und Werkgruppen, Laienspiel-, Tanz- und Filmgruppen oder Koch- und Nähgruppen geben.

[1] *Dies trifft natürlich auch auf familienergänzende Heime zu.*

Die Beziehungen dort sind nicht so intensiv, und der Einzelne kann sie seinen Neigungen und Fähigkeiten entsprechend des Öfteren wechseln oder auch mehreren Gruppen gleichzeitig angehören.

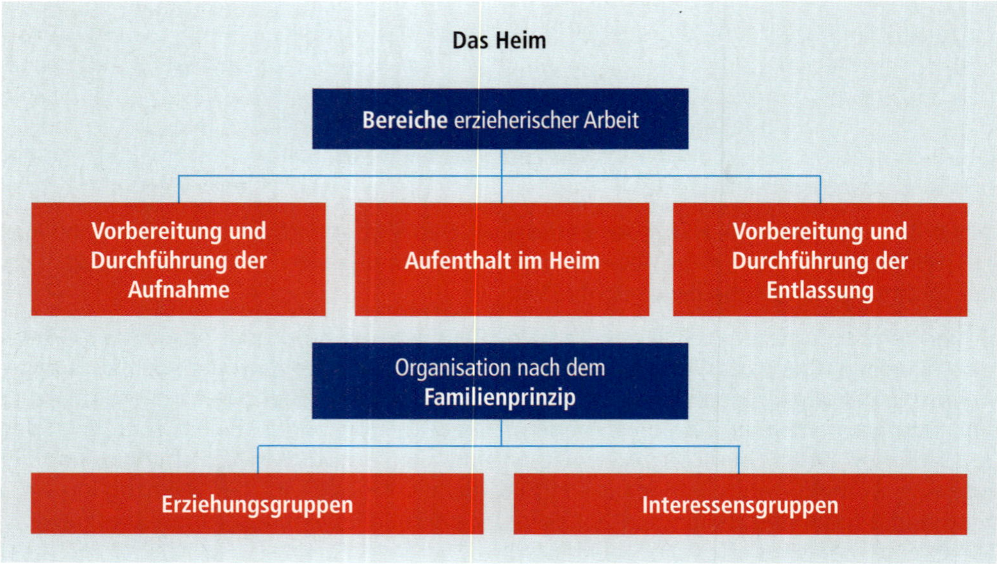

7.5 Reformpädagogische Erziehungskonzepte

Der Begriff „Reformpädagogik" kennzeichnet eine Erneuerungsbewegung in der Pädagogik im ersten Drittel des vergangenen Jahrhunderts, die sich in verschiedenen Ansätzen und Konzepten allgemeiner, sozialpädagogischer und schulischer Erziehung niederschlug.[1]

7.5.1 Alternative Schulkonzepte

In der Praxis schlugen sich die Ideen der Reformpädagogik vor allem in der **Freinet-** und **Reggio-Pädagogik**, in der **Montessori-Pädagogik,** in der **Internatsschule „Summerhill"** („antiautoritäre Erziehung") und den **Sudbury-Schulen,** in der **Arbeitsschul-** und der **Einheitsschulbewegung**, in den **Landschulheimen**, in den **Jenaplan-** und **Daltonplan-Schulen** sowie in der **Erlebnispädagogik** nieder.

Eine Anzahl von Grundsätzen ist den auf den Ideen der Reformpädagogik gründenden Schulkonzepten gemeinsam:

- Wichtig ist die Orientierung an der Lebenswelt sowie an den Bedürfnissen und der Spontaneität des Kindes.
- Eine weitere Grundlage der reformpädagogischen Schulkonzepte ist die Beachtung der individuellen Eigenart des Kindes, der Art und Weise, wie es nun einmal ist.

---

[1] *vgl. Kapitel 2.3.2*

- Spielerisches, kreatives und selbstgesteuertes Lernen steht im Vordergrund.
- Auch emotionales und soziales Lernen spielt eine wichtige Rolle.
- Kooperation und Mitverantwortung werden gelebt und beim Kind entfaltet.
- Ganzheitliches Lernen, in welchem Lehrer und Schüler gemeinsam versuchen, etwas mit Verstand, Gefühl und durch Handeln bzw. Tun zu machen, prägt den Schulalltag.
- Der Erzieher versteht sich als Begleiter, der das Kind selbstständig Erfahrungen sammeln lässt und ihm hohe Wertschätzung entgegenbringt.
- Das Kind hat große Mitbestimmungsmöglichkeit bei der Organisation und Gestaltung des Schullebens.
- Fachunterricht, starre Stundenpläne und Jahrgangsklassen werden in der Regel durch fächerübergreifende (zum Teil auch altersübergreifende) Projekte ersetzt.

Die Montessori-Pädagogik ist in *Abschnitt 7.5.2*, die Internatsschule Summerhill und die Sudbury-Schule in *Abschnitt 7.5.3* und die Erlebnispädagogik in *Abschnitt 7.5.4* dargestellt. Im Folgenden wird ein Überblick über die Freinet- und Reggio-Pädagogik sowie über die Landschulheime gegeben.

Die Freinet-Pädagogik

Die Freinet-Pädagogik geht auf den französischen Lehrer *Célestin Freinet* (1896–1966) zurück und bedeutet ein reformpädagogisches Schulkonzept, welches eine lebensnahe und ganzheitliche Sichtweise von Lernen in natürlichen Lernanlässen mit basisdemokratischen Organisationsformen beinhaltet. Grundsätze der Freinet-Pädagogik sind die freie Entfaltung der Persönlichkeit, eine kritische Auseinandersetzung mit der Umwelt, die Selbstverantwortlichkeit des Kindes, Zusammenarbeit und gegenseitige Verantwortlichkeit. Das Kind wird als handelndes Subjekt gesehen, welches Konstrukteur seines eigenen Lebens ist. Dabei wird es ermutigt, seinen Lernprozess selbst zu gestalten und eigentätig zu entdecken, zu ertasten, zu experimentieren und zu versuchen (vgl. *Klein, 2007*[4]*, S. 33*).

Lernen findet außerhalb der Schule oder in sogenannten ***Ateliers*** statt. Darunter werden Bereiche im Klassenzimmer verstanden, die einen Wirklichkeitsbezug aufweisen und eine motivierende Arbeitsatmosphäre schaffen sollen. Dabei werden hauptsächlich Materialien verwendet, die es den Schülern ermöglichen, sich selbst mit einem bestimmten Lerngebiet auseinanderzusetzen. Die Ateliers werden nach den Arbeitsbereichen der Schüler strukturiert.

> *„Wer eine Freinet-Klasse betritt, findet sich unvermittelt in einer reichhaltigen Arbeitsatmosphäre voller Leben wieder. Parallel und, wie es scheint, ganz selbstständig arbeiten die Kinder an sehr unterschiedlichen Aufgabenstellungen."* *(Klein, 2007*[4]*, S. 34)*

Schon bei der Organisation und Planung der Lernprozesse wirken die Kinder mit. Lernen soll nach *Freinet* nicht erzwungen, sondern vom Schüler als sinnvoll erlebt werden. Sie machen sich selbst ihren persönlichen Arbeitsplan und bedienen sich all der Materialien, die im Raum bereitstehen.

> Solche Materialien sind je nach Arbeitsbereich zum Beispiel Nachschlagewerke, Arbeitskarteien oder Holz, Metall und Keramik, Musikinstrumente und dergleichen.

Das Lernen ist individuell: Während die einen schreiben oder mit Nachschlagewerken arbeiten, experimentieren die anderen mit Holz oder spielen auf einem Instrument. Die Schüler kontrollieren sich selbst, ob und wie sie die Aufgaben gelöst haben.

Die Reggio-Pädagogik

Wie in allen reformpädagogischen Konzepten werden in der Reggio-Pädagogik, benannt nach der italienischen Stadt *Reggio Emilia*, Kinder als eigenständige Persönlichkeiten gesehen. Sie geht auf den Pädagogen *Loris Malaguzzi* (1920–1994) zurück. *Malaguzzi* setzte seine Ideen zuerst in Reggio Emilia um. Grundlage der Reggio-Pädagogik ist die Kommunikation aller am Erziehungsprozess beteiligten Personen. Eltern, Kinder, Erzieher und Lehrer tauschen sich regelmäßig über theoretische Überlegungen und die pädagogische Praxis aus (vgl. *Brockschnieder, 2007[4], S. 42*).

Zentrum der Einrichtung ist deshalb die ***Piazza***, Treffpunkt der Generationen, Ort der Kommunikation, des Sehens und Gesehenwerdens und dergleichen (vgl. *Brockschnieder, 2007[4], S. 44*).

Nach *Wassilios E. Fthenakis* und *Martin R. Textor* (*2000, S. 183 ff.*) kann man die Reggio-Pädagogik durch folgende Merkmale näher charakterisieren (vgl. *Kühne/Wagner, 2009, S. 71 f.)*:

- Forschungsdrang und Kreativität sind den Kindern angeboren. Kinder sind die Konstrukteure ihrer eigenen Entwicklung. Deshalb werden sie als „Forscher und Wissenschaftler" betrachtet, die mit bestimmten Materialien selbstständig umgehen und experimentieren können. Ähnlich der Freinet-Pädagogik bieten die Lernräume viele Möglichkeiten zum Er-fassen und Be-greifen an.

> *„Es herrscht ein gewolltes und geplantes Nebeneinander unterschiedlichster Materialien und Medien. (...) Kinder sind hier nicht Benutzer von Vorfabriziertem, sondern Erfinder, Gestalter von Neuem. Alles ist variierbar, veränderbar."* *(Brockschnieder, 2007[4], S. 44)*

- Ganzheitliches Lernen spielt eine große Rolle. Den Kindern werden Erfahrungen im sozialen, emotionalen, körperlichen und geistigen Bereich ermöglicht.
- Künstlerisches Arbeiten und Möglichkeiten der Kommunikation (Sprechen, Zuhören, Mimik, Gestik) haben in der Reggio-Pädagogik einen hohen Stellenwert.
- Sehr bedeutend ist die Projektarbeit, deren Initiative auf die Kinder zurückgeht, die bei der Verwirklichung von ihren Erziehern begleitet werden.
- Räume, die ästhetisch und anregend gestaltet sind, werden in Reggio-Einrichtungen als „aktive Gesprächspartner" des Kindes betrachtet.

Der Erzieher versteht sich als Begleiter, der das Kind selbstständig Erfahrungen sammeln lässt, ihm hohe Wertschätzung und Vertrauen entgegenbringt sowie Freiheit ermöglicht. Viele Reggio-Kindertagesstätten haben ein „Kinderparlament". Kinder werden in die Planung miteinbezogen, damit Sie ihre Wünsche und Interessen einbringen können.

Landschulheime

Landschulheime, auch ***Landeserziehungsheime*** genannt, sind Schulen mit einem Internat außerhalb größerer Städte. Ihre Ideen sind ganzheitlicher Unterricht, Orientierung am Kind, Leben und Erziehung abseits von größeren Städten in natürlicher Umgebung und Förderung der musischen Begabung. Ihr Begründer war der deutsche Reformpädagoge *Hermann Lietz* (1868–1919). Die bekanntesten Landschulheime sind die ***Odenwaldschule*** im hessischen Heppenheim, die ***Ecole d'Humanité***, eine Schweizer Internatsschule – beide gegründet von *Paul Geheeb* (1870–1961) – und ***Schloss Salem*** am Bodensee, das auf *Kurt Hahn* (*1886–1974*) zurückgeht.

Landschulheime sind nicht zu verwechseln mit Schullandheimen. Das sind Heimstätten abseits von größeren Städten in natürlicher Umgebung, in denen eine oder mehrere Schulklassen zusammen mit ihren Lehrern über einen bestimmten Zeitraum – in der Regel eine bis drei Wochen – Tag und Nacht zusammenleben sowie dort unterrichtet, betreut und versorgt werden.

7.5.2 Die Montessori-Pädagogik

***Maria Montessori** wurde am 31. August 1870 in Chiaravalle, einem kleinen Ort nahe Ancona in Italien, geboren. Als Zwanzigjährige nahm sie ein naturwissenschaftliches Studium auf und schloss es 1892 erfolgreich ab. Anschließend studierte sie Medizin. 1900 kam es unter Mithilfe von Montessori zur Gründung einer Schule, in der sie eine ideale Gelegenheit fand, Prinzipien und Erziehungsmethoden von Jean Marc Gaspard Itard und Édouard Séguin, beides Ärzte, die sich mit der Erziehung von Menschen mit Behinderung beschäftigten, anzuwenden, diese weiterzuentwickeln und gleichzeitig den Lehrern zu vermitteln. Im Elendsviertel von San Lorenzo in Rom gründete sie ihr erstes Kinderhaus. In den darauffolgenden Jahren kam es zu weiteren Gründungen von Kinderhäusern. Noch vor dem Ersten Weltkrieg erweiterte sie ihre Methode über den Bereich der Vorschulerziehung hinaus auf die Grundschule. Am 6. Mai 1952 starb Maria Montessori in Noordwijk aan Zee (Holland).*

Grundlagen der Montessori-Pädagogik

1. Der Mensch entwickelt sich nach einem **inneren Bauplan.** In jedem Neugeborenen befindet sich ein natürlicher Bauplan, nach dem sich die menschliche Seele (= Psyche) aufbaut.

2. Erziehung beruht auf der **Kenntnis des Menschen**. Da dieser Bauplan jedoch weitgehend unbekannt ist, muss er wissenschaftlich erforscht werden. Dazu bedarf es einer genauen ***Beobachtung*** des Kindes. Zur Entwicklung braucht ein Kind eine Vielzahl von Umwelteindrücken.

3. Das Kind ist **Baumeister seiner selbst**. Dabei wird es von seinem „inneren Bauplan" geleitet. Diesen muss der Erzieher auf jeden Fall beachten, da sich das Kind ansonsten nicht normal entwickeln kann.

4. Das Kind besitzt einen **absorbierenden Geist**. Er ist eine geistige Kraft mit der Fähigkeit, Umwelteindrücke aufzunehmen und sie im Unbewussten zu speichern.

„Aber natürlich darfst du dich nach deinem inneren Bauplan entwickeln."

Dieser absorbierende Geist stellt eine unbewusste Geistesform dar, die nur während der ersten Lebensjahre vorhanden ist. Mithilfe des absorbierenden Geistes nimmt das Kind während der ersten Lebensjahre ständig Reize aus der Umgebung in sich auf.

5. Das Kind durchlebt **sensible Perioden**: Bei seiner Arbeit steht der absorbierende Geist unter der Lenkung zeitlich begrenzter Zeiträume. Eine sensible Periode ist ein bestimmter Zeitraum in der menschlichen Entwicklung, in welchem das Lebewesen für bestimmte Reize aus der Umwelt in einem besonderen Maße empfänglich ist.[1] Während eines solchen Zeitraumes konzentriert sich der absorbierende Geist auf jeweils ganz bestimmte Umweltreize. Durch dieses Absorbieren baut das Kind allmählich kulturelle Verhaltensweisen auf. Es lernt, sich in seiner Umwelt zurechtzufinden.

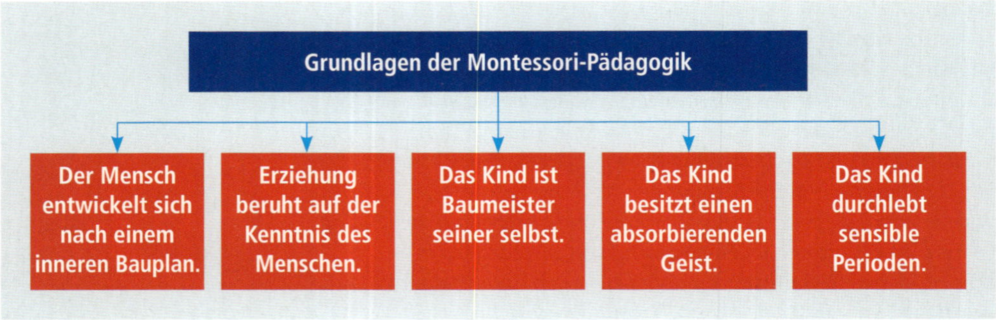

Montessori betont die zentrale Bedeutung der Umgebung für die kindliche Entwicklung, deshalb muss das Kind sich in einer **vorbereiteten Umgebung** entfalten können. Hierzu hat *Montessori* eine Vielzahl von Arbeitsmaterialien bereitgestellt. Sie weisen in der Regel bestimmte Merkmale auf und erlauben es dem Kind, Fehler selbst zu erkennen und zu verbessern. Durch ihre Anziehungskraft fördern sie die Eigeninitiative (Selbsttätigkeit) des Kindes.

Montessori-Material

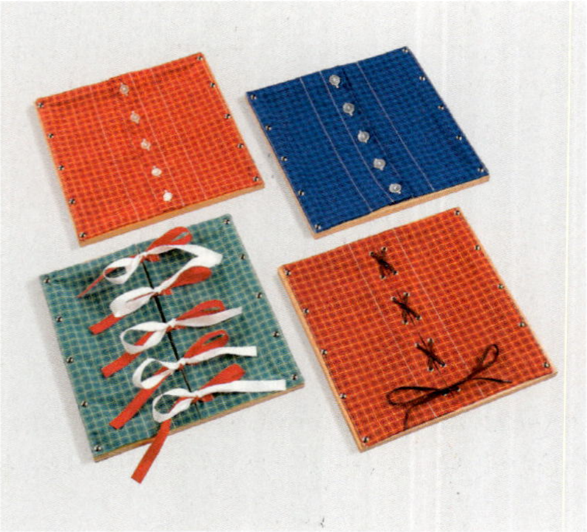

Die Rahmen dienen dazu, verschiedene Fertigkeiten zu üben, die im täglichen Leben ständig gebraucht werden.

Die konstruktiven Dreiecke dienen zur Vorbereitung auf geometrische Formen.

---

[1] *Die heutige Psychologie spricht in diesem Zusammenhang häufig von* ***Zeitfenster****.*

Sandpapierbuchstaben, die auf Holzbrettchen aufgeklebt sind (Konsonanten und Vokale auf verschiedenartigem Grund): Sie dienen zur Vorbereitung auf das Schreiben. Das Kind kann die Buchstaben mit dem Finger nachfahren und sie somit auch über die Motorik erfassen.

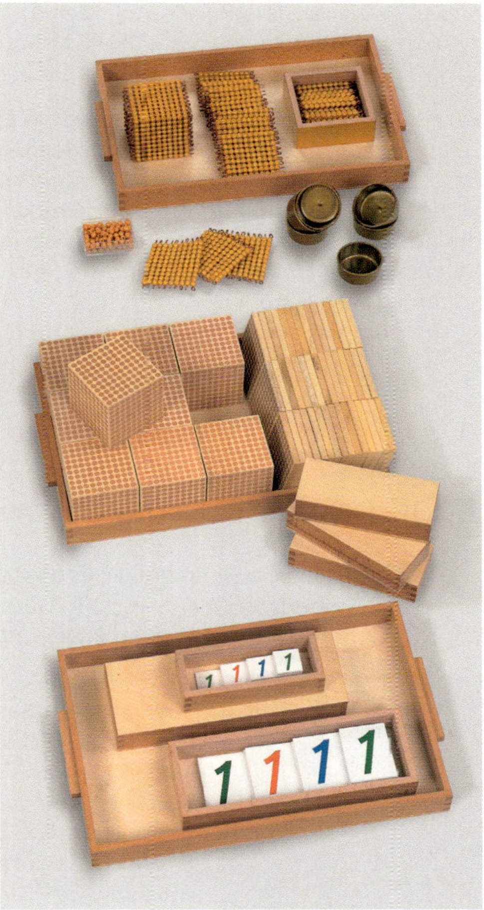

Das goldfarbige Perlenmaterial wird zur Einführung der Kinder in das Dezimalsystem benutzt. Es lassen sich Längen, Flächen und Volumen veranschaulichen.

Zur kindlichen Umgebung gehört auch der Erwachsene. Verhält er sich dem Kind gegenüber falsch, indem er nicht den inneren kindlichen Bauplan beachtet, so verursacht er **eine Abweichung der kindlichen Entwicklung von ihrem natürlichen Weg**, die *Montessori* **psychische Deviation** nennt[1]. Diese kann jedoch korrigiert werden, indem das Kind sich **normalisiert.**

Unter Normalisierung bzw. Normalisation versteht man den Prozess, in dem das Kind zu seiner normalen Entwicklung zurückkehrt, die von seinem inneren Bauplan geleitet wird.

Die Aufgaben des Erziehers im Kinderhaus[2]

Da Kinder noch nicht in der Lage sind, die Umgebung nach ihren Bedürfnissen einzurichten, fällt diese Aufgabe dem Erzieher zu. Er gestaltet das Kinderhaus anziehend und interessant, achtet auf Sauberkeit und Ordnung.

Zu seinen Aufgaben gehört es auch, die Heranwachsenden mit dem Material vertraut zu machen. Dadurch schafft er wesentliche Voraussetzungen für ihre konzentrierte Arbeit. Während dieser Arbeit sammelt sich die Aufmerksamkeit des Kindes. *Montessori* nennt

[1] *deviatio (lat.): die Abweichung*
[2] *Kinderhaus: Kindergarten*

dieses Phänomen die **Polarisation der Aufmerksamkeit**. Sie kann vom Erzieher nicht erzwungen werden, er muss geduldig darauf warten. Beginnt das Kind schließlich, sich konzentriert einem Material zu widmen, so darf er es nicht stören.

Bereits ein gut gemeintes Lob oder ein kleiner Tadel genügen, um die Konzentration zu zerstören. Der Erzieher muss jetzt in den Hintergrund treten; er muss passiv werden, damit das Kind aktiv arbeiten kann. Diese geforderte **Passivität des Erziehers** beschränkt sich jedoch nur auf das konzentriert arbeitende Kind. Er greift sofort ein, wenn andere Kinder die Konzentrationsphase stören. Ebenso unterbindet er unerwünschte Verhaltensweisen bei den noch nicht zur Normalisierung gekommenen Kindern.

„Der Lehrer in unserer Arbeit ist nicht der Bildner und Belehrer des Kindes, sondern der Gehilfe." *(Montessori, 2005[9], S. 26)*

7.5.3 Die Internatsschule „Summerhill" und die Sudbury-Schulen

Die Internatsschule „Summerhill" in Leiston (Suffolk, England) geht auf den Engländer *Alexander Sutherland Neill* zurück. In Deutschland wurde sie erst im Zusammenhang mit der sogenannten **antiautoritären Erziehung** bekannt.

***Alexander Sutherland Neill** (1883–1973) gründete 1921 die private Internatsschule **Summerhill**, die es heute noch gibt und die von fünf- bis 15-jährigen Jungen und Mädchen besucht wird. In Deutschland wurde sein Erziehungskonzept erst in den 1970er-Jahren bekannt, als das Buch „Theorie und Praxis der antiautoritären Erziehung" erschien. Diese Veröffentlichung hatte einen außerordentlichen Erfolg, innerhalb von gut zwei Jahren wurden fast eine Million Exemplare verkauft. Doch man hatte den Eindruck, dass dieses Buch selten gründlich gelesen wurde, denn schon bald wurde Neills Konzept falsch verstanden und vielfach auch falsch praktiziert.*

*Autoritäre Erziehung, die über Jahrhunderte hinweg das Erziehungsgeschehen prägte, rief Ende der 60er- und zu Beginn der 70er-Jahre des vergangenen Jahrhunderts Widerstand hervor. Vor allem an den deutschen Universitäten richtete sich der Protest gegen traditionelle autoritäre Erziehungsmaßnahmen. Einer autoritären Erziehung, die durch Willkür und emotionale Kälte gekennzeichnet war und vom zu Erziehenden blinden Gehorsam forderte, wollte man eine **antiautoritäre Erziehung mit emotionaler Wärme, Verständnis und Freiheit** entgegensetzen.*

Antiautoritäre Erziehung bedeutet Ablehnung von Unterdrückung, Zwang, Machtausübung und emotionaler Kälte und ist gekennzeichnet durch ein hohes Maß an Wertschätzung und Verständnis sowie durch einen größtmöglichen Raum an Freiheit für den zu Erziehenden.

Neill geht vom „Guten im Kinde" aus, das Kind besitzt alle Voraussetzungen, am Leben interessiert zu sein und an ihm teilzuhaben. Nach ihm muss sich Erziehung an den Interessen, Fähigkeiten und Bedürfnissen des Kindes orientieren (vgl. *Fromm, 2004[46], S. 14*).

Wichtigstes Erziehungsziel für *Neill* ist der **glückliche Mensch**. Glück bedeutet für ihn etwa Wohlbefinden, Ausgeglichenheit, Lebensfreude und eine optimistische Lebenseinstellung, Aufrichtigkeit und vor allem Angstlosigkeit.

„Ein glücklicher Mensch hat sich noch nie zum Störenfried hergegeben [oder] Krieg gepredigt (...). Eine glückliche Frau nörgelt nicht an ihrem Mann oder ihren Kindern herum. Kein glücklicher Mann hat jemals einen Mord oder Diebstahl begangen. Ein glücklicher Chef terrorisiert seine Angestellten nicht.“
(Neill, 2004[46], S. 20)

Neills Erziehung ist durch ein Höchstmaß an Wertschätzung und großem Freiraum gekennzeichnet, wobei diese Freiheit für ihn nicht Zügellosigkeit bedeutet. Zwang und Bestrafung erzeugen nach ihm Angst, welche wiederum Feindseligkeit und Aggression hervorruft.

In „Summerhill" gilt gleiches Recht für alle, ganz gleich, ob es sich um einen Lehrer oder um einen siebenjährigen Jungen handelt. Das gesamte gemeinschaftliche Leben wird von der ***Schulversammlung*** durch Diskussion und Abstimmung geregelt, wobei jedes Kind und jeder Erwachsene mit einer Stimme vertreten ist. Die Teilnahme am Unterricht ist freiwillig, die Kinder können zum Unterricht kommen und gehen, wann sie wollen, sie können auch wegbleiben. Die Entwicklung des emotionalen Bereichs und der schöpferischen Kräfte ist für *Neill* sehr wichtig. Deshalb gibt er dem Spiel gegenüber dem organisierten Lernen den Vorzug.

Nach dem Tod des Gründers im Jahre 1973 übernahm seine Frau *Ena* und ab 1985 seine Tochter *Zoë Neill Readhead* die Schulleitung. Sie führt die Internatsschule heute noch.

Sehr große Ähnlichkeit mit dem *Neill'schen* Konzept der antiautoritären Erziehung haben die **Sudbury-Schulen**, die allmählich im deutschen Sprachraum entstehen. Seit 2007 gibt es die ***Neue Schule Hamburg***, die sich auf die Sudbury Valley School (Framingham, Massachusetts/USA) beruft und auf die Popsängerin *Nena* zurückgeht. Zentraler Bestandteil der Sudbury-Schulen ist, dass jeder Schüler über seine Zeit frei verfügen kann. Er kann selbst entscheiden, was, wann, wie und mit wem er lernt. Einen Lehrplan gibt es nicht. Die meiste Zeit lernen die Kinder durch Spiel, Unterhaltung, Lesen oder durch das Zuschauen. Unterrichtskurse werden erst abgehalten, wenn Schüler dies wollen. Die Schüler werden nicht nach ihrem Alter getrennt. Grundsätze der Verwaltung und die Einstellung von Mitarbeitern werden von der Schulversammlung bestimmt, die sich einmal in der Woche trifft und in der jeder Mitarbeiter und jeder Schüler eine Stimme hat. Werden Schulregeln verletzt oder liegt eine Beschwerde vor, so ist hierfür das mehrheitlich von Schülern besetzte Justizkomitee zuständig.

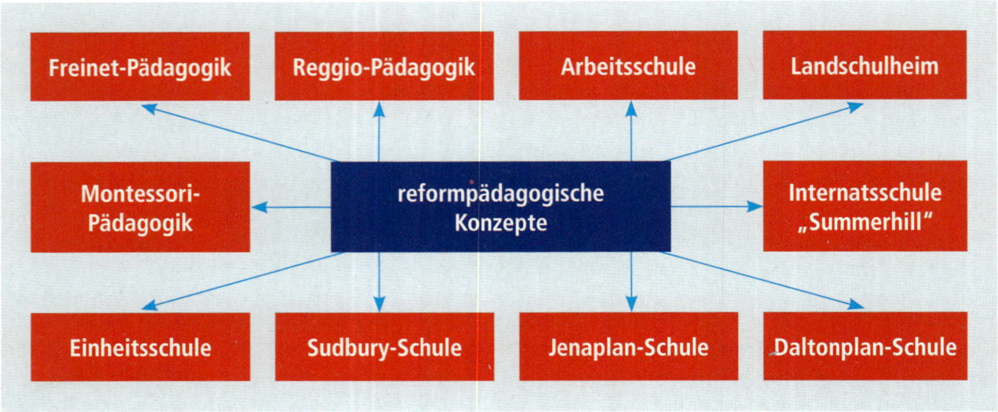

7.5.4 Der erlebnispädagogische Ansatz

Die Erlebnispädagogik geht auf *Kurt Hahn* zurück[1] und stellt das **Erlebnis** des Kindes bzw. Jugendlichen in den Mittelpunkt ihrer Arbeit, um durch sie die Persönlichkeitsbildung, die Entwicklung sozialer Kompetenzen und die Fähigkeit, die eigene Lebenswelt verantwortlich gestalten zu können, zu erreichen. Bei diesen Erlebnissen handelt es sich nicht nur um einfache Alltagserlebnisse, sondern um „besondere Erlebnisse", die Emotionen wecken. Diese Erlebnisse können auf den Alltag bzw. andere Situationen übertragen werden.

Erlebnispädagogik will durch das bewusste Arrangieren von besonderen Erlebnissen junge Menschen in der Entwicklung ihrer Persönlichkeit und von sozialen Kompetenzen fördern und sie dazu befähigen, ihre Lebenswelt verantwortlich zu gestalten.

Die Erlebnispädagogik nutzt vor allem Erlebnisse in der Natur – Wald, Gebirge, See – und bietet Natursportarten wie Segeln, Reiten, Radfahren, Outdoortraining, Sportklettern, Kajakfahren und dergleichen an, um ein breites Spektrum an Erlebnissen zu ermöglichen. Ergänzt werden diese Angebote mit Spiel, Rollenspiel, Theater, Abenteuer und Ähnlichem.

Streng genommen ist es nicht möglich, Erlebnisse zu arrangieren, da solche immer subjektiv und von Individuum zu Individuum unterschiedlich sind. Planbar sind lediglich die Gelegenheiten und bestimmte Voraussetzungen für ein persönliches Erlebnis.

In der Erlebnispädagogik wird der Mensch in seiner ***Ganzheit*** betrachtet, die nicht nur das Geistige, sondern Verstand, Gefühl und Handeln bzw. Tun gleichermaßen in den Mittelpunkt stellt. Diese drei Bereiche stehen nicht nebeneinander, sondern beeinflussen und bedingen sich gegenseitig und bilden so ein geschlossenes Ganzes.

Die Erlebnispädagogik wird vornehmlich in der Jugendarbeit, Jugendsozialarbeit und in der Freizeitpädagogik sowie zum Teil auch in Heimen und in der Schule – zum Beispiel in Landschulheimen – eingesetzt.

---

[1] *Kurt Martin Hahn (1886–1974) war deutsch-jüdischer Pädagoge und Begründer der Internatsschule „Schloss Salem" (siehe Abschnitt 7.5.1).*

Zusammenfassung

- Soziale Arbeit fasst die beiden Bereiche der Sozialarbeit und Sozialpädagogik zusammen und beinhaltet die berufsmäßige, wissenschaftlich fundierte Hilfeleistung an Menschen aller Altersgruppen zur Verhinderung und Bewältigung von unterschiedlichen Notsituationen individueller und sozialer Art. Die wichtigsten Praxisbereiche Sozialer Arbeit sind die Sozialhilfe, die Gesundheitshilfe und die Kinder- und Jugendhilfe. Geleistet wird Soziale Arbeit von den öffentlichen Trägern, die alle behördlichen Aufgaben wahrnehmen und die Gesamtverantwortung haben, sowie von den freien Trägern, die Aufgaben übernehmen, die nicht behördlich getragen werden. Hinsichtlich der Arbeitsfelder Sozialer Arbeit können wir von familienergänzenden und -ersetzenden Einrichtungen sprechen. Daneben bietet die Sozialpädagogik als weitere Arbeitsfelder die Beratung sowie Freizeit- und Bildungsangebote an.

- Aufgaben von Einrichtungen Sozialer Arbeit sind eine Unterstützung und Ergänzung sowie ein Korrigieren bzw. Ersetzen der familialen Erziehung. Bei Letzterem handelt es sich vor allem um eine Nachholung von Erziehungsversäumnissen. Dabei leistet Soziale Arbeit zum einen Prävention – damit sind alle Maßnahmen und Möglichkeiten gemeint, die das Entstehen individueller und sozialer Probleme verhindern sollen – und zum anderen Beratung und Rehabilitation. Beratung meint ein wissenschaftlich fundiertes Vorgehen, das die Beseitigung von persönlichen und/oder sozialen Problemen bzw. den effektiven Umgang mit diesen als Ziel hat. Rehabilitation fasst alle Maßnahmen zusammen, die der Wiedereingliederung von beeinträchtigten Personen in Arbeit und Beruf sowie der Sicherung der Teilhabe am gesellschaftlichen Leben dieser Personen dienen.

- Im Laufe der Praxis haben sich in der Sozialen Arbeit drei klassische Methoden entwickelt: die soziale Einzelhilfe, die soziale Gruppenarbeit und die soziale Gemeinwesenarbeit. Soziale Einzelhilfe ist eine Methode der Sozialen Arbeit, die auf der Grundlage wissenschaftlicher Erkenntnisse basiert; sie bedeutet Betreuung und Beratung, in welchen das Individuum im Mittelpunkt steht. Die Hilfe erfolgt durch eine effektive Gestaltung der Beziehung zwischen Helfer und Klient sowie durch die Mobilisierung von Unterstützungsmöglichkeiten durch bestimmte Personen (Verwandte, Freunde, Nachbarn) und der Fähigkeit des Klienten, sein Problem zu lösen und sich aus seiner Belastungssituation selbst zu befreien.

- Soziale Gruppenarbeit ist eine Methode der Sozialen Arbeit, die dem Individuum durch sinnvolle Gruppenerlebnisse hilft, sich als Person zu begreifen und ihr soziales Verhalten zu entfalten sowie Probleme und Situationen selbst meistern zu können. Soziale Gemeinwesenarbeit als Methode der Sozialen Arbeit ist eine Sammelbezeichnung für eine Vielzahl von Handlungen, Tätigkeiten und Maßnahmen, durch welche Einrichtungen, Einzelpersonen, Gruppen und/oder Organisationen zur Verbesserung der Lebenssituation von Menschen und zur Bewältigung ihrer Probleme in einer räumlichen Einheit beitragen. Gemeinwesenarbeit wird heute auch als übergreifendes Arbeitsprinzip gesehen, welches soziale Einzelhilfe und soziale Gruppenarbeit mit einschließt.

- Kindertagesstätten sind außerschulische Einrichtungen auf freiwilliger Basis für Kinder bis zum 12. Lebensjahr, die dort halb- oder ganztags von pädagogischem Fachpersonal betreut werden und die Familienerziehung ergänzen. Eine Kinderkrippe ist eine außerschulische Einrichtung auf freiwilliger Basis zur Betreuung von Kindern von null bis drei Jahren, die dort halb- oder ganztags von pädagogischem Fachpersonal betreut werden; sie will die Familienerziehung ergänzen. Hatte in früheren Zeiten Beaufsichtigung und Pflege im Vordergrund gestanden, so wollen Kinderkrippen heute zur Förderung der Entwicklung in den verschiedenen Persönlichkeitsbereichen beitragen. Aufgrund heutiger Erkenntnisse kann man davon ausgehen, dass eine gute Bindung zur „primären" Bezugsperson (Mutter, Vater) Voraussetzung für eine Fremdbetreuung ist. Die Einrichtung sollte jedoch optimale Bedingungen bieten.

- Der Kindergarten ist eine familienergänzende Einrichtung auf freiwilliger Basis für Kinder zwischen dem vierten und sechsten Lebensjahr. Pflege und Erziehung werden in der Regel von Sozialpädagogen, Erziehern und Kinderpflegern geleistet. Er wird von den Wohlfahrtsverbänden, Kommunen, Kirchen oder Vereinen getragen. Seine Aufgabe ist, die Erziehung in der Familie zu ergänzen und zu unterstützen. Vornehmlich durch zwei Methoden versucht der Kindergarten, diesen Aufgaben gerecht zu werden: durch das Spiel und die Beschäftigung.

- Heime sind Einrichtungen, in denen Kinder und Jugendliche von eigens dazu ausgebildeten Erziehern oder Sozialpädagogen über Tag und Nacht versorgt, betreut und erzogen werden. Es gibt Heime, welche die Familienerziehung ergänzen bzw. unterstützen. Daneben gibt es das Heim auch als familienersetzende Einrichtung, welche die Erziehung in der Familie mittel- oder längerfristig ersetzen will. Je nach Einweisungsgrund hat das Heim verschiedene Aufgaben zu erfüllen. Die Heimerziehung umfasst drei Bereiche: die Vorbereitung und Durchführung der Aufnahme, der Aufenthalt im Heim sowie die Vorbereitung und Durchführung der Entlassung aus dem Heim. Die Erziehungsarbeit geschieht in Erziehungs- und in Interessensgruppen.

- Als Beginn der reformpädagogischen Bewegung wird die Proklamation „Pädagogik vom Kinde aus" angenommen. Der Begriff „Reformpädagogik" kennzeichnet eine Erneuerungsbewegung in der Pädagogik im ersten Drittel des vergangenen Jahrhunderts, die sich in verschiedenen Ansätzen und Konzepten allgemeiner, sozialpädagogischer und schulischer Erziehung niederschlug. Die reformpädagogischen Konzepte haben viele Grundsätze gemeinsam. In der Praxis schlugen sich die Ideen der Reformpädagogik in der Freinet- und Reggio-Pädagogik, in den Landschulheimen, in der Montessori-Pädagogik, in den Jenaplan- und Daltonplan-Schulen, in der Internatsschule „Summerhill" und den Sudbury-Schulen sowie in der Erlebnispädagogik nieder.

- Die Erlebnispädagogik will durch das bewusste Arrangieren von besonderen Erlebnissen junge Menschen in der Entwicklung ihrer Persönlichkeit und von sozialen Kompetenzen fördern und sie dazu befähigen, ihre Lebenswelt verantwortlich zu gestalten. Sie wird vornehmlich in der Jugendarbeit, Jugendsozialarbeit und in der Freizeitpädagogik sowie zum Teil auch in Heimen und in der Schule – zum Beispiel in Landschulheimen – eingesetzt.

Aufgaben und Anregungen Kapitel 7

Aufgaben

1. Bestimmen Sie den Begriff „Soziale Arbeit" und erläutern Sie diesen anhand einer Situation (zum Beispiel ein in Not geratener Arbeitnehmer).
   (Abschnitt 7.1.1)

2. Geben Sie einen Überblick über die Arbeitsfelder der Sozialen Arbeit.
   (Abschnitt 7.1.1)

3. Erläutern Sie Ziele bzw. Aufgaben von Einrichtungen der Sozialen Arbeit.
   (Abschnitt 7.1.2)

4. Beschreiben Sie die Methode
   a) der sozialen Einzelhilfe,
      (Abschnitt 7.2.1)
   b) der sozialen Gruppenarbeit,
      (Abschnitt 7.2.2)
   c) der sozialen Gemeinwesenarbeit.
      (Abschnitt 7.2.3)

5. Bestimmen Sie, was man unter dem Begriff „Kindertagesstätte" versteht, und zeigen Sie Gründe für den Besuch einer Kindertagesstätte auf.
   (Abschnitt 7.3.1)

6. Beschreiben Sie, was eine Kinderkrippe ist, und erläutern Sie, was Eltern beachten müssen, wenn sie ihr Kleinkind in einer Kinderkrippe anmelden wollen.
   (Abschnitt 7.3.2)

7. Bestimmen Sie, was man unter dem Begriff „Kindergarten" versteht, und erläutern Sie an typischen Beispielen Aufgaben des Kindergartens.
   (Abschnitt 7.3.3)

8. Erläutern Sie anhand eines Ihnen bekannten Kindergartens, wie dieser organisiert ist.
   (Abschnitt 7.3.3)

9. Bestimmen Sie, was ein Heim ist, und zeigen Sie Gründe für eine Heimunterbringung auf.
   (Abschnitt 7.4.1)

10. Beschreiben Sie Aufgaben der familienersetzenden Heimerziehung.
    (Abschnitt 7.4.2)

11. Stellen Sie an typischen Beispielen Bereiche der erzieherischen Arbeit im Heim dar.
    (Abschnitt 7.4.3)

12. a) Geben Sie eine Übersicht über reformpädagogische Erziehungs- und Schulkonzepte.
    b) Beschreiben Sie die Gemeinsamkeiten reformpädagogischer Konzepte.
    c) Stellen Sie ein Konzept (zum Beispiel Freinet-Pädagogik, Reggio-Pädagogik, Landschulheim) näher dar.
    (Abschnitt 7.5.1)

13. Beschreiben Sie wesentliche Grundlagen der Montessori-Pädagogik. (Abschnitt 7.5.2)

14. Stellen Sie umfassend die Aufgaben der Montessori-Pädagogik dar. (Abschnitt 7.5.2)

15. Stellen Sie das Konzept
    a) der Internatsschule „Summerhill",
    b) der Sudbury-Schulen

    dar und unterziehen Sie dieses einer kritischen Würdigung. (Abschnitt 7.5.3)

16. Beschreiben Sie an einem Beispiel den erlebnispädagogischen Ansatz. (Abschnitt 7.5.4)

Anregungen

17. *Stichwortgeschichte*
    - In Vierergruppen werden auf einer Karte zwei Begriffe zum Thema „Pädagogische und psychologische Handlungsfelder" notiert.
    - Die Karten werden eingesammelt und durchmischt.
    - Jede Gruppe zieht eine Karte und diskutiert die beiden Begriffe.
    - Die Gruppe erfindet eine (lustige) Geschichte, die beide Begriffe enthält und erzählt diese der gesamten Klasse.

18. *Biografie und Internetsuche*
    - Suchen Sie in Gruppen im Internet nach Informationen über das Leben und Werk von:
        - Gruppe 1: *Célestin Freinet*
        - Gruppe 2: *Loris Malaguzzi*
        - Gruppe 3: *Hermann Lietz*
        - Gruppe 4: *Maria Montessori*
        - Gruppe 5: *Alexander S. Neill*
        - Gruppe 6: *Kurt Hahn*
    - Fertigen Sie in Kleingruppen eine Übersicht zur Biografie Ihres jeweiligen Wissenschaftlers an.
    - Erarbeiten Sie vier bis sechs wichtige Abschnitte seines Lebens.

19. Erfassen Sie die Angebote sozialer Einrichtungen in Ihrem Umfeld und vergleichen Sie sie mit dem vorhandenen Bedarf.

20. Erkundigen Sie sich in Ihrer Umgebung nach Einrichtungen der Sozialen Arbeit. Besuchen Sie eine Einrichtung und bringen Sie dort in Erfahrung,
    - welche Ziele bzw. Aufgaben diese verfolgt,
    - wie sie organisiert ist,
    - wie sie arbeitet und
    - welche Probleme sich in der erzieherischen Arbeit dieser Einrichtung ergeben.

21. Wie sollte Ihrer Meinung nach
    a) eine Kinderkrippe,
    b) ein Kindergarten,
    c) eine Einrichtung der Sozialen Arbeit Ihrer Wahl

    aussehen?
    - Entwerfen Sie in Gruppen ein Konzept für die gewählte Einrichtung.
    - Diskutieren Sie in der Klasse die verschiedenen Konzepte.
    - Optimieren Sie Ihr Konzept, indem Sie Ideen von Ihren Mitschülern mit aufnehmen.

22. *Interview führen*
    - Entscheiden Sie sich für eine Einrichtung der Sozialen Arbeit, über die Sie sich näher informieren möchten (zum Beispiel Eheberatungs-, Erziehungsberatungsstelle, Kinderheim, Jugendfreizeitheim, Jugendamt, Suchtberatungsstelle).
    - Bereiten Sie in Kleingruppen Fragen zu folgenden Themen vor: „Ziele und Aufgaben", „methodische Schwerpunkte" sowie „Chancen, Probleme und Grenzen der erzieherischen Arbeit in dieser Institution".
    - Überlegen Sie sich geeignete Möglichkeiten der Präsentation und stellen Sie die Ergebnisse Ihres Interviews der Klasse vor.

23. *„Die schlechteste Familienerziehung ist immer noch besser als die beste Heimerziehung." „Holt die Kinder aus den Heimen!"*
    - Stellen Sie in Ihrer Klasse je sechs Stühle gegeneinander gerichtet auf. Fünf Mitschüler, die die Erziehung vornehmlich in der eigenen Familie vertreten, setzen sich in die eine Reihe; weitere fünf Mitschüler, die die Heimerziehung befürworten, nehmen auf den Stühlen gegenüber Platz. In jeder Reihe bleibt ein Stuhl leer.
    - Diskussionsablauf: Die eine Gruppe will die andere Gruppe davon überzeugen, dass die schlechteste Familienerziehung immer noch besser ist als die beste Heimerziehung. Die andere Gruppe will argumentieren, dass diese Aussage falsch ist.
    - Wer von der Klasse einen Diskussionsbeitrag leisten möchte, setzt sich auf den leeren Stuhl. Er nimmt auf derjenigen Seite Platz, die er mit seinem Beitrag unterstützen will. Nach dem Beitrag verlässt der Schüler den Stuhl wieder.

24. *Das Montessori-Kinderhaus*
    - Besuchen Sie ein Montessori-Kinderhaus und lassen Sie sich das didaktische Material zeigen und erklären.
    - Beobachten Sie die Kinder bei den Übungen des praktischen Lebens hinsichtlich des Anspruches der Montessori-Pädagogik, eine Hilfe zum Leben zu sein.
    - Sprechen Sie in Ihrer Klasse über Ihre Eindrücke, die Sie im Montessori-Kinderhaus gewonnen haben.

25. *Antiautoritäre Erziehung wird oft als Ablehnung jeglicher Autorität und Disziplin sowie als Befürwortung grenzenloser Freiheit des Kindes missverstanden.*
    Diskutieren Sie in der Klasse, warum es zu diesem großen Missverständnis gekommen sein könnte.

26. *Alternative Schulen*
    - Besuchen Sie, wenn möglich, eine Schule bzw. ein Internat, das die Ideen der Reformpädagogik realisiert.
    - Bringen Sie dort in Erfahrung, welche Ziele bzw. Aufgaben diese Einrichtung verfolgt, wie sie organisiert ist, wie sie arbeitet und welche Probleme sich in ihrer erzieherischen Arbeit ergeben.
    - Arbeiten Sie in Gruppen Gemeinsamkeiten und Unterschiede der besuchten Schule zu Ihrer Schule heraus.
    - Unterziehen Sie beide Schulkonzepte einer Kritik.

8 Wahrnehmung und Verhalten

Sind alle fröhlich?

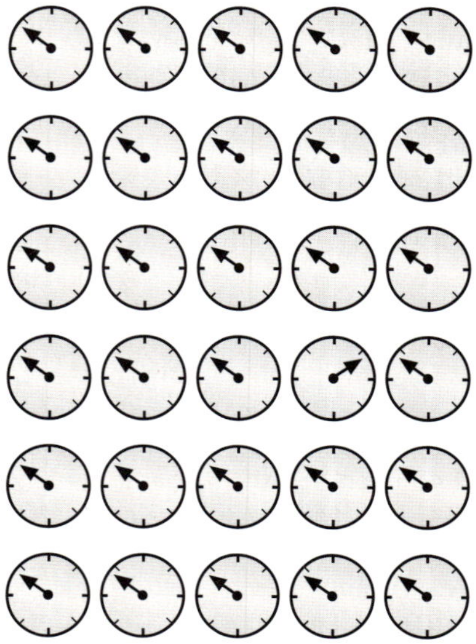

Welches Instrument zeigt nicht „normal“ an?

Folgende Fragen werden in diesem Kapitel geklärt:

1. *Was verstehen wir unter Wahrnehmung?*
   Was sind ihre biologischen Grundlagen?

2. *Wie verläuft der Prozess der Wahrnehmung?*
   Welche Bedeutung spielt sie in unserem Leben?

3. *Von welchen Bedingungen ist unsere Wahrnehmung abhängig?*
   Von welchen Faktoren wird sie beeinflusst?
   Welche Position vertritt der Konstruktivismus?

4. *Was verstehen wir unter sozialer Wahrnehmung?*
   Wie lauten die Grundaussagen der Theorie der sozialen Wahrnehmung?
   Welche Fehler in der Wahrnehmung von Personen kennen wir?

5. *Wie ist unsere Wahrnehmung organisiert?*
   Was verstehen wir unter Gestaltgesetzen, was unter Konstanzphänomenen?

8.1 Der Prozess der Wahrnehmung

Die Wahrnehmung spielt eine entscheidende Rolle: Ohne sie wären Erleben und Verhalten, ja menschliches Leben überhaupt, nicht möglich. Um der Wirklichkeit begegnen und sich mit ihr auseinandersetzen zu können, muss sie der Mensch wahrnehmen können.

8.1.1 Der Begriff „Wahrnehmung"

Wahrnehmung bedeutet zum einen die ***Aufnahme von Informationen über die Sinnesorgane.***[1] Diese Informationen können aus der Umwelt stammen – zum Beispiel die Wahrnehmung von Mitmenschen, Tieren, Dingen und Objekten – oder aus dem Körperinneren, wie beispielsweise die Wahrnehmung eines Schmerzes oder eines Gefühls. Im ersten Fall sprechen wir von ***Umweltreizen***, im zweiten von ***Körperreizen***.

Zum anderen werden die aufgenommenen Reize über das Nervensystem an das Gehirn weitergeleitet und dort ***verarbeitet und zum Teil gespeichert***. Mit seinen rund hundert Milliarden Nervenzellen bildet das Nervensystem die stoffliche Grundlage aller psychischen Prozesse, steuert die Lebensvorgänge und stellt den Vermittler zur Umwelt dar, indem es bestimmte Reize aufnimmt, weiterleitet, auswertet und zum Teil speichert sowie als Antwort darauf eine Reaktion in Form eines bestimmten Erlebens und Verhaltens ermöglicht.

Die Psychologie fasst also mit dem Begriff „Wahrnehmung" alle **Prozesse der Informationsgewinnung und -verarbeitung von Sinneseindrücken** zusammen. Mit Wahrnehmung wird jedoch nicht nur der Prozess, sondern auch das **Ergebnis dieses Prozesses** bezeichnet.

Wahrnehmung ist der Prozess und das Ergebnis der Informationsgewinnung und -verarbeitung von Reizen aus der Umwelt und dem Körperinneren.

[1] *vgl. Abschnitt 8.1.2*

8.1.2 Biologische Grundlagen der Wahrnehmung

Für die Wahrnehmung sind Aufbau, Struktur und Funktionsweise **des Sinnes- und des Nervensystems** von großer Bedeutung. Diese zwei Organsysteme sind miteinander verbunden und machen Wahrnehmung erst möglich.

Sinnesorgane sind speziell ausgestaltete Bereiche des Organismus, die der **Aufnahme von Informationen** über unsere Umwelt und uns selbst dienen (vgl. *Schandry, 2011³, S. 224*). Der Mensch verfügt über den ***Seh-, Gehör-, Geschmacks-, Geruchs-, Tast-, Temperatur-, Gleichgewichts- und Schmerzsinn***.

> **Als Sinnesorgane bezeichnet man speziell ausgestaltete Bereiche des Organismus, die der Aufnahme von Informationen dienen.**

Unsere Sinnesorgane sind so geschaffen, dass sie jeweils nur mit einer bestimmten Art von Reiz etwas anfangen können.

> Eine Landschaft kann zum Beispiel nur über das Auge und Musik nur über das Ohr wahrgenommen werden.

Die Art eines Reizes muss also der Beschaffenheit eines bestimmten Sinnesorgans entsprechen, damit überhaupt eine Wahrnehmung zustande kommen kann.

Jedes Organ benötigt zur Aufnahme von Reizen und deren Umwandlung spezialisierte **Rezeptoren**[1].

> Das Auge benötigt zum Beispiel als Rezeptor die Netzhaut (Retina), das Ohr die Schnecke, Cochlea genannt.

Rezeptoren sind darauf spezialisiert, physikalische Prozesse – Schwingungen, Wellen, Moleküle – in elektrische Informationen, ***Impulse***, umzuwandeln.

> Treffen beispielsweise Lichtwellen auf unsere Augen oder Schallwellen auf unsere Ohren, so werden auf der Netzhaut bzw. in der Schnecke Impulse erzeugt.

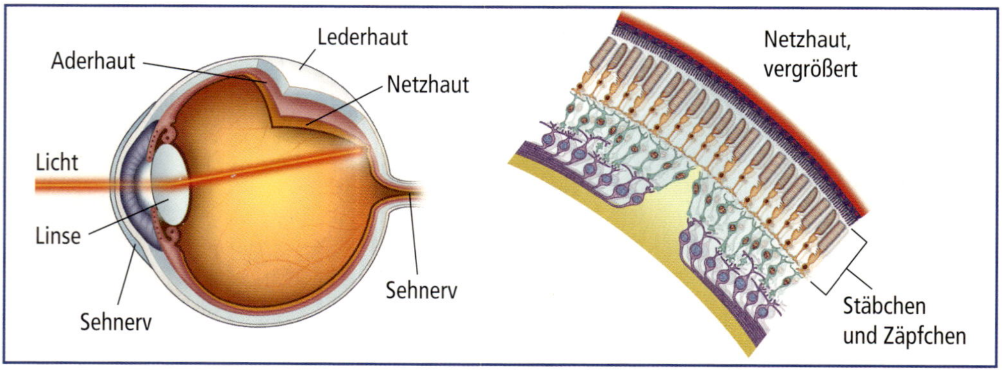

Beispiel Auge: Im Inneren des Auges befindet sich die Netzhaut. Dabei handelt es sich um eine Schicht, die zum großen Teil aus lichtempfindlichen Nervenzellen (Rezeptoren) – den sogenannten Stäbchen und Zäpfchen – besteht. Diese Nervenzellen wandeln Bildinformationen (also auftreffendes Licht) in elektrische Impulse um und leiten diese über den Sehnerv ins Gehirn weiter.

> **Rezeptoren sind bestimmte Nervenzellen, die Reize aufnehmen und diese in elektrische Informationen umwandeln.**

---

[1] *recipere (lat.): aufnehmen, empfangen*

Die physikalischen Prozesse werden also in unserem Gehirn in einer ganz bestimmten Art und Weise verarbeitet. Dabei werden sie so „umgeformt", dass wir Personen, Gegenstände, Farben, Bewegungen, Töne, Sprache, Gerüche, Geschmack, Wärme und vieles andere mehr erfassen bzw. wahrnehmen.

> Wenn wir beispielsweise auf einem Bild verschiedene Farben sehen, so ist uns nicht bewusst, dass es sich dabei um elektromagnetische Wellen handelt; das Bild mit seinen Farben kann in uns ein Erleben hervorrufen, das mit diesen physikalischen Reizen nichts zu tun hat.

Die Rezeptoren und ihre Wahrnehmung

Physikalischer Reiz	Organ	Rezeptoren	Ergebnis
Lichtwellen (elektromagnetische Wellen von 0,7–0,4 µ)	Auge	Netzhaut (Retina)	Helligkeit, Farben; Gegenstände, Raum, Bewegung
Schallwellen (Luftdruckschwankungen 16.000–20.000/Sek.)	Innenohr	Schnecke (Cochlea)	Töne, Geräusche; Sprache, Musik; Lokalisation von Tonquellen im Raum
Schwerkraft Körperbeschleunigung	Innenohr	Sacculus, Utriculus	Körperposition bezüglich Erdanziehung; Körperbeschleunigung
Kopfrotation	Innenohr	Bogengänge (Labyrinth)	Kopfbewegungen
Moleküle im Gaszustand	Nase	Riechepithel (sensible Nerven in Nasenschleimhaut)	Gerüche, allgemeine Reizirritation (zum Beispiel durch Rauch)
Moleküle in Lösung	Zunge, Mund- bzw. Rachenschleimhaut	Geschmacksknospen	Geschmacksrichtungen (süß, salzig, sauer, bitter)
Druck, Temperatur, Gewalteinwirkung	Haut	verschiedene Endorgane und Nervenendigungen	Berührung, Druck, Temperatur, Schmerz, Kitzel, Vibration
Druck, Temperatur, chemische Veränderungen	Genitalschleimhaut	verschiedene Endorgane	sexuelle Erregung, Orgasmus
	innere Organe	Nervenendigungen in Muskulatur, Schleimhaut und Bindegewebe	Dehnungsschmerz, zum Teil Berührung, Temperatur, Druck (Gefühle)
Druck, Zug	Muskeln, Sehnen, Gelenke	Muskelspindeln (Muskeldehnung) Sehnenspindeln (Muskelkontraktion) Druckrezeptoren	Position und Bewegung der Körperteile
„inneres Milieu", Aktivitätszustand u.a.	Gehirn	zahlreiche Zentren	Wachheitsgrad, Gefühls- und Motivationszustände, Bewusstsein

(Legewie/Ehlers, 1994, S. 74)

Die Wahrnehmung setzt sich aus den Ergebnissen unserer **Gehirntätigkeit** bzw. unseres **Nervensystems** zusammen. Treffen Reize auf Rezeptoren, so wird dort eine Erregung hervorgerufen, welche an das Gehirn weitergeleitet wird. Auf dem Weg dorthin durchlaufen die Informationen zunächst das ***Stammhirn***, auch Reptiliengehirn genannt, und das ***Zwischenhirn***. Das Stammhirn verschaltet die Sinneseindrücke und das Zwischenhirn nimmt die Sinneseindrücke auf und leitet sie weiter. Die weitergeleiteten Reize werden im **Thalamus**[1] in „wichtig" und „unwichtig" eingeteilt. „Wichtige" Reize werden durch vegetative Prozesse beantwortet und in das ***Großhirn*** transportiert, wo sie bewusst wahrgenommen werden (vgl. *Hülshoff, 2007, S. 126*). Im ***limbischen System*** werden die Informationen „emotional gefärbt", im Großhirn, dem **Kortex**, werden sie verarbeitet und gespeichert.[2]

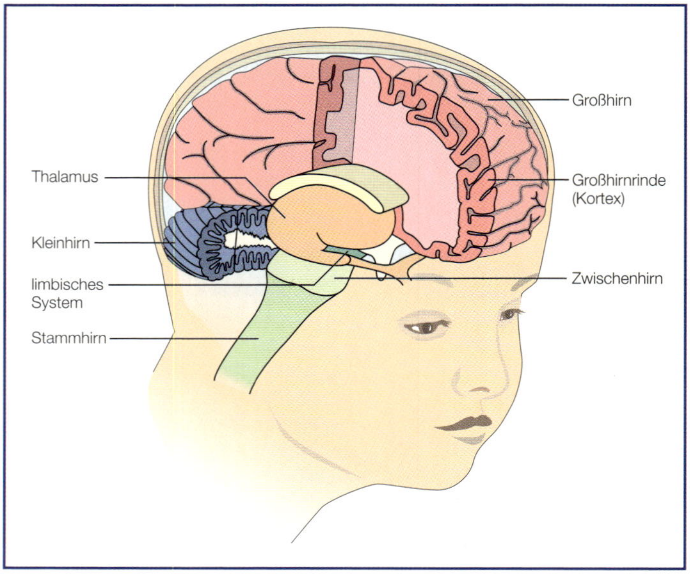

Das Nervensystem hat zwei Hauptbestandteile, die Nervenzellen, **Neuronen** genannt, und die **Gliazellen.**[3] Die Neuronen, die Grundeinheit unseres Nervensystems dienen der Informationsverarbeitung und -speicherung; die Gliazellen, nicht neuronale Zellen des Nervensystems, unterstützen die Neuronen, indem sie Schutz-, Versorgungs- und Stützfunktionen ausüben.

Ein Neuron besteht aus einem Zellkörper, der mehrere kürzere „astartige" Verzweigungen", sogenannte **Dendriten**[4], hat und als „Empfänger" fungiert, sowie einem Zellarm, dem **Axon**[5], der als „Sender" verstanden werden kann. Alles, was der Mensch wahrnimmt, wird von den ***afferenten Nervenfasern***[6] der Sinnesorgane aufgenommen, über das Rückenmark an die Nervenzellen im Gehirn weitergeleitet und dort verarbeitet. Bei einer Reaktion wird die „Antwort" über die ***efferenten Nervenfasern***[6] zu den Muskeln, zu den Sprechorganen usw. geleitet.

> *„Neuronen bilden die Verbindung zwischen Rezeptoren und Effektoren und gewährleisten damit, dass die Reaktionen eines Organismus in Beziehung zu der eingegangenen Stimulation stehen."*
> *(Lefrançois, 2008[4], S. 155)*

Ob ein Impuls weitergeleitet wird oder nicht, „entscheidet" ein Neuron in Abhängigkeit von der Menge der gleichzeitig eintreffenden Informationen. Am Ende verzweigt sich das Axon in kleine „Äste", an deren Enden **Synapsen**[7] – die Kontaktstellen zwischen zwei Nervenzellen bei der Informationsübertragung – sitzen. Sie dienen sowohl der Weiterleitung von Informationen als auch deren Verarbeitung (vgl. *Schandry, 2011[3], S. 46 und 83*).

---

[1] *Thalamos (griech.): Schlafgemach, Kammer; im Zwischenhirn gelegen*
[2] *limbisch (lat.): der Saum; kortex (lat.): die Rinde*
[3] *neuron (griech.): Nerv, Sehne; glia (griech.): Leim, Klebstoff*
[4] *Dendrit (dendron, griech.): der Baum*
[5] *Axon (griech.): Wagenachse; der lange Fortsatz einer Nervenzelle, der das elektrische Signal zu anderen Neuronen leitet*
[6] *afferent (lat.): hinführend; efferent (lat.): wegführend*
[7] *synapsis (griech.): Verbindung*

„Neuronen sind über Synapsen miteinander verbunden. Jedes Neuron hat beim Menschen zu bis zu zehntausend anderen Neuronen Kontakt. (...) Die Art der Verknüpfung zwischen den Nervenzellen und des zeitlichen wie räumlichen Erregungsablaufs macht die eigentliche ‚Informationsverarbeitung' aus." *(Scheunpflug, 2001, S. 75)*

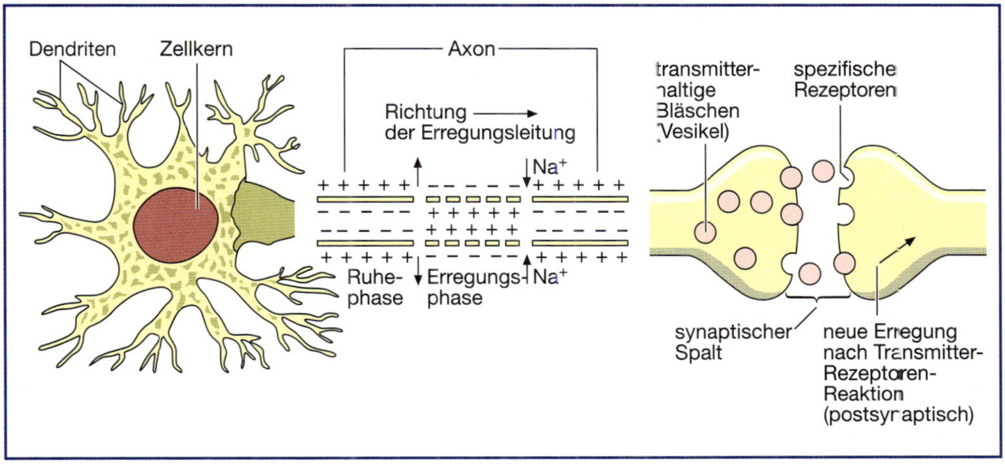

Die Nervenzellen berühren einander meistens nicht, dazwischen liegt ein kleiner Zwischenraum, der ***synaptische Spalt***. Dieser kann nur mithilfe von Botenstoffen, den sogenannte **Neurotransmittern**[1], übersprungen werden.

Die bekanntesten Neurotransmitterstoffe sind Acetylcholin, Katecholamine (Dopamin, Adrenalin und Noradrenalin), Indolamine (Serotonin, Tryptophan) und Aminosäuren (Glutamat, Glutamin und Aspartat).

Die Aufnahme von Informationen geschieht über die Sinnesorgane, ihre Weiterleitung und Verarbeitung im Gehirn bzw. Nervensystem, wobei diese beiden Prozesse nicht voneinander zu trennen sind. Die Bedeutung eines Sinnesreizes entsteht also nicht durch diesen selbst, sondern erst im Zusammenhang zwischen dem entsprechenden Sinnesorgan und der Gehirnaktivität. Dabei wird das Gehirn zu neuen Verbindungen angeregt, sodass Sinnesreize in ihm in neuronale Verbindungen umgesetzt werden (vgl. *Scheunpflug, 2001, S. 80*).

8.1.3 Reizaufnahme und Empfindung

Wie im *vorigen Abschnitt* ausgeführt, treffen auf unsere Sinnesorgane bestimmte Reize in Form von physikalischen Prozessen – beispielsweise elektromagnetische Wellen, mechanische Schwingungen, chemische Veränderungen, thermische Reize und dergleichen. Reize, die auf unsere Sinnesorgane einwirken, lösen im Menschen eine bestimmte **Empfindung** aus.

Als Empfindung bezeichnet man die Folge der Einwirkung eines Reizes auf ein Sinnesorgan.

Im Alltag wird der Begriff „Empfindung" häufig als Synonym für „Fühlen", für das Erleben von Gefühlen, verwendet („Was empfindest du dabei?"). Davon abgegrenzt werden muss jedoch Empfindung im wahrnehmungstheoretischen Sinne.

[1] *neuron (griech.): Nerv, Sehne; transmittere (lat.): hinüberschicken, übertragen*

Empfindungen entstehen also durch die Reizung der Sinnesorgane und hängen in ihrer Intensität von der Reizstärke und in ihrer Qualität von der Art des Sinnesorgans ab.

Laute Musik beispielsweise wird intensiver empfunden als schwache; ist jedoch das Hörvermögen eingeschränkt, so kann diese nur unvollkommen aufgenommen werden.

Reize können zu „schwach" sein, um eine Empfindung hervorzurufen. Es gibt eine **absolute Schwelle** der Wahrnehmung: Reize müssen eine bestimmte ***„Stärke"*** aufweisen, damit eine Wahrnehmung stattfinden kann. Von den Reizen, die auf unsere Sinnesorgane treffen, werden nur die wahrgenommen, die eine bestimmte ***Reizschwelle*** überschreiten.

Man kann beispielsweise nicht mehr wahrnehmen (absolute Schwellen nach *Eugene Galanter, 1965;* zitiert nach *Herkner, 2002[2], S. 5*):

Sehen:	Kerzenlicht in klarer dunkler Nacht in ca. 45 km Entfernung
Hören:	Ticken einer Armbanduhr in ca. 6 m Entfernung
Schmecken:	ein Teelöffel Zucker in ca. sieben Liter Wasser
Riechen:	ein Parfümtropfen in einer 6-Zimmer-Wohnung verteilt
Berührung:	ein Sandkorn aus 1 cm Höhe auf die Wange fallend

*Es ist möglich, dass uns **subliminale Reize** – Reize, die unter der absoluten Schwelle der bewussten Wahrnehmung eines Menschen liegen – beeinflussen können wie etwa eine ganz kurze Einblendung eines Werbespots während eines Films. Unwissentlich wahrgenommene Reize finden zwar keinen Eingang in unser bewusstes Erleben, werden aber, wie wir heute wissen, vom Gehirn verarbeitet (vgl. Naccache/Dehaene, 2006, S. 14).*

Zudem gibt es eine **Schmerzschwelle**, die die „obere Grenze" der Wahrnehmung darstellt.

Zu starkes Licht oder zu großer Lärm zum Beispiel können Schmerzempfindungen hervorrufen.

Trotz der Eingeschränktheit unserer Sinnesorgane sind wir ständig einer Menge von Informationen ausgesetzt. Doch wir können niemals alle Reize, denen wir ausgesetzt sind, gleichzeitig wahrnehmen, wir treffen zu jedem Zeitpunkt eine Auswahl. **Der Mensch besitzt nur eine begrenzte Kapazität der Informationsaufnahme und -verarbeitung**.

Schaut man zum Beispiel von dem oberen Stockwerk eines Hochhauses auf die Straße herunter, so können wir all die Dinge, die wir sehen, nicht gleichzeitig wahrnehmen, sondern lediglich nacheinander.

Wir nehmen nur einen Bruchteil von dem, was objektiv an Reizen auf uns einströmt, wirklich wahr.

8.1.4 Die Bedeutung der Erfahrung

Bei einem Menschen ist es kaum möglich, dass er reine Empfindungen erlebt. **Empfindungen werden mit Erfahrungen gekoppelt und nicht mehr losgelöst von diesen wahrgenommen.**

Wir nehmen beispielsweise einen Tisch nicht einfach als Brett mit vier Beinen wahr, sondern verknüpfen damit sofort die Bedeutung, die ein Tisch hat und die wir im Laufe des Lebens erfahren haben.
Wir nehmen nicht nur den Lehrer als solchen wahr, sondern verbinden mit ihm zugleich die Erfahrung, die wir mit diesem oder mit anderen Lehrern gemacht haben, und nehmen ihn als „gut", „gerecht", „sympathisch" oder als „schlecht", „ungerecht", „unsympathisch" wahr.

Wahrnehmung setzt sich also ***aus Empfindungen, die von bestimmten Reizen durch das Auftreffen auf bestimmte Sinnesorgane verursacht werden, und der Bewertung dieser Empfindungen aufgrund bisheriger Erfahrungen zusammen***. Allein das Auslösen von Empfindungen wird noch nicht als Wahrnehmung bezeichnet; erst durch deren Bewertung aufgrund bisheriger Erfahrungen kann man von Wahrnehmung sprechen. Dieser Prozess läuft jedoch im Individuum nicht immer bewusst ab.

Erfahrungen sind es auch, die uns in einem bestimmten **Kontext** wahrnehmen lassen, indem sie bestimmen, wie ein bestimmter Reiz wahrgenommen wird.

> Hört man zum Beispiel den Satz „Das ad am Auto muss gewechselt werden", so wird man das „ad" als „Rad" wahrnehmen; taucht jedoch das „ad" in einem anderen Zusammenhang wie „Zimmer mit ad und WC" auf, so hört man „Bad".

Der identische Reiz wird im ersten Wort als A, im zweiten als H gelesen.

Der Reiz erscheint im Alphabet als O, in der Zahlenfolge als Null.

Unsere Wahrnehmung kommt also einerseits durch Sinneseindrücke, andererseits durch deren Interpretation aufgrund von Erfahrungen und – wie in *Abschnitt 8.3.1* ausgeführt – Erwartungen zustande.

Der Prozess der Wahrnehmung

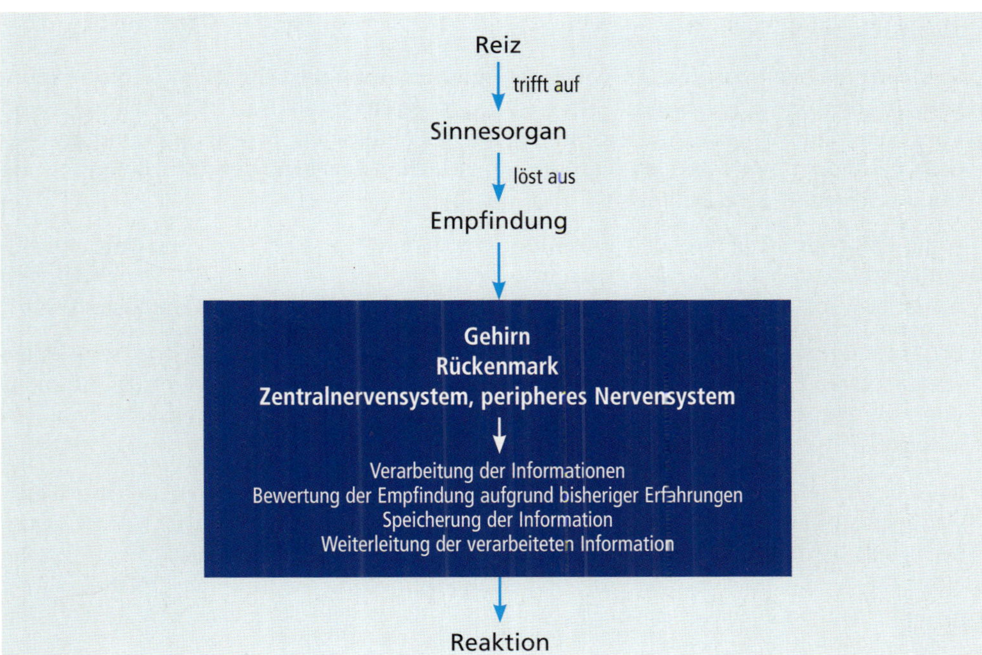

Die Betrachtung, die von den informationsaufnehmenden Sinnesrezeptoren ausgeht bis hin zur Verarbeitung der Informationen im Gehirn, wird als **Bottom-up-Verarbeitung**, als ***aufsteigende datengesteuerte Verarbeitung***, bezeichnet, die der Interpretation und Bewertung von Informationen aufgrund unserer Erfahrungen und Erwartungen als **Top-down-Verarbeitung**, als ***absteigende, konzeptgesteuerte Verarbeitung***.

8.2 Die Subjektivität der Wahrnehmung

Die meisten Menschen sind der Meinung, die Wirklichkeit so wahrzunehmen, wie sie tatsächlich ist. Zahlreiche Experimente zeigen jedoch, dass das Ergebnis der Wahrnehmung nur zum Teil der tatsächlich existierenden Wirklichkeit entspricht.

> *„Wie die Welt wirklich ist, können wir nicht sagen. Sie ist lediglich eine Konstruktion unseres Gehirns, das alle Sinnesinformationen verarbeitet und auswertet. (...) Die meisten von uns sind jedoch naive Realisten. Sie glauben, dass die Welt so ist, wie sie von ihnen wahrgenommen wird."* *(Oehler u.a., 2009, S. 43)*

8.2.1 Bedingungen der Wahrnehmung

Was wir sehen, hören, riechen oder schmecken, ist kein einfaches Abbild der Realität. Die Wahrnehmung ist vielen Einflüssen ausgesetzt, die sie verzerren, ja sogar verfälschen.

> Wenn man zum Beispiel an einem heißen Sommertag mit 32° Celsius Temperatur in ein Zimmer geht, das etwa +20° Celsius hat, so wird man diese Zimmertemperatur als „angenehm kühl" wahrnehmen. Betritt man jedoch das Zimmer, nachdem man draußen in der Kälte bei –10° Celsius stand, so nimmt man dieses Zimmer mit +20° Celsius als „warm" wahr.

Unsere Wahrnehmung wird:

- durch die **Beschaffenheit unserer Sinnesorgane eingeschränkt**, wie in *Abschnitt 8.1.3* dargestellt ist.
- von Persönlichkeitsmerkmalen wie bisherigen Erfahrungen, Gefühlen und Stimmungen, Trieben und Bedürfnissen, Interessen und Wertvorstellungen, Einstellungen und Vorurteilen, Intelligenz und Begabungen sowie Fähigkeiten, Fertigkeiten und dergleichen verändert. Wir sprechen hier von **individuellen Faktoren der Wahrnehmung**, sie sind in *Abschnitt 8.2.3* aufgezeigt.
- von gesellschaftlichen und kulturellen Gegebenheiten, sozialen Wert- und Normvorstellungen sowie von anderen Personen bzw. Personengruppen beeinflusst. Es handelt sich hierbei um **soziale Faktoren der Wahrnehmung**, die in *Abschnitt 8.2.4* dargestellt sind.
- von bestimmten **Erwartungen des Individuums bestimmt**: Persönlichkeitsmerkmale sowie soziale Einflüsse lösen beim Menschen bestimmte Erwartungen aus, die mehr oder weniger stark entscheiden, was und wie etwas wahrgenommen wird (vgl. *Abschnitt 8.3.1*).

> So kann beispielsweise ein Junge aufgrund seiner bisherigen Erfahrungen und Erlebnisse die Erwartung aufbauen: „Mich mag kein Mädchen, Mädchen lehnen mich ab. Ich habe keine Chancen bei ihnen." Der Junge wird möglicherweise, wenn er nun in die Disco geht, die Mädchen, die ihn nicht sehen und ignorieren, eher wahrnehmen als Mädchen, die ihn beachten. Er sieht vielleicht gar nicht, dass ihm einige lieb zulächeln, oder er stuft dies als unbedeutend ein bzw. deutet es um – etwa als nicht ernst gemeint.

- durch bestimmte **Prinzipien und Gesetze geordnet und strukturiert**, wie in *Abschnitt 8.4* ausgeführt ist. Grundprinzip ist dabei, dass mithilfe der Wahrnehmung Sinn und Ordnung in die Reize der Umwelt gebracht werden.
- vom einzelnen Individuum **unterschiedlich interpretiert**: Das Individuum beurteilt die jeweilige Reizsituation subjektiv, die nicht mit der objektiven Beschaffenheit der Wirk-

lichkeit übereinstimmt. Die Menschen reagieren nicht auf die Realität, wie sie objektiv vorliegt, sondern wie sie sich ihnen subjektiv darstellt.

Unsere Wahrnehmung stellt also keinen einfachen Reiz-Reaktions-Vorgang dar; eine Vielzahl von Bedingungen bestimmt, ob wir überhaupt diesen oder jenen Reiz wahrnehmen, und wenn ja, wie wir ihn wahrnehmen und interpretieren sowie wie wir darauf reagieren.

8.2.2 Der Konstruktivismus

Im 20. Jahrhundert entwickelten sich mehrere Strömungen, die davon ausgehen, dass das, ***was wir wahrnehmen, eine Konstruktion unseres Gehirns ist*** und keine wirkliche Abbildung der Welt. Diese Strömungen werden mit dem Begriff **Konstruktivismus**[1] zusammengefasst.

> **Der Konstruktivismus ist eine Sammelbezeichnung für Positionen, die davon ausgehen, dass das menschliche Gehirn die Welt nicht so abbildet, wie sie wirklich ist, sondern sich der Mensch seine eigene Welt entwirft und formt.**

Nach dem Konstruktivismus ist die Lebenswelt eines Menschen seine eigene Konstruktion, er entwirft sich seine Wirklichkeit im eigenen Kopf. Menschliche Wahrnehmung ist eine Konstruktion aus Sinnesreizen und Gedächtnisleistung eines Individuums. Damit ist der Mensch von Kindheit an aktiver Gestalter seiner Welt, der sein eigenes Leben selbst strukturiert.[2]

Der Konstruktivismus unterscheidet drei Perspektiven, drei Denk- und Handlungsweisen (vgl. *Reich, 2010[6], S. 119ff.*):

- Die **Konstruktion**: Der Mensch ist Erfinder – Konstrukteur – seiner Wirklichkeit. Die Konstruktion gilt als Basis allen pädagogischen und psychologischen Handelns. *„Wir sind die Erfinder unserer Wirklichkeit."*
- Die **Rekonstruktion**: Der Mensch erfindet nicht alles neu, er entdeckt auch die Erfindungen – Konstruktionen – anderer und übernimmt diese. *„Wir sind die Entdecker unserer Wirklichkeit."*
- Die **Dekonstruktion**: Der Mensch nimmt Erfindungen – Konstruktionen – nicht nur hin, er steht ihnen auch kritisch gegenüber. Er enttarnt die Wirklichkeit und als Enttarner ist er kritisch. Die Dekonstruktion stellt eine Möglichkeit zu einer kritischen Neuorientierung dar. *„Wir sind die Enttarner unserer Wirklichkeit."*

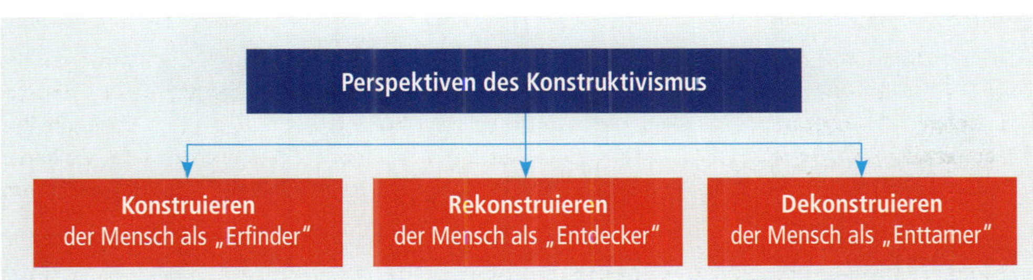

[1] *construere (lat.): bauen, erbauen; verbinden, zusammenfügen*
[2] *siehe hierzu auch Kapitel 10.2.1*

*Der **Radikale Konstruktivismus** bestreitet die Fähigkeit von Menschen, objektive Realität zu erfassen, und geht davon aus, dass es keine Objektivität gibt. Das Wissen eines Menschen, seine Sicht anderer Menschen und seiner Umwelt, ist grundsätzlich eine geistige Konstruktion. Die Wahrnehmung der konstruierten Welt kann niemals mit der Realität übereinstimmen – Wahrnehmung ist zu jedem Zeitpunkt subjektiv. Entsprechend lehnt er rein naturwissenschaftliche Methoden ab.*[1]

> *„Wahrheit ist die Erfindung eines Lügners."* *(von Förster/Pörksen, 2008[8], S. 11)*

Der Konstruktivismus ist die Grundlage der systemischen Psychotherapie, die davon ausgeht, dass alle einzelnen Elemente eines Lebensbereiches, dem ein Mensch angehört, zueinander in einer wechselseitigen Beziehung stehen und sich gegenseitig beeinflussen. In der systemischen Therapie geht es deshalb um Veränderungen im System, dem der Betroffene angehört. Im Gespräch wird der Klient angeregt, seine Sicht der Welt, seine Konstruktionen, so zu verändern, dass sie für ihn weniger leidvoll ist (vgl. *von Förster, 2002[18], S. 39–60*).

> *„Nicht die Wirklichkeit ist das Reale, sondern was unser inneres Auge daraus macht."*
> *(Josef Hofmiller[2])*

Entsprechend wird unterschieden zwischen ***Realität***, wie die Welt „an sich" ist, und ***Wirklichkeit***, wie wir die Realität wahrnehmen und wie sie uns erscheint. Die Realität sind physikalische Reize wie elektromagnetische Wellen, mechanische Schwingungen, chemische Veränderungen, thermische Reize und dergleichen, die Wirklichkeit ist die von Menschen subjektiv wahrgenommene Welt.

Realität	Wirklichkeit
↓	↓
wie die Welt „an sich" beschaffen ist	wie die Welt wahrgenommen wird und wie sie uns erscheint

Philosophischer Disput
Ein Mensch verteidigt mit viel List:
Die Welt scheint anders, als sie ist!
Sein Gegner aber streng verneint:
Die Welt ist anders, als sie scheint.
(Eugen Roth, 2001)

[1] *vgl. Kapitel 3.2*
[2] *Josef Hofmiller (1872–1933) war Literaturkritiker.*

8.2.3 Individuelle Faktoren der Wahrnehmung

Persönlichkeitsmerkmale wie bisherige Erfahrungen, Gefühle und Stimmungen, Triebe und Bedürfnisse, Interessen und Wertvorstellungen, Einstellungen und Vorurteile, Intelligenz und Begabungen sowie Fähigkeiten und Fertigkeiten verändern unsere Wahrnehmung.

Beispiel, wie **Erfahrungen** die Wahrnehmung beeinflussen können:
Wenn wir auf der Straße einem Menschen begegnen und uns wird gesagt, dass dieser Mann ein Lehrer ist, so werden wir all die Erfahrungen, die wir mit Lehrern gemacht haben, in unsere Wahrnehmung dieses Menschen einfließen lassen.

Beispiele, wie **Bedürfnisse und Triebe** unsere Wahrnehmung bestimmen können:
Wer großen Hunger hat, sieht Nahrungsmittel anders als derjenige, der sich gerade satt gegessen hat. Wer auf eine Party geht, weil er eine Freundin sucht, betrachtet die Gäste unter einem ganz anderen Aspekt als derjenige, der lediglich Unterhaltung will.

Beispiele, wie **Gefühle** die Wahrnehmung verändern können:
Wer verliebt und glücklich ist, nimmt seine Umwelt mit anderen Augen wahr als der Enttäuschte, Unglückliche. Wer Angst hat, deutet die Geräusche nachts in einem einsamen Haus anders als der Furchtlose. Der Ängstliche sieht und hört in der Dämmerung häufig bedrohliche Gestalten. In Kinderzeichnungen wird vor dem Weihnachtsfest der Weihnachtsmann größer gezeichnet als nach der Bescherung. Man sagt, Menschen können „blind" sein vor Wut, aber auch: Liebe macht „blind".

Umgekehrt
Ein Mensch wird „Pessimist" geschmäht,
Der düster in die Zukunft späht.
Doch scheint dies Urteil wohl zu hart:
Die Zukunft ist's, die düster starrt!
(Eugen Roth, 2001)

Menschen in guter **Stimmung** beurteilten in Versuchen nicht eindeutige Gesichtsausdrücke eher positiv, während schlecht gelaunte diese eher negativ sahen. Bereits ganz oberflächliche Einflüsse auf die Stimmung, wie etwa schönes Wetter, ein liebes Wort oder ein netter Brief, bewirken, wie man in Untersuchungen festgestellt hat, dass Menschen sich wohler fühlen und dass die Wahrnehmung ihrer Arbeit, ihrer Wohnung und dergleichen im Allgemeinen positiver ausfällt.

„Fühlen wir uns glücklich, werden eher positive, glückliche Gedanken, Konstrukte und Personeneigenschaften aktiviert, und wir sind deshalb geneigt, (...) eigenes wie fremdes Verhalten im Lichte dieser Konstrukte zu interpretieren. Folglich werden wir im eigenen Verhalten oder in dem anderer auch vermehrt glückliche und positive Momente wahrnehmen. Sind wir schlechter Stimmung, geschieht das Gegenteil." *(Forgas, 1999[4], S. 32)*

Ein Beispiel dafür, wie **Einstellungen und Vorurteile** unsere Wahrnehmung bestimmen können:
Ein Parteimitglied wird das, was seine Partei macht, als „gut" wahrnehmen und das Tun der anderen Parteien skeptisch sehen.

Die Verfälschung der Wahrnehmung durch Einstellungen kann schicksalhafte Auswirkungen haben, wenn sie zur Bestätigung von Vorurteilen und Stereotypen beiträgt.[1]

---

[1] *Stereotypen sind schablonenhafte Beurteilungen, vereinfachte Verallgemeinerungen bzw. Klischeevorstellungen wie zum Beispiel „Farbige sind dümmer als Weiße" oder „Araber sind fauler als Europäer". Bei einem Vorurteil handelt es sich um eine soziale Einstellung, die nicht auf ihre Richtigkeit hin an der Realität überprüft ist, die durch neue Erfahrungen oder Informationen nicht oder kaum verändert wird und die eine positive oder negative Bewertung des Objektes, auf das sich das Vorurteil bezieht, beinhaltet (vgl. Kapitel 24.1.6).*

Gordon W. Allport und *Leo Postman*[1] führten ein Experiment durch, in welchem deutlich wird, wie Vorurteile zur Wahrnehmungsverfälschung beitragen:

In dieser Bildvorlage hat der Weiße ein Rasiermesser in der Hand (Pfeil). Nach einiger Zeit erzählten amerikanische weiße Versuchspersonen, die dieses Bild sahen, dass ein Schwarzer dabei war, der „plötzlich" das Rasiermesser in der Hand hat (vgl. *Allport/Postman, 1947, S. 52*).

8.2.4 Soziale Faktoren der Wahrnehmung

Solche sozialen Faktoren sind zum einen **gesellschaftliche und kulturelle Gegebenheiten.** Gesellschaft und Kultur prägen nicht nur unsere Sprache, vielmehr bestimmen sie auch, wie Menschen ihre Welt wahrnehmen und interpretieren.

> Experimente haben ergeben, dass beispielsweise Asiaten und Amerikaner unterschiedliche Dinge sehen, wenn sie eine bestimmte Szene betrachten. Amerikaner fokussieren den Elefanten, während sich Asiaten mehr auf die Dschungelszene konzentrieren (vgl. *Römer, 2008, S. 8*).

Zum anderen ist die Wahrnehmung von **sozialen Wert- und Normvorstellungen** der betreffenden Gesellschaft bzw. einer ihrer Gruppen abhängig.

Geld und Konsum haben in unserer Gesellschaft einen hohen Wert. Die beiden Psychologen *Jerome Bruner und Cecile C. Goodman* teilten in einem Experiment zehnjährige Kinder in zwei Gruppen ein, und zwar entsprechend ihrer Herkunft in eine „arme" und in eine „reiche" Gruppe. Sie bekamen verschiedene Geldmünzen vorgelegt, deren Größe sie schätzen sollten. Alle Kinder überschätzten die Größen der Münzen, die Kinder aus „armen" Familien jedoch deutlich stärker als die aus einem „reichen" Elternhaus.

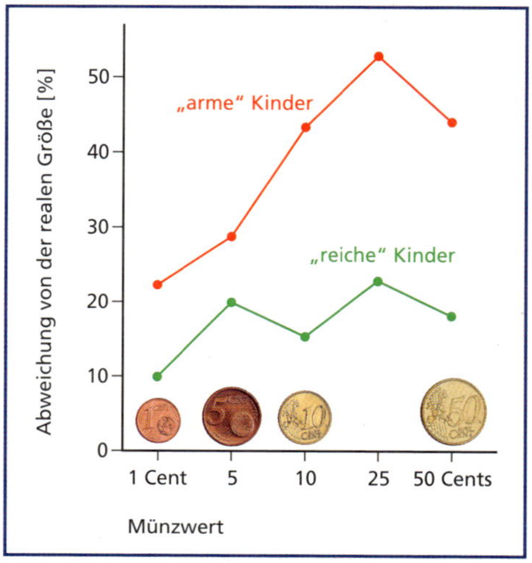

Zudem wird unsere Wahrnehmung durch **andere Personen bzw. Personengruppen** beeinflusst.

[1] *Gordon Willard Allport (1897–1967) war US-amerikanischer Sozialpsychologe und Professor an der Harvard-University. Ausführungen über Leo Postman befinden sich in Abschnitt 8.3.1.*

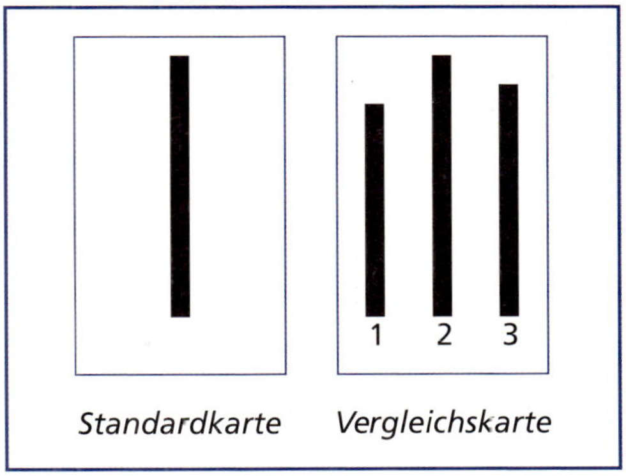

Das aufsehenerregendste Experiment, wie andere Personen unsere Wahrnehmung verändern können, stammt von dem amerikanischen Psychologen *Solomon Asch*[1]: Versuchspersonen sollten in einer Gruppe von mehreren Personen angeben, welche der drei Vergleichslinien auf der Vergleichskarte die gleiche Länge hat wie die Linie auf der Standardkarte. Einige „Versuchspersonen" waren jedoch in Wirklichkeit keine Versuchspersonen, sondern Mitgestalter des Versuches. Sie mussten bei der Schätzung sagen, dass die Linie 1 so lang sei wie die Standardlinie. Die wirklichen Versuchspersonen waren nicht eingeweiht. Die meisten (wirklichen) Versuchspersonen passten sich dem Urteil der anderen Personen an und nahmen in ihren Augen tatsächlich die Standardlinie als gleich groß mit der Linie 1 auf der Vergleichskarte an.

Der Psychiater und Neurologe *Gregory Berns* von der Emory University in Atlanta beobachtete in einem Scanner, was im Gehirn passiert, wenn Versuchspersonen – beeinflusst durch die Meinung anderer - die Größe verschiedener dreidimensionaler Objekte vergleichen. Auch in dieser Studie schlossen sich viele Versuchspersonen der falschen Meinung anderer Gruppenmitglieder an: Bei diesen waren Gehirnareale aktiv, die eindeutig mit Wahrnehmung assoziiert sind, was bedeutet, dass Informationen, die man von anderen erhält, die Wahrnehmung beeinflussen können (vgl. *Nuber, 2005, S. 10*).

Der Konsumforscher *Werner Kroeber-Riel* stellte in Untersuchungen fest, dass nicht das objektive Angebot das Kaufverhalten der Menschen bestimmt, sondern das, was uns beispielsweise die Werbung täglich einflößt. Hören wir beispielsweise jeden Tag, dass dieser oder jener Markt sehr billig ist, so nehmen wir das auch nach einiger Zeit so wahr („der gefühlte Billigpreis").

In dem Moment, in welchem sich ein Mensch in einer **Gruppe** befindet, passt sich seine Wahrnehmung dem Einfluss der Gruppe an.

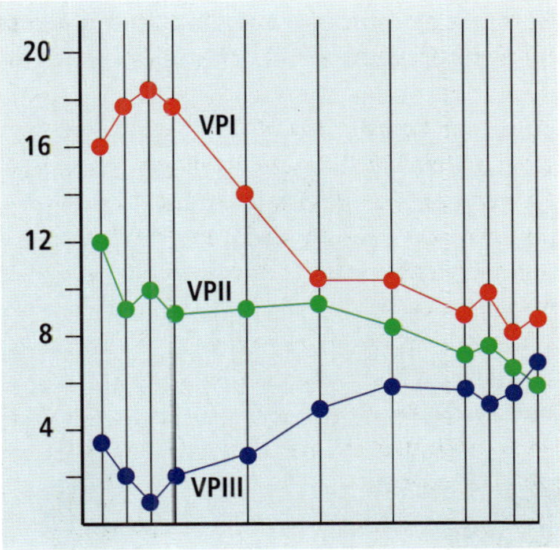

In seinen experimentellen Untersuchungen benutzte *Mustafar Sherif*[2] das sogenannte ***autokinetische*[3] *Phänomen*** – die Augen eines Menschen bewegen sich ständig. In einem völlig verdunkelten Raum wurde ein sehr kleiner und intensitätsschwacher Lichtpunkt für kurze Zeit dargeboten. Da auch bei fester Fixation unsere Augenachsen niemals ganz ruhig bleiben, scheint sich der Lichtpunkt, der objektiv feststeht, zu bewegen. Die Versuchspersonen besaßen in diesem Fall auch nicht die Möglichkeit, den subjektiven Charakter dieser Bewegungserscheinung zu erkennen, da es dazu eines festen Bezugssystems bedürfte. Da außerdem die Entfernung des Lichtpunktes unbekannt war – der Projektor

---

[1] *Solomon Asch (1907–1996) war Gestaltpsychologe und ein bedeutender Pionier der Sozialpsychologie.*

[2] *Mustafar Sherif (1906–1988), türkischer Sozialpsychologe, beschäftigte sich vor allem mit Konflikten und wie sein Kollege S. Poch mit Konformität.*

[3] *autos (griech.): selbst; kinesis (griech.): die Bewegung*

befand sich hinter einem Schirm, der erst nach der Verdunkelung weggezogen wurde –, fiel die Schätzung der scheinbaren Bewegungsweite des Punktes überaus schwer. Zunächst zeigte sich, dass sich die Urteile zwischen den Versuchspersonen stark unterschieden. Nach Gedankenaustausch der Versuchspersonen untereinander über die Urteile passten sich diese jedoch immer mehr an (vgl. *Hofstätter, 1985, S. 58*).

„Man glaubt nicht, was man sieht, sondern man sieht, was andere einen glauben machen."
(Nuber, 2005, S. 10)

Diese Ergebnisse haben für *Gregory Berns* eine gesellschaftliche Bedeutung: Die Gefahr, dass Menschen sich der mehrheitlichen Meinung anschließen, ist groß. Und wenn diese mehrheitliche Meinung in der Lage ist, die eigene Wahrnehmung zu beeinflussen, dann ist man möglicherweise nicht mehr fähig, zwischen richtig und falsch zu unterscheiden (vgl. *Nuber, 2005, S. 10*).

Die Wahrnehmung wird verändert
durch

individuelle Faktoren
wie
bisherige Erfahrungen, Gefühle und Stimmungen, Triebe und Bedürfnisse, Interessen und Wertvorstellungen, Einstellungen und Vorurteile, Intelligenz und Begabungen sowie Fähigkeiten und Fertigkeiten

soziale Faktoren
wie
gesellschaftliche und kulturelle Gegebenheiten, soziale Wert- und Normvorstellungen, andere Personen und Gruppen

Besonders prägnante Beispiele für die Verkennung der Realität sind die sogenannten ***geometrisch-optischen Täuschungen***.

Einige Beispiele:

Konturen, wo keine sind: Dreieck

Schräge Streifen bringen die – exakt senkrechten – Buchstaben ins Wanken.

Das gleichbleibende graue Quadrat wirkt umso heller, je dunkler seine Umgebung wird.

Optische Täuschung
Ein Mensch sitzt stumm und liebeskrank
Mit einem Weib auf einer Bank;
Er nimmt die bittre Wahrheit hin,
Daß sie zwar liebe, doch nicht ihn.
Ein andrer Mensch geht still vorbei
Und denkt, wie glücklich sind die zwei,
Die – in der Dämmrung kann das täuschen –
Hier schweigen süß in Liebesräuschen.
Der Mensch in seiner Not und Schmach
Schaut trüb dem andern Menschen nach
Und denkt, wie glücklich könnt ich sein,
Wär ich so unbeweibt allein.
Darin besteht ein Teil der Welt,
Daß andre man für glücklich hält.
(Eugen Roth, 2001)

„Komisch, dass hier lauter Kreise hängen."

8.3 Die soziale Wahrnehmung

Sowohl die Beeinflussung der Wahrnehmung durch soziale Faktoren als auch die Wahrnehmung sozialer Bereiche wie anderer Personen bzw. Personengruppen, Minderheiten und Nationen wird in der Sozialpsychologie als **soziale Wahrnehmung** bezeichnet.

> **Soziale Wahrnehmung bedeutet sowohl die Mitbedingtheit der Wahrnehmung durch soziale Faktoren als auch die Wahrnehmung sozialer Bereiche.**

Als Teilgebiet der sozialen Wahrnehmung gilt dementsprechend die **Personenwahrnehmung**, die sich von der Wahrnehmung von Objekten unterscheidet.

8.3.1 Die Theorie der sozialen Wahrnehmung von Bruner und Postman

Die beiden Psychologen *Jerome S. Bruner* und *Leo Postman* haben wichtige Aussagen der sozialen Wahrnehmung formuliert, die an Aktualität nichts verloren haben.

Jerome S. Bruner (* 1915) und *Leo Postman* (1918–2004), zwei amerikanische Psychologen, formulierten diese Aussagen Mitte der 40er-Jahre des letzten Jahrhunderts im Zuge des „new look in perception". Damit wurde eine neue Art der Erklärung von Wahrnehmung vor allem auf der Grundlage sozialer Faktoren in die Wege geleitet. Diese Theorie, die im deutschsprachigen Raum als **Hypothesentheorie der sozialen Wahrnehmung** bekannt wurde, beeinflusste nicht unerheblich andere sozialpsychologische Theorien, insbesondere kognitiv orientierte Einstellungstheorien wie zum Beispiel die Theorie der kognitiven Dissonanz von *Leonhard Festinger*, die in *Band 2, Kapitel 24.2.3* dargestellt ist.

Die Aussagen von *Bruner* und *Postman* lassen sich wie folgt zusammenfassen (vgl. *Lilli/ Frey, 1993²*, *S. 49 ff.)*:

- Persönlichkeitsmerkmale, wie in *Abschnitt 8.2.3* dargestellt, und soziale Einflüsse, wie in *Abschnitt 8.2.4* ausgeführt, lösen beim Menschen bestimmte ***Erwartungen*** aus, die von *Bruner* und *Postman* **Erwartungshypothesen**[1] genannt werden.

Ein Junge kann, wie in *Abschnitt 8.2.1* schon ausgeführt, aufgrund seiner bisherigen Erfahrungen und Erlebnisse die Erwartung aufbauen: „Mich mag kein Mädchen, Mädchen lehnen mich ab. Ich habe keine Chancen bei ihnen."

- Jeder Wahrnehmungsvorgang beginnt mit einer oder mehrerer solcher Erwartungshypothesen. Diese entscheiden mehr oder weniger stark, ***was*** wahrgenommen wird. Im Extremfall nimmt der Mensch von den in der Wirklichkeit objektiv gegebenen Reizen nur diejenigen wahr, die seinen Hypothesen entsprechen. Reize, die diesen Erwartungen widersprechen, werden nicht wahrgenommen oder abgewehrt, umgedeutet, verzerrt, verfälscht bzw. als nicht bedeutend gewertet.

Der Junge wird möglicherweise, wenn er nun in die Disco geht, die Mädchen, die ihn nicht sehen und ignorieren, eher wahrnehmen als Mädchen, die ihn beachten. Er sieht vielleicht gar nicht, dass ihm einige lieb zulächeln, oder er stuft dies als unbedeutend ein bzw. deutet es um – etwa als nicht ernst gemeint.

In der neueren Wahrnehmungspsychologie wird in diesem Zusammenhang häufig von einem ***Wahrnehmungsset*** *gesprochen, welches von Annahmen und Erwartungen des betroffenen Individuums vorgegeben wird und unsere Wahrnehmung bestimmt.*

- Die Erwartungshypothese stellt die Leitorientierung für die Wahrnehmung dar, sie beeinflusst, was wahrgenommen wird und wie das Wahrgenommene interpretiert wird. Dabei **bestimmt die Stärke der Hypothese den Grad des Einflusses auf die Wahrnehmung**:
  - Je stärker eine Erwartungshypothese ist, desto größer ist die Wahrscheinlichkeit, dass sie aktiviert wird. Das bedeutet, dass bei einer bestimmten Wahrnehmungssituation immer die stärkste Erwartungshypothese herangezogen wird.
  - Je stärker eine Erwartungshypothese ist, desto weniger Information wird zu ihrer Bestätigung benötigt; je schwächer sie ist, desto mehr Informationen sind zu ihrer Bejahung notwendig. Insofern besteht eine ***Beziehung zwischen der Stärke der Erwartungshypothese und der erforderlichen Menge an Informationen***.

Dem Jungen werden schon wenige Mädchen, die ihn nicht beachten, genügen, um ihm – erneut – zu bestätigen, dass Mädchen ihn ablehnen und er keine Chancen bei ihnen hat.

---

[1] *Der Begriff „Hypothese" wird hier allgemein im Sinne von Erwartung gebraucht und nicht im Sinne einer formulierten Vermutung über den Ausgang einer erst noch zu unternehmenden Untersuchung, wie er in Kapitel 4.1.2 dargestellt ist.*

- Je stärker eine Hypothese ist, desto größer muss die Menge widersprechender Informationen sein, damit sie widerlegt werden kann. Im Extremfall kann sie gar nicht zu Fall gebracht werden.

So muss der Junge vermutlich sehr viele positive Erfahrungen und Erlebnisse sammeln, um seine Hypothese, dass er keine Chancen bei Mädchen hat, aufzugeben.

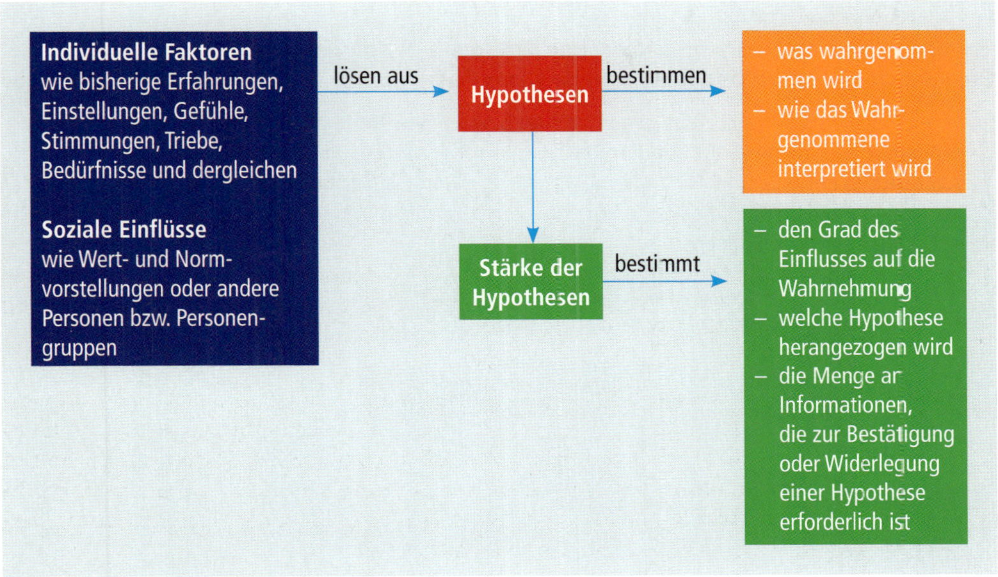

Der Erklärungswert der Theorie der sozialen Wahrnehmung von *Bruner* und *Postman* ist groß.

Ein Beispiel hierfür ist der Placeboeffekt bei Medikamenten: Patienten erhalten ein Scheinmedikament ohne entsprechenden Wirkstoff, was diese aber nicht wissen. Diese Scheinmedikamente wirken dennoch, vor allem dann, wie entsprechende Untersuchungen ergeben haben, wenn die Erwartung des Patienten groß ist.

Als bedeutende Anwendungsfelder können vor allem die Personenwahrnehmung, Einstellungen, Stereotype und Vorurteile genannt werden.

So zum Beispiel bietet diese Theorie eine plausible Erklärung dafür, dass Menschen oft Gerüchte über Personen – bis hin zu Rufmord – in die Welt setzen, obwohl keine diesbezüglichen Informationen vorliegen. *Waldemar Lilli* und *Dieter Frey (1993², S. 68)* bringen hierfür ein Beispiel aus der Geschichte: Juden wurde im Mittelalter vorgeworfen, die Brunnen vergiftet zu haben, als Erklärung für den um sich greifenden Tod durch die Pest. Obwohl niemand einen Juden bei der Brunnenvergiftung beobachtet hatte, wurde dies dennoch als Realität angesehen.

Bei sehr starken Erwartungshypothesen, zum Beispiel durch Neid, Eifersucht oder Hass bedingt, reichen oft schon minimale Anhaltspunkte aus, um ein Bild zu vervollständigen und daraus **Fantasien zu entwerfen**.

Solche Fantasien können zum Beispiel sein: Der Chef hat ein Verhältnis mit seiner Sekretärin; die Schülerin hat nur durch „Schleimerei" und nicht durch Können gute Noten erzielt.

Wenn nun solche Fantasien von anderen akzeptiert werden, steigt die Sicherheit bezüglich der Richtigkeit der Erwartungshypothese.

Die Aussagen von *Bruner* und *Postman* haben auch eine sehr große Bedeutung für den politischen und wirtschaftlichen Bereich.

Es ist zum Beispiel weitgehend bekannt, dass Politiker und Medien Hypothesen wie etwa „Der Tiefpunkt ist überwunden", „Es geht aufwärts", „Wir kommen in eine wirtschaftliche Rezession" oder „Die Regierung ist nicht fähig ..." aufbauen können, die dann von der Bevölkerung als „richtig" wahrgenommen werden. Auch Umfragen oder Wahlprognosen können einen Einfluss auf den Einzelnen – zum Beispiel auf sein Wahlverhalten – haben.

Erwartungen haben einen sehr großen Einfluss auf Konjunkturverläufe und damit auf Prozesse der Inflation und Rezession bzw. des Aufschwungs und der Beschäftigungslage.

So ist beispielsweise nicht das gegenwärtige Einkommen für die Sparquote oder das Konsumentenverhalten entscheidend, sondern das in Zukunft erwartete. Ebenso verhält es sich mit der wirtschaftlichen Entwicklung: Nicht der gegenwärtige Stand ist für Konjunkturverläufe entscheidend, sondern die Erwartung über die zukünftige wirtschaftliche Entwicklung. Dasselbe gilt für die Entwicklung von Aktienkursen.

Der ehemalige Börsenexperte André Kostolany zum Beispiel äußerte kurz vor seinem Tod im Jahre 1999: „Börse ist Psychologie." (Brandes, 2010, S. 16)

> *„Das Verhalten sowohl einer ganzen Volkswirtschaft als auch von Unternehmern und Unternehmensverbänden kann nach gewissen Erwartungshypothesen (...) das Verhalten beeinflussen. Ebenso können Erwartungen über die Zukunft von Kultur, Politik und Wirtschaft ganze Konjunkturverläufe sowie das Verhalten der Investoren und der Konsumenten beeinflussen. Überall, wo es auch in der Ökonomie um Urteile und Entscheidungen geht (...), fließen Hypothesen mit ein und können so (...) die Urteilsprozesse beeinflussen und je nach der Konstellation auch zu Fehlurteilen führen."*
>
> *(Lilli/Frey, 1993², S. 72)*

8.3.2 Fehler in der Wahrnehmung anderer Personen

Die Wahrnehmung vermittelt uns, wie in den *vorherigen Abschnitten* ausgeführt, ein subjektives Bild der Wirklichkeit. Dabei kommt es zu Fehlern und Störungen in unserer Wahrnehmung, die sich oft schicksalhaft auswirken können. Die Verfälschung und Verzerrung der objektiven Wirklichkeit durch unsere Wahrnehmung wird vor allem in der Wahrnehmung von anderen Personen, Personengruppen und ganzen Nationen deutlich. Die Ergebnisse unserer Wahrnehmung unterliegen besonders in diesem Bereich vielen Fehlern.

> *„Personenwahrnehmung kann als das erste, entscheidende Stadium jeder zwischenmenschlichen Interaktion[1] betrachtet werden. Bevor wir uns sinnvoll auf andere beziehen können, müssen wir sie wahrnehmen und interpretieren. (...) Jede soziale Begegnung hinterlässt bei uns einen bestimmten Eindruck vom anderen, bestimmte Erwartungen und Vorhersagen. Darum spielt Personenwahrnehmung in jeder Phase der sozialen Interaktion eine wichtige Rolle, sei es bei der Kontaktaufnahme, beim Aufrechterhalten oder Beenden."*
>
> *(Forgas, 1999⁴, S. 20)*

Die Personenwahrnehmung gilt als Teilgebiet der sozialen Wahrnehmung, die sich von der Wahrnehmung von Objekten unterscheidet. Wie schon in *Abschnitt 8.3.1* dargestellt, beeinflussen insbesondere unsere **Erwartungen** die Wahrnehmung von Personen.

---

[1] *Soziale Interaktion bedeutet das wechselseitig aufeinander bezogene Verhalten zwischen Menschen, die agieren und aufeinander reagieren sowie sich gegenseitig beeinflussen und steuern (vgl. Band 2, Kapitel 23.1.1).*

Mitarbeiter beispielsweise, die den Erwartungen ihrer Vorgesetzten am meisten entsprechen, werden positiv gesehen und am besten beurteilt – unabhängig von ihrem tatsächlichen Leistungsniveau. Dies ist laut *Lioba Werth* und *Jennifer Mayer* (*2008, S. 159*) unter anderem darauf zurückzuführen, „dass wir bei Bestätigung unserer Erwartungen eher positiven Affekt (Zufriedenheit) erleben und dementsprechend den Beurteilten wohlwollender bewerten, während die Verletzung unserer Erwartung eher negativen Effekt (Unsicherheit) und damit eine schlechtere Bewertung hervorruft."

Die bedeutendsten Fehler in der Wahrnehmung von anderen Personen und Personengruppen sind[1]:

- Es werden nicht die beobachtbaren Verhaltensweisen, die eine Person zeigt, wahrgenommen, sondern es wird ein bestimmtes **Bild**, das man sich von der (den) Person(en) bzw. der Gruppe macht, gesehen. Wir machen uns von Menschen, Gruppen oder von ganzen Nationen und Rassen in unserer Wahrnehmung grundsätzlich ein Bild und nehmen nicht nur die Person oder die Gruppe als solche(s) wahr, sondern ziehen Schlüsse über ihre Motive, Absichten, Eigenschaften, Gefühle, Fähigkeiten und dergleichen.

Verhaltensweise:		*Wahrnehmung:*
Klara wippt mit den Beinen.	→	Klara ist nervös.
Georg hat ein Problem gelöst.	→	Georg ist intelligent.
Hans hat jemanden gestoßen.	→	Hans ist aggressiv.
Bert weiß nicht viel in der Schulaufgabe.	→	Bert ist faul.

- Die Wahrnehmung von Personen wird von dem **sozialen Zusammenhang** bestimmt, in dem diese Person steht.

  Wenn wir beispielsweise eine Person sehen und wissen, diese Person ist ein Lehrer, nehmen wir zugleich die Merkmale wahr, die wir mit dem Wort „Lehrer" verbinden. Mit einer Frau verbinden wir die Merkmale, die unserer Meinung nach eine Frau zur Frau machen. Einen Jugendlichen nehmen wir mit den Merkmalen wahr, die typisch für die Jugend sind, einem Katholiken schreiben wir zu, was typisch für Katholiken, einem Franzosen, was typisch für Franzosen ist.

  Je nachdem, ob eine Person einer bestimmten Schicht, Partei, Konfession, einem bestimmten Verein oder Club angehört, nehmen wir sie entsprechend ihrer Zugehörigkeit im sozialen Zusammenhang wahr.

- Sehr eng damit hängt der **Hierarchieeffekt** zusammen: Menschen, die in einer Hierarchie oder in der sozialen Schicht höher stehen, werden tendenziell positiver wahrgenommen und beurteilt als solche mit niedrigem Rang und Status (vgl. *Daigeler, 2008², S. 20*).[2]

  Ein ausländischer Arzt wird anders gesehen als ein ausländischer Zuarbeiter.

  „Fremde sind umso fremder, je ärmer sie sind." *(Hans Magnus Enzensberger[2])*

- Beim Wissen um die **Rolle**, die ein bestimmter Mensch innehat, wird nicht der Mensch als solcher, sondern die Rolle wahrgenommen.

---

[1] *Diese hier aufgeführten Wahrnehmungsfehler überschneiden sich zum Teil – je nachdem, aus welcher Sicht man den Fehler betrachtet.*

[2] *Hans Magnus Enzensberger (* 1929) ist deutscher Schriftsteller und Journalist. Er gründete und leitete die Literaturzeitschrift „Kursbuch". 1963 erhielt er den Georg-Büchner-Preis.*

Wenn wir beispielsweise einen Mann mit einer blauen bzw. grünen Uniform sehen, nehmen wir ihn als „Polizisten", mit einem weißen Kittel und Stethoskop um den Hals als „Arzt" wahr.

Wir sehen keine Menschen, sondern Lehrer, Schüler, Fußballer, Bankbeamte, Politiker, Frauen, Franzosen, Deutsche, Asiaten und Schwarze.

– Mit einer bestimmten Persönlichkeitseigenschaft werden zugleich weitere Eigenschaften wahrgenommen. Es besteht die Tendenz, bestimmten Einzeleigenschaften weitere Eigenschaften zuzuordnen, die man dann tatsächlich auch wahrzunehmen glaubt.

Ein „starker" Junge ist zugleich auch ein „aktiver" Junge, ein ehrliches Mädchen ist zugleich „brav", „aufrichtig" und „fleißig", und wer lügt, der stiehlt auch.

Die Tatsache, dass mit einer Einzeleigenschaft mehrere Eigenschaften wahrgenommen werden, wird in der Psychologie als **logischer Fehler** bezeichnet.

– Menschen schreiben ihrem eigenen Verhalten und dem anderer Personen sowie den Ergebnissen von Verhaltensweisen häufig bestimmte Ursachen zu, um damit ihr Verhalten erklären zu können.

Der Lehrer sagt: „Max schreibt schlechte Noten, weil er faul ist."
Karin meint: „Max schaut mich immer so an, weil er mir etwas will."

Wir sprechen hier von **Attributionen**, das sind Ursachenzuschreibungen, die der Mensch in Hinblick auf bestimmte Ereignisse vornimmt. Solche Attributionen schaffen Orientierung und Ordnung[1] (vgl. *Meyer/Försterling, 1993², S. 175 f.*).

„Indem Verhalten auf eine bestimmte Ursache zurückgeführt wird, erhält es zunächst eine bestimmte Bedeutung: Wenn ich in der Straßenbahn von einer anderen Person angestoßen werde, so bekommt dies für mich die Bedeutung eines aggressiven Aktes (...). Meine Ursachenzuschreibung (...) erlaubt es mir weiterhin, Vorhersagen hinsichtlich dieses oder eines ähnlichen Geschehens zu machen und es – unter bestimmten Bedingungen – zu kontrollieren."
(Meyer/Försterling, 1993², S. 176 f.)

– Man sieht bei anderen Menschen oft die Eigenschaften, die man an sich selbst nicht wahrhaben kann oder will.

[1] *vgl. Kapitel 11.2.2*

Ein Sportkamerad, der mit den anderen Gruppenmitgliedern nicht zurechtkommt und sich seine eigene Unfähigkeit nicht eingestehen will, sieht seine Kameraden als „gemeinschaftsunfähig“ an. Ein Schüler, der in der Schule schlecht ist und dies nicht wahrhaben will, neigt dazu, den Lehrer für schlecht zu halten.

Auf diesen Wahrnehmungsfehler, der als **Projektion** bezeichnet wird, hat vor allem die Psychoanalyse hingewiesen. Aus ihrer Sicht stellt die Projektion einen Abwehrmechanismus, eine Schutzmaßnahme des Ichs dar, die bedrohliche und angstauslösende Erlebnisinhalte unbewusst auslösen.[1]

In der Gesellschaft werden oft Minderheiten zum Objekt grausamer kollektiver (= gemeinsamer) Projektionen. Judenhass im Dritten Reich oder heutiger Ausländerhass sind Beispiele hierfür.

- Es werden bei einer Person bzw. Personengruppe häufig solche Persönlichkeitseigenschaften wahrgenommen, die man entweder selbst nicht hat oder die einem sehr vertraut sind. *Hermann-Josef Fisseni (2004³, S. 133)* spricht im ersten Fall von einem **Kontrastfehler**, im zweiten von einem **Ähnlichkeitsfehler**.

- Personen, die wir mögen und die uns nahestehen, werden von uns „großzügiger“ wahrgenommen als solche, die uns unsympathisch sind. Dieser Tatbestand wird als **Sympathieeffekt** bezeichnet.

- Das Bild einer Person richtet sich sehr stark nach dem **ersten Eindruck**. Wie entsprechende Untersuchungen zeigen, stellt der erste Eindruck einen Bezugsrahmen von großer Dauerhaftigkeit und Stabilität für die weitere Wahrnehmung dar.

Hat man beispielsweise von einer Person einen ersten positiven Eindruck, ist man geneigt, diese Person auch weiterhin positiv wahrzunehmen. Ebenso verhält es sich umgekehrt, was fatale Auswirkungen haben kann.

Oft entscheidet der erste Eindruck, wie zum Beispiel bei einem Vorstellungsgespräch, über die weitere Laufbahn eines Menschen.

Die Tatsache, dass sich das Bild einer Person sehr stark nach dem ersten Eindruck richtet, wird **Primacy-Effekt** genannt.

- Die Wahrnehmung orientiert sich häufig an einer hervorstechenden Einzeleigenschaft einer Person, die immer wieder gesehen und als besonders charakteristisch für sie betrachtet wird. Die Wahrnehmung wird dadurch verfälscht, da sich dies auf die zukünftige Wahrnehmung dergestalt auswirkt, dass man sie immer wieder bestätigt sieht. Andere Eigenschaften, die sich mit dieser nicht vereinbaren lassen, werden „übersehen“.

Bei einem Schüler, der in Schulleistungen versagt, werden zum Beispiel auch in anderen Bereichen überwiegend negative Eigenschaften vermutet. Zeigt ein Kind eine intelligente Leistung, so neigt man dazu, dieses Kind in jeder Situation als intelligent wahrzunehmen.

Die Orientierung an einer Einzeleigenschaft, die bei einer Person immer wieder wahrgenommen und für sie als charakteristisch betrachtet wird, nennt man **Halo-Effekt**[2] **(Hof-Effekt)**. Der Gesamteindruck einer Person wird durch ein einzelnes Merkmal dominiert.

---

[1] *Die Grundannahmen der Psychoanalyse sind in Kapitel 2.2.1 dargestellt. Sehr detailliert ist sie in Band 2, Kapitel 12 ausgeführt.*

[2] *halo (griech.): die Tenne; bedeutet die Lichterscheinung, die meist in Form von Ringen um die Sonne oder den Mond auftritt*

Diese genannten Fehler in der Wahrnehmung von Personen und Gruppen sind dem Wahrnehmenden oft nicht bewusst. Er glaubt, dass die Realität genauso beschaffen ist, wie er sie sieht. Dies führt oft zu Missverständnissen und Konflikten sowie zu unangepasstem Verhalten und hat nicht selten Brandmarkung, Abstempelung, Herabsetzung und Verurteilung von Menschen, Gruppen, Nationen und ganzen Rassen zur Folge.

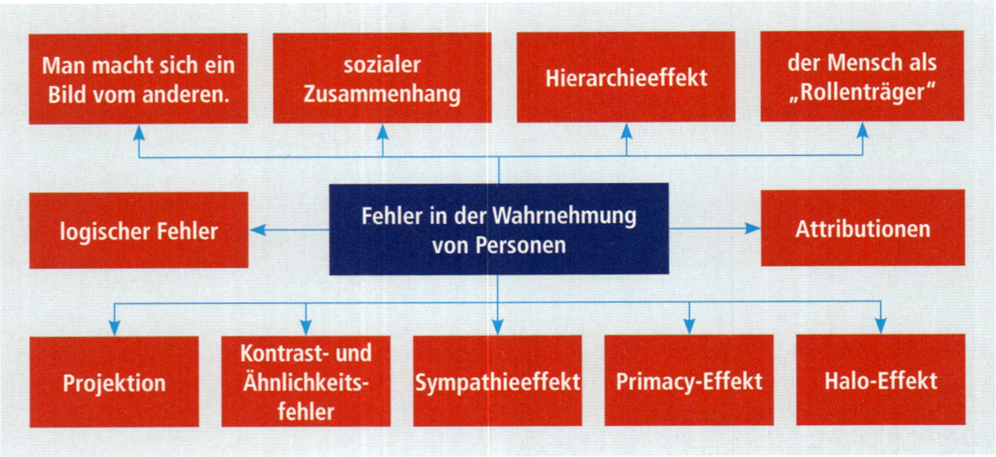

8.4 Die Organisation der Wahrnehmung

Unsere Wahrnehmung funktioniert nicht einfach so, als – wie *David G. Myers* (*2008*[2], *S. 252*) es formuliert – „öffneten wir einen Rollladen und ließen ein Bild herein, das sich dann auf unserem Gehirn abbildet." Sie wird durch bestimmte Gesetze, den **Wahrnehmungsgesetzen**, strukturiert und durch die **Konstanzphänomene** organisiert.

8.4.1 Das Figur-Grund-Prinzip

Die Gestaltpsychologen[1] haben Gesetzmäßigkeiten herausgefunden, nach denen die Realität strukturiert wird. Grundprinzip ist dabei, dass mithilfe der Wahrnehmung Sinn und Ordnung in die Reize der Umwelt gebracht werden. Es werden vollkommene, bedeutungsvolle Gestalten und Figuren nach ganz bestimmten Gesetzen, den **Gestaltgesetzen**, gebildet.

Gestaltgesetze sind Prinzipien, nach denen sich die räumliche und/oder zeitliche Struktur von wahrgenommenen Gebilden richtet (vgl. *Wohlschläger/Prinz, 2006*[3], *S. 56*).

Werden Menschen mit absurden Inhalten konfrontiert, entsteht in ihnen der Wunsch, nach Sinn und Struktur zu suchen. Das Rätselhafte, Unlogische und Zweideutige ruft bei ihnen das Verlangen nach Sinn und Ordnung hervor (vgl. Westerhoff, 2010, S. 13).

Um ein Objekt zu erkennen, wird es von seinem übrigen Grund getrennt, der Gegenstand – in der Literatur **Figur** genannt – hebt sich von seinem **Hintergrund** ab.

[1] *Die Grundannahmen der Gestaltpsychologie sind in Kapitel 2.2.4 dargestellt.*

So hebt sich das Gesicht auf einem Foto ab, die Blume im Garten vom Rasen, das Weinglas auf dem Gemälde oder die Gesangsstimme von der Orchestermusik. In nebenstehendem Fotodruck hebt sich der Hund (Figur) von seinem Hintergrund ab und wird so als solcher erkannt.

Die Gestaltpsychologie spricht vom **Figur-Grund-Prinzip, ein Organisationsgesetz der Wahrnehmung**.

Figur-Grund-Prinzip bedeutet die Abhebung eines Objektes von seiner restlichen Umgebung.

Dieses Prinzip ist bei jedem Wahrnehmungsvorgang vorhanden und dient dazu, ein Objekt zu erkennen.

*Oft ist es nicht leicht, eine Figur von ihrem Hintergrund eindeutig abzugrenzen, was viele Künstler dazu bewegt hat, Bilder so zu gestalten, dass sogenannte **Umkehrbilder** entstehen. Zwei Beispiele hierfür sind das **Kippbild** von Edgar John Rubin und der Holzschnitt von Maurits Cornelis Escher:*

Der Rubinsche Becher: Kelch oder zwei Gesichter?

Holzschnitt von M. C. Escher: Engel oder Teufel?

8.4.2 Gesetze der Wahrnehmung

Das Figur-Grund-Prinzip steht in engem Zusammenhang mit weiteren Gesetzmäßigkeiten, nach denen die Wahrnehmung strukturiert wird. Dabei ist das übergeordnete Prinzip das **Gesetz der Prägnanz**, in der Literatur auch oft als ***Prinzip der guten Gestalt*** bezeichnet: Unsere Wahrnehmung bevorzugt „Gestalten", die sich von anderen durch ein bestimmtes Merkmal, eine Prägnanz, abheben.

Wenn beispielsweise ein Mensch 3.012 Euro verdient, wird man sagen: „Er verdient 3 000 Euro." Die Zahl 3.000 hebt sich von den anderen Zahlen ab. Würde dieser Mensch 3.000 Euro verdienen, so käme niemand auf die Idee zu sagen: „Er verdient fast 3.012 Euro."

Diesem Gesetz zufolge setzt sich grundsätzlich diejenige Struktur durch, die die einfachste, einheitlichste oder auch „beste" – prägnanteste – Gestalt ergibt. **Das Prägnanzgesetz ist somit die Tendenz zur einfachsten, stabilsten und besten Gestalt** (vgl. *Müsseler, 2008², S. 44*).

Dieses Gesetz wird auch an nebenstehender Täuschung sehr deutlich: Wir sehen die neun Linien deshalb nicht als parallel, weil wir versuchen, aus den vielen nicht rechten Winkeln rechte Winkel zu „machen". Der rechte Winkel hebt sich nämlich durch eine bestimmte Prägnanz von den anderen Winkeln ab.

Das Gesetz der Prägnanz stellt das allgemeine Rahmenprinzip dar, das durch verschiedene einzelne Gestaltgesetze konkretisiert wird:

- Das **Gesetz der Ähnlichkeit**: Ähnliche Reize werden als zusammengehörig wahrgenommen.

In der nebenstehenden Anordnung werden Spalten und nicht Zeilen gesehen: Ähnliche Reize werden als zusammengehörig wahrgenommen.
Die Tatsache, dass Angehörigen einer bestimmten Gruppe wie beispielsweise Homosexuellen, ausländischen Arbeitnehmern, einer bestimmten Schicht, Nation oder Rasse gleiche Eigenschaften zugeschrieben werden, kann mit dem Gesetz der Ähnlichkeit erklärt werden.

O N O N O N O N O
O N O N O N O N O
O N O N O N O N O
O N O N O N O N O
O N O N O N O N O
O N O N O N O N O

- Das **Gesetz der Nähe**: Reize, die nah beieinander liegen, werden als zusammengehörig wahrgenommen.

In der nebenstehenden Anordnung sieht man nicht N und O als zusammengehörig, sondern O und N.

ON ON ON ON ON ON ON ON
ON ON ON ON ON ON ON ON
ON ON ON ON ON ON ON ON
ON ON ON ON ON ON ON ON

Die Nähe kann auch Dinge einander ähnlicher erscheinen lassen, als sie es in Wirklichkeit sind. Die gleiche Figur, die unter Antilopen wie eine Antilope aussieht, sieht in der Gesellschaft von Vögeln wie ein Vogel aus.

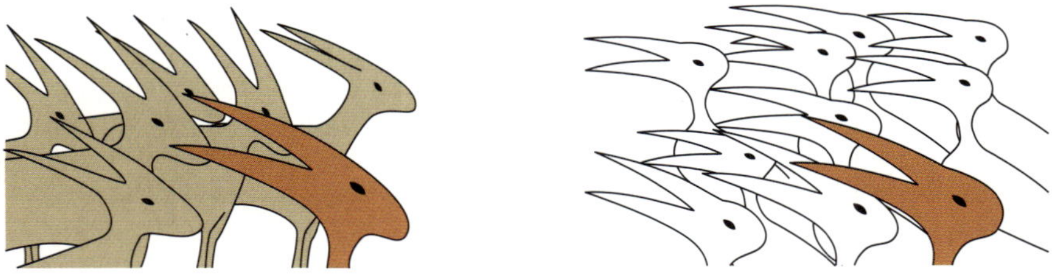

Zwei Menschen, die wir des Öfteren miteinander sehen, werden als Paar wahrgenommen, das möglicherweise miteinander „geht".

Das Sprichwort „Sage mir, mit wem du umgehst, so sage ich dir, wer du bist" beruht ebenfalls auf dem Gesetz der Nähe.

- Das **Gesetz der Geschlossenheit**: Unvollendete Reize werden als vollendet wahrgenommen.

Wir sehen nebenstehend keine Punkte, sondern einen Kreis, und die unregelmäßigen Fragmente als einen Hund.

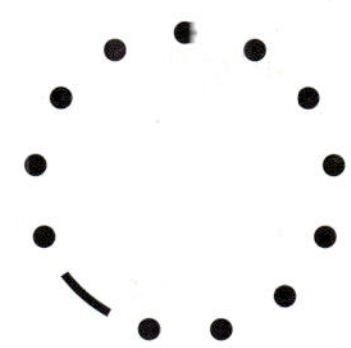

In vielen Karikaturen, Witzzeichnungen, auf Gebots- und Verbotsschildern, Plakaten oder im Straßenverkehr finden wir das Prinzip der Geschlossenheit wieder.

- Das **Gesetz der Kontinuität**: Reize, die eine Fortsetzung vorausgehender Reize zu sein scheinen, werden als zusammengehörig wahrgenommen.

In nebenstehender Anordnung wird die Kurvenlinie als eine und die rechteckige Linie als eine andere Figur wahrgenommen.
Wurde man von einer Person enttäuscht, so begegnet man dieser künftig immer mit Misstrauen.

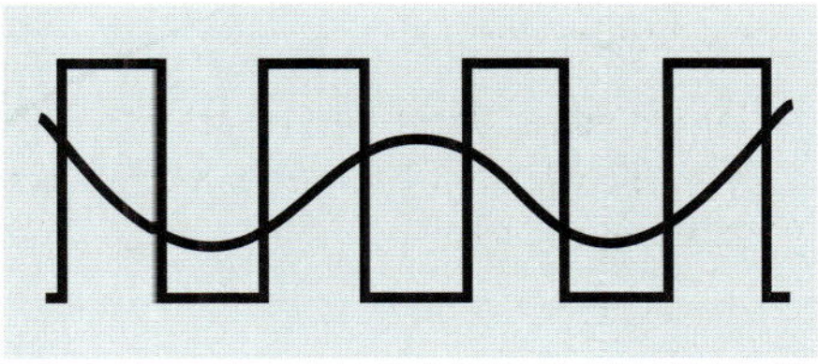

- Das **Gesetz der gemeinsamen Bewegung**: Reize, die sich in dieselbe Richtung bewegen, werden als zusammengehörig wahrgenommen.

Wenn beispielsweise Tänzer abwechselnd aus der Ballettgruppe hervortreten und die gleichen Bewegungen machen, werden sie als eine Einheit wahrgenommen.

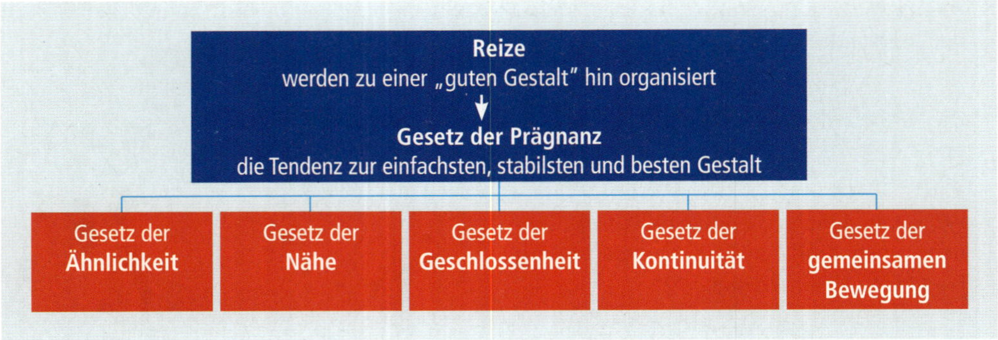

8.4.3 Wahrnehmungskonstanzen

Personen und Objekte werden trotz unterschiedlicher Entfernung, Beleuchtung oder Betrachtungsperspektive immer als dieselben wahrgenommen und wiedererkannt.

> Ein Kind beispielsweise erscheint uns in drei Metern Entfernung nicht größer als in sechs Metern Entfernung, obwohl es, wenn es weiter weg ist, auf der Netzhaut kleiner abgebildet wird.

Solch unveränderte, konstante Wahrnehmungen bei unterschiedlichen Gegebenheiten nennt die Psychologie **Konstanzphänomene**.

> **Mit Konstanzphänomen wird eine gleichbleibende, unveränderte Wahrnehmung trotz unterschiedlicher Gegebenheiten bezeichnet.**

Am bekanntesten sind:

- Die **Größenkonstanz**: Personen und Gegenstände werden trotz unterschiedlicher Entfernung als gleich groß wahrgenommen.

> Ein Lkw beispielsweise wird in hundert Metern Entfernung in gleicher Größe wahrgenommen wie bei einer Distanz von zwanzig Metern, obwohl er auf der Netzhaut um das Fünffache verkleinert abbildet wird.

- Die **Form- bzw. Dingkonstanz**: Personen und Gegenstände werden trotz unterschiedlicher Perspektive in ihrer Form als gleich wahrgenommen.

> Ein Teller wird zum Beispiel bei der Betrachtung aus verschiedenen Perspektiven, auch aus einem sehr steilen Blickwinkel, trotz veränderter Abbildung auf der Netzhaut immer als rund erkannt.

- Die **Farb- bzw. Helligkeitskonstanz**: Personen und Gegenstände werden trotz unterschiedlicher Beleuchtung in ihrer Farbe als gleich wahrgenommen.

> Der Schnee bleibt in unserer Wahrnehmung weiß, auch wenn die Dämmerung hereinbricht und er auf der Netzhaut dunkler abgebildet wird.

Die Wahrnehmungskonstanzen entwickeln sich beim Menschen erst im Laufe der Zeit und sind notwendig, um eine gewisse Ordnung und Beständigkeit in die vielen Informationen zu bringen, denen wir täglich ausgesetzt sind.

Die Organisation der Wahrnehmung im Überblick:

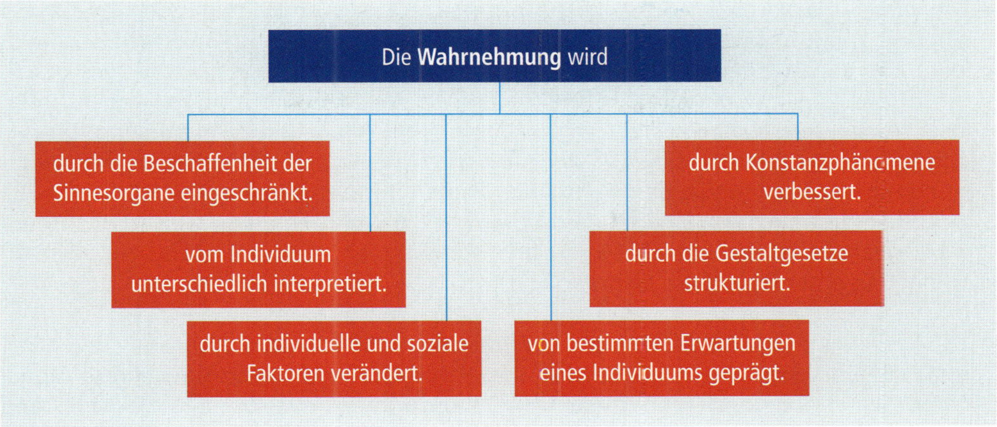

Zusammenfassung

- Wahrnehmung ist der Prozess und das Ergebnis der Informationsgewinnung und -verarbeitung von Reizen aus der Umwelt und dem Körperinneren. Für die Wahrnehmung sind das Sinnes- und das Nervensystem von Bedeutung. Als Sinnesorgane bezeichnet man speziell ausgestaltete Bereiche des Organismus, die der Aufnahme von Informationen dienen. Jedes Sinnesorgan benötigt Rezeptoren, das sind bestimmte Nervenzellen, die Reize aufnehmen und diese in elektrische Informationen umwandeln. Das Nervensystem hat zwei Hauptbestandteile, die Neuronen und die Gliazellen. Dabei spielen Synapsen eine wichtige Rolle, die sowohl der Weiterleitung von Informationen als auch deren Verarbeitung dienen.

- Wahrnehmung setzt sich aus Empfindungen, die von bestimmten Reizen durch das Auftreffen auf bestimmte Sinnesorgane verursacht werden, und der Bewertung dieser Empfindungen aufgrund bisheriger Erfahrungen zusammen. Allein das Auslösen von Empfindungen kann noch nicht als Wahrnehmung bezeichnet werden. Erst durch das Bewerten der Empfindungen aufgrund bisheriger Erfahrungen kann man von Wahrnehmung sprechen. Reize müssen eine bestimmte „Stärke“ aufweisen, damit eine Wahrnehmung stattfinden kann (absolute Schwelle). Zudem gibt es eine Schmerzschwelle, die die „obere Grenze“ der Wahrnehmung darstellt.

- Die Wahrnehmung vermittelt uns keine objektive Wirklichkeit, sondern eine subjektive Welt. Im 20. Jahrhundert entwickelten sich mehrere Strömungen, die davon ausgehen, dass das, was wir wahrnehmen, eine Konstruktion unseres Gehirns ist und keine wirkliche Abbildung der Welt. Diese Strömungen werden mit dem Begriff „Konstruktivismus“ zusammengefasst, eine Sammelbezeichnung für Positionen, die davon ausgehen, dass das menschliche Gehirn die Welt nicht so abbildet, wie sie wirklich ist, sondern dass sich der Mensch seine eigene Welt entwirft und formt.

- Individuelle Faktoren wie bisherige Erfahrungen, Gefühle und Stimmungen, Triebe und Bedürfnisse, Interessen und Wertvorstellungen, Einstellungen und Vorurteile, Intelligenz und Begabungen sowie Fähigkeiten, Fertigkeiten und soziale Faktoren wie gesellschaftliche und kulturelle Gegebenheiten, soziale Wert- und Normvorstellungen, andere Personen und Gruppen verzerren, verändern und verfälschen unsere Wahrnehmung. Diese Faktoren lösen bestimmte Erwartungshypothesen aus, die festlegen, was wahrgenommen wird und wie das Wahrgenommene interpretiert wird. Die Stärke der Hypothesen bestimmt den Grad des Einflusses auf die Wahrnehmung, welche Hypothese herangezogen wird sowie die Menge an Informationen, die zur Bestätigung oder Widerlegung einer Hypothese erforderlich ist.

- Die Verzerrung und Verfälschung der Wirklichkeit durch unsere Wahrnehmung führt zu Wahrnehmungsfehlern, vor allem in der Wahrnehmung von Personen und Gruppen. Diese Wahrnehmungsfehler können für die weitere Entwicklung eines Menschen schicksalhafte Auswirkungen haben.

- Die Wahrnehmung wird nach bestimmten Gesetzen, den Gestaltgesetzen – das sind Prinzipien, nach denen sich die räumliche und/oder zeitliche Struktur von wahrgenommenen Gebilden richtet – strukturiert. Die bedeutungsvollsten Gestaltgesetze sind das Figur-Grund-Prinzip, das Gesetz der Prägnanz, der Ähnlichkeit, der Nähe, der Geschlossenheit, der Kontinuität und der gemeinsamen Bewegung. Mit Konstanzphänomen wird eine gleichbleibende, unveränderte Wahrnehmung trotz unterschiedlicher Gegebenheiten bezeichnet. Am bekanntesten sind die Größen-, die Form- bzw. Dingkonstanz und die Farb- bzw. Helligkeitskonstanz.

Aufgaben und Anregungen Kapitel 8

Aufgaben

1. Bestimmen Sie an einem Beispiel den Begriff „Wahrnehmung".
   (Abschnitt 8.1.1)

2. Erläutern Sie die biologischen Grundlagen der Wahrnehmung.
   (Abschnitt 8.1.2)

3. Erläutern Sie den Unterschied zwischen Empfindung und Wahrnehmung.
   (Abschnitt 8.1.3)

4. Beschreiben Sie an zwei Beispielen, wodurch unsere Wahrnehmung eingeschränkt wird.
   (Abschnitt 8.1.3)

5. Stellen Sie an einem Beispiel dar, wie Erfahrungen unsere Wahrnehmung beeinflussen und bewerten.
   (Abschnitt 8.1.4)

6. Erläutern Sie an verschiedenen Beispielen, dass uns die Wahrnehmung eine subjektive Welt vermittelt.
   (Abschnitt 8.2.1)

7. Beschreiben Sie die Grundannahme des Konstruktivismus und unterziehen Sie ihn einer kritischen Betrachtung.
   (Abschnitt 8.2.2)

8. Zeigen Sie an verschiedenen Beispielen auf, wie individuelle Faktoren die Wahrnehmung verändern können.
   (Abschnitt 8.2.3)

9. Stellen Sie dar, wie soziale Faktoren die Wahrnehmung beeinflussen können. Gehen Sie dabei auch auf mögliche Gefahren ein, die die Verfälschung der Wahrnehmung nach sich ziehen kann.
   (Abschnitt 8.2.4)

10. Der „richtige" Abstand
    „In jeder Kultur gibt es eine Regel über den ‚richtigen' Abstand, den man einem Fremden gegenüber ‚en face' einzunehmen hat. In Westeuropa und in Nordamerika ist dieser Abstand die sprichwörtliche Armeslänge. Im Mittelmeerraum und in Lateinamerika ist dieser Abstand wesentlich anders: Zwei aufeinander zugehende Personen bleiben auf viel kürzerer Distanz voreinander stehen. Wie Hunderte anderer, ähnlicher Regeln für ‚richtiges' Verhalten in einem bestimmten Wirklichkeitsrahmen sind auch diese Abstände rein außerbewusst, und solange sie von allen Kommunikationsteilnehmern befolgt werden, kann zwischen diesen kein Konflikt entstehen.
    Wenn sich nun aber ein Nordamerikaner und ein Südamerikaner in dieser Situation befinden, wird sich unweigerlich ein typischer Verhaltensablauf ergeben: Der Südamerikaner wird den für ihn als richtig empfundenen Abstand einnehmen, der Nord-

amerikaner dagegen wird die Situation undeutlich als unangenehm empfinden und durch Zurücktreten die für ihn ‚richtige' Distanz herstellen. Nun ist die Reihe am Südamerikaner, das vage Gefühl zu haben, dass etwas nicht stimmt, und er wird aufrücken usw. – bis der Nordamerikaner schließlich mit dem Rücken gegen eine Wand stoßen (und eventuell in eine homosexuelle Panik geraten) wird. Auf jeden Fall werden beide das undeutliche Gefühl haben, dass sich der andere falsch benimmt, und beide werden versuchen, die Situation zu korrigieren. Damit erzeugen sie einen typisch menschlichen Konflikt, der darin besteht, dass das Korrekturverhalten des einen Partners vom anderen als das Verhalten gesehen wird, das der Korrektur bedarf. (Watzlawick, 2010[9], S. 17f.)

Analysieren Sie diesen „typisch menschlichen Konflikt" mithilfe von sozialen Faktoren der Wahrnehmung.
(Abschnitt 8.2.4)

11. *„Der Psychiater Bruno Klopfer berichtete 1957 über einen ‚Mr. Wright', der an einem bösartigen Lymphom*[1] *erkrankt war. Nachdem Mr. Wright das (pharmakologisch völlig unwirksame) ‚Wundermittel' Krebiozen eingenommen hatte, ‚schmolzen seine Tumore wie Schneebälle auf einem heißen Ofen'. Einige Monate später erklärte der amerikanische Ärzteverband, Krebiozen sei für die Krebstherapie völlig untauglich. Daraufhin bekam Mr. Wright einen ‚Rückfall', musste wieder ins Krankenhaus, wo er dann kurz darauf starb." (Guss, 2004, S. 17)*

    Erklären Sie diese Tatsache mithilfe der Theorie der sozialen Wahrnehmung von *Jerome S. Bruner* und *Leo Postman*.
    (Abschnitt 8.3.1)

12. *Ein Beispiel, wie Einstellungen und Vorurteile unsere Wahrnehmung bestimmen können, gibt das Bild in Abschnitt 8.2.3 (siehe S. 186 oben): Nach einiger Zeit erzählten amerikanische weiße Versuchspersonen, dass der Afroamerikaner ein Rasiermesser in der Hand hätte.*

    a) Wie können Sie diese Wahrnehmungsverfälschung mithilfe der Theorie der sozialen Wahrnehmung von *Jerome S. Bruner* und *Leo Postman* erklären? Stellen Sie dabei die wichtigsten Aussagen dieser Theorie dar.
    b) Setzen Sie sich mit möglichen Gefahren auseinander, die eine solche Wahrnehmungsverfälschung nach sich ziehen kann.
    (Abschnitt 8.3.1)

13. Beschreiben Sie an verschiedenen Beispielen die Wahrnehmung von Personen und deren Auswirkungen im Alltag.
    (Abschnitt 8.3.2)

14. *„Wer einmal lügt, dem glaubt man nicht, auch wenn er dann die Wahrheit spricht."*
    Wie können Sie die Aussage dieses Sprichwortes erklären?
    (Abschnitt 8.3.1 oder 8.3.2)

15. *1.243 Menschen entschieden im Internetversuch der Universität Saarbrücken, Projekt „Blondinen bevorzugt", dass Blondinen dümmer wirken, wenn ihre Haare zu sehen sind. Daraufhin wurde in der Ausgabe 01/2002 des SPIEGELS vom 29.12.2001, in der diese Untersuchung zitiert ist, gefragt: „Können 1.243 Menschen irren?"*

---

[1] *Lymphom (griech.) ist eine Lymphknotenvergrößerung, die gutartig, aber auch bösartig sein kann.*

Wie können Sie diese Begebenheit mithilfe wahrnehmungstheoretischer Erkenntnisse erklären?
(Abschnitt 8.3.1 oder 8.3.2)

16. Zeigen Sie an verschiedenen Beispielen aus dem musischen Bereich das Figur–Grund–Prinzip auf.
(Abschnitt 8.4.1)

17. Zeigen Sie, wie im Straßenverkehr gestaltpsychologische Erkenntnisse angewendet werden.
(Abschnitt 8.4.2)

18. *Man kann sehr oft beobachten, dass eine Mitteilung, die durch Erzählen weitergegeben wird, am Ende ganz anders ankommt, als sie ursprünglich lautete.*
Wie können Sie diesen Sachverhalt mithilfe gestaltpsychologischer Erkenntnisse erklären?
(Abschnitt 8.4.2)

19. Beschreiben Sie an verschiedenen Beispielen, wie unsere Wahrnehmung durch Konstanzphänomene organisiert wird.
(Abschnitt 8.4.3)

Anregungen

20. *Aktionskarten*
    - Die Klasse wird in zwei Gruppen unterteilt.
    - Auf einem Tisch liegen Karten, auf denen auf der Vorderseite ein Teilbereich des Themas „Wahrnehmung und Verhalten“ formuliert ist. Auf der Rückseite steht die Art und Weise der Präsentation (zum Beispiel Umschreibung, Zeichnung, pantomimische Darstellung, Rollenspiel).
    - Jeder Schüler einer Gruppe nimmt, wenn er an der Reihe ist, eine Karte und erfüllt den Auftrag. Dabei wechseln sich die Gruppen ab
    - Die andere Gruppe muss erraten, um welchen Teilbereich des Themas es sich handelt, und erhält einen Punkt, wenn sie richtig getippt hat.

21. *Wahrnehmungsverfälschung durch Vorurteile*
    - Sammeln Sie in Gruppen Vorurteile und Stereotypen aus Ihrem Lebensbereich, die aufgrund von Wahrnehmungsverfälschung entstanden sind.
    - Fertigen Sie aus dem gesammelten Material in der Gruppe eine Plakatwand an.
    - Diskutieren Sie in der Klasse mögliche (schicksalhafte) Auswirkungen von solchen Vorurteilen und Stereotypen.
    - Finden Sie die jeweils aktuelle Erwartungshypothese heraus, die hinter diesen Vorurteilen und Stereotypen stecken könnte.

22. Entwerfen Sie in Ihrer Klasse auf der Grundlage von Erkenntnissen der Gestaltpsychologie Hinweise über die Orientierung in Ihrem Schulgebäude (Zeichnen und Aufstellen von Schildern, Markierungen usw.).

23. Suchen Sie nach Werbeaussagen und Reklameblättern und diskutieren Sie in der Klasse darüber, inwieweit diese die Anwendung wahrnehmungs-, insbesondere gestaltpsychologischer Erkenntnisse erkennen lassen.

24. *Fehler in der Wahrnehmung von Personen und Gruppen können oft schicksalhafte Auswirkungen haben.*
    - Suchen Sie nach Personen und Gruppen, die von Wahrnehmungsfehlern in besonderem Maße betroffen sind.
    - Diskutieren Sie in Gruppen, was man dagegen tun könnte. Entwerfen Sie Möglichkeiten, wie man diesen effektiv begegnen könnte. Halten Sie diese Vorschläge auf einer Plakatwand fest.
    - Diskutieren Sie in der Klasse über die verschiedenen Vorschläge.

25. Welche Rolle spielen Verfälschungstendenzen der Wahrnehmung in der Beziehung zwischen Lehrer und Schüler?
    Sprechen Sie mit Ihrem Lehrer in der Klasse darüber und entwerfen Sie zusammen Möglichkeiten, wie diese abgebaut bzw. vermieden werden könnten.

Intelligenz und Denken

9

Die Mutter kommt nach Hause und stellt fest, dass eines ihrer drei Kinder die wertvolle Bodenvase aus dem 19. Jahrhundert zerbrochen hat. Sie holt ihre Kinder und fragt sie, wer das gewesen sei. Conny, 5 Jahre alt, antwortet: „Die Vase hat Julius umgeworfen!“ Julius, 2 Jahre, nickt mit dem Kopf und sagt: „Ja, ich war's.“ Und Bert, 3½ Jahre alt, wehrt sich gleich von vornherein und bemerkt: „Ich war es nicht!“ Die Mutter tippt sofort auf das richtige Kind, das die Vase zerbrochen hat. Sie weiß nämlich, dass mindestens ein Kind lügt und mindestens eines die Wahrheit sagt. Wer hat die Vase zerbrochen, Conny, Julius oder Bert?[1]

Um diese Aufgabe zu lösen, ist man auf seine „psychischen Funktionen und Fähigkeiten“ angewiesen.

Folgende Fragen werden in diesem Kapitel geklärt:

1. *Was verstehen wir unter Kognition?*
   Was sind kognitive Fähigkeiten und Funktionen?
   Was sind ihre biologischen Grundlagen?
2. *Was verstehen wir unter Intelligenz?*
   Welche Vorstellungen (Modelle) von Intelligenz kennen wir?
   Wie ist unsere Intelligenz strukturiert?
   Wie wird Intelligenz gemessen?
3. *Was versteht man unter Denken?*
   Wie laufen beim Menschen Problemlösungsprozesse ab?
   Welche Phasen durchläuft das problemlösende Denken?
   Welche Formen des Denkens gibt es?
4. *Was verstehen wir unter Lernen durch Einsicht?*
   Was sind wichtige Grundsätze der Erziehung durch Einsicht?

---

[1] *Die Lösung dieser Aufgabe finden Sie am Ende der Aufgaben und Anregungen dieses Kapitels.*

9.1 Psychische Fähigkeiten und Funktionen

Bei der Aufnahme der momentanen Umwelt – der Situation –, ihrer Verarbeitung und ihrem Einwirken auf die Umwelt spielen **psychische Fähigkeiten**, wie die ***Intelligenz***, die ***Sprache*** oder das ***Gedächtnis***, und **psychische Funktionen**, wie die ***Wahrnehmung***, das ***Denken*** oder das ***Behalten***, eine entscheidende Rolle. Sie funktionieren bei jedem Menschen grundsätzlich nach demselben Muster.

9.1.1 Grundlagen des Erlebens und Verhaltens

Eine psychische Funktion ist eine auf einen bestimmten Zweck ausgerichtete Aktivität des Organismus; Voraussetzung für die Durchführung einer solchen zweckgerichteten Aktivität ist eine psychische Fähigkeit.

> So ist zum Beispiel die Fähigkeit der Intelligenz Voraussetzung für die Aktivität des Denkens (= Funktion), die Fähigkeit des Gedächtnisses für das Behalten (= Funktion) und die Sprache für das Sprechen (= Funktion).

> **Die psychische Fähigkeit ist eine bestimmte Voraussetzung für die Durchführung einer Handlung, Tätigkeit oder Leistung.**
> **Unter psychischer Funktion wird die Aktivität eines Organismus verstanden, die auf einen bestimmten Zweck ausgerichtet ist.**

Psychische Kräfte sind Antriebsformen des Menschen, die Erleben und Verhalten aktivieren und steuern, wie dies beispielsweise bei Gefühlen, Trieben oder Bedürfnissen der Fall ist.[1]

> **Psychische Kräfte bezeichnen alle Antriebsformen des Menschen, die Erleben und Verhalten aktivieren und steuern.**

Psychische Fähigkeiten, Funktionen sowie Kräfte bilden die **Grundlagen des Erlebens und Verhaltens**. ***Sie sind bei allen Menschen vorhanden, sind jedoch von Individuum zu Individuum unterschiedlich stark ausgeprägt.*** Die Begegnung mit der Wirklichkeit – ihre Aufnahme –, ihr Erfassen, ihre Verarbeitung und Speicherung sowie Reaktionen und das Einwirken auf die Wirklichkeit vollziehen sich im Zusammenspiel dieser psychischen Funktionen, Fähigkeiten und Kräfte.

> *„Die Wahrnehmung ermöglicht uns die Orientierung, das Denken hilft uns bei der Handlungsplanung, das Lernen ermöglicht den Erwerb notwendiger Fertigkeiten, die Gefühle erlauben uns eine Bewertung, die Motivation steuert die Handlungen, mithilfe der Handlungen selbst können wir unsere Bedürfnisse befriedigen und die uns angemessene Umwelt schaffen, und die Sprache brauchen wir, um uns mithilfe von Symbolen untereinander zu verständigen."*
>
> *(Ulich/Bösel, 2005[4], S. 205)*

Psychische Fähigkeiten, Funktionen und Kräfte lassen den Menschen als ein* System[2] *begreifen: Sie sind in einem geordneten Zusammenhang und in einer wechselseitigen Beziehung zu sehen und deren Zusammenwirken bezieht sich auf etwas Ganzes, auf eine Person.

---

[1] *vgl. Kapitel 11*

[2] *Der Begriff „System" ist in Kapitel 2.2.6 erklärt.*

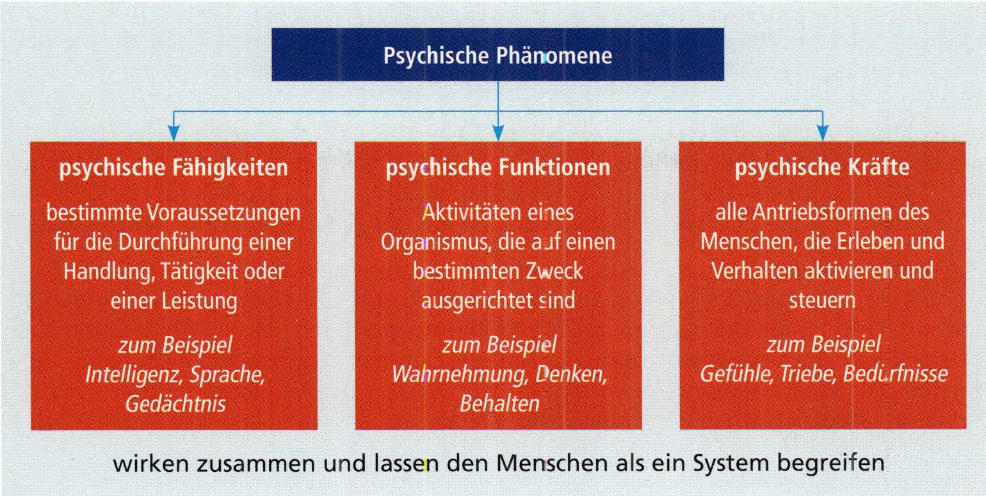

Bei den psychischen Fähigkeiten und Funktionen handelt es sich um **Kognitionen**[1]. Mit diesem Begriff werden – wie in *Kapitel 2.2.3* dargestellt – alle psychischen Vorgänge zusammengefasst, die **Informationen aufnehmen, verarbeiten, speichern, abrufen und weiterverwenden** (vgl. *Wimmer/Perner, 1994, S. 11*).

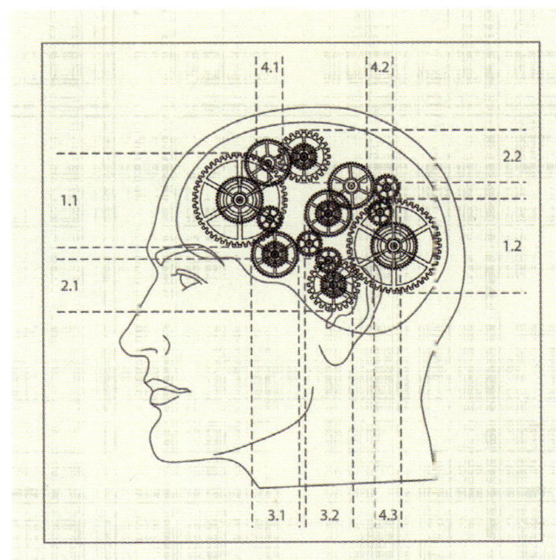

Hierzu zählen zum Beispiel die Intelligenz, die Kreativität, das Gedächtnis, die Sprach- und Lernfähigkeit, die Wahrnehmung und das Erkennen, das Denken, das Vorstellen und Problemlösen, das Entscheiden und Urteilen sowie das Behalten, Erinnern und Vergessen.

„Kognitionspsychologie ist die Wissenschaft, die sich mit der menschlichen Informationsverarbeitung befasst. Ihr Gegenstand (...) betrifft die Arten von Informationen, die wir in unserem Gedächtnis haben, und die Vorgänge, die sich auf die Aufnahme, das Behalten und Verwenden solcher Informationen beziehen. Die Gesamtheit dieser Vorgänge nennt man kognitive Prozesse."

(Wessells, 1994^3, S. 14)

9.1.2 Biologische Grundlagen kognitiver Fähigkeiten und Funktionen

Das Gehirn besteht aus mehreren miteinander verbundenen Teilen, die bei den kognitiven Prozessen eine grundlegende Rolle spielen: der **Hirnstamm** bzw. das **Stammhirn**, auch Reptiliengehirn genannt, das **limbische System**[2] sowie das **Kleinhirn** und das **Großhirn**.

[1] *cognitio (lat.): die Erkenntnis; Kognitionen: alle Vorgänge, durch die ein Organismus Kenntnis von seiner Umwelt erlangt*

[2] *limbus (lat.): der Saum; limbisch bezeichnet das Randgebiet zwischen Großhirn und Gehirnstamm.*

Das Stammhirn ist Leitungsbahn und „Umschaltstation" zwischen Gehirn und Rückenmark und verantwortlich für alle lebenswichtigen Funktionen wie Herztätigkeit, Atmung, Nahrungsaufnahme und Nahrungsverarbeitung. Seine Aufgabe besteht darin, den Organismus des Menschen am Leben zu halten. Das Kleinhirn bewältigt vor allem Aufgaben bei der Steuerung der Muskeln (vgl. *Madeja, 2010[2], S. 15*). Das limbische System ist an der Entstehung und Wahrnehmung von Emotionen beteiligt[1] und zuständig für die Verhaltensweisen, die für das Überleben des Menschen wichtig sind, u. a. auch für das Gedächtnis und das Lernen. Es nimmt die Informationen aus der Umwelt auf und leitet sie weiter an das Großhirn.

Im Großhirn, dem **Kortex**[2], werden die Informationen aufgenommen, verarbeitet und gespeichert. Dort laufen die meisten und auch höchsten geistigen Leistungen des Menschen ab. Hier liegen auch das Sehzentrum, das Hörzentrum, das Sprachzentrum sowie das Lesezentrum. Für Wahrnehmung, Bewusstsein und Denken ist der jüngste (obere) Teil des Kortex, der ***Neokortex***, am wichtigsten (vgl. *Kasten, 2007, S. 61*).

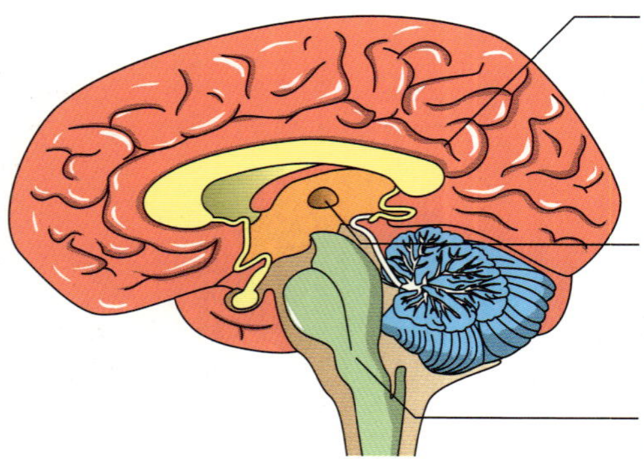

(Speckmann/Wittkowski, 2004[20], S. 67)

Das Großhirn ist in zwei Hälften – die sogenannten **Hemisphären**[3] – geteilt. Jede Hemisphäre ist grundsätzlich zuständig für eine Körperseite, jedoch in gekreuzter Weise. So steuert die linke Hirnhälfte den rechten Arm und die rechte Hirnhälfte den linken Arm (vgl. *Madeja, 2010[2], S. 16 f.*).

> Einer Lähmung der rechten Körperhälfte liegt zum Beispiel eine Hirnschädigung in der linken Hemisphäre zugrunde.

Entgegen früherer Annahmen haben Forschungen ergeben, dass trotz Dominanzen in bestimmten Aufgaben und Arbeitsweisen bei jeder Gehirntätigkeit immer beide Hemisphären aktiv sind und zusammenwirken, wenn auch auf unterschiedliche Weise.

Bisher ging man davon aus, dass bestimmte Funktionen nur von einer Hemisphäre übernommen würden. So sei die linke Hemisphäre mehr für die Fähigkeit verantwortlich, zu sprechen, zu lesen, zu schreiben, zu rechnen, zu zählen sowie analytisch und logisch zu denken, während die rechte Hemisphäre eher kreativ und emotional arbeite und vorwiegend für künstlerische Begabungen, Fantasie, Träume, Intuition, Musik, Gefühle, Stimmungen und dergleichen zuständig sei.

---

[1] *vgl. Kapitel 8.1.2*
[2] *kortex (lat.): die Rinde*
[3] *hemisphairion (griech.): die Halbkugel*

> *„Wenn also Laien und einige Forscher behaupten, die linke Hälfte sei der logische Teil des Gehirns, der die verbalen Informationen kodiere, die rechte der kreative, der visuelle Informationen kodiere, Künstler seien deshalb rechtshirnig, Mathematiker linkshirnig, ist das Unsinn."*
> *(Caspary, 2010, S. 115)*

Alle diese Teile des Gehirns bestehen hauptsächlich aus Nervenzellen, **Neuronen**[1] genannt, und den Faserverbindungen zwischen diesen Nervenzellen. Die Neuronen dienen der Erfassung, Verarbeitung, Speicherung und Aussendung von Informationen. Die Informationsverarbeitung im Gehirn erfolgt durch die ***Aktivierung der Nervenzellen***, die – wie in *Kapitel 8.1.2* dargestellt – in der Weiterleitung von Impulsen von einer Nervenzelle zur anderen besteht.

Die Entwicklung des Gehirns basiert vor allem auf der Verknüpfung von Nervenzellen. Je mehr Verbindungen entstehen, desto dicker werden die Faserbündel. Je dicker ein Faserbündel ist, desto schneller leitet es die Information weiter. Entscheidend für kognitive Leistungen sind also nicht die Anzahl der Nervenzellen, sondern die Verbindungen zwischen ihnen.

> *„Gebrauchsabhängige Trampelpfade, Spuren, gibt es nicht nur im verschneiten Park, sondern auch im Gehirn! Nicht umsonst spricht man von Gedächtnisspuren, und diese entstehen letztlich auf die gleiche Weise wie die Spuren im verschneiten Park (...). Jeder einzelne Gebrauch, d.h. jede einzelne Erfahrung, schlägt sich nur ganz geringfügig nieder, aber nach vielen Erfahrungen verbleiben (...) sie (...) in Form fester Spuren im Gehirn."* *(Spitzer, 2006⁴, S. 59)*

In den ersten drei Lebensjahren werden so viele Verbindungen gebildet wie später nie mehr im Leben. Ein zweijähriges Kind verfügt über doppelt so viele **Synapsen**[2] wie ein Erwachsener. Es bleiben jedoch nur die Verbindungen erhalten, die benutzt werden.

Lange Zeit glaubte man, dass die Nervenzellen nicht mehr nachwachsen können und abgestorbene Zellen für immer verloren sind. Heute jedoch weiß man, dass Nervenzellen auch im Erwachsenenalter noch nachwachsen und neue Verbindungen herstellen können.

Ob im Leben Verbindungen von Neuronen entstehen oder nicht, hängt von der Art der Anregungen seitens der Umwelt, wie zum Beispiel der Erziehung, ab.

Es wird des Öfteren behauptet, dass wir gemeinhin nur etwa 10 Prozent unserer Gehirnkapazität nutzen würden. Neuere neurowissenschaftliche Untersuchungen haben jedoch ergeben, dass diese Auffassung nicht stimmt (vgl. Becker, 2009, S. 74 f.).

9.2 Die Intelligenz

Der Begriff „Intelligenz" wird sehr häufig verwendet, als seien sich die Menschen darüber einig, was er genau bedeutet. Die verschiedenen Kulturen halten das für intelligent, was in ihrer Kultur zum Erfolg führt. In Forschungsstudien wird Intelligenz häufig als das dargestellt, was der Intelligenztest untersucht und misst.

---

[1] *neuron (griech.): der Nerv, die Sehne*
[2] *Synapsen (synapsis, griech.: Verbindung) sind die Kontaktstellen zwischen zwei Nervenzellen bei der Informationsübertragung.*

9.2.1 Der Begriff „Intelligenz"

Intelligenz[1] wird in der Literatur recht unterschiedlich gesehen. Aufgrund von Untersuchungen ist man heute jedoch zu dem Ergebnis gekommen, dass man nur dann von einer Intelligenzleistung sprechen kann, wenn man ein bestimmtes Problem, eine bestimmte Schwierigkeit oder eine bestimmte Situation erfolgreich bewältigen kann, ohne auf gemachte Erfahrungen allein zurückgreifen zu können. Entscheidend ist demgemäß die Neuartigkeit des zu lösenden Problems. Intelligenz zeichnet sich also dadurch aus, dass man **den Anforderungen einer neuen Situation entspricht, ohne dass man in entsprechenden Situationen geübt hat**.

Löst zum Beispiel der Lehrling ein Problem dadurch, dass er genau das nachmacht, was ihm der Meister zeigt, so handelt es sich kaum um eine Intelligenzleistung. Bewältigt er jedoch eine Schwierigkeit, die ihm unbekannt ist und deren Lösung er nicht gelernt hat, so spricht man von einer intelligenten Handlung.

Intelligenz ist die Fähigkeit, Schwierigkeiten bzw. Probleme in neuen Situationen erfolgreich zu bewältigen, die aufgrund vorausgegangener Erfahrungen allein nicht gelöst werden können.

Als Kern von Intelligenz gilt nach *Jean Piaget*[2] die ***Anpassungsfähigkeit***, also die **Fähigkeit, angemessen auf die Umwelt und deren Veränderungen zu reagieren**.

Intelligenz stellt eine Fähigkeit dar, die Voraussetzung für eine auf einen bestimmten Zweck ausgerichtete Tätigkeit ist. Diese Tätigkeit, die Funktion, bezeichnen wir mit dem Begriff „Denken". ***Die Fähigkeit der Intelligenz ist also Voraussetzung für die Funktion des Denkens.***[3]

Intelligenz kann nicht direkt beobachtet werden, sie kann lediglich aus dem Verhalten des Menschen erschlossen werden.

Wir können beispielsweise beobachten, wie der Lehrling das aufgetretene Problem löst, und wir schließen aufgrund dieser Beobachtungen darauf, ob es sich um eine intelligente Leistung handelt oder nicht.

Die Intelligenz hängt eng zusammen mit den Gehirnfunktionen. Die Fähigkeit, Probleme in neuen Situationen erfolgreich bewältigen zu können, ist davon abhängig, wie viele Nervenfaserverbindungen im Gehirn eines Menschen bestehen und genutzt werden und damit die Produktion kreativer Ideen, Einfälle bzw. Problemlösungen ermöglichen.

---

[1] *intellegere (lat.): einsehen, verstehen, begreifen*

[2] *Jean Piaget (1896–1980) hat die kindliche Gedankenwelt untersucht und damit sowohl der Entwicklungspsychologie als auch der Pädagogik wichtige Grundlagen gegeben. Seine Erkenntnisse befinden sich in Band 2, Kapitel 16.*

[3] *vgl. Abschnitt 9.3*

Auch die Geschwindigkeit, mit der die Informationen verarbeitet und neue Ideen produziert werden, spielt eine Rolle. Je mehr synaptische Verbindungen also im Gehirn genutzt werden und je schneller die Nutzung verläuft, desto intelligenter kann ein Mensch werden.

Wiederholte Erfahrungen bewirken beispielsweise, dass sich sowohl die Anzahl und Größe der Nervenzellen, die diese Erfahrungen repräsentieren[1], als auch deren synaptische Verbindungen verändern.[2]

Entscheidend ist also nicht die Gehirnmasse, sondern der Grad ihrer Vernetzung. ***Je besser die Vernetzung, desto intelligenter der Mensch.***

9.2.2 Modelle der Intelligenzstruktur

Es gibt in der Intelligenzforschung verschiedene ***Intelligenzmodelle***, die zu beschreiben versuchen, ob Intelligenz eine einheitliche Fähigkeit ist oder ob sie sich aus mehreren Fähigkeiten, sogenannten **Intelligenzfaktoren**, zusammensetzt.

Die Zweifaktorentheorie von Charles E. Spearman

Charles E. Spearman[3] kam aufgrund seiner Beobachtung, dass intelligente Menschen auf vielen Gebieten intelligentes Verhalten zeigen, zu dem Schluss, dass Intelligenz aus einer einheitlichen Grundfähigkeit, die er den **allgemeinen Intelligenzfaktor g** nennt, und aus speziellen Einzelfähigkeiten, die er als **spezielle Faktoren s** bezeichnet, besteht.

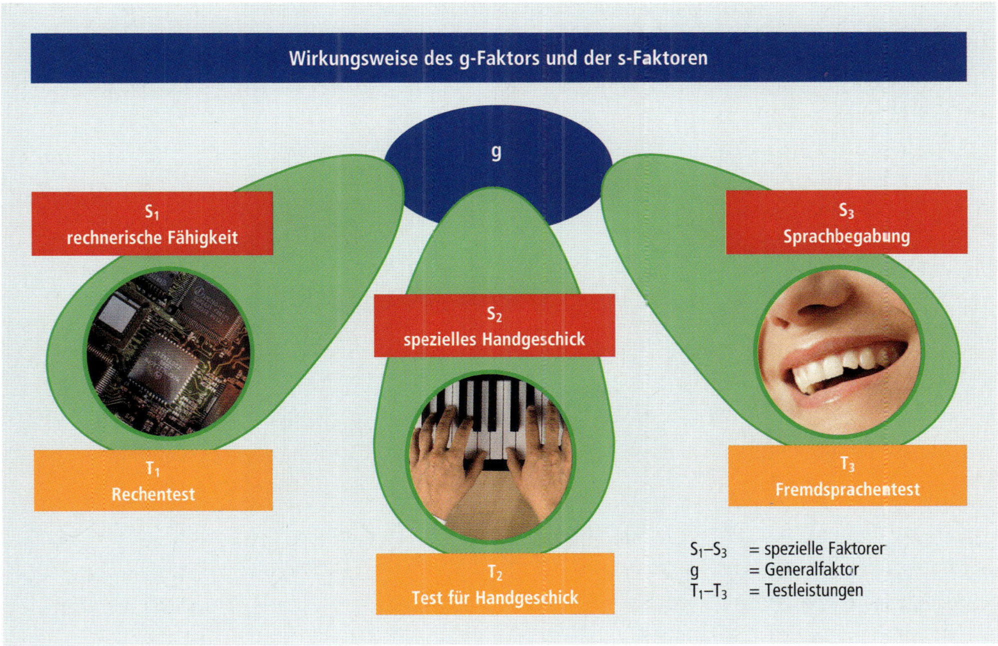

---

[1] *Repräsentationen sind bleibende Spuren auf den Nervenzellen.*
[2] *vgl. Abschnitt 9.1.2*
[3] *Charles Edward Spearman (1863–1945) war englischer Psychologe und wurde berühmt für seine Zweifaktorentheorie der Intelligenz.*

Ist beispielsweise eine Rechenaufgabe zu lösen, so ermöglichen der allgemeine Faktor g und ein spezieller Faktor s – in diesem Beispiel der Faktor „Rechenfähigkeit“ – die Lösung der Aufgabe. Ist aber eine Leistung im sprachlichen Bereich gefordert, so werden wiederum der generelle Faktor g und der spezielle Faktor „Sprachbegabung“ aktiviert.

Die multiple Faktorentheorie von Louis L. Thurstone

Nach *Louis L. Thurstone*[1] gibt es keinen allgemeinen Faktor g, sondern nur **mehrere voneinander unabhängige, gleichrangige Faktoren**, die je nach gestellter Aufgabe zum Einsatz kommen. Diese Annahme ergibt sich aus der Beobachtung, dass Menschen, die in einem Bereich – zum Beispiel der Sprache – sehr begabt sind, in einem anderen Bereich – wie beispielsweise Mathematik – jedoch erhebliche Schwierigkeiten haben. Maßgeblich für die Intelligenzleistungen bei diesem Modell sind hauptsächlich **sieben Primärfaktoren**:

- Sprachverständnis/Sprachbeherrschung,
- Wortflüssigkeit,
- Rechengewandtheit/Rechenfähigkeit,
- Raumvorstellung/räumliches Vorstellungsvermögen,
- Gedächtnis,
- Wahrnehmungsgeschwindigkeit/Auffassungsgeschwindigkeit,
- schlussfolgerndes, logisches Denken.

[1] *Louis Leon Thurstone (1887–1955) war ein amerikanischer Psychologe.*

Das Konzept der multiplen Intelligenz von Howard Gardner

Howard Gardner[1] geht in seinem Konzept der multiplen[2] Intelligenz davon aus, dass wir über mehrere „Intelligenzen" verfügen, die jeweils relativ unabhängig voneinander sind. Entsprechend kam er auf verschiedene eigenständige Intelligenzen:

- die **logisch-mathematische Intelligenz**[3],
- die **sprachliche Intelligenz**[3],
- die **räumliche Intelligenz**,
- die **musikalische Intelligenz**,
- die **körperlich-kinästhetische[4] Intelligenz**, die in der Beherrschung und Koordination des Körpers und einzelner Körperteile, zum Beispiel beim Tanzen, besteht,
- die **intrapersonale[5] Intelligenz**, die sich darin zeigt, sich selbst zu verstehen und mit sich selbst umgehen zu können,
- die **interpersonale[6] Intelligenz**, von anderen Autoren häufig **soziale Intelligenz** genannt, als die Fähigkeit, das soziale Leben in den verschiedenen Organisationsformen und Beziehungen, in denen ein Mensch lebt – zum Beispiel in der Familie, Schule, Arbeit, in der Ehe, im Bekannten- und Freundeskreis – zu bewältigen, sowie
- die **naturalistische Intelligenz** als die Fähigkeit, die Natur zu verstehen und verantwortungsbewusst mit ihr umgehen zu können.

> *„Wenn Sie in etwas gut sind, müssen Sie vorsichtig sein und sicherstellen, dass Sie nicht der Idee verfallen, auch in anderen Dingen gut zu sein, in denen Sie gar nicht unbedingt so gut sind. (...) Weil ich sehr erfolgreich war, kommen die Leute zu mir und erwarten, dass ich Wissen über Themen besitze, von denen ich absolut nichts verstehe."*
>
> *(Bill Gates, 1998: zitiert nach Myers, 2003[2], S. 463)*

Kritiker stellen die Frage, ob diese Spezialfähigkeiten – logisch-mathematische, sprachliche, räumliche, musikalische, körperlich-kienästhetische, naturalistische, intrapersonale und interpersonale Intelligenz – tatsächlich den Begriff Intelligenz verdienen oder ob es sich nicht vielmehr lediglich um „Begabungen" oder „Talente" handelt. Trotz dieser Kritik hat sich das Konzept der multiplen Intelligenz heute sehr stark durchgesetzt.

---

[1] *Howard Gardner (* 1943) lehrt an der Harvard University, an der Boston University School of Medicine und am Boston Veterans Administration Medical Center. Bekannt wurde er vor allem durch seine Bücher über Intelligenz und den menschlichen Geist.*

[2] *multus (lat.): viel, zahlreich*

[3] *Die logisch-mathematische und die sprachliche Intelligenz sind diejenigen Fähigkeiten, die in der Regel von den üblichen Intelligenztests erfasst werden.*

[4] *kineīn (griech.): bewegen; aísthēsis (griech.): die Sinneswahrnehmung; Kinästhetik: die Fähigkeit, Bewegungen der Körperteile kontrollieren und steuern zu können*

[5] *intra (lat.): innerhalb*

[6] *inter (lat.): zwischen*

9.2.3 Das Modell der verschiedenen Intelligenzen

In der heutigen Literatur finden vier „Intelligenzen" eine immer stärkere Beachtung:

- Die **analytische Intelligenz**: Damit ist diejenige Intelligenz gemeint, die durch Intelligenztests erfasst wird; es geht hierbei um das Lösen von genau umrissenen Aufgaben, die eine einzig richtige Lösung haben.

- Die **soziale Intelligenz**, die von anderen Autoren – wie oben ausgeführt – oft auch interpersonale Intelligenz genannt wird: Sie bezeichnet ***die Fähigkeit, das soziale Leben in den verschiedenen Organisationsformen und Beziehungen, in denen ein Mensch lebt*** – zum Beispiel in der Familie, Schule, Arbeit, in der Ehe, im Bekannten- und Freundeskreis – ***zu bewältigen***. Hierzu gehört auch die Fähigkeit, soziale Konflikte im Alltag sowie im Berufs- und Privatleben effektiv lösen zu können.

> *„Die Systeme im Gehirn, durch die sich der Mensch von den anderen Säugetieren unterscheidet, sind in direktem Verhältnis zur Stärke der primären menschlichen Bindungen gewachsen. Deshalb spekulieren manche Wissenschaftler, dass Homo sapiens durch seine überragenden sozialen Fähigkeiten – und nicht durch kognitive oder körperliche Überlegenheit – weitaus erfolgreicher war als die anderen Humanoiden[1]."* (Goleman[2], 2008, S. 491)

Die Neurowissenschaft hat in jüngster Zeit herausgefunden, dass das menschliche Gehirn auf Beziehung angelegt ist; es ist – wie es Daniel Goleman (2008) bezeichnet – ein „geselliges Hirn". Das Bedürfnis nach Kontakt mit anderen Menschen ist quasi „in uns eingebaut".

- Die **emotionale Intelligenz,** die durch das gleichnamige Werk von *Daniel Goleman (1998[7])* sehr populär wurde, geht auf *John Mayer* und *Peter Salovey* zurück. Sie beschreibt die Fähigkeit, sowohl die eigenen Gefühle als auch die anderer Menschen wahrzunehmen und richtig zu erkennen, diese Gefühle ausdrücken sowie mit diesen – sowohl mit den eigenen als auch mit denen anderer – bewusst, sensibel und angemessen umgehen zu können. Emotionale Intelligenz bedeutet also ***die Fähigkeit, die eigenen Emotionen und die anderer wahrzunehmen, auszudrücken, zu verstehen und zu beherrschen***.

Soziale und emotionale Intelligenz bedingen sich gegenseitig: Die erfolgreiche Bewältigung sozialer Anforderungen ist angewiesen auf den effektiven Umgang mit Gefühlen (vgl. Salewski/Renner, 2009, S. 131).

- Die **praktische Intelligenz**, in der Literatur gelegentlich auch als **kontextuelle[3] Intelligenz** bezeichnet, bezieht sich auf ***die Fähigkeit, alltägliche „praktische" Aufgaben zu lösen***.

---

[1] Als „Humanoide" werden alle Lebensformen bezeichnet, die ein menschenähnliches Erscheinungsbild aufweisen. Charakteristisch ist der aufrechte Gang.

[2] Daniel Goleman (1946) lehrte als klinischer Psychologe an der Harvard University und war Herausgeber der Zeitschrift Psychology Today. Gegenwärtig ist er verantwortlicher Redakteur für Psychologie und Neurowissenschaften bei der New York Times.*

[3] contextus (lat.): enge Verknüpfung, der Zusammenhang; kontextuell: die Verknüpfung, den Zusammenhang betreffend

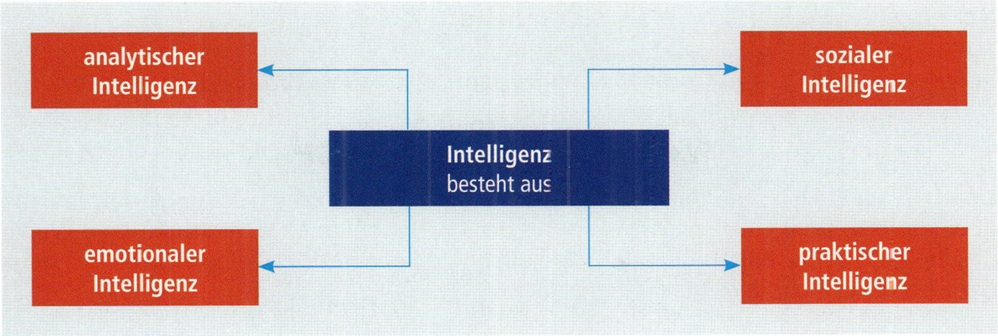

9.2.4 Die Messung der Intelligenz

1905 entwickelten die französischen Psychologen *Alfred Binet* und *Thomas Simon*[1] den ersten Intelligenztest. Grundlegende Prinzipien dieses Tests sind auch heute noch maßgebend:

- Die **Intelligenzleistung** einer getesteten Person wird immer mit der Leistung eines möglichst großen Durchschnitts von Gleichaltrigen verglichen.
- Das **Intelligenzalter stellt** eine Leistungsangabe dar, wird durch die Untersuchung einer großen Gruppe Gleichaltriger ermittelt. Ein durchschnittlich intelligenter Siebenjähriger hat ein Intelligenzalter von 7, ein durchschnittlich intelligenter Zehnjähriger ein Intelligenzalter von 10.

Hat nun ein Zehnjähriger ein Intelligenzalter von 8, so weist dies auf einen Entwicklungsrückstand in der Intelligenz von zwei Jahren hin. Dieser Zehnjährige ist demgemäß unterdurchschnittlich intelligent.

Die Aussage über eine über- oder unterdurchschnittliche Intelligenzleistung ergibt sich aus der Differenz von Intelligenzalter minus Lebensalter. Das Intelligenzalter orientiert sich dabei immer an der Altersnorm, an dem, was der Durchschnitt der Dreijährigen, der Vierjährigen usw. kann. Nachdem der direkte Vergleich von Intelligenzalter und Lebensalter nicht berücksichtigt, dass ein Entwicklungsrückstand von zwei Jahren bei einem Dreijährigen weit mehr ausmacht als bei einem 15-Jährigen, kam der Psychologe *William Stern*[2] zu dem altersunabhängigen Begriff **Intelligenzquotient, abgekürzt auch IQ genannt.** Er wird folgendermaßen errechnet:

---

[1] *Die französischen Psychologen Alfred Binet (1857–1911) und Thomas Simon (1873–1961) wurden bekannt durch die von ihnen entworfene Testreihe zur Ermittlung des Intelligenzstandes bei Kindern; sie erarbeiteten noch heute verwendete Staffeltests für jedes Lebensjahr zwischen drei und 15 Jahren.*

[2] *William Stern (1871–1938) war zunächst Professor in Breslau und Hamburg, emigrierte aber 1933 in die USA und lehrte dort an der Harvard sowie der Duke University.*

$$IQ = \frac{\textbf{IA (Intelligenzalter)}}{\textbf{LA (Lebensalter)}} \cdot \textbf{100} \text{ (um Kommastellen zu vermeiden)}$$

Der IQ ist somit kein absolutes Maß, sondern eine Vergleichszahl, die besagt, dass jemand in einem Test besser oder schlechter ist als der Durchschnitt seiner Gleichaltrigen. Wie in *Kapitel 4.2.3* dargestellt, hat man sich bei allen Intelligenztests auf einen IQ von 100 geeinigt. Dies entspricht dem Durchschnitt.

Wer einen IQ von 85 bis 115 hat, ist durchschnittlich intelligent; wer einen IQ von 115 bis 130 hat, kann als überdurchschnittlich, wer einen IQ von 85 bis 70 hat, als unterdurchschnittlich intelligent gelten; ein IQ von über 130 wäre weit überdurchschnittlich, ein IQ von unter 70 weit unterdurchschnittlich.

*Sehr häufig verwendete Intelligenztests sind heute der **HAWIE (Hamburg-Wechsler-Intelligenztest für Erwachsene)** und der **HAWIK (Hamburg-Wechsler-Intelligenztest für Kinder)**, die von David Wechsler in Amerika entwickelt und in den 1950er-Jahren in Hamburg für deutsche Verhältnisse übersetzt wurden.*

Der Hamburg-Wechsler-Intelligenztest für Erwachsene (HAWIE)

„Der HAWIE besteht aus 11 Untertests:

Verbalteil:

1. *Allgemeines Wissen (Beispiel: ‚Wer ist der Präsident der Vereinigten Staaten?‘ [leichteste Frage] – ‚Wer schrieb ‚Faust‘?‘ [mittelschwer] – ‚Was sind Apokryphen?‘ [schwerste Frage]*
2. *Allgemeines Verständnis (Beispiel: ‚Warum sollen wir uns von schlechter Gesellschaft fernhalten?‘ Bewertung der Antwort: ‚Eine 2-Punkte-Antwort muss das Erkennen des moralischen Einflusses der schlechten Gesellschaft auf Charakter und Persönlichkeit ausdrücken‘, z.B. ‚sie färbt ab‘. – Bei Strafgefangenen empfehlen die Autoren hierfür eine Ersatzfrage: ‚Warum soll man Geld sparen?‘)*
3. *Zahlennachsprechen (vorwärts und rückwärts, maximal 9 Zahlen, z.B. 2 7 5 8 6 2 6 8 4)*
4. *rechnerisches Denken (‚Wie viel sind 4 [Euro] und 5 [Euro]?‘ als leichteste Aufgabe)*
5. *Gemeinsamkeiten (‚Was ist das Gemeinsame bei Fliege und Baum?‘ als schwerste Frage)*
6. *[Wortschatztest (32 Worte mit ansteigender Schwierigkeit sind nacheinander zu erläutern); Ergänzung d. Red.]*

Handlungsteil:

7. *Zahlen-Symbol-Test (Zuordnung von Symbolen [–, N, I, ...] zu Zahlen)*
8. *Bilderordnen (3 bis 6 Bildchen müssen in eine sinnvolle Reihenfolge gebracht werden.)*
9. *Bilderergänzen (zum Beispiel: Es fehlt auf einem Bild die Krawatte!)*
10. *Mosaiktest [...]*
11. *Figurenlegen (die üblichen ‚Puzzles‘)“*

(Legewie/Ehlers, 1994, S. 273)

9.2.5 Kritik an den Intelligenztests

Herkömmliche Intelligenztests messen nicht die Anpassungsfähigkeit eines Menschen an *seine* jeweilige Umwelt, sondern an eine *bestimmte*. Sie können nicht dergestalt verallgemeinert werden, dass ein Test für alle Völker und Kulturen zutrifft. Intelligenz ist immer **kulturabhängig** und jede Kultur hat ihre eigenen Schwierigkeiten bzw. Probleme, die sie bewältigen muss. Diese sind abhängig von Wert- und Normvorstellungen, Sitte und Brauchtum, Weltanschauungen und Überzeugungen, von der Natur, in der der Mensch lebt, wie der Art der Landschaft oder dem Klima, von wirtschaftlichen Gegebenheiten wie Wohnverhältnissen, Wohnbezirk, Wohnraum, Wohneinrichtung, Vermögensverhältnissen und Einkommen sowie von dem Zusammenleben der Menschen. Entsprechend benötigt jede Kultur eine „andere" Intelligenz, die in der Konstruktion von Intelligenztests berücksichtigt werden muss.

Einige Verhaltensforscher und Psychologen wagten in den 60er-Jahren des vergangenen Jahrhunderts den Fehlgriff, einen in der westlichen Welt entworfenen Intelligenztest auch in der Dritten Welt anzuwenden. Entsprechend kam bei diesem Test heraus, dass Schwarze dümmer seien als Weiße. Aufgrund der Kulturabhängigkeit der Intelligenz ist ein solches Unternehmen abwegig.

Gerade bei der Entstehung der Intelligenz zeigt sich der unerbitterliche, meist ideologisch geführte Kampf um die Wirkungen von **Anlage und Umwelt** am deutlichsten. Verfechter der einen oder der anderen Position kommen häufig nicht durch exakte wissenschaftliche Untersuchungen zu ihrem Standpunkt, sondern mehr aufgrund ihrer ***weltanschaulich-politischen Ansicht***. Dabei schrecken selbst Wissenschaftler nicht vor Datenfälschungen zurück.

So glaubten der britische Psychologe *Cyril Burt* und seine Schüler *Arthur R. Jensen* und *Hans-Jürgen Eysenck* in den 60er- und 70er-Jahren des letzten Jahrhunderts nachgewiesen zu haben, dass die Ausprägung der Intelligenz zu 80 bis 85 Prozent erblich festgelegt und nur unwesentlich von der Umwelt beeinflusst sei. „Abschied vom Milieu" betitelte seiner Zeit eine bekannte deutsche Zeitung einen Artikel über *Burts* Ergebnisse. Später wurden in diesen Arbeiten methodische Fehler und gefälschte Daten gefunden. Auch *Jensen* wurden methodische Fehler nachgewiesen (vgl. *Mietzel, 2002⁴, S. 64*).

Die Auffassungen über die Wirkungen von Anlage und Umwelt sind deshalb so umstritten, weil sie vor allem **gesellschaftspolitisch große Bedeutung** haben. Elitebewusstsein, Machtstreben und Machterhaltung oder auch rassistisches und Auslesedenken führen konsequenterweise zu einer Auffassung wie der Erbtheorie. Anhänger dieser Auffassung gehen auch davon aus, dass soziale Ungleichheit kein gesellschaftliches, sondern hauptsächlich ein „naturgesetzliches" Problem sei, und betrachten beispielsweise unzureichende Begabungen, mangelndes Leistungsverhalten oder destruktives Verhalten als unabwendbares Schicksal.

Dieser Einwand gilt ebenfalls für die oben erwähnte Anwendung von ein und demselben Intelligenztest in verschiedenen Kulturen.

Auch bei der Entstehung der Intelligenz **wirken Anlage und Umwelt von vornherein zusammen,** und kein Faktor kann vom anderen getrennt betrachtet werden. Dazu kommt noch, dass sich das Individuum von vornherein aktiv mit seiner Umwelt auseinandersetzt und „von sich aus" die Umwelt erforscht (**aktive Selbststeuerung**).

Viele Forscher stellen die **Validität[1] von Intelligenztests infrage**, da ein solcher häufig einseitig nur die analytische Intelligenz misst, nämlich das Lösen von genau umrissenen Aufgaben, die eine einzig richtige Lösung haben.[2] Doch um Schwierigkeiten bzw. Probleme in neuen Situationen erfolgreich zu bewältigen, sind mehr Fähigkeiten bzw. Begabungen erforderlich als lediglich die analytische.

Kreativität, die Fähigkeit eines Menschen, Neues zu schaffen sowie neuartige Einfälle und originelle Lösungen zu produzieren, wird beispielsweise in Intelligenztests überhaupt nicht berücksichtigt, ist aber oft zur Bewältigung von Schwierigkeiten bzw. Problemen erforderlich.

---

[1] *siehe Kapitel 4.1.1*
[2] *vgl. Abschnitt 9.3.4*

Intelligentests beinhalten bevorzugt Aufgaben, die das sprachliche, logisch-mathematische und räumliche Denken betreffen. Weitere wichtige Begabungen, mit denen ein Beitrag zur Lösung wichtiger Probleme der heutigen Zeit geleistet werden kann, fehlen. In der heutigen Literatur finden zwar mehrere „Intelligenzen" eine immer stärkere Beachtung[1], sind bis jetzt aber nicht in Intelligenztests eingegangen.

Häufig wird an den Intelligenztests kritisiert, dass Unterschichtangehörige in den Tests benachteiligt werden, da zum einen sprachliche Aufgaben dominieren, deren Sprachniveau der Mittelschicht entstammt und die Sprachform der Unterschichtangehörigen außer Acht gelassen wird, und zum anderen die durchschnittlichen Intelligenzwerte in der Mittelschicht erhoben werden und dadurch die Aufgaben sowie die Normierung dem Erfahrungsbereich der Mittelschicht entstammen.

„Intelligenz ist bei uns ein Wert, trägt aber keinen Wert. ... Wir müssen etwas zur Intelligenz hinzunehmen: Weisheit, Ethik, Moral, Werte. Intelligenz ist Handlung, und jede Handlung hat eine Wirkung. Wenn eine Handlung Wirkung hat, muss sie auch eine Richtung haben. Und wer sagt mir, in welche Richtung ich gehe?" *(Interview mit Ina Rösing; in: Seiger, 2005, S. 45)*

9.3 Das Denken

Die kognitive Funktion des Denkens ist wohl eine der fantastischsten Funktionen des menschlichen Organismus. Man kann das Denken nicht unmittelbar sehen. Es unterscheidet den Menschen in seiner Qualität vom Tier und scheint ihm eine schier unbegrenzte Vielfalt kognitiver Leistungen zu ermöglichen.

9.3.1 Der Begriff „Denken"

Der Begriff „Denken" ist schwer zu bestimmen, da es sich hierbei um einen psychischen Vorgang, um einen geistigen Prozess handelt, der nicht beobachtbar ist. In diesem geistigen Prozess nimmt der Mensch Informationen wahr, erfasst und verarbeitet sie und er verbindet mit einem Gedanken beliebig andere Gedanken, sodass oft eine ganze Gedankenkette entsteht. Er stellt Beziehungen her zwischen einzelnen Merkmalen, er überlegt sich, wie er sich entscheiden soll, er bewertet sie, er löst Probleme, entdeckt neue Zusammenhänge und steuert dementsprechend sein Handeln, Verhalten und Erleben. Zudem geht es in diesem Prozess des Denkens auch um das Erkennen oder Verleihen von Bedeutungen, um

„Ich denke. Ich denke zumindest, dass ich denke."

[1] *vgl. Abschnitt 9.2.3*

das Bilden von Begriffen sowie um das Vornehmen von Bewertungen. Aus dieser Sichtweise kann Denken als ein nicht beobachtbarer psychischer Vorgang bezeichnet werden, in dessen Verlauf ein Problem, ein Gegenstand oder auch eine Situation erfasst und verarbeitet wird.

Mit Denken wird ein nicht beobachtbarer psychischer Vorgang bezeichnet, in dessen Verlauf Informationen erfasst und verarbeitet werden.

„Es gibt ja Leute, die ihr Gehirn möglichst wenig benutzen, um es frisch zu halten."
(Bernhard Wolff in einem Referat bei den Petersberger Trainertagen 2008)

9.3.2 Denken als Problemlösung

Denkprozesse werden oft durch ein Problem, vor dem der Mensch steht bzw. das er als solches erkennt, ausgelöst. *Klaus Opwis u. a.* (*2006³, S. 207*) geben drei Merkmale als kennzeichnend für ein Problem an:

- **Ausgangspunkt** ist eine Situation, die in eine angestrebte Zielsituation überführt werden soll.
- Die Überführung der Ausgangssituation in die **Zielsituation** ist nicht unmittelbar möglich; es ist eine Art „Barriere" vorhanden, die zur Lösung des Problems überwunden werden muss.
- Die Überwindung der Barriere erfordert die **Durchführung von Problemlösehandlungen**.

Ein Kind zum Beispiel will seinen Teddybären haben, der ganz oben im Regal sitzt, doch die Arme des Kindes sind zu kurz, um den Teddybären ergreifen zu können. Ausgangspunkt ist, dass das Kind den Teddy haben will, ihn aber nicht ergreifen kann. Zie situation ist, den Teddy vom Regal holen zu können, die durch Überwindung einer Barriere erreicht wird.

Denken als Problemlösen besteht also in der Überführung eines Istzustandes in einen Sollzustand, welcher nicht unmittelbar, sondern durch geistige Tätigkeit erreicht werden kann. Den Ablauf dieser Tätigkeiten bezeichnet man als ***Problemlösungsprozess***.

Dabei kann man beim Problemlösen zwei Arten von Problemen unterscheiden: Zum einen weiß man genau, was man will, aber man weiß nicht, wie man das Problem lösen kann.

Das Kind im obigen Beispiel, weiß genau, dass es seinen Teddybären, der ganz oben im Regal sitzt, haben will, doch es weiß nicht, wie es das anstellen soll.

Zum anderen gibt es aber Probleme, bei denen das Ziel nicht (völlig) klar ist.

Margret möchte mit einem selbst gebastelten Gegenstand ihrem Freund eine Freude machen, doch sie weiß nicht, wie dieser Gegenstand aussehen und beschaffen sein soll.

Beim Problemlösungsdenken spielen ***bisherige Erfahrungen*** eine große Rolle: Zunächst versucht man, das Problem mit solchen Möglichkeiten zu lösen, die man gelernt hat und die schon in früheren Situationen erfolgreich waren. Erst wenn sich erkennen lässt, dass keine von diesen Möglichkeiten zum Erfolg führt, produziert der Mensch meist in seiner Vorstellung eine Reihe von Einfällen und Lösungsvorschlägen und probiert diese in Gedanken durch. Wir sprechen hier von einem ***inneren Probehandeln***. Anschließend sondert er die falschen Einfälle, die nicht zum richtigen Ergebnis führen, gleichsam nach dem ***Prinzip von Versuch und Irrtum*** aus, bis er den richtigen Einfall hat.

Der Mensch löst ein Problem jedoch nicht nur nach dem Prinzip von Versuch und Irrtum, er strukturiert im Laufe der Zeit das Problem um. Es setzt der Prozess der **Umstrukturierung** ein; damit ist der Vorgang gemeint, in welchem zunächst zusammenhanglose Elemente einer Situation zueinander in Beziehung gesetzt werden.

Um bei dem Beispiel mit dem Kind und seinem Teddybär zu bleiben: Die Arme des Kindes sind zu kurz, um den Teddybären ergreifen zu können. Im Zimmer steht unter anderem ein Stuhl und auf dem Tisch liegt ein länglicher Gegenstand. Zunächst wird das Kind verschiedene Anstrengungen unternehmen, um an den Teddy heranzukommen, und irgendwann entdeckt es, dass es mit dem Stuhl, auf den es hinaufsteigt, und dem länglichen Gegenstand den Teddy vom Regal herunterholen kann: Es strukturiert die Situation um und setzt den Stuhl, den länglichen Gegenstand und den Teddybären zueinander in Beziehung.

Umstrukturierung ist der Vorgang, in welchem zunächst zusammenhanglose Elemente einer Situation zueinander in Beziehung gesetzt werden.

„Der Kopf ist rund, damit das Denken die Richtung ändern kann." *(Francis Picabia[1])*

Die einzelnen Elemente werden also miteinander kombiniert, wieder auseinandergelegt und neu kombiniert, bis erkannt wird, dass eine Beziehung und auch welche Beziehung zwischen den einzelnen Elementen besteht. Das Erkennen einer Beziehung zwischen einzelnen Elementen einer Situation nennen wir **Einsicht**.

Das kleine Kind, das mit dem Stuhl und dem länglichen Gegenstand den Teddybären vom Regal holen will, erkennt den Zusammenhang zwischen Teddy, Stuhl und Gegenstand; es hat Einsicht in diese Situation.

Mit Einsicht wird das Erkennen einer Beziehung zwischen den einzelnen Elementen einer Situation bezeichnet.

Ändert sich durch das Umstrukturieren und das Erkennen einer Beziehung von Elementen das Erleben und Verhalten, so spricht man vom **Lernen durch Einsicht**[2].

---

[1] *Francis Picabia (1879–1953), eigentlich Francis-Marie Martinez Picabia, war französischer Schriftsteller, Maler und Grafiker.*
[2] *siehe Abschnitt 9.3.3*

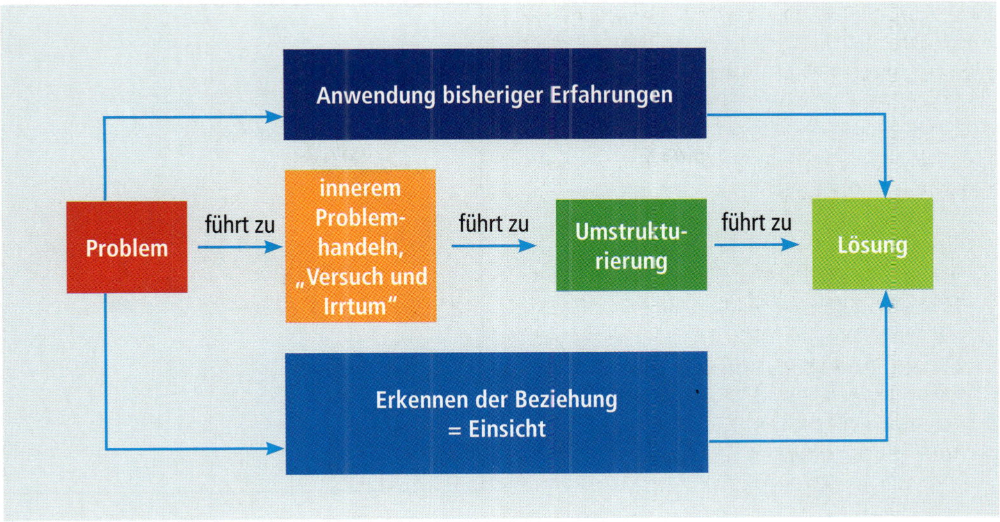

Das problemlösende Denken ist ein Prozess und durchläuft mehrere Phasen:

- Die **Zielanalyse** stellt die Frage, was erreicht werden soll.

> Um bei dem Beispiel mit dem Kind, das den Teddy haben will, zu bleiben: Die erste Frage ist: Wie kann die Distanz vom Kind, das auf dem Boden steht, bis zum obersten Regalfach überwunden werden?

- Die **Situationsanalyse** fragt danach, was gegeben ist.

> Im Zimmer steht unter anderem ein Stuhl und auf dem Tisch liegt ein länglicher Gegenstand.

- Die **Konfliktanalyse** will herausbekommen, was das Erreichen des Zieles verhindert.
- Die **Ergebnisanalyse** verbindet die drei vorhergehenden Phasen und stellt eine Beziehung zwischen diesen her, was zugleich die Lösung des Problems ist.

> Das Kind stellt einen Zusammenhang zwischen Teddy, Stuhl und Gegenstand her und kann so das Problem lösen.

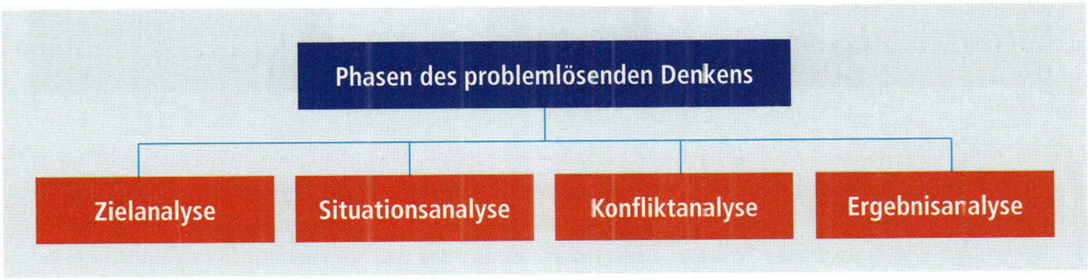

Die kluge Ratte
Es war einmal eine alte graue Ratte,
Die, wie man sieht, ein Fass gefunden hatte.
Darauf, so schaut die Ratte hin und her,
Was in dem Fasse drin zu finden wär'.
Schau, schau! Ein süßer Honig ist darin,
Doch leider ist das Spundloch viel zu klein.
Indes die Ratten sind nicht gar so dumm,
Sieh nur, die alte Ratte dreht sich um.
Sie taucht den langen Schwanz hinab ins Fass
Und zieht ihn in die Höh' mit süßem Nass.
Nun aber ist die Ratte gar nicht faul
Und zieht den Schwanz sich selber
durch das Maul.

(Wilhelm Busch)

9.3.3 Das Lernen durch Einsicht

Beim Lernen durch Einsicht ist das Entscheidende, dass der Mensch fähig ist, eine bestimmte Situation umzustrukturieren, sodass er die Beziehung zwischen einzelnen Elementen einer Situation erkennt.

Ein Kind, dem die Mutter einsichtig machen will, dass es nicht auf die Straße laufen darf, weil es von den Autos angefahren werden könnte, setzt die entsprechenden Elemente – auf die Straße laufen, Kommen eines Autos – zueinander in Beziehung und erkennt diesen Zusammenhang.

Mit dieser Einsicht wird die entsprechende Situation erfasst, was einen Lernvorgang darstellt: Als Ergebnis dieses Prozesses zeigt sich neues oder geändertes Verhalten und/oder Erleben. Dieses neue bzw. geänderte Verhalten wird im Gedächtnis gespeichert und in einer entsprechenden Situation gezeigt.

Das Kind wird aufgrund der Umstrukturierung und Einsicht – auf die Straße laufen und das Herannahen eines Autos – sein Verhalten ändern und auf dem Gehweg bleiben.

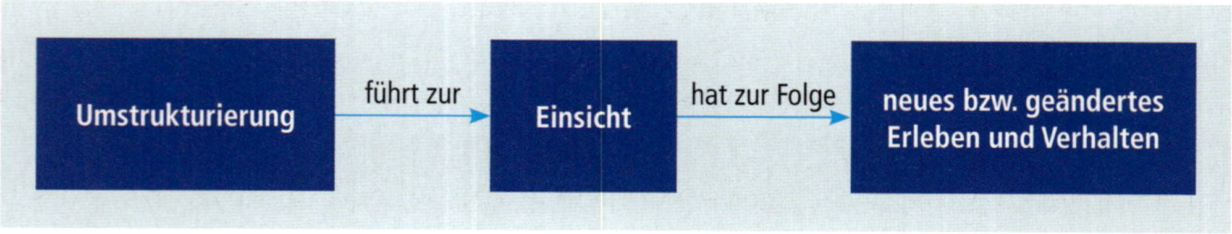

Lernen durch Einsicht meint den Prozess, in welchem eine Person eine Situation gedanklich umstrukturiert und so die Beziehung zwischen den einzelnen Elementen dieser Situation erkennt. Als Ergebnis dieses Prozesses zeigt sich neues oder geändertes Verhalten und/oder Erleben.

Erziehungsmaßnahmen auf der Grundlage des Lernens durch Einsicht zielen darauf ab, ***Umstrukturierungsprozesse anzubahnen und damit einsichtiges Denken und Handeln zu ermöglichen***. Solche Umstrukturierungsprozesse lassen sich unter anderem durch ein Beachten folgender Grundsätze unterstützen:

Aktivierung einer gründlichen Verarbeitung von Informationen

Einsicht scheitert oft daran, dass der Lernende nicht in der Lage ist, die ihm neu dargebotenen Sachverhalte bzw. Informationen mit seinem bereits vorhandenen Wissen zu verknüpfen.

> Wer den Satz verstehen will „Das zeitlich und räumlich unmittelbare Zusammentreffen von NS und UCS ist eine wichtige Voraussetzung beim klassischen Konditionieren", muss sowohl wissen, was die Fachausdrücke NS, UCS und klassisches Konditionieren bedeuten, als auch Informationen über das klassische Konditionieren besitzen. Erst wenn der Lernende diese ihm bereits bekannten Informationen aktiviert und mit den Informationen des Satzes verknüpft, kann er diesen Satz verstehen.

Dieses Verknüpfen von neuen Informationen mit bereits vorhandenem Wissen geschieht mithilfe der **Elaboration**, dem Prozess der tiefen, gründlichen und ausführlichen Verarbeitung von Informationen.[1]

Techniken, wie die tiefe und gründliche Verarbeitung von Informationen stattfinden kann, sind beispielsweise das ***Stellen von Fragen***, die ***Anregung bildhafter Vorstellungen*** oder das ***Einsetzen von Beispielen***. Beim Fragenstellen stellt sich der Lernende selbst zu einem anstehenden Thema Fragen und beantwortet sie. Auf diese Weise lassen sich wichtige von unwichtigen Informationen unterscheiden und es wird deutlich, welche Sachverhalte noch nicht verstanden wurden. Dieselben Effekte werden erzielt, wenn die Fragen vom Erzieher oder Lehrer ausgehen und an den Lernenden gerichtet sind.

Die Technik der bildhaften Vorstellungen besteht für den Lernenden darin, Sachverhalte bzw. gegebene Informationen durch das Erzeugen von „geistigen" Bildern zu verarbeiten. Sie scheint besonders bei Kindern Verständnis zu fördern. Erzieher und Lehrer sollten daher Kinder immer wieder anregen, sich solche Vorstellungen zu bilden.

> Kinder zeigen in der Regel bessere Verständnisleistungen für Geschichten, wenn sie vom Erzieher angehalten werden, sich einzelne Sachverhalte bildlich vorzustellen – etwa wie die zerlumpten Kleider eines Bettlers aussehen, wie schmutzig seine Haare sind, wie er zusammengekauert vor Hunger am Wegrand sitzt usw.

Auch der Einsatz von Beispielen kann Einsicht erleichtern, indem eine Verbindung zwischen neuen und bereits bekannten Sachverhalten hergestellt wird. Dabei sollten sich die Beispiele nach Möglichkeit an der Lebens- und Erfahrungswelt der Lernenden orientieren.

Aktivierung von Organisationsprozessen

Einsicht kann in der Regel nur dann erfolgen, wenn die Informationen gegliedert und geordnet sind. Diesen Prozess der Ordnung und Gliederung einer bestimmten Information bezeichnen wir als **Organisation**.[2]

> Tabellen und Übersichten, wie sie beispielsweise Lehrbücher enthalten, sind Beispiele für eine Organisation von Informationen.

Die Möglichkeiten zur Organisation reichen dabei von einfachen Verfahren, die sich bereits im Vorschulalter einsetzen lassen, bis hin zu Verfahren, die im Rahmen eines Hochschulstudiums zur Anwendung kommen.

> So setzen zum Beispiel Vorschulkinder, die ein dreißigteiliges Puzzle nach den Randteilen sortieren, bereits solche Organisationstechniken ein und gelangen dabei zu der Einsicht, dass diese Technik ihre Arbeit wesentlich erleichtert.

---

[1] *siehe Kapitel 10.2.2*
[2] *vgl. Kapitel 10.2.2*

Organisation dient in erster Linie dazu, große Informationsmengen zu reduzieren und in eine übersichtliche Form zu bringen. Sie erleichtert außerdem die Elaboration. Viele komplexe Denkvorgänge, die zur Einsicht führen, lassen sich häufig nur auf der Grundlage gut organisierten Wissens vollziehen.

Will man beim Lernenden Einsicht fördern, so sollte man ihm altersgemäße Techniken der Organisation vermitteln sowie Informationen in gut gegliedertem und geordnetem Zustand darbieten.

Ermöglichen von Perspektivenwechsel

Einsicht kann dadurch verhindert werden, dass Menschen Sachverhalte nur aus ihrem gewohnten Blickwinkel betrachten. Insbesondere jüngere Kinder sind nur wenig in der Lage, sich in andere Personen und deren Sichtweise der Dinge hineinzuversetzen. Es mangelt ihnen daher oft an den Voraussetzungen, um Verständnis bzw. Einsicht entwickeln zu können für die Verhaltensweisen von Spielkameraden, Erziehern oder Eltern. In der pädagogischen Arbeit ist es daher nötig, den zu Erziehenden immer wieder Möglichkeiten zu geben, Gegebenheiten aus verschiedenen Blickwinkeln zu betrachten. Hierzu eignen sich insbesondere Rollen- und Theaterspiele sowie Geschichten, die ein und denselben Sachverhalt aus dem Blickwinkel unterschiedlicher Personen darstellen.

Perspektivenübernahme ist zu unterscheiden von dem Begriff der „Empathie", bei der zu den kognitiven Vorgängen die Gefühlsebene hinzukommt. Perspektivenübernahme dagegen bleibt auf Kognition beschränkt.

Ermöglichen von Übung

Einem pädagogischen Arbeiten nach den bisher beschriebenen Grundsätzen wird der Erfolg verwehrt bleiben, wenn diese nur gelegentlich zum Einsatz kommen. Möglichkeiten der Elaboration und Organisation sowie der Perspektivenübernahme müssen immer wieder mit den Lernenden sowohl wiederholt und geübt als auch auf neue Aufgabengebiete bzw. Sachverhalte übertragen werden.[1]

Transparenz des Erzieherverhaltens

In vielen Erziehungssituationen neigen Erzieher zu Verhaltensweisen, die den Heranwachsenden keine Einsicht ermöglichen. Wer immer nur Befehle ausspricht, ohne deren Sinn zu verdeutlichen, wer eigene Beweggründe für sein Verhalten nicht offenlegt, wer Strafen anordnet, die nicht im Zusammenhang zur Tat stehen oder willkürlich erscheinen, verhindert Einsicht. Dagegen erhöht ein Transparentmachen des eigenen Erzieherverhaltens die Chance zur Einsicht beim zu Erziehenden, da er über Ziele, Beweggründe, Zusammenhänge, den Sinn von Maßnahmen und Entscheidungen informiert wird.

> So sollte ein Erzieher Kinder nicht nur über wichtige Gruppenregeln informieren, sondern gleichzeitig deren Sinn offenlegen. Dabei erfährt beispielsweise ein Kindergartenkind, dass immer nur vier Kinder gleichzeitig in der Bauecke sein dürfen, weil es dort sonst zu eng wird und die Kinder dann häufig unabsichtlich ihre Bauwerke zerstören.

---

[1] *vgl. Kapitel 10.2.2*

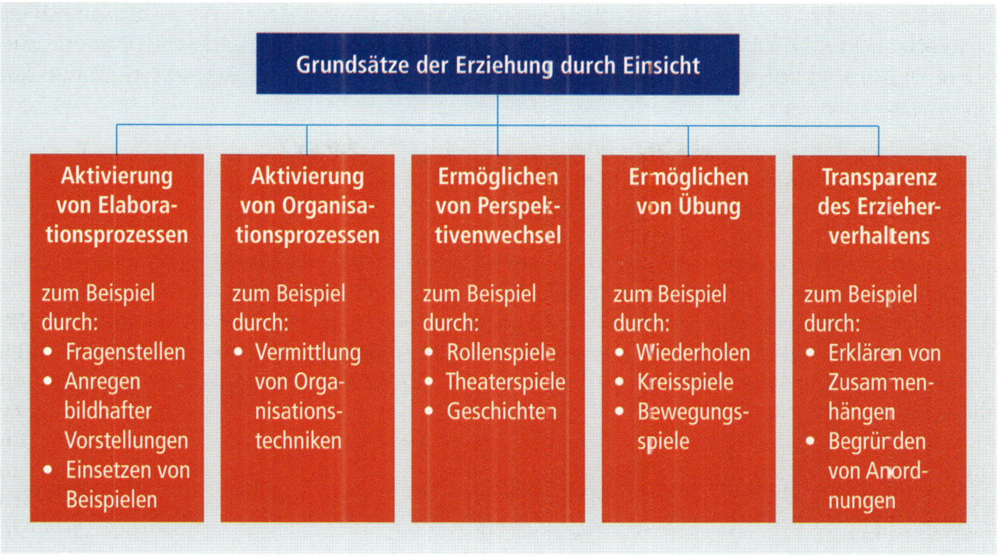

9.3.4 Formen des Denkens

Joy P. Guilford[1] unterscheidet beim problemlösenden Denken zwei verschiedene Formen, das **konvergierende Denken**, auch logisches bzw. schlussfolgerndes Denken genannt, und das **divergierende Denken**, oft auch als schöpferisches Denken bezeichnet.

- Das konvergierende[2] Denken erfolgt unter Anwendung bestimmter Regeln und Gesetzmäßigkeiten, die man bereits kennt bzw. gelernt hat, und führt zu einer einzig richtigen Lösung. Es wird angewandt, wenn das Problem klar und konkret gestellt ist und nur eine richtige Lösung möglich ist.

So löst man zum Beispiel eine Mathematikaufgabe, indem man durch Anwendung der richtigen Formel zum einzig richtigen Ergebnis kommt.

- Das divergierende[3] Denken geht von einem meist nicht klaren Problem aus, das Denken ist hier flexibel, kreativ und schöpferisch, das bisher Gelernte wird zum Produzieren neuer Lösungsmöglichkeiten eingesetzt. Als Ergebnis werden mehrere, zum Teil neue, vielleicht ungewöhnliche Lösungen gefunden.

Betrachtet man beispielsweise die unterschiedlichen Modelle, die bei der Erfindung des Flugzeugs entstanden sind, so wird deutlich, dass die Erfinder schöpferisch, kreativ gedacht haben.

In der „Praxis" lassen sich diese beiden Formen nicht trennen; sie wirken zusammen, um ein bestimmtes Problem zu lösen.

Hinsichtlich des schlussfolgernden Denkens gibt es zwei Arten des Denkens, das **deduktive** und das **induktive Denken**.

---

[1] *Joy Paul Guilford (1897–1988) war amerikanischer Psychologe und beschäftigte mit seinen Vorträgen über die Kreativität ganze Forschergenerationen.*
[2] *konvergierend (lat.): sich zuneigend, zusammenlaufend*
[3] *divergierend (lat.): auseinandergehend*

- Das deduktive[1] Denken, auch ***logisches Denken*** genannt, geht als Weg **vom Allgemeinen zum Speziellen**, zum Einzelfall. Kennzeichnend ist dabei, dass aus einem oder mehreren Zusammenhängen – sogenannten ***Prämissen***[2] – Schlüsse über einen Einzelfall gefolgert werden.

Prämisse 1: Alle Brillenträger sehen schlecht.
Prämisse 2: Mein Lehrer trägt eine Brille.
Schlussfolgerung: Mein Lehrer sieht schlecht.

Das logische Denken kann fehlerhaft sein, weil es für ein Erleben und Verhalten oft mehrere Ursachen gibt und die Schlussfolgerung deshalb nicht richtig sein muss. Im Fach Psychologie lernen die Schüler zum Beispiel, dass Frustrationen zu Aggressionen führen (Prämisse 1). Ein Schüler in der Klasse ist sehr aggressiv (Prämisse 2) und seine Mitschüler sagen nun, er sei frustriert worden. Diese Schlussfolgerung kann aber falsch sein, denn es gibt auch andere Gründe, warum der Schüler aggressiv ist.

- Das induktive[3] Denken geht als Weg **vom Speziellen**, vom Einzelfall, **zum Allgemeinen**. Aus Einzelerfahrungen bzw. -beobachtungen werden allgemeingültige Schlüsse gezogen.

Aufgrund von Beobachtungen, dass Schüler, die im Unterricht aktiv mitarbeiten, bessere schulische Leistungen erzielen, wird der allgemeine Schluss gezogen, dass ein Zusammenhang zwischen der aktiven Mitarbeit des Schülers im Unterricht und seinen schulischen Leistungen besteht.

In der Forschung herrscht meist diese Art von Denken vor, indem von einer Stichprobe mithilfe statistischer Verfahren auf die Population geschlossen wird.[4]

Der Forscher wählt bei der Untersuchung, ob ein Zusammenhang zwischen der aktiven Mitarbeit des Schülers im Unterricht und seinen schulischen Leistungen besteht, aus der Population beispielsweise 2.000 Schülerinnen und Schüler aus, um an diesen die gefragten Merkmale zu beobachten. Nach der Durchführung seiner Untersuchung an der Stichprobe verallgemeinert er mithilfe der Statistik seine Vermutung auf alle Schülerinnen und Schüler.

Im Alltagsleben kann jedoch auch induktives Schließen falsch sein, wenn es sich um unzulässige Verallgemeinerungen handelt. Meist nämlich treffen induktiv geschlossene Aussagen im Alltagsleben nicht zu, sie sind oft irreführend und können auch gefährlich sein.[5]

Eine Art des induktiven Schließens stellt das **analoge[6] Denken** dar, welches ein Schlussverfahren ist, bei welchem von der Ähnlichkeit bzw. Übereinstimmung zweier Sachverhalte oder Dinge auf die Ähnlichkeit bzw. Übereinstimmung von anderen Sachverhalten bzw. Dingen gefolgert wird.

Karl will herausfinden, wie sich Menschen am Kopf verletzen können, wenn sie die Treppe hinunterfallen. Um eine Vorausberechnung der Folgen eines Treppensturzes anzustellen, benutzt er rohe Eier. Er setzt das Ei in Analogie zum Schädel eines Menschen: Beide sind zerbrechlich, nicht elastisch und haben einen gallertartigen Inhalt (vgl. *Reither, 1996*[2]*, S. 203 f.*).

Ein Forscher beobachtet bei Ratten, dass diese aggressiv werden, wenn sie auf engem Raum zusammengepfercht sind. Er überträgt das Ergebnis dieser Untersuchung auf Menschen.

---

[1] *deductio (lat.): das Ableiten*
[2] *praemittere (lat.): vorausschicken*
[3] *inductio (lat.): das Hineinführen*
[4] *vgl. Kapitel 4.2*
[5] *vgl. Kapitel 1.1.1*
[6] *analogía (griech): Entsprechung*

Zusammenfassung

- Die psychische Fähigkeit ist eine bestimmte Voraussetzung für die Durchführung einer Handlung, Tätigkeit oder Leistung. Unter psychischer Funktion wird die Aktivität eines Organismus verstanden, die auf einen bestimmten Zweck ausgerichtet ist. Psychische Kräfte bezeichnen alle Antriebsformen des Menschen, die Erleben und Verhalten aktivieren und steuern. Psychische Fähigkeiten, Funktionen sowie Kräfte bilden die Grundlagen des Erlebens und Verhaltens. Sie sind bei allen Menschen vorhanden, jedoch von Individuum zu Individuum unterschiedlich stark ausgeprägt. Die Begegnung mit der Wirklichkeit – ihre Aufnahme –, ihr Erfassen, ihre Verarbeitung und Speicherung sowie Reaktionen und das Einwirken auf die Wirklichkeit vollziehen sich im Zusammenspiel dieser psychischen Funktionen, Fähigkeiten und Kräfte.

- Der Begriff „Kognition" meint die Gesamtheit aller psychischen Fähigkeiten, Funktionen und Prozesse, die der Aufnahme, Verarbeitung und Speicherung von Informationen dienen. Aus der Neuropsychologie, die die Beziehungen zwischen den Gehirnfunktionen und dem Erleben und Verhalten eines Menschen untersucht, weiß man, dass das Gehirn aus mehreren miteinander verbundenen Teilen besteht, die bei den kognitiven Prozessen eine grundlegende Rolle spielen (Stammhirn, limbisches System, Kleinhirn und Großhirn), und dass die Aufnahme, Verarbeitung und Speicherung von Informationen im Gehirn über die elektrische und chemische Aktivierung der Nervenzellen geschieht.

- Intelligenz ist die Fähigkeit, Schwierigkeiten bzw. Probleme in neuen Situationen erfolgreich zu bewältigen, die aufgrund vorausgegangener Erfahrungen allein nicht gemeistert werden können. Zur Struktur der Intelligenz gibt es verschiedene Modelle. Nach der heutigen Forschung ist die Intelligenz keine einheitliche Fähigkeit, sondern sie setzt sich aus vielen unterschiedlichen Faktoren zusammen. Eine immer stärkere Beachtung finden in der heutigen Zeit die analytische, die soziale, die emotionale und die praktische Intelligenz. Der Intelligenzquotient (IQ) ergibt sich aus Intelligenzalter geteilt durch Lebensalter. Somit ist er kein absolutes Maß, sondern eine Vergleichszahl, die besagt, dass jemand in einem Test besser oder schlechter abschneidet als der Durchschnitt seiner Gleichaltrigen. Intelligenztests sind nicht unumstritten.

- Denken ist ein von Außenstehenden nicht beobachtbarer psychischer Prozess, in dessen Verlauf Informationen erfasst und verarbeitet werden. Denken als Problemlösen besteht in der Überführung eines Istzustandes in einen Sollzustand, welcher nicht unmittelbar, sondern durch geistige Tätigkeit erreicht werden kann. Den Ablauf dieser Tätigkeiten bezeichnet man als Problemlösungsprozess. Denkoperationen des problemlösenden Denkens verlaufen nach dem Prinzip von Versuch und Irrtum sowie dem Prinzip der Umstrukturierung, die beide zur Einsicht und damit auch zur Lösung des Problems führen. Das problemlösende Denken ist ein Prozess und durchläuft mehrere Phasen, die Ziel-, Situations-, Konflikt- und Ergebnisanalyse.

- Lernen durch Einsicht meint den Prozess, in welchem eine Person eine Situation gedanklich umstrukturiert und so die Beziehung zwischen den einzelnen Elementen dieser Situation erkennt. Als Ergebnis dieses Prozesses zeigt sich neues oder geändertes Verhalten und/oder Erleben. Grundsätze der Erziehung durch Einsicht sind die Aktivierung von Elaborations- und Organisationsprozessen, das Ermöglichen von Perspektivenwechsel und Wiederholung (Übung) sowie die Transparenz des Erzieherverhaltens.

- Formen des problemlösenden Denkens sind das konvergierende Denken – ein auf „richtig" und „falsch" ausgerichtetes Denken, das nur eine Lösung zulässt – und das divergierende Denken, welches auf verschiedene Ziele ausgerichtet ist und mehrere Lösungen eröffnet. Hinsichtlich des schlussfolgernden Denkens gibt es zwei Arten des Denkens, das deduktive Denken – vom Allgemeinen zum Speziellen – und das induktive Denken – vom Speziellen zum Allgemeinen. Eine Art des induktiven Denkens ist das analoge Denken.

Aufgaben und Anregungen Kapitel 9

Aufgaben

1. Beschreiben Sie an einem Beispiel das Zusammenspiel von psychischen Fähigkeiten, psychischen Funktionen und psychischen Kräften.
   (Abschnitt 9.1.1)

2. Stellen Sie die biologischen Grundlagen kognitiver Fähigkeiten und Funktionen dar.
   (Abschnitt 9.1.2)

3. Klären Sie den Begriff „Intelligenz".
   (Abschnitt 9.2.1)

4. Beschreiben Sie verschiedene Intelligenzmodelle.
   (Abschnitt 9.2.2)

5. Zeigen Sie an einem Beispiel das Konzept der verschiedenen Intelligenzen auf.
   (Abschnitt 9.2.3)

6. Beschreiben Sie, wie man die Intelligenz eines Menschen messen kann.
   (Abschnitt 9.2.4)

7. Unterziehen Sie Intelligenztests einer kritischen Würdigung.
   (Abschnitt 9.2.5)

8. Bestimmen Sie den Begriff „Denken" und erläutern Sie an einem Beispiel das Denken als Problemlösung.
   (Abschnitt 9.3.1 und 9.3.2)

9. Stellen Sie anhand einer Problemsituation die Phasen des problemlösenden Denkens dar.
   (Abschnitt 9.3.2)

10. Beschreiben Sie anhand einer Lernsituation das Lernen durch Einsicht.
    (Abschnitt 9.3.3)

11. Stellen Sie Grundsätze einer Erziehung durch Einsicht dar.
    (Abschnitt 9.3.3)

12. Beschreiben Sie an einem Beispiel das konvergierende und das divergierende Denken und zeigen Sie auf, dass beide Arten zur Lösung eines Problems erforderlich sind.
    (Abschnitt 9.3.4)

13. *Deduktives und induktives Denken*
    a) Erläutern Sie an je einem Beispiel das deduktive und das induktive Denken.
    b) Arbeiten Sie an diesen Beispielen die Unterschiede zwischen deduktivem und induktivem Denken heraus.
    (Abschnitt 9.3.4)

14. Weisen Sie nach, dass es sich sowohl beim deduktiven als auch beim induktiven Denken um ein schlussfolgerndes Denken handelt.
(Abschnitt 9.3.4)

15. *Analoges Denken*
    a) Zeigen Sie an einem Beispiel das analoge Denken auf.
    b) Erläutern Sie, dass es sich beim analogen Denken um eine induktive Denkform handelt.
    (Abschnitt 9.3.4)

Anregungen

16. *Kaffeehaus (vgl. Hugenschmidt/Technau, 2009, 91 f.)*
    - Bilden Sie Vierergruppen und wählen Sie einen Teilbereich des Themas „Intelligenz und Denken" aus.
    - Diskutieren Sie in der Gruppe über Ihren Themenbereich, sodass jeder gut darüber Bescheid weiß.
    - Anschließend löst sich die Gruppe auf und es werden mehrere Tische mit je vier Stühlen aufgestellt. Jeder einzelne Schüler kann sich an einen beliebigen Tisch setzen und sich mit den anderen über die wesentlichen Aspekte seines Themenbereiches unterhalten. Dabei kann er den Tisch auch wechseln.

17. Fragen Sie Ihre Verwandten und Bekannten, was sie unter Intelligenz verstehen. Notieren Sie die Antworten und diskutieren Sie darüber in Ihrer Klasse unter Berücksichtigung von *Abschnitt 9.2.1*.

18. *Geeignete Spiele?*
    - Entleihen Sie sich Spiele (zum Beispiel aus einer Bibliothek, vom Kindergarten).
    - Bilden Sie Kleingruppen.
    - Erörtern Sie, ob und inwieweit diese Spiele geeignet sind, Umstrukturierungsprozesse bei Kindern, und damit Einsicht, in Gang zu setzen.
    - Stellen Sie Ihr Ergebnis in der Klasse vor.
    - Führen Sie in der Klasse ein abschließendes Gespräch zum „Wert" der Spiele hinsichtlich des Lernens durch Einsicht durch.

19. *Formen des Denkens*
    - Bilden Sie in Ihrer Klasse Vierergruppen.
    - Jede Gruppe denkt sich zwei Denkaufgaben aus – die eine erfordert ein konvergierendes, die andere ein divergierendes Denken.
    - Tauschen Sie die entworfenen Denkaufgaben aus, sodass jede Gruppe von einer anderen Gruppe Aufgaben erhält.
    - Lösen Sie diese Aufgaben.

Lösung des Rätsels am Anfang des Kapitels:
Conny hat die Vase zerbrochen. Hätte Julius die Vase beschädigt, dann hätten alle drei Kinder die Wahrheit gesagt. Julius muss also gelogen haben. Wäre es Bert gewesen, der die Vase umgeworfen hätte, dann würden alle drei die Unwahrheit sagen. Bleibt nur Conny übrig, sie und Julius haben die Unwahrheit gesagt und Bert die Wahrheit.

Lernen und Gedächtnis

10

„Wie kriege ich das bloß in meinen Schädel rein?"

Folgende Fragen werden in diesem Kapitel geklärt:

1. *Was versteht man unter Gedächtnis?*
   Welche Annahmen über Modelle des Gedächtnisses gibt es?
   Mit welchen Prozessen werden Informationen in das Langzeitgedächtnis aufgenommen und gespeichert?

2. *Was verstehen wir unter Behalten und Vergessen, was unter Erinnern?*
   Wie geht der Erwerb von Wissen vor sich?
   Von welchen Faktoren wird das Erinnern beeinflusst?
   Inwieweit können wir uns auf unser im Gedächtnis Gespeichertes verlassen?

3. *Wie kann man das Lernen optimieren?*
   Welche Lern- und Studierstrategien kennt die Psychologie, um effektiver lernen zu können?

10.1 Das Gedächtnis

Eine der wichtigsten Fähigkeiten unseres Organismus ist das Gedächtnis. Ohne es müssten wir Alltägliches immer wieder neu lernen. Wir brauchen das Gedächtnis beim Wahrnehmen, Denken, Erkennen und Verstehen ebenso wie beim Lernen und Sprechen. Unser tägliches Verhalten und Erleben basiert auf unseren gespeicherten Erfahrungen, Kenntnissen, Fähigkeiten und Fertigkeiten.

10.1.1 Der Begriff „Gedächtnis"

Mit Gedächtnis bezeichnet man einmal die Fähigkeit eines Organismus, bestimmte Informationen zu **speichern**. Solche Informationen umfassen nicht nur sachliche Inhalte, wie beispielsweise den Stoff, den man in der Schule gelernt hat, sondern auch Gefühle, Empfindungen, Erlebnisse und Ähnliches. In der Psychologie spricht man, wenn es um das Speichern von Informationen geht, von ***Behalten***. Zum anderen werden Informationen im Gedächtnis **verarbeitet**: Sie werden dort mithilfe von Prozessoren entschlüsselt und ausgewertet.

Das Gedächtnis ist ein aktives Organ des Menschen, das eine Information aufnimmt, verarbeitet, speichert und für den Fall behält, dass diese Information zum Erkennen neuer Reize und Verarbeiten neuer Informationen wieder benötigt wird. Der Mensch kann also notwendige, bereits im Gedächtnis gespeicherte Information wieder **abrufen**, damit er sie zu gegebener Zeit zur Verfügung hat. Dieses Abrufen kann in Form des **Reproduzierens**[1] **oder des Wiedererkennens** geschehen. Beim Wiedererkennen ist im Gegensatz zum Reproduzieren das Objekt gegeben.

Wenn man beispielsweise eine Liste von Wörtern sieht und die Bedeutung dieser Wörter sagen kann, so handelt es sich um ein Wiedererkennen. Lernt man nun diese Liste von Wörtern auswendig und versucht, sie zu einem späteren Zeitpunkt wiederzugeben, so spricht man von Reproduzieren. Bei Wörtern, die wir täglich gebrauchen – wir sprechen hier von aktivem Wortschatz –, handelt es sich um ein Reproduzieren; Begriffe dagegen, die wir selbst nicht gebrauchen, deren Bedeutung wir aber wissen – passiver Wortschatz –, erkennen wir wieder.

Gedächtnis ist die Fähigkeit des Organismus, Informationen zu verarbeiten, zu speichern und abrufen zu können.

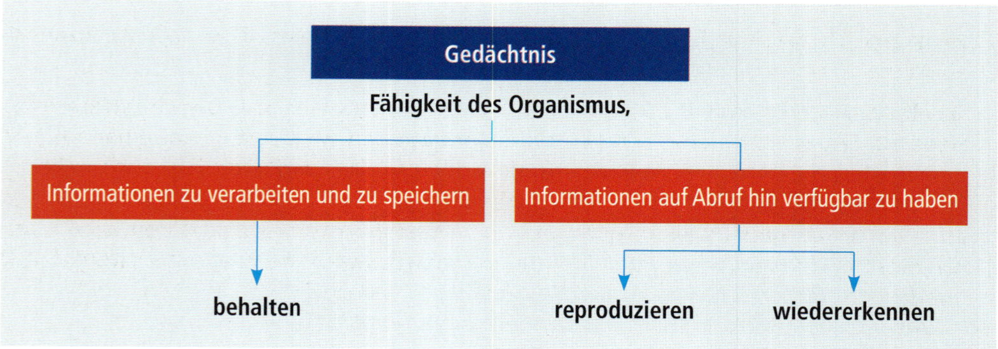

„Das Gedächtnis ist das Tagebuch, das wir immer mit uns herumtragen." (Oscar Wilde[2])

---

[1] *re (lat.): wieder; productio (lat.): das Hervorbringen; Reproduktion: etwas wieder genauso hervorbringen*

[2] *Oscar Wilde (1854–1900) war irischer Schriftsteller.*

10.1.2 Das Gedächtnis aus neurowissenschaftlicher Sicht

Neuronen[1], die Grundeinheit unseres Nervensystems, dienen – wie in *Kapitel 8.1.2* dargestellt – der Informationsverarbeitung und -speicherung. Neuronen sind über **Synapsen**[2] – die Kontaktstellen zwischen zwei Nervenzellen bei der Informationsübertragung – miteinander verbunden und dienen sowohl der Weiterleitung von Informationen als auch deren Verarbeitung (vgl. *Schandry, 2006², S. 31 und 70*).

Schon in der Schwangerschaft und unmittelbar nach der Geburt verändert sich das menschliche Gehirn in einem atemberaubenden Tempo; es bilden sich fast explosionsartig Synapsen aus. Jedoch nur richtig und erfolgreich verknüpfte Nervenzellen bleiben bestehen, die anderen gehen wieder verloren. ***Diese Entstehung ist von den Erfahrungen, die ein Mensch, insbesondere das Kleinkind, macht, abhängig***. Fehlen diese, kann die Ausbildung des Gehirns nicht stattfinden. Nervenzellenverbindungen müssen also „benutzt" werden, damit sie sich festigen. Diese Prozesse verlaufen in der frühesten Kindheit besonders rasch. Die Synapsen, die in bestimmten **Zeitfenstern**[3] der Entwicklung nicht genutzt werden, verschwinden wieder. Dieser Vorgang wird als **Pruning**[4] bezeichnet (vgl. *Markowitsch/Welzer, 2011³, S. 46 und 83*).

10.1.3 Das Mehrspeichermodell

Hinsichtlich der Speicherung von Informationen im Gedächtnis gibt es verschiedene Modelle zu seiner Struktur. Das bekannteste ist das **Mehrspeichermodell**, welches drei verschiedene „Arten" von Gedächtnis als ***separate Speicher*** annimmt. Zwischen diesen Speichern finden **Kontrollprozesse** statt, die dafür sorgen, dass Informationen von einem Speicher zum anderen weitergegeben werden – je nachdem, ob man sich eine Information merken oder sich wieder an sie erinnern möchte.

- **Das sensorische**[5] **Gedächtnis (SG)** registriert alle Informationen bzw. Reize, die der Mensch durch seine Sinnesorgane wahrnimmt. Es findet noch keine Informationsverarbeitung statt, die Reizregistrierung dient lediglich dazu, die Information für maximal eine Sekunde festzuhalten, um den Kontrollprozessen die Möglichkeit zu geben zu entscheiden, ob die Information an den nächsten Speicher weitergegeben werden soll. Die Aufnahmekapazität des sensorischen Gedächtnisses ist nahezu unbegrenzt; gleichzeitig wird aber sehr viel und in Bruchteilen von Sekunden vergessen.

  Beim Lesen hält das sensorische Gedächtnis die Buchstaben fest, sodass wir sie zusammenhängend als Wörter wahrnehmen und verstehen können.

- **Das Kurzzeitgedächtnis (KZG)** verarbeitet die Informationen, die es vom sensorischen Gedächtnis bekommt. Hier werden die Informationen bis zu maximal einer Minute parat gehalten, können jedoch, wenn sie bewusst wiederholt werden, auch beliebig lange behalten werden. In dieser Zeit wird die Information ***verarbeitet***, weshalb es auch als **Arbeitsgedächtnis** bezeichnet wird. Kontrollprozesse entscheiden wiederum, ob Informationen an den letzten Speicher zur dauerhaften Speicherung weitergeleitet werden.

---

[1] *neuron (griech.): der Nerv, die Sehne*
[2] *synapsis (griech.): Verbindung*
[3] *Zeitfenster bezeichnet einen bestimmten Zeitraum im menschlichen Leben, in welchem ein bestimmtes Verhalten erlernt werden muss, weil es außerhalb dieses Zeitraums nicht mehr erlernt werden kann.*
[4] *to prune (engl.): beschneiden, wegschneiden; oft wird dieser Begriff für das – bewusste – Ignorieren von Sachverhalten verwendet.*
[5] *sensorisch (lat.): die Aufnahme von Sinnesempfindungen betreffend*

Das Kurzzeitgedächtnis ermöglicht uns zum Beispiel, dem Inhalt eines Gespräches kontinuierlich zu folgen und die Sätze zu verstehen, weil wir beim Hören des Satzendes den Satzanfang noch wissen. Umgekehrt hilft es uns auch, ein Fremdwort zu verstehen, dessen Bedeutung wir vor langer Zeit einmal gelernt haben.

Die Aufnahmekapazität des Kurzzeitgedächtnisses ist sehr gering, es können nur ca. ***sieben Elemente*** (sieben Buchstaben, sieben Zahlen, sieben Wörter und dergleichen) aufgenommen werden.

> *„Das Arbeitsgedächtnis heißt so, weil seine Inhalte sofort verblassen, sobald dieser Speicher sie nicht mehr aktiv bearbeitet oder wiederholt."* *(Wolf, 2009, S. 56)*

- **Das Langzeitgedächtnis (LZG)**, der dritte und letzte Speicher, erhält nur relativ wenige Informationen aus dem Kurzzeitgedächtnis, speichert diese jedoch dauerhaft durch die Schaffung ***chemischer Verbindungen*** (***Gedächtnisspuren***). Das Langzeitgedächtnis gilt als das eigentliche Gedächtnis, das alles Wissen eines Menschen enthält und nahezu unbegrenzt ist. Es wird daher auch **Wissensgedächtnis** genannt. Das meiste hier gespeicherte Wissen ist jedoch nicht ständig parat, sondern muss im Bedarfsfall erst hervorgeholt, aktiviert werden.

Zwischen dem Kurzzeitgedächtnis und dem Langzeitgedächtnis besteht ein reger Informationsaustausch: Informationen, die zur dauerhaften Speicherung gedacht sind, werden vom Kurzzeitgedächtnis an das Langzeitgedächtnis weitergeleitet; umgekehrt holt sich das Kurzzeitgedächtnis Informationen aus dem Langzeitgedächtnis zurück, wenn es um das ***Erkennen*** von neuen Informationen geht.

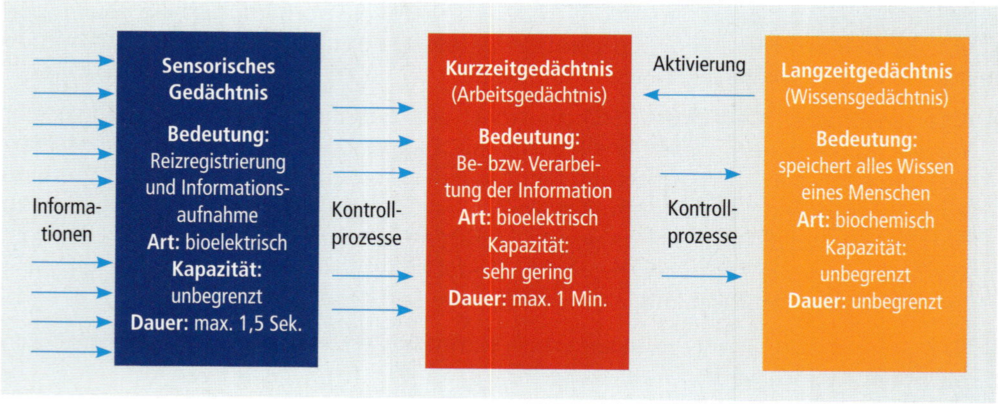

Einige Wissenschaftler kritisieren, dass sich viele Erinnerungsleistungen nicht eindeutig einem Gedächtnisspeicher zuordnen lassen. Es gibt beispielsweise Informationen, die wir nicht nur eine oder mehrere Minuten behalten, die aber auch nicht die typischen Charakteristika der Langzeitspeicherung aufweisen – etwa wenn ein Schüler auf eine Prüfungsarbeit lernt und sich den Stoff über mehrere Tage merken kann, diesen dann aber wieder vergisst.

> *„All diese Überlegungen führen über ein Dreispeichermodell hinaus. Wenn man bedenkt, wie viele Zwischenspeicher und verschiedene Speichersysteme allein ein durchschnittlicher PC heute besitzt, wird man auch kaum annehmen wollen, dass ein so leistungsstarkes und kompliziertes biologisches System wie das Gehirn des Menschen mit drei Speichern auskommen sollte."* *(Angermeier u. a., 1991², S. 166)*

*In der Literatur wird gelegentlich auch von einem **intermediären Gedächtnis** gesprochen, welches zwischen Kurz- und Langzeitgedächtnis angesiedelt ist (vgl. Gruber, 2011, S. 12).*

10.1.4 Die Speichersysteme des Langzeitgedächtnisses

Endel Tulving und *Hans J. Markowitsch* gehen von einem Kurzzeitgedächtnis und mehreren Langzeitgedächtnissystemen aus. Dabei wird das Kurzzeitgedächtnis im Bereich von Sekunden bis zu wenigen Minuten verortet, das Langzeitgedächtnis betrifft alle darüber hinaus reichenden Zeiträume (vgl. *Markowitsch/Welzer, 2006², S. 80*). Dabei unterscheiden die beiden zwischen dem **deklarativen[1] Gedächtnis** als dem bewussten Speicher für Fakten und Ereignisse und dem **nicht deklarativen Gedächtnis**, oft auch **reflexives[2] Gedächtnis** genannt, für verschiedene Formen unbewusster Gedächtnisprozesse.

Gelegentlich wird in der Literatur statt vom deklarativen und nicht deklarativen Gedächtnis vom ***expliziten und impliziten Gedächtnis***[3] *gesprochen. Während das explizite Gedächtnis alle Inhalte meint, die einer Person bewusst zugänglich sind, bezieht sich das implizite Gedächtnis auf Spuren vergangener Erfahrungen, um die eine Person nicht (mehr) weiß, die ihr Erleben und Verhalten aber beeinflussen.*

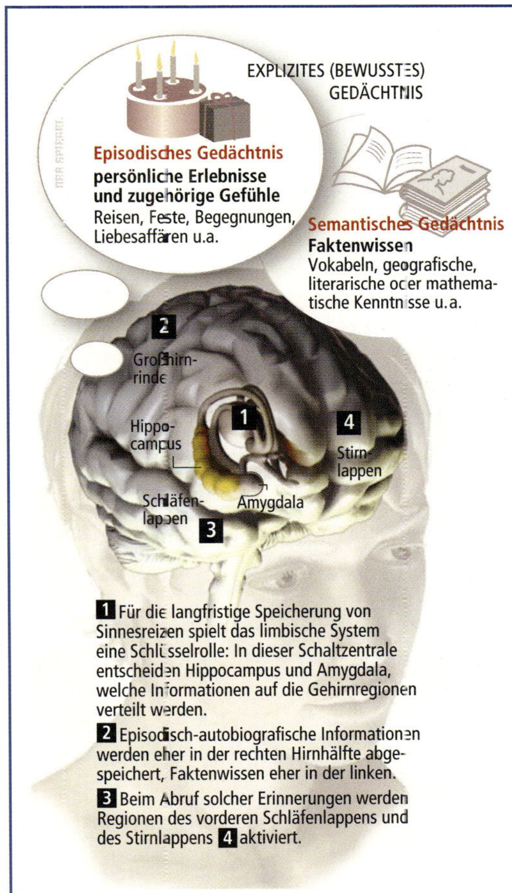

(Shafy, 2008, S. 159)

Gegenüber dem nicht deklarativen Gedächtnis, welches relativ langsam und wenig flexibel, dafür aber sehr zuverlässig arbeitet, ist das deklarative Gedächtnis relativ schnell und flexibel, aber nicht immer ganz zuverlässig.

Innerhalb des deklarativen Gedächtnisses wird wiederum differenziert zwischen dem **episodischen und dem semantischen Gedächtnis**[4]. Im episodischen Gedächtnis, auch ***autobiografisches***[5] ***Gedächtnis*** genannt, sind alle persönlichen Erlebnisse und Erfahrungen gespeichert. Die Erlebnisse, die besonders emotional waren, sind am nachhaltigsten gespeichert.

> Im episodischen Gedächtnis befinden sich beispielsweise Erlebnisse, die wir mit Freunden oder im Urlaub gemacht haben, die ersten Erfahrungen mit dem Freund bzw. der Freundin oder der Streit mit dem Lehrer.

---

[1] *declaratio (lat.): die Kundgebung, die Offenbarung*
[2] *reflexus (lat.): das Zurückbeugen; reflexiv: rückbeziehend*
[3] *explicit (lat.): ausdrücklich, deutlich; implicit (lat.): mit enthaltend, mit gemeint, aber nicht ausdrücklich gesagt*
[4] *epeisódion (griech): Dialogteile, die zwischen Chorgesängen eingeschoben sind; sēmantikós (griech.): bezeichnend*
[5] *autobiografisch (griech.): das eigene Leben beschreibend*

Im **semantischen Gedächtnis**, auch ***Wissenssystem*** genannt, dagegen ist das gesamte Faktenwissen eines Menschen gespeichert.

Das nicht deklarative Gedächtnis beinhaltet drei Systeme, das **prozedurale Gedächtnis, das Priming**[1] **und Konditionierungsformen**. Im prozeduralen Gedächtnis sind alle Bewegungsabläufe und Handlungsabläufe festgehalten, die ein Mensch in seinem Leben erlernt hat. Es führt dazu, dass der Mensch einen Handlungs- oder Bewegungsablauf auch nach Jahren noch einigermaßen beherrscht.

Wer beispielsweise einmal Fahrradfahren gelernt hat, kann immer Fahrrad fahren, selbst wenn er jahrelang nicht mehr mit dem Fahrrad gefahren ist.

Im Priming sind Sinneswahrnehmungen gespeichert, die bei der Wahrnehmung eines bestimmten Geräusches, Duftes usw. zu unbewussten Erinnerungen bis hin zum Wiedererkennen bereits erlebter Situationen führen.

Herr Meier, der vor vielen Jahren einen schweren Autounfall hatte, bekommt immer ein mulmiges Gefühl, wenn er quietschende Reifen hört.

Auch das aufgrund des Konditionierens Gelernte wird dem nicht deklarativen Gedächtnis zugeordnet.

„Von Bedeutung für das Verständnis dieser Systeme ist, dass sie (…) beim Einspeichern – und beim frühkindlichen Erwerb – seriell aufeinander aufbauen, parallel abgespeichert und unabhängig von der Art der Einspeicherung abgerufen werden."

(Markowitsch/Welzer, 2006[2], S. 84)

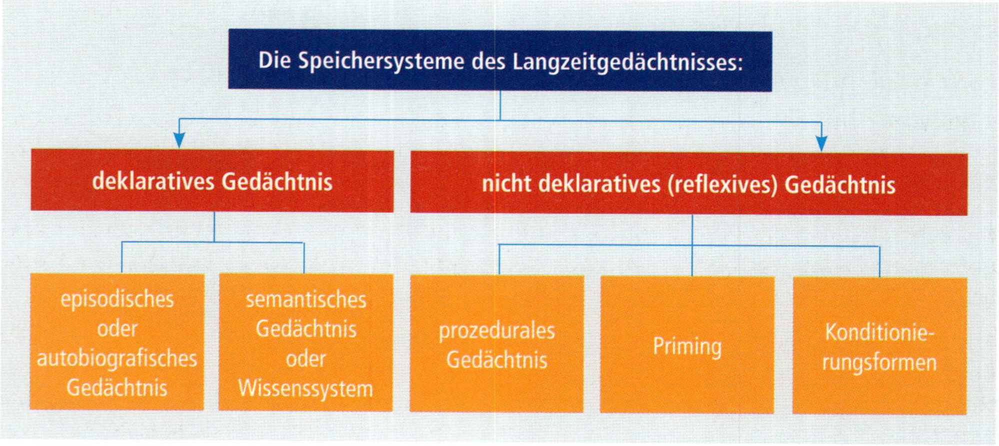

„Unser Gedächtnis gleicht nicht einem großen Kleiderschrank, in dem alles landet, was wir erleben und lernen. Vielmehr gibt es mehrere Schränkchen, die an verschiedenen Stellen im Zimmer stehen und für bestimmte Inhalte zuständig sind." *(Schmidt/Schwabe, 2010, S. 28)*

[1] *procedural (lat.): verfahrensmäßig, den äußeren Ablauf einer Sache betreffend; priming (engl.): die Vorbereitung*

10.2 Behalten und Vergessen

Behalten und Vergessen sind zwei gegenläufige Prozesse: Was nicht behalten wird, wird vergessen und umgekehrt; Faktoren, die das Behalten positiv beeinflussen, üben auf das Vergessen einen negativen Einfluss aus und umgekehrt.

Behalten bedeutet, dass man eine verarbeitete Information im Langzeitgedächtnis gespeichert hat und sie bei Bedarf abrufen kann.
Vergessen heißt, dass eine Information nicht mehr aus dem Gedächtnis abgerufen werden kann.

Vor allem im schulischen Lernen geht es darum, dass wir möglichst viel behalten, doch das Vergessen erfüllt auch eine sinnvolle Funktion: Würden wir nichts vergessen, würde das zu massiven Verwirrungen führen.

> So würden wir, meint *Daniel Schacter* von der Harvard University, beispielsweise unser geparktes Auto nicht wiederfinden, weil wir uns an alle verschiedenen Orte erinnern würden, an denen es schon einmal stand (vgl. *Amrhein, 2008, S. 48*).

Zudem würden uns ständig präsente unangenehme Erlebnisse am Glücklichsein hindern.

10.2.1 Die Subjektivität des Erinnerns

Das Erinnern ist eine lebensnotwendige Funktion, die uns jedoch manchmal betrügt.

Mit Erinnern bezeichnet man eine gespeicherte Information, die gewollt oder ungewollt in das Bewusstsein tritt.

Im Gedächtnis **gespeicherte Informationen verändern sich** im Laufe der Zeit.

> Bei vielen älteren Leuten kann man feststellen, dass sie von der „guten alten Zeit" sprechen. Darauf angesprochen, erzählen sie dann, wie schön früher alles war. Auch junge Menschen sprechen nach ihrer Schulzeit meist positiver über sie, als sie das während ihrer Schulzeit getan haben.

Menschen bauen in der Erinnerung ein Erlebnis aus und fügen Einzelheiten dazu. Bei umgeformten Gedächtnisinhalten sind Menschen dann der festen Überzeugung, es tatsächlich so und nicht anders erlebt zu haben.

Erlebnisse bzw. Ereignisse werden sogar erfunden, wie Untersuchungen ergaben, für den Betroffenen sind sie jedoch wahr. Viele psychologische Phänomene, insbesondere bestimmte **Erwartungen des Individuums**, sind dafür verantwortlich, warum sich Erinnerungen verändern bzw. erfunden werden. Persönlichkeitsmerkmale sowie soziale Einflüsse lösen beim Menschen bestimmte Erwartungen aus, die mehr oder weniger stark entscheiden, wie wir uns erinnern.[1] Gedächtnisinhalte sind demzufolge subjektiv, nicht der Realität entsprechend, der Mensch bildet ein subjektives Bild des Gespeicherten aus.

> Zeugen vor Gericht sagen zum Beispiel häufig Sich-Widersprechendes aus, schildern das Auto des Unfallverursachers unterschiedlich, ebenso den Unfallhergang. Es ist auch gar nicht so selten, dass Zeugen unbeteiligte Personen als Täter erkennen und identifizieren oder etwas gesehen haben, was gar nicht möglich ist. Selbst Richter bekennen, dass Zeugen die am wenigsten zuverlässigen Beweismittel sind (vgl. *Mietzel, 2008[14], S. 287*).

---

[1] *vgl. Kapitel 8.3.1*

Der Psychologe *Frederic Ch. Bartlett*[1] fand in seinen Untersuchungen heraus, dass **die Erinnerung von vorhandenem Vorwissen beeinflusst wird.**

Bartlett zeigte verschiedenen Versuchspersonen die Skizze einer polynesischen Maskenzeichnung als „Porträt eines Mannes". Etwas später mussten sie die Skizze aus dem Gedächtnis nachzeichnen. Je nach Herkunft der Versuchspersonen „verwandelte" sich die Skizze zu einem asiatischen bzw. europäischen Schema eines Gesichts.

Gedächtnisinhalte können sich auch durch **entsprechende Fragen** verändern.

Die bekannte Psychologieprofessorin *Elizabeth F. Loftus* hat viele, zum Teil aufsehenerregende Experimente über das Erinnern von Gedächtnisinhalten durchgeführt.

Elizabeth F. Loftus *(* 1944) ist Professorin für Psychologie an der University of Irvine und auch an der University of Washington in Seattle tätig. 2005 wurde sie in die Royal Society of Edinburgh gewählt, ein Jahr später in die American Philosophical Society. Sie ist auch Mitglied in der National Academy of Science, eine hohe Auszeichnung für amerikanische Forscher. Zudem gewann sie auch den Grawemeyer Prize in Psychology, ein Preis für wichtige Erkenntnisse mit bedeutenden Auswirkungen. Aufsehen erregte Loftus durch ihre Forschungen, dass bei Menschen Bilder eines sexuellen Missbrauchs im Kopf entstehen können, der sich nie ereignet hat. Diese Aussage und die Verteidigung Loftus von zu unrecht Angeklagten brachten ihr viele Anfeindungen und Drohungen ein.*

Loftus kam in ihren Untersuchungen zu dem Ergebnis, dass **durch Beeinflussung und durch später erhaltene Informationen** – die sogenannte ***post-event information*** – **falsche Erinnerungen zustande kommen**. Erinnerungen werden falsch gespeichert und verändert, weil nicht nur später erhaltene Informationen sie beeinflussen, sondern sie auch durch bestimmte Fragen und Begriffe noch einmal verfälscht werden können.

Bekannt ist das sogenannte ***Bugs-Bunny-Experiment***, bei dem Personen aufgrund vorheriger Erzählungen davon überzeugt waren, sie hätten den Hasen *Bugs Bunny* im Disneyland gesehen und ihm die Hand geschüttelt. Doch das kann gar nicht möglich sein, da *Bugs Bunny* eine Comicfigur eines Konkurrenten ist und sich gar nicht im Disneyland befindet.
In einem anderen Experiment sahen Versuchspersonen einen Film, in welchem ein Auto auf einer Landstraße fuhr. Anschließend wurden sie gefragt, wie schnell das Auto an der Scheune vorbeigefahren sei. Die schlichte Frage führte dazu, dass sich 17 Prozent der Versuchspersonen eine Woche später an eine Scheune erinnerten, obwohl es im Film gar keine gab.
Die Frage „Wie schnell fuhren die Autos, bevor sie zusammenkrachten?" führte in einem weiteren Experiment zu höheren Geschwindigkeitsschätzungen als eine neutralere Frage mit dem Wort „stießen" (vgl. *Schäfer, 2010, S. 46*).

In einem der bekanntesten Experimente von *Loftus*, dem sogenannten ***Lost-in-the-mall-Experiment***, wurden Personen kurze Berichte über Erlebnisse in ihrer Kindheit erzählt: Im Alter von fünf Jahren seien sie in einem Einkaufszentrum verloren gegangen, hätten

[1] *Sir Frederic Ch. Bartlett (1886–1969) war Professor für experimentelle Psychologie an der Universität Cambridge und Mitbegründer des Medical Research Council's Applied Psychology Research Unit (APU) in Cambridge, dessen Direktor er zeitweise war.*

fürchterlich geweint und seien nach längerer Zeit von einem fremden Erwachsenen gerettet worden. Obwohl dieses Ereignis nie stattgefunden hat – es war erfunden –, behauptete ein Viertel der Versuchspersonen, sich an dieses erinnern zu können. Manche lieferten sogar genaue Einzelheiten über ihre Eindrücke und Gefühle während des damaligen Geschehens (vgl. *Schäfer, 2010, S. 46*).

Selbst durch ***Suggestionen***[1] – zum Beispiel durch entsprechende Fragestellungen – können nach *Loftus* Menschen dazu gebracht werden, sich an ein traumatisches Erlebnis zu erinnern, das nie stattgefunden hat.

Bekannt ist der Fall, in welchem ein Erzieher beschuldigt wurde, kleine Kinder sexuell missbraucht zu haben. Vor Gericht stellte sich heraus, dass diese Kinder sehr suggestiv befragt wurden und deshalb angaben, sie seien von diesem Erzieher missbraucht worden. Sehr genaue Nachforschungen ergaben später, dass niemals ein sexueller Missbrauch stattgefunden hatte. Der Richter entschuldigte sich bei dem Angeklagten.

„Irreführende Informationen können nicht nur beeinflussen, was man glaubt, gesehen zu haben, sondern auch, wie man das Gesehene interpretiert." *(Gruber, 2011, S. 129)*

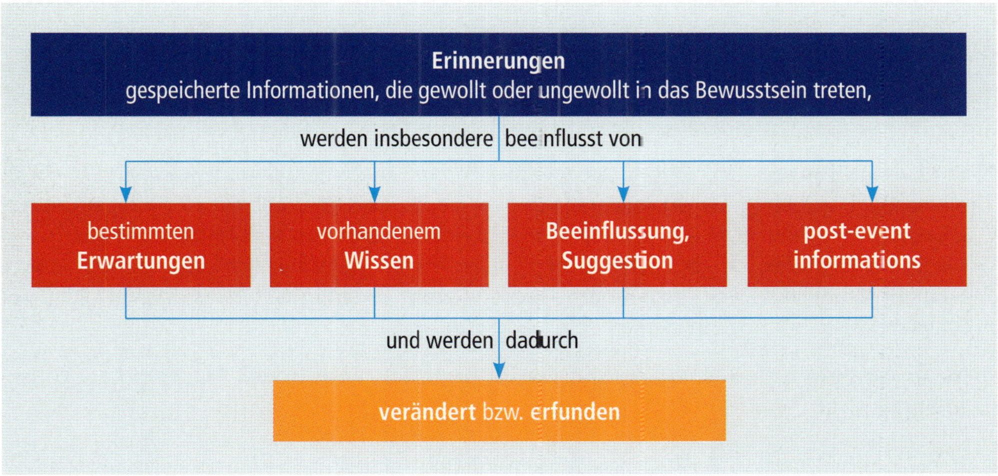

Die Arbeiten über das subjektive Erinnern, vor allem die von *Loftus*, haben großen Einfluss auf Bereiche des menschlichen Lebens, insbesondere auf Gerichtsverhandlungen. Dies betrifft sowohl die Aussagen von Zeugen, die etwas gesehen haben, als auch Ankläger, die etwas erlebt haben, obwohl dieses Ereignis nie geschehen ist. *Loftus* widerlegte die weitverbreitete Ansicht, dass Aussagen von Augenzeugen und Opfern zuverlässig seien.

„Wem können wir noch vertrauen, wenn der erste Betrüger schon in unserem Kopf sitzt? Dass wir die Wahrheit ebenso aus Fantasien wie aus Fakten zusammenbauen, würden wir in Abrede stellen; dass wir uns an Dinge erinnern, die nie geschehen sind, geht gegen den gesunden Menschenverstand. Doch es gibt keine Zweifel: Das Gedächtnis hat großes Talent im Erfinden und Fabulieren." *(Schneider, 2001, S. 69)*

[1] *Suggestion (suggestio, lat.: die Eingebung): Beeinflussung eines Menschen*

10.2.2 Der Erwerb von Wissen

Informationen, die im Gedächtnis verarbeitet und gespeichert sind, stellen das Wissen eines Menschen dar. Der Erwerb von Wissen kann demnach als Aufnahme von verarbeiteten Informationen in das Langzeitgedächtnis und deren dortige Speicherung beschrieben werden.

Mit Wissen bezeichnet man die von einem Individuum im Gedächtnis verarbeiteten und gespeicherten Informationen.
Unter Wissenserwerb versteht man die Aufnahme von verarbeiteter Information in das Langzeitgedächtnis und deren dortige Speicherung.

Vier Prozesse sind es, mit deren Hilfe Informationen in das Langzeitgedächtnis aufgenommen und dort gespeichert werden:

- die **Kodierung**,
- die **Organisation**,
- die **Wiederholung** und
- die **Elaboration**.

Die Kodierung

Informationen, die in unserem Gedächtnis gespeichert werden sollen, werden verändert und zu einer für uns sinnvollen Einheit zusammengefasst.

Es ist beispielsweise kaum möglich, sich 14 Zahlen – etwa die Zahlenreihe 92756134961287 – nach einmaliger Darbietung zu merken: Verändert man jedoch die Reihe, indem man die Zahlen anders gruppiert, zum Beispiel 92 – 75 – 61 – 34 – 96 – 12 – 87, so kann man sie leichter wiedergeben.
Die Buchstabenfolge „da – skan – ndo – chke – in – erle – sen" kann man sich kaum merken. Ändert man sie jedoch um in „das – kann – doch – keiner – lesen", so ergibt sie für uns einen Sinn und wir können uns die Information merken.

Diese Veränderung und Umwandlung von Information wird in der Psychologie „Kodierung" genannt.

Kodierung bedeutet die Veränderung und Umwandlung einer Information zu einer sinnvollen Einheit.

Durch diese Art der Speicherung können sehr viele Informationen gespeichert und damit auch viel Wissen erworben werden. Entscheidend dabei ist jedoch, dass bei ihrer Umwandlung diese Informationen so verändert werden, dass sie uns sinnvoll erscheinen und wir uns vorstellen können, dass sie mit bereits gespeichertem Wissen verbunden – assoziiert – werden.

Eine uns bekannte Art der Kodierung sind zum Beispiel die sogenannten ***Eselsbrücken***: Wir verbinden neue Informationen mit bereits vorhandenem Wissen oder mit Inhalten, die wir uns aufgrund ihrer ausgefallenen, oft komischen Art und Weise leicht merken können.

Einige Beispiele hierfür sind:
„Wer ‚nämlich' mit ‚h' schreibt, ist dämlich!"
„Wenn ‚wider' nur dagegen meint, dann ist das ‚e' dem ‚i' ein Feind."
„333 – bei Issos Keilerei."
„753 – Rom schlüpft aus dem Ei."

Die Organisation

Informationen, die gespeichert werden, werden geordnet und gegliedert. Diesen Prozess der Ordnung und Gliederung einer Information bezeichnet man als Organisation.

Organisation ist die Ordnung und Gliederung einer Informationsmenge.

Es wird ein Ordnungssystem angelegt, das einen Überblick gestattet und in das die neue Information eingebaut werden kann. Dadurch kann die zu speichernde Informationsmenge erheblich reduziert werden, was wiederum den Vorteil hat, dass nicht so viel Speicherkapazität verbraucht wird und man diese Informationen leichter abrufen kann.

Jeder, der seinen Lernstoff gliedert, in Stichpunkte zusammenfasst, vielleicht noch optisch in einem Schaubild darstellen kann, der weiß, um wie viel einfacher es ist, diesen Stoff zu erlernen und ihn sich zu merken.
Das auf Seite 244 unten folgende Schaubild ist ein Beispiel für eine Organisation des Lernstoffes: Die Informationen des ganzen Abschnittes werden hier in einer knappen Einheit und Übersicht so dargestellt, dass der Inhalt des gesamten Abschnittes stichpunktartig klar wird und man sich letztendlich nur das Schaubild merken muss, um zu wissen, wie der Wissenserwerb abläuft.

Die Wiederholung

Wiederholung bedeutet, dass man sich die Informationen, die man sich merken muss, immer wieder laut oder in Gedanken vorspricht.

Man soll ein Gedicht auswendig lernen und sagt es deshalb immer wieder laut vor sich hin.
Man muss den Stoff der letzten Unterrichtsstunden für die bevorstehende Schulaufgabe lernen und geht ihn deshalb immer wieder in Gedanken durch.

Wiederholung ist der Prozess der mehrmaligen Darbietung einer Information.

Diese Art der Informationsspeicherung ist jedoch nur für kurzfristiges Behalten im Kurzzeitgedächtnis geeignet, da die Information nur so lange behalten wird, solange man sie wiederholt und die Information durch die Wiederholung nicht verarbeitet wird. Sinnvoll ist die Wiederholung jedoch trotzdem, da sie die Information nicht nur parat hält, sondern auch mehr Gelegenheit zum Kodieren bietet.

Wenn man sich zum Beispiel aus dem Telefonbuch eine bestimmte Nummer heraussucht, so sagt man diese Nummer ständig vor sich hin, bis man am Telefon ist und gewählt hat bzw. bis man sie notiert hat. Am nächsten Tag weiß man die Nummer sicher nicht mehr. Allein aufgrund der Wiederholung können wir uns die Telefonnummer also auf Dauer nicht merken.

Die Elaboration[1]

Allein das Wiederholen einer Information führt nicht zum gewünschten Erfolg. Es kommt einmal darauf an, wie sie kodiert wird, und zum anderen, ob man sich mit ihr näher, länger und ausführlicher beschäftigt, ob man sich mit ihr tiefer und gründlich auseinandersetzt.

Ein Schüler beispielsweise, der Psychologie lernen soll und das ihm vom Lehrer aufgegebene Kapitel nur flüchtig und oberflächlich liest, wird am nächsten Tag, wenn er vom Lehrer abgefragt wird, nicht mehr viel wissen. Setzt er sich dagegen mit diesem Kapitel gründlich auseinander, so wird er den Inhalt dieses Kapitels auch am nächsten Tag wiedergeben können.

„Oberflächliche Verarbeitung führt zu Gedächtnisspuren, die schnell zerfallen, während tiefere Verarbeitung zu dauerhafteren Repräsentationen im Gedächtnis führen.“
(Oberauer u. a., 2006[3], S. 122)

Diesen Prozess der tieferen, gründlichen und ausführlichen Verarbeitung von Informationen bezeichnet man als Elaboration.

Unter Elaboration versteht man eine tiefe, gründliche und ausführliche Verarbeitung von Informationen.

Dadurch werden viele Gedächtnisinhalte aktiviert und mit der neuen Information verknüpft.

Aus neurobiologischer Sicht bedeutet Behalten dementsprechend nicht nur die Fähigkeit, vorgegebene Informationen in unserem Gehirn zu speichern, sondern auch dessen Funktion, Informationen miteinander zu verknüpfen (vgl. Madeja, 2010[2], S. 118).

Dabei sind Elaboration und Wiederholung aufeinander angewiesen. Weder Wiederholung ohne Elaboration noch Elaboration ohne Wiederholung führen zum gewünschten Erfolg. In der Neuropsychologie gibt es viele Untersuchungsergebnisse, die die Wirksamkeit der Elaboration und der Wiederholung belegen. Je intensiver sich der Mensch mit einem Lerninhalt beschäftigt, desto eher hinterlässt dieser Spuren (Repräsentationen) im Gedächtnis.

„Je mehr, je öfter, je tiefer, desto besser für das Behalten. (…) Halten wir fest: Je tiefer ein Inhalt verarbeitet wird, desto besser bleibt er im Gedächtnis.“ *(Spitzer, 2006, S. 6 und 9)*

Je mehr intensiv geübt wird, desto besser wird ein Inhalt behalten und desto mehr Verknüpfungen zu anderen Lerninhalten können hergestellt werden. Neurologische Forschungen haben ergeben, dass das Erlernen von Informationen sehr langsam verläuft und die Inhalte erst nach vielen Wiederholungen gespeichert werden – ein Tatbestand, der von Lehrern oft nicht berücksichtigt wird.

[1] *elaborare (lat.): sorgfältig ausarbeiten, betreiben*

Es ist davon auszugehen, dass der Wissenserwerb und damit die Aufnahme und Speicherung einer Information nicht nur mithilfe eines Prozesses vollzogen wird, sondern dass alle vier Prozesse ihre Anwendung finden. Zudem spielen nach aktuellen Erkenntnissen der Gedächtnisforschung bei allen vier Prozessen des Wissenserwerbs die Gefühle des Menschen eine entscheidende Rolle. Informationen, die die Gefühle eines Menschen ansprechen, nimmt dieser besonders intensiv und nachhaltig auf.

„Wenn uns etwas emotional anspricht, wird es in ein breiteres Nervenzellen-Netzwerk eingebunden. Es gelangt zum Beispiel nicht nur ins Wissenssystem, sondern auch ins episodische Gedächtnis." *(Paulsen, 2001, S. 60)*

Beim Erwerb von Wissen spielt auch die ***Aufmerksamkeit*** – die Hinwendung zu einer Tätigkeit bzw. einem Vorgang – eine entscheidende Rolle. In der Gehirnforschung ist mittlerweile messbar, dass die Nervenzellen und Areale, die für die Verarbeitung einer bestimmten Information zuständig sind, stärker aktiviert werden, wenn der Mensch seine Aufmerksamkeit gezielt auf diese Information richtet. Die Aufmerksamkeit verstärkt die neuronale Verarbeitung, weil sie andere Reize, auf denen die Aufmerksamkeit nicht liegt, unterdrückt.

„Die Aufmerksamkeit auf einen bestimmten Abschnitt dessen, was gerade unsere Sinne erregt, bewirkt die Aktivierung genau derjenigen neuronalen Strukturen, die für die Verarbeitung eben dieses Abschnitts zuständig sind." *(Spitzer, 2006, S. 146)*

10.3 Effektive Lernstrategien

Das Problem, Informationen speichern bzw. Unmengen an Stoff lernen zu müssen, zwingt den Menschen, sich über seine geistigen Fähigkeiten und Funktionen, über den Prozess des Wissenserwerbs und dessen Optimierungsmöglichkeiten, über die Funktionsweise des Gedächtnisses und die Möglichkeiten, dessen Leistungen zu verbessern, Gedanken zu machen.

10.3.1 Selbstmotivierung

Motivation gilt als Grundvoraussetzung für jedes Lernen. Jeder Schüler muss ausreichend motiviert sein, bevor er erfolgreich lernen kann.

„Wenn der Motor des Lernens kaum oder gar nicht funktioniert, hilft die Aneignung weiterer Lerntechniken nur wenig." *(Keller, 1994², S. 8)*

Die richtige Motivation ist hierbei eine erste Lerntechnik: Das Bedürfnis, etwas von sich selbst aus zu tun – etwas zu lernen –, weil der Lernende Interesse oder Spaß an der Sache an sich hat, ist weit wirksamer als die von außen aufgesetzte Motivation.

So zum Beispiel verläuft der Lernprozess wesentlich effektiver, wenn der Schüler Psychologie lernt, weil ihn dieses Fach interessiert, und wenn er nicht nur wegen einer guten Note lernt.

Neben dieser an der Sache orientierten Motivation spielen **Emotionen** eine entscheidende Rolle. Es ist wissenschaftlich nachgewiesen, dass eine ***positive emotionale Beteiligung*** das Lernen verbessert. Freude an der Sache oder auch darüber, etwas zu verstehen, nachdem man sich eine Weile darum bemüht hat, setzt im Gehirn Botenstoffe frei, die ein Glücksgefühl auslösen und weiter zum Lernen anspornen. Es ist also wichtig, das Lernen mit angenehmen Gefühlen wie Erfolgserlebnissen, einer positiven Atmosphäre und dergleichen zu verbinden. Zudem haben Untersuchungen ergeben, dass eine ***Belohnung*** eine sehr positive Wirkung auf den Lernprozess hat: Wird eine Verhaltensweise belohnt oder führt sie zum Erfolg, so wird im Gehirn Dopamin[1] freigesetzt, das dazu führt, dass die Verhaltensweise weiterverarbeitet und mit höherer Wahrscheinlichkeit gespeichert und damit gelernt wird.

> *„Gelernt wird immer dann, wenn positive Erfahrungen gemacht werden."*
>
> *(Spitzer, 2006, S. 181)*

Als Konsequenz hieraus ergibt sich für den Lernenden, **sich selbst zu motivieren**, von sich aus Interesse am Lernstoff und Freude am Lernen zu finden.

Folgende Verhaltensweisen können helfen, eine Selbstmotivation aufzubauen (vgl. *Zintl, 2006², S. 16 f.*):

1. Man soll sich keine zu hohen, aber auch keine zu niedrigen Ziele stecken. Zu niedrig und unerreichbar hoch gesetzte Ziele demotivieren eher.
2. Sowohl die Aufgaben als auch die Ziele soll man in überschaubare Teilaufgaben bzw. Teilziele gliedern und diese Schritt für Schritt angehen.
3. Der zu lernende Stoff soll anschaulich gestaltet werden.
4. Man sollte das eigene Arbeitsverhalten sowie die einzelnen Arbeitsfortschritte dokumentieren, um sich so seines Arbeitsverhaltens bewusst zu werden.
5. Nach Erreichen einzelner Teilziele sollte man sich durchaus selbst belohnen.
6. Nach Möglichkeit sollte man mit anderen zusammen lernen, weil man sich dann gegenseitig „anstachelt".

10.3.2 Nutzung von Lerntechniken

Die Lernpsychologie hat ganz bestimmte Techniken entwickelt, die das Einprägen und Behalten eines Lernstoffes erleichtern. Eine solche Art von Lerntechniken sind die **Mnemotechniken**[2], das sind **Gedächtnishilfen zur Verbesserung des Speicherns und Behaltens von Informationen im Langzeitgedächtnis**. Es wird zwischen ***internalen und externalen Mnemotechniken*** unterschieden. Externale Strategien sind äußere Hilfsmittel, mit denen der Mensch versucht, sein Gedächtnis zu unterstützen.

> Beispiele hierfür sind der Notizzettel, die Bitte an eine andere Person, einen zu erinnern, oder der Gegenstand, den man an die Wohnungstür stellt, damit man ihn nicht vergisst.

Internale Mnemotechniken sind Strategien, die in der Gedankenwelt des Lernenden ablaufen und auf den Erkenntnissen über die Prozesse des Wissenserwerbs basieren. Es geht bei diesen Strategien darum – wie bei den bekannten „Eselsbrücken" –, neue Informationen mit bereits Bekanntem oder Ungewöhnlichem zu verbinden, um sich diese leichter merken zu können. Zu den internalen Mnemotechniken zählen die **Loci-Technik**, die **Schlüsselworttechnik**, die **Technik der assoziativen Verbindungen**, die **Geschichtentechnik** sowie **Rhythmen und Reime**.

---

[1] Dopamin ist ein Botenstoff oder Neurotransmitter, der die Nervenzellen erregt oder hemmt.

[2] mnemos (griech.): das Gedächtnis; Mnemotechniken sind sehr alte Hilfsmittel, die bereits die griechischen und römischen Redner benutzten, um nicht Teile oder den Verlauf ihrer Rede, die meist nicht niedergeschrieben war, zu vergessen.

- Die **Loci-Technik** geht davon aus, dass Informationen leichter gelernt werden, wenn sie mit Bildern verknüpft werden – und zwar in einer bekannten Reihenfolge. Entsprechend wird der Lernstoff mit Bildern verknüpft, die aus einer vertrauten Reihenfolge von Orten bestehen.

- Die **Schlüsselworttechnik** wird vor allem beim Lernen von Vokabeln einer Fremdsprache eingesetzt: Das unbekannte Wort der fremden Sprache wird mit einem ähnlich klingenden deutschen Wort (dem Schlüsselwort) verknüpft. In einem zweiten Schritt werden die Bedeutungen oder Bilder dieser beiden Begriffe (des fremdsprachigen und des deutschen Wortes) miteinander verbunden.

- Bei der **Technik der assoziativen Verbindungen** werden bildliche Vorstellungen der zu lernenden Aspekte zu einer Kette von Vorstellungen verbunden.

- Die **Geschichtentechnik** geht über die Technik der assoziativen Verbindungen hinaus und verbindet alle Lerninhalte bildlich zu einer Geschichte.

> *„Geschichten treiben uns um, nicht Fakten. (...) Einzelheiten machen nur im Zusammenhang Sinn, und es ist dieser Zusammenhang und dieser Sinn, der die Einzelheiten interessant macht. Und nur dann, wenn die Fakten in diesem Sinne interessant sind, werden wir sie auch behalten."* (Spitzer, 2006, S. 35)

- Bei **Rhythmen und Reimen** wird der Lernstoff entweder mit einem Rhythmus verbunden oder aus ihm ein Reim geformt.

Für all diese Mnemotechniken gilt grundsätzlich, dass sie umso effektiver wirken, je häufiger der Lernende diese Techniken anwendet und je mehr Übung er darin hat.

Mnemotechniken
sind
Gedächtnishilfen zur Vereinfachung des Speicherns und Behaltens von Informationen im Langzeitgedächtnis.

Externale Mnemotechniken
sind
äußere Hilfsmittel, mit denen der Mensch versucht, sein Gedächtnis zu unterstützen, zum Beispiel:
- Merkzettel
- andere Person, die an etwas erinnert

Internale Mnemotechniken
sind
Techniken, die in der Gedankenwelt des Menschen ablaufen, zum Beispiel:
- Loci-Technik
- Schlüsselworttechnik
- Technik der assoziativen Verbindung
- Geschichtentechnik
- Rhythmen und Reime

Die ***Organisation von Informationen***[1] kann die zu speichernde Informationsmenge erheblich reduzieren und hat den Vorteil, dass man diese Informationen leichter abrufen kann.

---

[1] *vgl. Abschnitt 10.2.2*

Im Folgenden werden zwei Möglichkeiten genannt, die eine Organisation des Lernstoffes bewirken: die **Mindmap**[1] und der **hierarchische Abrufplan**. Beide Techniken arbeiten nach folgenden Prinzipien: Der Lernstoff wird auf das Wesentliche – auf Stichpunkte – reduziert, er wird geordnet und gegliedert, es werden Zusammenhänge hergestellt und der Stoff wird bildlich dargestellt.

Um eine Mindmap zu erstellen, wird das Lernthema in die Mitte eines Blattes geschrieben. Von diesem „Baumstamm" zweigen die Hauptgedanken wie Äste ab, von den Ästen gehen Nebengedanken wie Zweige weg usw. Durch die Darstellung eines Baumes mit Ästen und Zweigen wird der Lernstoff gegliedert.

Ein Beispiel für eine Mindmap zu den *Abschnitten 10.3.1 und 10.3.2*:

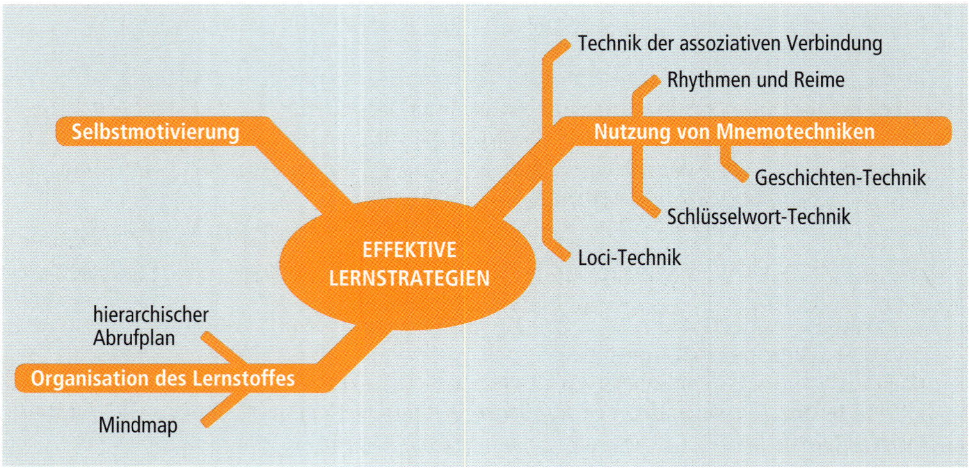

Bei dem hierarchischen Abrufplan muss der Lernstoff in Stichworte zusammengefasst werden; diese werden dann in Oberbegriffe, Unterbegriffe, untere Unterbegriffe usw. gegliedert und in einem Schaubild dargestellt.

Viele Übersichten in diesem Buch, die am Ende eines Abschnittes den Stoff in Stichworten zusammengefasst schematisch nochmals wiedergeben, sind nichts anderes als hierarchische Abrufpläne. Ein Beispiel für einen hierarchischen Abrufplan zu den *Abschnitten 10.3.1 und 10.3.2*:

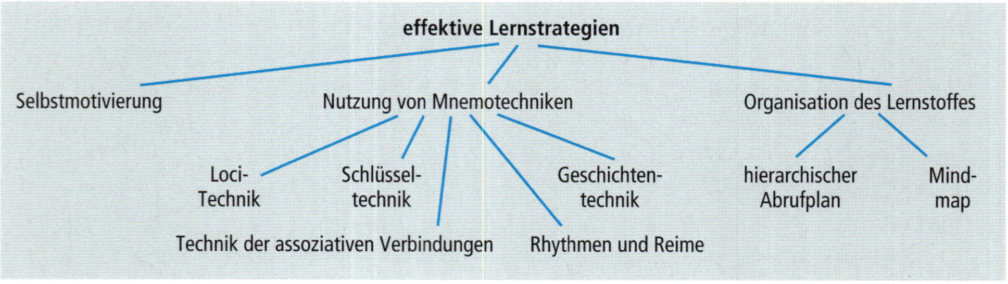

Die Technik des hierarchischen Abrufplans eignet sich vor allem, wenn ein umfangreicher Text erfasst oder umfassender Stoff gespeichert werden soll.

---

[1] *Mindmap (mind, engl.: Gedanke, Gedächtnis; map, engl.: Landkarte) bedeutet wörtlich übersetzt „Gedächtnislandkarte".*

10.3.3 Effektives Lesen

Beim Lernen wird schnell erkennbar, dass ein einmaliges Lesen von Texten nicht genügt. Ziel effektiven Lesens ist, die Menge von Informationen eines Textes nicht nur aufzunehmen, sondern auf das Wesentliche zu reduzieren, seine Inhalte zu strukturieren und somit das Erlernen der Inhalte zu erleichtern.

In der Fachliteratur wird häufig die ***Fünf-Schritte-Methode*** von *Francis P. Robinson* unter dem gängigen Namen **SQ3R** angeführt. Dabei steht das Kürzel **SQ3R** für jeweils einen Bearbeitungsschritt beim Lesen eines Textes:

1. Schritt **Survey**: Text überfliegen
   Als Erstes soll sich der Leser einen Überblick verschaffen. Es geht dabei darum, „diagonal" zu lesen, den Text also nur zu überfliegen und so festzustellen, welche neuen Inhalte er bietet.

2. Schritt **Question**: Fragen an den Text stellen
   In einem zweiten Schritt wird der Leser aufgefordert, Fragen an den Text zu formulieren, die er durch das Lesen des Textes beantworten will. Dadurch werden Interesse und Erwartungen geweckt und der Text kann so einfacher, zielgerichteter und genauer erarbeitet werden.

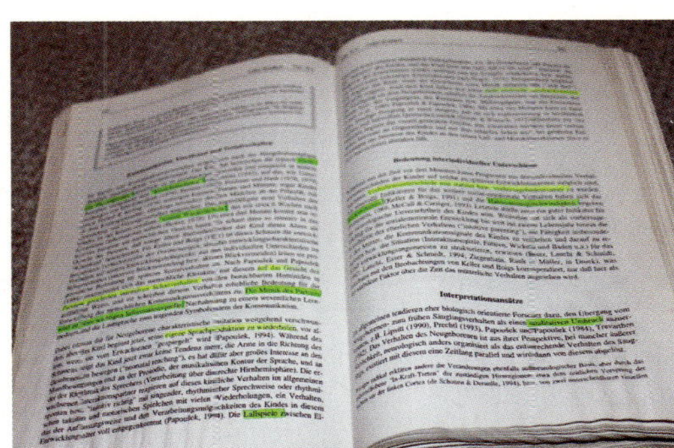

3. Schritt **Read**: Text genau lesen
   In diesem Schritt soll der Text gründlich auf die Fragen hin gelesen werden. Zusätzlich sollten Zeichnungen, Tabellen und dergleichen genau analysiert und unbekannte Begriffe nachgeschlagen werden. Wenn der Leser die Markierungstechniken beherrscht, sollten sie hier angewendet werden.

4. Schritt **Recite**: Text zusammenfassen
   In dieser Phase soll der Leser über das Gelesene nachdenken. In diesem Zusammenhang können zentrale Aussagen des Textes bzw. eigene Ansichten in eigenen Worten verfasst oder die vorher gestellten Fragen beantwortet werden und der Textinhalt auf das Wesentliche verkürzt werden.

5. Schritt **Review**: Text wiederholen
   In diesem letzten Schritt soll der Text insgesamt wiederholt und anhand der Zusammenfassung oder der Fragenbeantwortung überprüft werden.

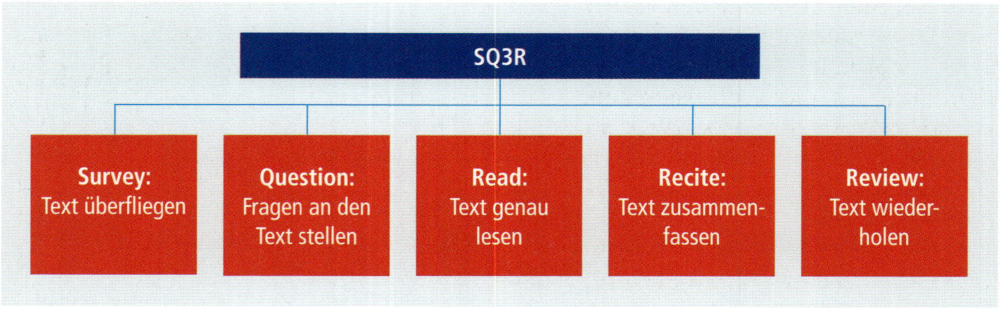

Durch diese Methode werden der Text und damit die Informationsmenge reduziert und der Lernstoff kann somit eher aufgenommen und behalten werden. Zum aktiven Lesen gehört auch, dass man den Inhalt des Textes vielfältig aufnimmt und ihn mit **möglichst vielen Sinnen** erfasst. Das bedeutet, den Text nicht nur zu sehen, sondern auch zu hören, indem man ihn sich laut vorliest, sich das Gelesene bildlich vorstellt und ihn eventuell skizziert, weil damit die Konzentrationsleistung aufrechterhalten und das Behalten begünstigt werden kann.

Aktives Lesen bedeutet, den Lesestoff auf mehreren Lernwegen aufzunehmen.

*Der Biochemiker Frederic Vester (1925–2003) geht davon aus, dass die Lernkanäle beim Menschen unterschiedlich stark ausgeprägt sind und deshalb unterschiedlich bevorzugt werden. Er teilt folglich die Lernenden in verschiedene **Lerntypen** ein wie den **optisch visuellen**, den **auditiven**, den **haptischen (taktilen)**, den **motorischen** und den **kognitiven Lerntyp**[1] (vgl. Vester, 2001, S. 51 und 127). Zwar betont auch Vester, dass es zwischen diesen Typen keine scharfe Trennung gibt, doch es existieren keinerlei Forschungsarbeiten zu diesem Thema – auch nicht von Vester selbst. Man geht heute davon aus, dass Lernen ein sehr umfassender Prozess ist, der sich nicht auf ein Sinnesorgan reduzieren lässt. Zu Lernendes sollte mit möglichst vielen Sinnen erfasst werden (vgl. Becker, 2009, S. 75 f.).*

10.3.4 Zeitplanung und Pausen

Verteiltes Lernen ist vorteilhafter als massiertes: Der Lernstoff wird auf mehrere Tage bzw. Wochen verteilt und nicht „auf einmal" gelernt. Die Überlegenheit des verteilten Lernens gegenüber dem massierten wurde in Untersuchungen vielfach bestätigt und ist in die Psychologie als **Spacing-Effekt** eingegangen.

Will man den Stoff auf längere Zeit behalten, so tut man gut daran, ihn systematisch auf verschiedene Tage bzw. Wochen zu verteilen. Dabei ist es wichtig, sich über Stunden, Tage und Wochen hinweg einen Überblick zu verschaffen, wann was gelernt werden muss. Das Aufstellen eines langfristigen Planes sowie eines Tagesplanes verhindert Lernstress und hilft, das Stoffgebiet besser zu bewältigen. Günstig ist es, den Lernstoff in kleinere Einheiten aufzuteilen.

Dabei ist der **Tagesrhythmus** der menschlichen Leistungsfähigkeit zu beachten. Der Tagesrhythmus der menschlichen Leistungsfähigkeit hat großen Einfluss auf das Behalten und Vergessen. Im Allgemeinen durchläuft der Mensch zwei Leistungshochs, das erste gegen 10:00 Uhr, das zweite gegen 17:00 Uhr. Gegen 14:00 Uhr sowie nachts ist die Tagesleistung

[1] *Der optisch visuelle Lerntyp lernt vor allem dann erfolgreich, wenn er sich den Lerninhalt ansieht, ihn optisch darstellt, ihn beobachtet und Experimente durchführt; der auditive, wenn er den Lerninhalt hört, mit anderen darüber spricht, ihn sich erklären lässt; der haptische, wenn er den Lerninhalt anfassen und aktiv erfühlen kann; der motorische Lerntyp, wenn er den Lerninhalt durch Aktivität, Tun und Ausprobieren aufnehmen kann und der kognitive Lerntyp, wenn er den Lerninhalt verbal abstrakt anhand von Begriffen und Formeln erfasst (vgl. Hobmair, 2010, S. 453).*

am geringsten. Dabei handelt es sich um die durchschnittliche Tagesleistung, individuelle Abweichungen sind durchaus möglich. ***Jeder Lernende sollte seinen Tagesablauf so gestalten, dass er möglichst in den Hochphasen seiner individuellen Tagesleistung lernt.***

Als günstig hat sich erwiesen, einen Tagesplan, bei umfangreicheren Prüfungen wie der Abschlussprüfung einen Wochenplan, zu erstellen.

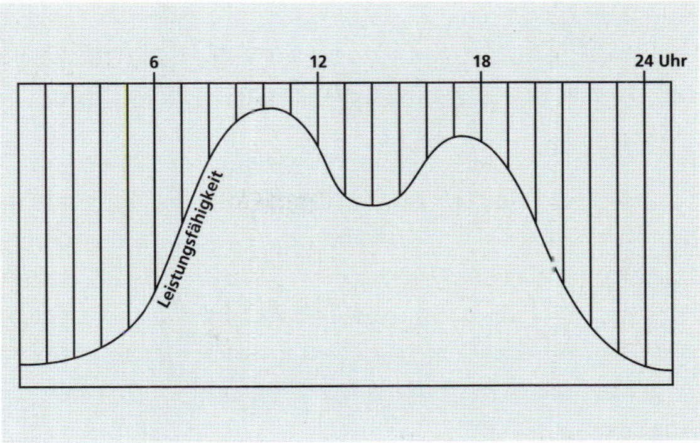

(Keller, 2005, S. 138)

Jürgen Raithel u. a. (*2009*[3], *S. 344*) schlägt zur Tagesplanung die ***ALPEN-Methode*** vor:

A = Aktivität/Aufgabe: Was ist zu erledigen?

L = Länge der Tätigkeit: Wie lange werde ich für die Aufgabe/Aufgaben brauchen?

P = Pausen einplanen (*siehe unten*)

E = Entscheidungen treffen: Welche Prioritäten setze ich? In welcher Reihenfolge erledige ich die Aufgaben?

N = Nachkontrollieren am Tagesende: Habe ich alle Aufgaben erledigt?

Zur richtigen Zeitplanung gehört auch das richtige Einplanen von **Lernpausen**. Je länger der Mensch lernt, desto müder und unkonzentrierter wird er. Hält er ein gewisses Gleichgewicht von Anspannung und Entspannung dadurch ein, dass er zur rechten Zeit die erforderliche Pause einlegt, so kann er seine Konzentrations- und damit Leistungsfähigkeit aufrechterhalten und immer wieder erneuern. Folgende Lernpausen haben sich als nützlich erwiesen:

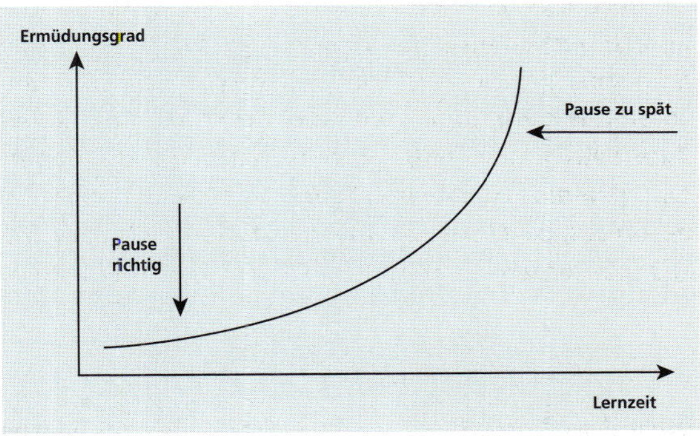

(Keller, 2005, S. 80)

Pausenart	bisherige Arbeitsdauer	Dauer der Pause
kleine Pause	ca. 45 Minuten	bis zu 5 Minuten
große Pause	90 bis 120 Minuten	20 bis 30 Minuten
Erholungspause	3 bis 4 Stunden	1½ bis 2 Stunden

Die Effektivität der Pausen hängt davon ab, wie die Pause genutzt wird. Generell gilt, dass Pausen umso effektiver sind, je mehr sich ***die Pausentätigkeit vom Lernverhalten unterscheidet und je passiver der Mensch in dieser Pause ist***.

Das bedeutet, dass man in den Pausen am besten etwas macht, was nicht mit dem Lernen zusammenhängt, etwa an der frischen Luft spazieren gehen, Gymnastikübungen machen, ruhen und dergleichen.

Ruhen und **Schlaf** eignen sich sehr gut als Pausentätigkeit, weil in dieser Zeit das Gelernte verarbeitet und in das Langzeitgedächtnis übertragen sowie auch die Gefahr einer Gedächtnishemmung ausgeschaltet werden kann. Neueste Untersuchungen von Neuropsychologen zeigen, dass die Netzwerke im Gehirn nur begrenzte Verarbeitungskapazitäten besitzen und deshalb immer wieder (Schlaf-)Pausen benötigen, um die aufgenommenen Informationen im Gedächtnis zu verarbeiten und zu speichern.

Hinsichtlich des Lernens benötigen die Netzwerke im Gehirn Schlaf, um die aufgenommenen Informationen im Gedächtnis zu verarbeiten und zu speichern. Der Schlaf hat also die wichtige Aufgabe der Verarbeitung und Speicherung von Gedächtnisinhalten. Gelerntes wird reorganisiert und umgestaltet und diese Rekonstruierung eröffnet neue Zusammenhänge. Aber nicht nur bei der Verarbeitung und Speicherung von Gedächtnisinhalten spielt der Schlaf die entscheidende Rolle, sondern auch bei der Suche nach neuen kreativen Problemlösungen. Schlafmangel dagegen erhöht die Gefahr, dass Menschen Sachverhalte verdrehen und sich falsch erinnern. Der Neurowissenschaftler Manfred Spitzer (2006[4], S. 131) macht neben übermäßigem Fernsehen zu wenig Schlaf verantwortlich für den Schulstress und empfiehlt deshalb auch, dass jeder Lernende durch einen vernünftigen Lebensrhythmus dafür Sorge tragen sollte, dass der natürliche Schlaf nicht gestört und ausreichend geschlafen wird. Keineswegs, so Spitzer, sollte der Lernende die Nacht zum Tage machen, auch nicht deshalb, um auf diese Weise noch mehr lernen zu können.

10.3.5 Gestaltung des Arbeitsplatzes

Hinsichtlich der Gestaltung des Arbeitsplatzes gehört zum einen die **Auswahl des Ortes**, an dem man lernt – soweit hier eine Wahl überhaupt möglich ist. Es sollte immer der gleiche Platz sein, den man gewohnt ist und an dem man gern schulische Aufgaben erledigt. Grundsätzlich gilt für diesen Ort jedoch, dass er genügend **Sauerstoff** bieten muss. Gegenstände oder Orte, die zum Ausspannen und zur Erholung gedacht sind – wie etwa das Sofa, das Bett oder der Badesee – sollten nicht zum Lernen benutzt werden, da sich der Organismus auf seine jeweilige Funktion der Aus- und Entspannung einstellt. Unterlagen, die man zur Erledigung von schulischen Aufgaben braucht, sollten geordnet parat liegen, um durch zu viel Unordnung nicht allzu sehr abgelenkt zu werden.

Zum anderen gehört zur Gestaltung des Arbeitsplatzes der ***(Schreib-) Tisch***, an dem man sitzt. Die richtige **Haltung**, die durch die richtige **Höhe von Tisch und Stuhl** ermöglicht wird, beugt einer schnellen Ermüdung und Rückenschmerzen vor. Es ist nicht günstig, beim Lernen gemütlich zu liegen, da der Lernende beim Lernen nicht ganz entspannt sein soll. Eine gewisse körperliche Anspannung ist ebenso leistungsfördernd wie die normale Aufregung vor einer Prüfung.

Die optimalen **Lichtverhältnisse** gehören ebenso zum richtigen Arbeitsplatz, etwa um Kopf- und Augenschmerzen zu vermeiden, wie die richtige **Raumtemperatur**. Ein zu warmer Raum führt zur schnelleren Ermüdung, Frieren erschwert ebenso die Konzentration. Ein weiterer entscheidender Gesichtspunkt am Arbeitsplatz ist die **Ruhe** bzw. der störende Lärm. Kindergeschrei, Baustellenlärm usw. machen jegliche Konzentration beinahe unmöglich und führen zu Stress. Entgegen früherer Ansicht weiß man heute, dass sich auch **Musik** störend auf das Lernen auswirken kann. Musik- oder Radiohören, während man lernt, vermindert bestimmte kognitive Leistungen – so der Psychologe *Nick Perham* von der University of Wales. Er empfiehlt, beim Lernen keine Hintergrundmusik zu hören (vgl. *Wilhelm, 2010, S. 15*).

Zusammenfassung

- Das Gedächtnis ist die Fähigkeit eines Menschen, Informationen zu verarbeiten, zu speichern und abrufen zu können. Das Abrufen kann in Form des Reproduzierens oder des Wiedererkennens geschehen. Das bekannteste Gedächtnismodell ist das Mehrspeichermodell, welches drei „Arten" von Gedächtnissen als separate Speicher annimmt, das sensorische, das Kurzzeit- und das Langzeitgedächtnis. Zwischen diesen Speichern finden Kontrollprozesse statt, die dafür sorgen, dass Informationen von einem Speicher zum anderen weitergegeben werden.

- Nervenzellenverbindungen müssen „benutzt" werden, damit sie sich festigen. Diese Prozesse verlaufen in der frühesten Kindheit besonders rasch. Die Synapsen, die in bestimmten Zeitfenstern der Entwicklung nicht genutzt werden, verschwinden wieder. Dieser Vorgang wird als Pruning bezeichnet.

- In der heutigen Psychologie unterscheidet man bei der langfristigen Informationsspeicherung mehrere verschiedene Speichersysteme: das deklarative Gedächtnis mit dem episodischen und semantischen Gedächtnis (= Wissensgedächtnis) und das nicht deklarative (reflexive) Gedächtnis mit dem prozeduralen Gedächtnis, dem Priming und den Konditionierungsformen.

- Behalten bedeutet, dass man eine verarbeitete Information im Langzeitgedächtnis gespeichert hat und sie bei Bedarf abrufen kann. Vergessen heißt, dass eine Information nicht mehr aus dem Gedächtnis abgerufen werden kann. Mit Erinnern bezeichnet man eine gespeicherte Information, die gewollt oder ungewollt in das Bewusstsein tritt.

- Im Gedächtnis gespeicherte Informationen verändern sich. Menschen bauen in der Erinnerung ein Erlebnis aus und fügen Einzelheiten hinzu. Bei umgeformten Gedächtnisinhalten sind Menschen dann der festen Überzeugung, es tatsächlich so und nicht anders erlebt zu haben. Erlebnisse bzw. Ereignisse werden sogar erfunden. Doch solche Erinnerungen sind für den Betroffenen auf jeden Fall wahr. Viele psychologische Phänomene, insbesondere bestimmte Erwartungen des Individuums, vorhandenes Wissen, Beeinflussung bzw. Suggestion und post-event information, sind dafür verantwortlich, dass sich Erinnerungen so unterschiedlich in unser Gehirn einprägen, sich verändern oder erfunden werden.

- Mit Wissen bezeichnet man die von einem Individuum im Gedächtnis verarbeiteten und gespeicherten Informationen. Unter Erwerb von Wissen versteht man die Aufnahme von verarbeiteter Information in das Langzeitgedächtnis und deren dortige Speicherung. Der Wissenserwerb erfolgt durch die Kodierung, die Wiederholung, die Elaboration und die Organisation.

- Effektive Lernstrategien sind zielführende Maßnahmen zur Verbesserung des Wissenserwerbs und betreffen die Selbstmotivierung, Kodierung und Organisation des Lernstoffes (Mnemotechniken), das effektive Lesen, die Zeitplanung und Pausen(gestaltung) sowie die Gestaltung des Arbeitsplatzes.

Aufgaben und Anregungen Kapitel 10

Aufgaben

1. a) Bestimmen Sie den Begriff „Gedächtnis".
   (Abschnitt 10.1.1)
   b) Beschreiben Sie das Gedächtnis aus neurowissenschaftlicher Sicht.
   (Abschnitt 10.1.2)

2. Erläutern Sie anhand der Vorbereitung auf eine Prüfungsarbeit das Mehrspeichermodell des Gedächtnisses.
   (Abschnitt 10.1.3)

3. Beschreiben Sie an einer Situation in einem Lebensbereich (zum Beispiel Schule, Freundschaft) die Speichersysteme des Langzeitgedächtnisses.
   (Abschnitt 10.1.4)

4. a) Bestimmen Sie die Begriffe „Behalten", „Vergessen" und „Erinnern".
   b) Beschreiben Sie an zwei Beispielen die Subjektivität des Erinnerns.
   (Abschnitt 10.2.1)

5. *Mehr als die Hälfte der Zeugen eines von Studenten gespielten Diebstahls, bei dem sich das Opfer lautstark über den Verlust seines Kassettenrekorders beklagte, konnten das Gerät eine Woche später beschreiben: Bei den einen war es schwarz, hatte eine Antenne und steckte in einer Hülle; bei den anderen war es grau sowie ohne Antenne und Verpackung. Nur, den Kassettenrecorder gab es nicht.*
   Erläutern Sie, wie es zu diesem Ereignis kommen kann.
   (Abschnitt 10.2.1)

6. Klären Sie den Begriff „Wissen" und beschreiben Sie an einem konkreten Beispiel aus dem Bereich der Schule die vier Prozesse des Wissenserwerbs.
   (Abschnitt 10.2.2)

7. Zeigen Sie die Bedeutung der Selbstmotivierung für das Lernen auf und stellen Sie anhand konkreter Beispiele Verhaltensweisen dar, die helfen können, Selbstmotivation aufzubauen.
   (Abschnitt 10.3.1)

8. Erläutern Sie verschiedene Lerntechniken und veranschaulichen Sie diese an je einem Beispiel.
   (Abschnitt 10.3.2)

9. Beschreiben Sie die Arbeitsweise des effektiven Lesens und wenden Sie diese auf den Text des *Abschnittes 10.3* an.
   (Abschnitt 10.3.3)

10. Verdeutlichen Sie die Kriterien einer Zeit- und Pausenplanung, die das Lernen begünstigen.
    (Abschnitt 10.3.4)

11. Schildern Sie Grundsätze einer das Lernen begünstigenden Arbeitsplatzgestaltung. (Abschnitt 10.3.5)

12. Nehmen Sie Stellung zu der Aussage: „Mit einem schlechten Gedächtnis muss man sich abfinden!"
(Abschnitt 10.2.2 und 10.3)

Anregungen

13. *Techniken für das effektive Lernen*
    - Bilden Sie sieben Gruppen.
    - Erstellen Sie zu dem Thema „Lernen und Gedächtnis":
        - Gruppe 1: die Loci-Technik
        - Gruppe 2: die Schlüsselworttechnik
        - Gruppe 3: die Technik der assoziativen Verbindungen
        - Gruppe 4: die Geschichtentechnik
        - Gruppe 5: Rhythmen und Reime
        - Gruppe 6: eine Mindmap
        - Gruppe 7: einen hierarchischen Abrufplan
    - Stellen Sie Ihre Lerntechnik der Klasse vor und diskutieren Sie darüber.

14. *„Erinnerungen werden im Laufe der Zeit verändert oder auch erfunden."*
    - Bilden Sie Vierergruppen.
    - Überlegen Sie sich für eine noch zu unternehmende Untersuchung eine Fragestellung, die die These „Erinnerungen werden im Laufe der Zeit verändert oder auch erfunden" bestätigen könnte.
    - Führen Sie in Gruppen unter Berücksichtigung der Ausführungen in *Kapitel 4.1.2 und 4.2* eine Untersuchung durch. Die statistischen Berechnungen können Sie mit Ihrem Mathematiklehrer durchführen.
    - Stellen Sie der Klasse Ihre Ergebnisse vor.

15. *„Wem können wir noch vertrauen, wenn der erste Betrüger schon in unserem Kopf sitzt? (...) Es gibt keine Zweifel: Das Gedächtnis hat großes Talent im Erfinden und Fabulieren." (Schneider, 2001, S. 69)*
Diskutieren Sie über mögliche Folgen in bestimmten Bereichen des menschlichen Lebens, insbesondere im Hinblick auf Anklagen und Zeugenaussagen in Gerichtsverhandlungen.

16. Teilen Sie sich in möglichst viele Gruppen. Die eine Hälfte der Gruppen zeichnet das Mehrspeichermodell, die andere Hälfte die Speichersysteme des Gedächtnisses als eine bestimmte Situation (zum Beispiel das Mehrspeichermodell: von der Pforte bis zum Abteilungsleiter in einem Unternehmen).

17. Suchen Sie in Dreiergruppen nach Motivationen, die Ihr eigenes Lernverhalten verbessern. Sprechen Sie anschließend im Klassenverband über Ihre Vorschläge.

18. *Bild/Collage: „Der optimale Arbeitsplatz"*
    - Malen Sie in Kleingruppen ein Arbeitszimmer, das alle wesentlichen Bestandteile eines Arbeitszimmers enthält.

- Geben Sie Ihr Bild an eine andere Kleingruppe weiter, die zu allen Bestandteilen Ihrer Zeichnung Regeln aufstellt, damit der Arbeitsplatz optimal gestaltet ist (Beispiel: Die Regel für den Bestandteil „Radio" muss folgendermaßen lauten: „Das Radio muss während des Lernens aus sein.")

19. *Stundenplan- und Pausengestaltung an unserer Schule*
   - Schreiben Sie in Gruppen eine Empfehlung an die Schulleitung bezüglich der Stundenplan- und Pausengestaltung an Ihrer Schule.
   - Hängen Sie Ihre Empfehlungsschreiben an die Pinnwand.

20. *Mein Lernverhalten*
   - Notieren Sie Ihr persönliches Lernverhalten (Selbstmotivierung, Anwenden von Lerntechniken, Art des Lesens, Zeiteinteilung, Pausen und -gestaltung, Arbeitsplatz) auf einem Blatt Papier.
   - Schließen Sie sich in Gruppen zusammen und diskutieren Sie über das persönliche Lernverhalten unter Berücksichtigung von *Abschnitt 10.3.*

21. *Tipps für optimales Lernen*
   - Entwerfen Sie in Gruppen ein anschauliches Referat sowie ein Handout, welches lediglich Tipps bzw. kurze Thesen enthält. Jede Gruppe beschäftigt sich mit einem anderen Thema:
     - Gruppe 1: Selbstmotivierung
     - Gruppe 2: Nutzung von Lerntechniken
     - Gruppe 3: Effektives Lesen
     - Gruppe 4: Zeitplanung und Pausen
     - Gruppe 5: Gestaltung des Arbeitsplatzes
   - Hören Sie in der Klasse die fünf Referate an und diskutieren Sie darüber.
   - Stellen Sie die einzelnen Handouts zu einem Heft zusammen. Jeder Schüler erhält ein solches Heft.

Emotion und Motivation

11

Das Verhalten wird in hohem Maße von Emotionen und Motivation bestimmt. Erst Emotion und Motivation geben dem menschlichen Dasein seine Buntheit.

Folgende Fragen werden in diesem Kapitel geklärt:

1. *Durch welche Merkmale ist der Begriff „Emotion" gekennzeichnet?*
   Wie wirken sie sich auf unser Verhalten aus?
   Welche Funktionen erfüllen Emotionen?
   Was sind die wichtigsten Entstehungstheorien zu Emotionen?

2. *Durch welche Merkmale ist der Begriff „Motivation" gekennzeichnet?*
   Was sind die bekanntesten Motivationstheorien?
   Worin liegt der Zusammenhang zwischen Emotion und Motivation?

3. *Was verstehen wir unter Glück und Stress als Emotionen?*
   Wie lässt sich Stress bewältigen?
   Was bedeutet Leistungsmotivation?
   Wie können wir sie fördern?

11.1 Emotion als Befindlichkeit

Psychische Kräfte stellen **Antriebsformen** des Menschen dar, die Erleben und Verhalten aktivieren und steuern, wie dies beispielsweise bei Gefühlen, Trieben oder Bedürfnissen der Fall ist. Dabei geht es einerseits um die ***Befindlichkeit*** eines Menschen – was löst diese oder jene Person bzw. dieser oder jener Gegenstand oder Sachverhalt bei dem einzelnen Menschen aus? – und andererseits um das ***Aktivwerden***: Wie reagieren Menschen auf diese Reize und wie wirken sie auf sie ein?

11.1.1 Merkmale des Begriffes „Emotion"

In der überwiegenden Literatur wird der Begriff „Emotion" gleichbedeutend mit dem Wort ***Gefühl*** verwendet.[1] Eine umfassende Beschreibung der Merkmale des Emotionsbegriffes bezieht drei wesentliche Aspekte mit ein:

- Gefühle bzw. Emotionen äußern sich in **körperlichen Vorgängen**,
- sie umfassen **seelische Befindlichkeiten** und
- sie **beeinflussen das Verhalten** des Menschen.

- Gefühle äußern sich zum einen in **körperlichen Veränderungen** wie beispielsweise erhöhtem Hautwiderstand, Muskelanspannung, Verkrampfung, Erweiterung oder Verengung der Pupille, Zittern, Schweißausbruch, Magen- und Darmtätigkeit, zum Beispiel Durchfall, schneller Atmung und erhöhter Herzfrequenz. Diese körperlichen Vorgänge können unterschiedlich **intensiv** sein und als ***Erregung bzw. Spannung*** oder als ***Beruhigung bzw. Entspannung*** erlebt werden.

  Markus, 18 Jahre alt, schreibt nach der Pause eine Prüfungsarbeit. Er hat deshalb „aus Angst" leichte Magenkrämpfe und feuchte Hände, zittert etwas, atmet schneller als sonst und seine Herzfrequenz ist erhöht. Kurz, er ist erregt und entspannt sich erst, als er während der Anfertigung der Prüfungsarbeit merkt, dass er die Aufgaben lösen kann.

  Die Stärke eines Gefühls hängt von der Stärke der körperlichen Erregung ab.

  Je stärker und heftiger beispielsweise das Herz klopft, desto mehr Freude, Angst oder Ärger wird man empfinden.

- Gefühle äußern sich zum anderen in **psychischen Vorgängen**: Man wird sich des Ich-Zustandes wie beispielsweise des Herausgerissenseins aus dem Normalzustand, aus dem Gleichgewicht, und der körperlichen Veränderungen bewusst, die Wahrnehmung und das Denken ändern sich. Die körperliche Erregung wird zum Beispiel als Freude, Trauer, Ärger, Angst oder Zorn interpretiert. Diese Befindlichkeiten werden **qualitativ** unterschiedlich erlebt und jeweils mehr oder minder deutlich als ***angenehm bzw. unangenehm*** bewertet, also von ***Lust bzw. Unlust*** begleitet. Bei der unterschiedlichen Interpre-

---

[1] *emovere (lat.): wegschaffen, entfernen, vertreiben; ursprünglich bezeichnete „emotion" die Migration von Menschen, später erhielt der Begriff dann auch die Bedeutung von Erdbewegung bzw. Erdbeben. Erst im 19. Jahrhundert kam die Verwendung dieses Begriffes für Veränderungen der Psyche auf (vgl. Sokolowski, 2008², S. 296).*
Neuere Entwicklungen in der Emotionspsychologie zeigen, dass eine Unterscheidung zwischen den beiden Termini „Emotion" und „Gefühl" vorgenommen wird. Der Begriff „Emotion" wird gegenüber dem Begriff „Gefühl" weitgehender und umfassender verwendet, Emotion wird als Oberbegriff für Gefühl oder Affekt verstanden. Der Begriff „Gefühl" dagegen wird bei der Benennung des subjektiven Erlebens gebraucht. Diese Unterscheidung trägt jedoch kaum zu einem besseren Verständnis des Emotionsgeschehens bei.

tation spielen die Erfahrungen, die der Mensch im Laufe seines Lebens macht, eine bedeutsame Rolle. Es kommt auch darauf an, in welcher konkreten Situation diese Befindlichkeiten auftreten.

Markus ist sich bewusst, dass er wegen der Prüfungsarbeit „aufgeregt" ist; er merkt die körperlichen Veränderungen und spürt, dass ihn seine Erregtheit in seinem Denken blockiert. Er interpretiert diese körperliche Erregung als Angst und bewertet diese als sehr unangenehm.
Sabine hat auch leichte Magenkrämpfe, feuchte Hände und zittert etwas. Doch sie interpretiert ihre Erregung als Verliebtsein und bewertet diesen körperlichen Zustand als sehr angenehm.

Die Art, wie ein Gefühl erlebt wird, hängt also von der ***subjektiven Interpretation*** der Erregung ab. Diese Erklärung ist von der jeweiligen Situation, in der die Erregung auftritt, abhängig.

Ob man die Erregung als Freude, Angst oder Ärger erlebt, hängt davon ab, welche Erklärung man sich selbst für diese Erregung gibt. Ein Schüler, der gerade eine gute Note erhalten hat, wird seine Erregung anders interpretieren als ein anderer, der gerade eine Auseinandersetzung mit einem Mitschüler hatte.

Nicht jede körperliche Erregung wird daher als ein Gefühl gesehen. Hat man eine andere Erklärung dafür, so wird sie nicht als Gefühl interpretiert.

Wenn jemand eine schwere Tasche in den siebten Stock getragen hat, werden das Herzklopfen und das mögliche Zittern der Hände nicht als Gefühl empfunden.

„Emotionszustände sind aus zwei wichtigen Komponenten zusammengesetzt. Die erste Komponente äußert sich in charakteristischen physischen Reaktionen, welche gemessen und beobachtet werden können, die zweite Komponente betrifft das subjektive, bewusste Gefühlserleben." *(Hamm, 2006², S. 534)*

- Von entscheidender Bedeutung für das Verständnis von Gefühlsvorgängen ist die Tatsache, dass Emotionen das **Verhalten des Menschen beeinflussen**.

So kann man beispielsweise am Gesichtsausdruck bestimmte Emotionen erkennen, Gesten und Körperhaltung zeigen, wie mit ihnen umgegangen wird (vgl. *Pollmann, 2008, S. 238*).

Gefühle können ein bestimmtes Verhalten aktivieren und steuern; sie können eine schöpferische Kraft darstellen sowie eine gesteigerte Reaktionsfähigkeit hervorrufen und damit etwa die Leistung erhöhen. Gefühle können Verhalten aber auch lähmen, zu Passivität verleiten oder ein Annäherungs- bzw. Vermeidungsverhalten auslösen.

Die Angst vor dem Versagen in der Prüfung kann Markus dazu aktivieren, dass er fleißig zu lernen beginnt. Es ist möglich, dass er sich zudem etwas „einfallen" lässt – beispielsweise eine gute Spickmethode –, damit er eine gute Note schreibt und vom Lehrer nicht erwischt wird. Ist die Angst während der Prüfung nicht zu stark, so kann sie leistungssteigernd wirken. Hat Markus aber „große" Angst, so kann es sein, dass er gar nicht in die Schule geht, um die unangenehme Situation zu vermeiden, oder dass während der Prüfung sein Gedächtnis blockiert ist und ihm nichts mehr einfällt. Eine schlechte Note kann ihn traurig machen und dazu verleiten, dass er nichts mehr tut.

Dabei handelt es sich in erster Linie um eine **Bereitschaft zum Verhalten**. Es ist also nicht unbedingt erforderlich, dass ein bestimmtes Verhalten oder eine Handlung auch tatsächlich ausgeführt wird.

Emotionen (Gefühle) sind subjektive Erlebensweisen, die sich in körperlichen Veränderungen und psychischen Vorgängen äußern und das Verhalten eines Menschen beeinflussen.

*Häufig treten in diesem Zusammenhang auch die Begriffe **Affekt** und **Stimmung** auf. Kurt Sokolowski (2008[2], S. 299) unterscheidet diese beiden Termini dahingehend, dass Affekte kurze und intensive Emotionszustände sind, die zugleich auch eine starke Verhaltenstendenz besitzen, während Stimmungen sich durch eine geringere Intensität und eine längere Dauer auszeichnen. Bei Wutausbruch zum Beispiel handelt es sich um einen Affekt, bei Traurigkeit – wenn sie länger anhält – um eine Stimmung.*

11.1.2 Funktionen von Gefühlen

Emotionen sind aus unserem alltäglichen Leben nicht wegzudenken; sie erfüllen wichtige Funktionen (vgl. *Lückert/Lückert, 1994, S. 151–155*):

- **Gefühle haben Regulationsfunktion**: Gefühle „melden" sich, wenn Funktionen des Körpers in ein Ungleichgewicht geraten; sie schützen somit unseren Organismus vor einer Beeinträchtigung.

So bekommen wir zum Beispiel Hunger oder Durst, wenn der Körper Nahrung braucht, und werden müde, wenn der Körper Erholung braucht.

- **Gefühle haben Selektionsfunktion**: Gefühle selektieren die Wahrnehmung; sie beeinflussen in einem nicht unerheblichen Maße, was wahrgenommen wird und wie bestimmte Reize aus der Umwelt und dem Körperinneren wahrgenommen werden.[1]

[1] *vgl. hierzu Kapitel 8.2.3*

- **Gefühle haben Motivationsfunktion**: Wie in *Abschnitt 11.1.1* ausgeführt, aktivieren und steuern Gefühle unser Verhalten und setzen es somit in Gang.
- **Gefühle haben Ausdrucksfunktion**: In Mimik, Gestik und Gebärden, in der Körpersprache insgesamt, im Tonfall sowie in all unseren Reaktionsweisen drücken wir aus, was wir fühlen. Damit haben Gefühle zugleich immer auch **Mitteilungscharakter**; sie signalisieren dem anderen, was wir empfinden.[1]
- **Gefühle haben Wertungsfunktion**: Gefühle zeigen an, was wir schätzen, mögen und vorziehen bzw. ablehnen und verabscheuen.

> *„Es gibt (...) Hinweise (...), dass viele Entscheidungen ohne vorhergehende kognitive Prozesse ablaufen. Viel eher (...) rechtfertigen wir nach der Entscheidung diese mit plausiblen Argumenten. Wir entscheiden uns für vieles, weil es uns gefällt."*
>
> *(Lückert/Lückert, 1994, S. 155)*

- **Gefühle haben eine soziale Funktion**: Gefühle steuern den sozialen Umgang, indem sie diesem Regeln und Schranken setzen und soziale Beziehungen stabilisieren (vgl. *Newen/Zinck, 2008, S. 44*).

Liebe, Sympathie, Anerkennung oder Neid, Antipathie, Eifersucht oder Hass beispielsweise regulieren den Umgang miteinander.

Emotionen sind also unabdingbar für das zwischenmenschliche Zusammensein und Handeln; ohne sie ginge uns die Grundlage für einen gelingenden Alltag verloren. „Wer wir sind und was wir tun, bestimmen wesentlich unsere Gefühle." (vgl. *Newen/Zinck, 2008, S. 45*)

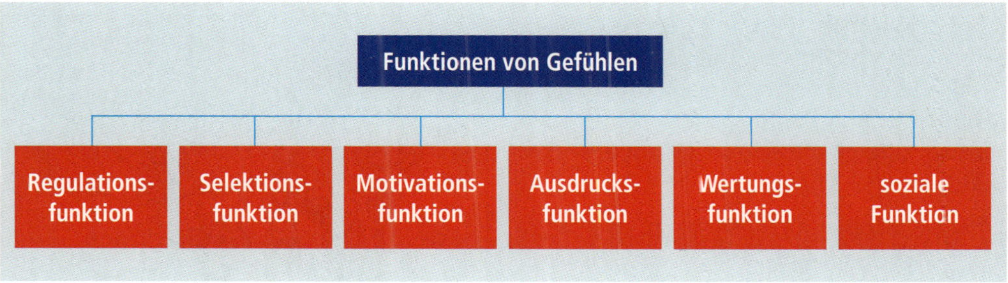

11.1.3 Grundlegende Emotionen

Die Entstehung von Emotionen und deren Erklärung sind seit Langem Gegenstand der psychologischen Forschung. Grundsätzlich lässt sich nicht klären, welche Gefühle vererbt und welche erworben sind. Nach *Carroll E. Izards* (*1999⁴, S. 63 ff.*) Ansicht gibt es aber grundlegende Gefühle, die

- in jeder Kultur und zu allen Zeiten existieren,
- an bestimmte neurale[2] Prozesse gebunden sind,
- immer zum gleichen Zeitpunkt auftreten sowie
- die gleichen biologischen Rückmeldungsmuster verwenden, das heißt, die körperlichen Veränderungen sind immer dieselben.

---

[1] *vgl. Kapitel 23.1.2*
[2] *neural (lat.): vom Nervensystem ausgehend, die Nerven betreffend*

Bei der Untersuchung von grundlegenden Emotionen geht man davon aus, dass es zwischen einem bestimmten Gefühl und dem dazugehörigen Gesichtsausdruck eine enge Beziehung gibt.

So zum Beispiel ist Zorn immer gekoppelt mit einem Senken und Zusammenziehen der Augenbrauen, schlitzförmigen Augen und einem zusammengepressten Mund (vgl. *Ulich, 1995², S. 160*).

Der amerikanische Anthropologe und Psychologe *Paul Ekman* (* 1934) formuliert sieben Grundemotionen:

- **Freude**
- **Ekel**
- **Verachtung**
- **Überraschung**
- **Wut**
- **Furcht**
- **Traurigkeit**

Er ist der Ansicht, dass diese Grundemotionen kulturübergreifend bei allen Menschen in gleicher Weise erkannt und auch ausgedrückt werden. Seine Untersuchungen haben ergeben, dass sie mit Gesichtsausdrücken einhergehen, die von Menschen auf der ganzen Welt verstanden werden (vgl. *Schäfer, 2010, S. 66*). Dabei wird unterschieden zwischen Gesichtsausdruck und Körperhaltung: Während man am Gesichtsausdruck Emotionen erkennen kann, zeigen Gesten und Körperhaltung, wie der Einzelne mit diesen umgeht (vgl. *Pollmann, 2008, S. 238*).

Diese Annahme der genetisch bestimmten Grundemotionen ist nicht unumstritten. Andere Forscher kommen aus diesem Grund auch auf andere Ergebnisse. Der amerikanische Psychologe Orval Hobart Mowrer (1907–1982) zum Beispiel benennt zwei (Freude und Schmerz), der deutsche Psychologe Martin Dornes (1950) sogar neun Basisemotionen: Freude, Interesse/Neugier, Überraschung, Ekel, Ärger, Traurigkeit, Furcht, Scham und Schuld.*

Trotz der Annahme grundlegender und angeborener Gefühlsregungen ist doch der Großteil der Gefühle kulturspezifisch überformt; jede Kultur hat andere Ausdrucksformen oder Anlässe für Gefühle entwickelt.

In den asiatischen Ländern beispielsweise gilt das Lächeln als eine Form der Höflichkeit. In den Ländern der westlichen Welt gilt Lächeln als Form der Freude und als Ausdruck von Glück.

Jede Kultur hat andere soziokulturelle Normen, die bei der Entstehung von Gefühlen eine bedeutende Rolle spielen. Dabei unterscheiden sich nicht so sehr die Gefühle selbst voneinander, sondern vor allem die auslösenden Situationen, die „Darstellung“ und das auf die Gefühlsregung folgende Verhalten.

Das Gefühl als solches wird nicht erlernt, sondern die Art und Weise, es zu äußern, sowie der Zeitpunkt, es zu zeigen.

11.1.4 Theorien der Emotionen

Seit vielen Jahren bemühen sich Psychologen um die Frage, wie sich die Entstehung von Emotionen erklären lässt. Dabei entstanden verschiedene Entstehungstheorien zu Emotionen (vgl. *Ulich/Mayring, 2003², S. 63 ff.*):

- **Evolutionsbiologische Theorien** (*Charles Darwin*)
  Seelische Zustände wie zum Beispiel Scham, Erstaunen oder Niedergeschlagenheit kommen überall auf der Welt vor und werden in gleicher Weise zum Ausdruck gebracht, sie sind damit universell.
  Schlussfolgerung: Die Koppelung zwischen dem Gefühl und seinem Ausdruck ist angeboren; es gibt grundlegende, eindeutig voneinander unterscheidbare Gefühle, die ein Wesensmerkmal des Menschen darstellen und letztlich dem Überleben der Spezies dienen.

- **Emotion als System** (*Carroll E. Izard*)
  Die grundlegenden, angeborenen Emotionen bilden ein System, das als Teil des gesamten Verhaltensrepertoires des Menschen das Überleben der Art sicherstellt. Das Emotionssystem ist in seinen neuralen Grundstrukturen angeboren und im Vergleich mit anderen Untersystemen wie zum Beispiel Motorik, Kognition oder Wahrnehmung bereits gut entwickelt.
  Schlussfolgerung: Emotionen sind angeboren und der grundlegende Antrieb menschlichen Verhaltens; durch Reifung und soziale Anregung kommen sie zur Entfaltung.

- **Psychophysiologische Theorien** (*William James/Carl Georg Lange*)
  Körperliche Veränderungen im zentralen Nervensystem und den Organen entstehen bei bestimmten Gefühlszuständen. Diese körperlichen Vorgänge lösen Gefühlsempfindungen aus. Das Erleben von Gefühlszuständen ist von einem funktionsfähigen Organismus abhängig, dabei spielen Prozesse im Stammhirn eine Rolle.
  Schlussfolgerung: Körperliche Symptome werden bewertet und daraufhin als ein bestimmtes Gefühl empfunden; Emotionen sind identisch mit bestimmten Vorgängen im Stammhirn.

- **Behavioristische Theorien** (*James Watson/Rosalie Rayner/O. Hobart Mowrer*)
  Angeborene Reiz-Reaktionsmuster führen bereits beim Kleinkind zu emotionalen Reaktionen. Durch Konditionierung werden diese im Verlauf des Lebens stetig erweitert.
  Schlussfolgerung: Auf der Basis weniger, bereits angeborener „Gefühlsreflexe" erlernt der Mensch im Laufe des Lebens sein ausgiebiges Gefühlsrepertoire.

- **Kognitive Theorien** (*Jerome L. Singer/Stanley Schachter/Richard S. Lazarus*)
  Reize bzw. Ereignisse werden subjektiv bewertet und interpretiert und erlangen dadurch eine Bedeutung für das Individuum.
  Schlussfolgerung: Emotionen entstehen erst durch die kognitive Bewertung und Interpretation von Reizen und deren subjektive Bedeutung für den Menschen.

- **Funktionalistisch orientierte Komponenten-Stress-Modelle** (*Howard Leventhal/Klaus R. Scherer*)
  Aufbauend auf den evolutionsbiologischen und den kognitiven Bewertungstheorien werden Gefühle als Ergebnis unterschiedlicher Bewertungen betrachtet, allerdings ausgerichtet auf bestimmte (Überlebens-)Ziele des Menschen. In Urzeiten wurden die Bewertungen reflexartig und damit automatisch vorgenommen; diese festen Verknüp-

fungen wurden aber während der Entwicklungsgeschichte der Menschheit „entkoppelt“. Die Möglichkeiten der neuen Zuordnung von Bewertungen zu Gefühlen ermöglicht eine flexible Anpassung an neuartige soziale und physikalische Umwelten. ***Schlussfolgerung***: Emotionen sind ein Anpassungsmechanismus des Menschen an eine hochkomplexe Umwelt.

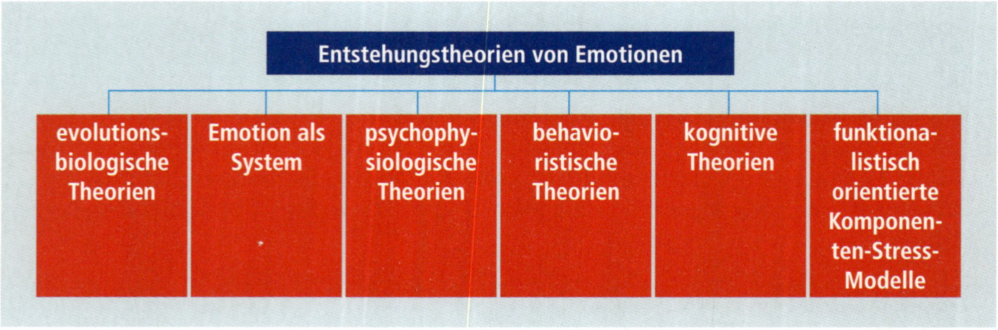

11.2 Motivation als Antriebsform

Die Psychologie hat es schon immer interessiert, warum der Mensch ein ganz bestimmtes Verhalten zeigt, warum er sich in einer ganz bestimmten Situation so und nicht anders verhält sowie was sein Verhalten und Handeln veranlasst bzw. verursacht.

11.2.1 Merkmale des Begriffes „Motivation“

Das Zustandekommen eines bestimmten Verhaltens lässt sich nicht nur als Folge wahrnehmbarer Reize begreifen; es sind vielmehr Einwirkungen „am Werk“, die nicht konkret beobachtbar und nachprüfbar sind. Solche von außen nicht erkennbaren Beweggründe, die menschliches Verhalten aktivieren, werden als **Motive**[1] bezeichnet.

Hunger zum Beispiel ist ein solches Motiv. Er ist als solches nicht beobachtbar, es kann lediglich aufgrund der Menge und der Schnelligkeit des Essens auf „Hunger-Haben“ geschlossen werden. Dieses Motiv treibt nun den Einzelnen an, aktiv zu werden – etwa zum Brotkasten und zum Kühlschrank zu gehen, um sich Brot und Wurst zu holen.

Als Motiv wird ein von außen nicht erkennbarer Beweggrund bezeichnet, der menschliches Verhalten aktiviert.

„Motive sind psychische Kräfte. Sie bewegen uns, sie setzen etwas in Gang. Wahrnehmung, Gedächtnis, Sprache und Denken sind psychische Funktionen. Sie sind nicht Selbstzweck, sondern stehen immer im Dienst von Motiven. Motive bestimmen, worauf wir unsere Aufmerksamkeit richten, welche Informationen wir im Gedächtnis suchen, welche Denkprobleme wir lösen wollen, welche Verhaltensweisen wir ausführen usw.“ *(Herkner, 2002², S. 191)*

[1] *motus (lat.): Bewegung, Antrieb*

Treten nun Motive in Kraft, so organisieren sie einen Prozess, in welchem Verhalten in Bewegung gesetzt und auf ein bestimmtes Ziel hin gesteuert wird. Diesen Prozess bezeichnen wir als Motivation. Motivation[1] ist also **ein von Motiven gesteuerter Prozess des Angetriebenseins, der in der Regel so lange anhält, bis das Ziel erreicht ist.**

Durch folgende Merkmale ist der Begriff „Motivation" gekennzeichnet:

- **Aktivierung**: Motivation bedeutet immer einen Prozess, in welchem Verhalten in Bewegung gesetzt wird.

- **Richtung**: Die Aktivität wird auf ein bestimmtes Ziel hin gesteuert und bleibt in der Regel so lange bestehen, bis dieses Ziel erreicht ist oder auch bis ein anderes Motiv vorrangig wird.

Wenn beispielsweise jemand sehr hungrig ist, dann wird er etwas unternehmen, um den Hunger zu stillen (Aktivierung). Er wird vermutlich andere Tätigkeiten unterbrechen – zum Beispiel für eine Prüfungsarbeit lernen – und wird solche Verhaltensweisen in Bewegung setzen, die geeignet sind, sein Nahrungsbedürfnis zu befriedigen. Er wird etwa zum Brotkasten und Kühlschrank gehen, aus denen er sich Brot und Wurst holt (Zielgerichtetheit). Ist sein Hunger gestillt, so wird er seine diesbezügliche Aktivität einstellen und sich möglicherweise wieder seinen anderen Tätigkeiten zuwenden.

- **Intensität**: Die Aktivität kann mehr oder weniger stark, kräftig oder gründlich – kurz: mehr oder weniger intensiv – ausgeführt werden.

So kann der Hunger beispielsweise sehr stark sein und man kann das Wurstbrot sehr hastig und mit großen Bissen verspeisen. Oder man zeigt wenig Interesse an dem Wurstbrot, weil der Hunger nicht so stark ist.

- **Ausdauer**: Zielstrebiges Verhalten kann mehr oder weniger Beständigkeit aufweisen. In der Regel wird die Aktivität aufrechterhalten, auch wenn sich Schwierigkeiten ergeben.

Es kann möglich sein, dass im Brotkasten kein Brot und der Kühlschrank leer ist. Man wird vielleicht in ein Lebensmittelgeschäft gehen. Wenn dieses geschlossen hat, sucht man möglicherweise ein Gasthaus auf oder besucht Bekannte.

Die Ausdauer, mit der ein bestimmtes Ziel verfolgt wird, wird häufig auch als **Persistenz**[2] bezeichnet.

- Motivation ist nicht unmittelbar wahrnehmbar, sondern kann immer nur über das Erleben und Verhalten erschlossen werden. Somit ist sie ein **gedankliches Konstrukt** zur Erklärung der Beweggründe des beobachteten Verhaltens (vgl. *Rheinberg, 2008[7], S. 14*).

---

[1] *movere (lat.): in Bewegung setzen*
[2] *persistere (lat.): fortdauern*

„Bemerkenswerterweise scheint es uns im Alltag nicht zu stören, dass wir ‚Motivation' bei anderen Personen als Gegenstand nie unmittelbar wahrnehmen können, sondern immer nur über Anzeichen erschließen. Motivation ist hier eine gedankliche Konstruktion, eine Hilfsgröße, (...) die uns Verhaltensbesonderheiten erklären soll." (Rheinberg, 2008[7], S. 14)

Motivation ist ein gedankliches Konstrukt für Prozesse, die Verhalten aktivieren sowie dieses hinsichtlich seiner Richtung, Ausdauer und Intensität steuern.

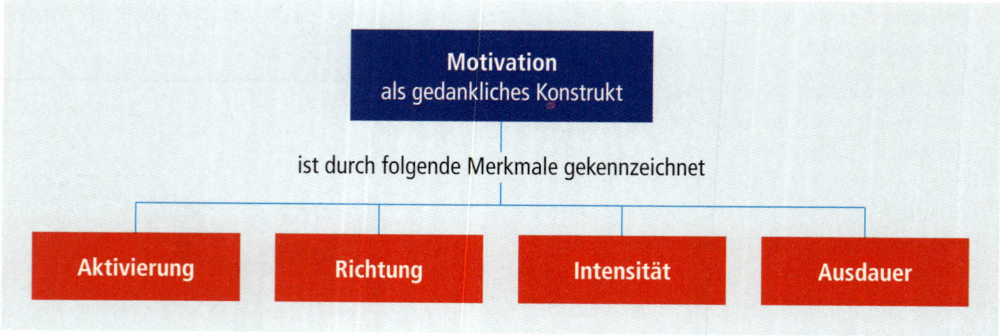

Im Zusammenhang mit dem Motivationsbegriff treten häufig zwei weitere Fachbegriffe auf, **Trieb** und **Bedürfnis**. Trieb bezeichnet eine generelle angeborene Energie, eine Kraft, die darauf ausgerichtet ist, Wünsche bzw. Bedürfnisse zu befriedigen. Bedürfnis bedeutet einen physischen (körperlichen) und psychischen Mangelzustand. Das bedeutet, dass ein Bedarf, zum Beispiel nach Essen, Trinken, Zuwendung oder Liebe, vorhanden ist.

*In der jüngeren Psychologie wird zwischen **Motivation und Volition**[1] unterschieden (vgl. Schwarzer, 2000[4], S. 222 f.): In der Motivation geht es dabei um die Bildung einer Intention, einer Zielvorstellung. Ein Schüler zum Beispiel hat sich dazu durchgerungen, künftig fleißig lernen zu wollen. Die Umsetzung der Intention in Handeln und Tun wird als Volition bezeichnet, die aus der Handlungsplanung und aus dem Handeln selbst besteht. Ob der Schüler tatsächlich lernt oder es nur bei seinem Vorsatz belässt, ist eine Frage der Volition.*

11.2.2 Die Entstehung von Motivation

Je nach Sichtweise gibt es verschiedene Ansätze und Modelle zur Entstehung von Motivation. Dabei zeigt sich eine kontinuierliche Entwicklung von den **rein biologischen Modellen** hin zu sogenannten **psychologischen Theorien**.

Biologische Modelle gehen davon aus, dass der Organismus bestimmte angeborene Mechanismen besitzt, die Aktivität entstehen lassen und steuern. Vertreter von biologischen Modellen sind die **Trieb- und Instinkttheoretiker**, wie zum Beispiel *Konrad Lorenz*

[1] *volitio (lat.): das Wollen*

(Vergleichende Verhaltensforschung) oder *Sigmund Freud* (Psychoanalyse).[1] Die **Verhaltensforscher** sind der Meinung, dass Verhalten vor allem durch Instinkte[2] ausgelöst und gesteuert wird: Der Mensch besitzt sogenannte angeborene Auslösemechanismen (AAM), die von Natur aus bestimmte Reaktionen hervorrufen. Die **Psychoanalyse** vertritt die Auffassung, dass menschliches Verhalten durch bestimmte Triebe bestimmt wird. Bei mangelnder Befriedigung der Triebe entsteht eine Triebspannung, die dann das Streben nach Triebreduktion und damit eine Lösung der Spannung hervorruft.

Bei den Vertretern der psychologischen Theorien wird die Entstehung der Motivation als **Ergebnis von Lernprozessen** angesehen. Dabei werden biologische Bedürfnisse wie Hunger, Durst oder Schlaf durchaus anerkannt, allerdings anders benannt. Solche Bedürfnisse, die dem Menschen angeboren sind, bezeichnet man als **primäre Bedürfnisse**. Daneben wird das Verhalten des Menschen aber von einer Vielzahl verschiedenster Bedürfnisse beeinflusst, die nicht zu seiner biologischen Ausstattung gehören.

> Der Wunsch, Geld zu sparen, in den Urlaub zu fahren oder Briefmarken zu sammeln beispielsweise, ist dem Menschen nicht angeboren, beeinflusst aber trotzdem sein Verhalten.

Der Mensch wird von einer Vielzahl unterschiedlicher Bedürfnisse beeinflusst, die im Laufe des Lebens erst erworben werden. Solche erworbenen Bedürfnisse bezeichnet man als **sekundäre Bedürfnisse**.

Im Einzelnen lassen sich fünf Gruppen von Motivationstheorien unterscheiden:

- **Homöostatische[3] Theorien (Bedürfnistheorien)**: Jede Abweichung vom Gleichgewicht im Organismus führt dazu, dass der Einzelne aktiv wird, um dieses Gleichgewicht wiederherzustellen. Ziel einer Aktivität ist aus dieser Sicht immer die Bewahrung des organismischen Gleichgewichts.

  Eine sehr allgemeine und einfache homöostatische Theorie ist die des ***Regelkreises***: Der Körper besitzt Vorrichtungen, die laufend einen Istzustand mit einem Sollzustand vergleichen. Falls nun ein Unterschied zwischen diesen beiden Zuständen festgestellt wird, wird das Individuum aktiv, um den Istzustand zu korrigieren, bis der Unterschied wieder beseitigt ist.

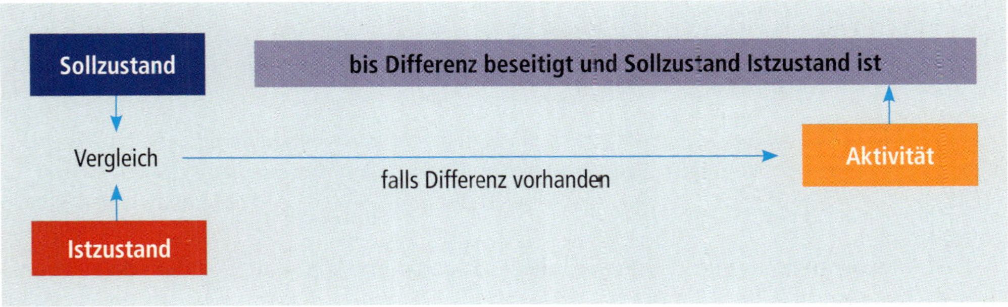

[1] *Sigmund Freud (1856–1939) ist der Begründer der Psychoanalyse. Eine Biografie von ihm befindet sich in Kapitel 2.2.1. Konrad Lorenz (1903–1989) war zunächst Ordinarius für Psychologie an der Universität Königsberg. 1949 gründete er ein Institut für Vergleichende Verhaltensforschung in der Nähe von Wien, von 1950 bis 1973 war er Mitarbeiter und Leiter des Instituts für Verhaltensphysiologie bei Starnberg. Sein Werk „Das sogenannte Böse", erschienen 1963, in welchem er menschliche Aggression auf das tierische Erbe in uns zurückführt und kulturelle Einflüsse sehr stark zurücktreten lässt, war in den 1970er-Jahren ein Bestseller.*

[2] *Der Begriff „Instinkt" ist in Kapitel 5.1.2 erklärt.*

[3] *homoióstasis (griech.): das Gleichgewicht*

Werner Herkner (*2002[2], S. 192*) vergleicht die Theorie des Regelkreises mit einem Raumthermostat: Der Thermostat vergleicht ständig die tatsächliche Zimmertemperatur (= Istzustand) mit der gewünschten Temperatur (= Sollzustand). Falls nun die tatsächliche Temperatur mit der gewünschten nicht mehr übereinstimmt, wird der Thermostat „aktiv", indem er die Heizung einschaltet. Sobald die gewünschte Temperatur erreicht ist – also der Unterschied zwischen dem Istzustand und dem Sollzustand wieder beseitigt ist – wird die Heizung wieder ausgeschaltet. Durch diese Vorgänge bleibt die Raumtemperatur ziemlich konstant.

Man kann davon ausgehen, dass es für alle Bedürfnisse – sowohl für biologische, wie Hunger, Durst und Schlaf, als auch für nicht biologische, wie das Bedürfnis nach Anerkennung, Macht oder Geld – einen solchen Regelkreis gibt.

So sind zum Beispiel im Körper bestimmte Stoffe in bestimmten Mengen vorhanden. Wird dieser Wert unterschritten, so wird das als Hunger erlebt. Das Individuum wird aktiv, um den Hunger zu stillen. Das gilt auch für nicht biologische Bedürfnisse wie zum Beispiel den Wunsch nach Kontakt. Wenn ein Mensch weniger Kontakte zu seinen Mitmenschen hat (= Istzustand), als er sich wünscht (= Sollzustand), ist er unzufrieden. Er wird aktiv, um diese Differenz wieder zu beseitigen, indem er beispielsweise Freunde einlädt, ausgeht oder eine Tanzveranstaltung besucht.

- **Anreiztheorien:** Der Mensch wird aktiv, weil er dadurch eine angenehme Situation herbeiführen oder aufrechterhalten bzw. eine unangenehme Situation verringern, vermeiden oder beenden kann.

  Ein Jugendlicher steht sehr früh auf und nimmt zur Schule eine sehr lange Wegstrecke in Kauf, weil er auf diesem Weg einem attraktiven Mädchen begegnet, das ihm sehr gefällt.
  Ein Kind kehrt ohne Anordnung seiner Eltern freiwillig die Straße, weil es ein Zusammentreffen mit seiner Tante, die zu Besuch ist, vermeiden will.

  Die bekanntesten Anreiztheorien sind die ***Konditionierungstheorien*** wie das klassische und das operante Konditionieren.

- **Kognitive Theorien**: Erwartungen eines Menschen motivieren ihn, ein bestimmtes Verhalten zu zeigen.

  Eine Person wird beispielsweise dann ein bestimmtes Verhalten zeigen, wenn sie sich davon angenehme Konsequenzen *verspricht* bzw. *glaubt*, Unangenehmes vermeiden oder vermindern zu können.

  > *„Die Menschen richten sich in ihrem Handeln (...) eher nach Vorstellungen, die diesem vorangehen, statt sich nur an den Ergebnissen ihrer aktiven Handlungsvollzüge zu orientieren."*
  > *(Bandura, 1991, S. 44)*

  Die bedeutendste kognitive Theorie, die Motivation erklären kann, ist die ***sozial-kognitive Theorie*** von *Albert Bandura*.

- **Humanistische Theorien**: Der Mensch wird aktiv, um psychisches Wachstum wie Selbstverwirklichung zu ermöglichen. Die bekannteste humanistische Motivationstheorie ist die ***Motivationstheorie*** nach *Abraham H. Maslow*, die in *Abschnitt 11.2.3* ausgeführt ist.

- **Attributionstheorien:** Attributionen sind Ursachenzuschreibungen. Attributionstheorien gehen davon aus, dass Menschen ihrem eigenen Verhalten und dem anderer Personen sowie den Ergebnissen von Verhaltensweisen Ursachen bzw. Gründe zuschreiben, die damit dieses Verhalten erklären. Solche Attributionen schaffen Orientierung und Ordnung im alltäglichen Leben und entlasten emotional. Die bekannteste Theorie ist die ***Attributionstheorie*** von *Fritz Heider*.

Sowohl biologische als auch Anreiztheorien sehen den Menschen als „Getriebenen", der von bestimmten Reizen bestimmt wird, und gestehen dem Menschen keinen freien Entscheidungsraum zu. Demgegenüber betonen kognitive und humanistische Theorien die Entscheidungsfreiheit des Menschen für bestimmte Aktivitäten. Der Mensch ist in der Lage, frei zu entscheiden, welches Verhalten er zeigen will.

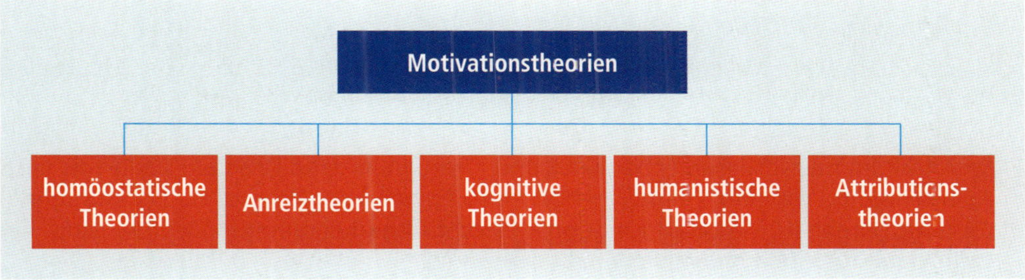

11.2.3 Die Motivationstheorie nach *Maslow*

Abraham H. Maslow interessierte sich sehr für die Vielfalt von menschlichen Bedürfnissen. Er versuchte, diese näher zu bestimmen und nach ihren Prioritäten zu ordnen.

Abraham Harold Maslow *(1908–1970) wurde als Sohn russischer Auswanderer in New York geboren; bis zu seinem Tod war er Präsident der American Psychological Association (APA). Als Motivationsforscher beobachtete er zuerst bei Affen, dass manche Notwendigkeiten, sprich Bedürfnisse, vor anderen Vorrang haben. Die Affen versuchten, erst ihren Durst zu löschen, bevor sie sich etwas zu essen suchten, weil sie ohne Essen länger überleben können als ohne Trinken. Ausgehend von dieser Erkenntnis entwickelte Maslow seine berühmte Bedürfnispyramide.*

Maslow ging davon aus, dass die menschlichen Bedürfnisse in einer Rangordnung stehen und es somit eine Hierarchie der Bedürfnisse gibt:

- Als Erstes entwickeln sich die **physiologischen Bedürfnisse**. Sie stehen am Anfang der menschlichen Entwicklung und behalten über das gesamte Leben einer Person ihre Bedeutung bei.

Solche Bedürfnisse sind zum Beispiel Hunger, Durst, Sauerstoff, Entspannung oder Schlaf.

- Auf der nächsten Stufe stehen die **Bedürfnisse nach Sicherheit**, welche darauf abzielen, sich vor – möglichen – Gefahren und deren Folgen zu schützen. Diese Bedürfnisse sind schon im Säuglingsalter beobachtbar, spielen aber im gesamten Leben mehr oder weniger stark eine wichtige Rolle.

Sicherheitsbedürfnisse sind etwa der Wunsch nach einer festen Arbeitsstelle, Ordnung oder Stabilität. Viele Sicherheitsbedürfnisse werden häufig mit einer Versicherung abgedeckt.

- Der Sicherheit folgen die **Bedürfnisse nach Zuwendung**, bei denen es um den Wunsch geht, Beziehungen zu anderen Menschen aufzubauen und zu erhalten. Entsprechende Untersuchungen bestätigen, dass Kinder in ihrer Entwicklung sehr zurückbleiben, wenn sie vor allem im ersten Lebensjahr keine oder nur wenig emotionale Zuwendung erfahren.[1] Doch auch im späteren Kindes-, im Jugend- und im Erwachsenenalter haben diese Bedürfnisse große Bedeutung.

Liebe und Geliebtwerden, Geborgenheit, Kontakt oder der Wunsch nach Akzeptanz sind Beispiele für Zuwendungsbedürfnisse.

- Sehr früh im menschlichen Leben wird unser Verhalten dann von dem **Bedürfnis nach Anerkennung** bestimmt. Hierher gehört beispielsweise der Wunsch nach Bestätigung, Geltung, Ansehen, Selbstachtung oder Macht. Anerkennungsbedürfnisse sind ein Leben lang für einen Menschen von Bedeutung.

Anerkennungbedürfnisse sind beispielsweise Selbstwert, Erfolg, Prestige, Leistung, Macht oder Kompetenz.

> *„Die Befriedigung des Bedürfnisses nach Selbstachtung führt zu Gefühlen des Selbstvertrauens, der Stärke, der Fähigkeit, zum Gefühl, nützlich und notwendig für die Welt zu sein. Doch Frustrierung dieses Bedürfnisses bewirkt Gefühle der Minderwertigkeit, der Schwäche und der Hilflosigkeit."* *(Maslow, 1989, S. 73)*

- Als Letztes entwickelt sich das **Bedürfnis nach Selbstverwirklichung**. Damit ist nach *Maslow* (*1989, S. 74*) das menschliche Verlangen nach Selbsterfüllung gemeint, also die Tendenz, das zu aktualisieren, was man an Möglichkeiten besitzt.

Maslow hat die Selbstverwirklichung auf – ältere – Erwachsene beschränkt; er ist der Meinung, dass sie bei Jugendlichen noch nicht vorkommt (vgl. Maslow, 1989, S. 2).

Maslow ging von einer Rangordnung der menschlichen Bedürfnisse aus, die sich in einer Bedürfnishierarchie niederschlägt: Die „tiefer liegenden" Bedürfnisse sind grundlegend für die „höheren"; die „höheren" entwickeln sich erst, wenn die „niedrigeren" angemessen befriedigt sind.

Wer zu wenig verdient, dem sind Privilegien zweitrangig; wer Hunger hat, will etwas essen, bevor er arbeitet; wer unbedingt Anerkennung will, bemüht sich, beliebt bei anderen zu sein, und will sich nicht selbst verwirklichen.
Wenn beispielsweise alle Bedürfnisse nicht befriedigt sind und der Mensch von den physiologischen Bedürfnissen beherrscht wird, können alle anderen Bedürfnisse in den Hintergrund gedrängt werden (vgl. *Maslow, 1989, S. 63*).

Daraus ergibt sich das Prinzip der ***prepotency***: Das jeweils hierarchisch niedrigste (noch) nicht befriedigte Bedürfnis ist das stärkste.

---

[1] *vgl. Kapitel 5.4*

„Sofort tauchen (...) höhere Bedürfnisse auf, und diese, mehr als physiologischer Hunger, beherrschen den Organismus. Und wenn diese ihrerseits befriedigt sind, kommen neue und wiederum höhere Bedürfnisse zum Vorschein und so weiter. Dies ist, was wir mit der Behauptung meinen, dass die grundlegenden menschlichen Bedürfnisse in einer Hierarchie der relativen Vormächtigkeit organisiert sind." *(Maslow, 1989, S. 65)*

Maslow geht davon aus, dass, wenn der Prozess des Strebens von den physiologischen Bedürfnissen bis hin zur Selbstverwirklichung blockiert wird – also die entscheidenden höheren Bedürfnisse nicht befriedigt werden –, der Mensch krank wird (vgl. *Maslow, 1989, S. 2*).

Die Bedürfnispyramide nach A. H. Maslow

11.2.4 Der Zusammenhang von Emotion und Motivation

Emotion und Motivation sind nicht verschiedene psychische Prozesse, sondern sehr eng miteinander verbunden. Sie können eher als zwei Seiten eines Prozesses betrachtet werden – ähnlich wie zwei Seiten einer Münze.

„Derselbe psychische Vorgang hat (...) sowohl eine Befindlichkeitsseite als auch eine Antriebs- bzw. Zielseite; und je nachdem, welche Seite man betonen will, spricht man von Emotion/Gefühl bzw. von Motivation." *(Nolting/Paulus, 2009[10], S. 58)*

Als Beispiele führen *Hans-Peter Nolting* und *Peter Paulus* (*2009[10], S. 58*) Angst, Ärger, Hunger oder Interesse an: Man kann sie zugleich als Befindlichkeiten – also als Gefühl – und als Antriebe zum Handeln – als Motivation – erleben. Auch das deutsche Wort „Lust" enthält beide Bedeutungen: „Lust empfinden" als Gefühl und „Lust haben auf ..." als Motivation.

Bedürfnisse „verursachen" also einerseits Gefühle. Die Befriedigung von Bedürfnissen wird als angenehm erlebt; werden Bedürfnisse nicht befriedigt, so wird dies als unangenehm empfunden. Andererseits wirken Gefühle motivierend und setzen Handlungen in Gang.

Psychische Kräfte

sind

Emotion
als Befindlichkeitsseite

subjektive Erlebensweisen, die sich in körperlichen Veränderungen und psychischen Vorgängen äußern und das Verhalten eines Menschen beeinflussen

Motivation
als Antriebsseite

gedankliches Konstrukt für Prozesse, die Verhalten aktivieren sowie dieses hinsichtlich seiner Richtung, Ausdauer und Intensität steuern

11.3 Beispiele für Emotion und Motivation

Das alltägliche Leben kennt eine sehr große Vielfalt von Emotionen und Motivationsbereichen. In den *folgenden Abschnitten* wird auf ***Glück*** und ***Stress*** als Beispiele für Emotionen und auf ***Leistungsmotivation*** als Beispiel für Motivationen eingegangen.

11.3.1 Das Glücksgefühl und das Glückssystem

Der Begriff „Glück" wird sehr unterschiedlich gebraucht. Im Alltag bedeutet er einen besonderen günstigen Zufall oder eine günstige Fügung des Schicksals (vgl. *Hobmair, 2010, S. 421*).

> Ein Schüler bekommt seine Psychologieschulaufgabe zurück und hat die Note „gut" erhalten. Er sagt: „Glück gehabt!" Abends geht er zum Tanzen und „hat das Glück", mit einem sehr begehrten Mädchen tanzen zu können.

In der Emotionspsychologie ist Glück ein freudiger Zustand der Hochstimmung und inneren Befriedigung. Dieser tritt in der Regel ein, wenn ein Wunsch in Erfüllung gegangen ist, ein angenehmes Bedürfnis befriedigt wurde oder eine angenehme Erwartung eingetreten ist (vgl. *Hobmair, 2010, S. 421*).

> Otto ist glücklich, weil endlich das Mädchen seine Freundin geworden ist, in das er schon seit längerer Zeit verliebt ist.

Glück ist ein freudiger Zustand der Hochstimmung und inneren Befriedigung.

Glück kann ***situationsspezifisch*** sein und nur relativ kurzzeitig anhalten – etwa bei einer guten Schulnote oder einer Gehaltsverbesserung. Es gibt aber auch Menschen, die sich meist in ihrem ganzen Leben glücklich und wohl fühlen. Dies lässt die Vermutung zu, dass

Glücklichsein ein Persönlichkeitsmerkmal ist, was die Neigung eines Menschen zum Glücklichsein bedeutet.

Die Glücksforschung ist zu der Erkenntnis gekommen, dass Menschen, die in einem bestimmten Bereich glücklich und zufrieden sind – etwa in ihrer Familie –, dies auch meist in anderen Lebensbereichen wie zum Beispiel im Beruf sind (vgl. *Mietzel, 2008[14], S. 428*).

Menschen, die gesund sind, in Partnerschaften leben, Sozialkontakte pflegen und regelmäßig Freunde treffen sowie religiös sind, sind nach einer Umfrage des Instituts für Demoskopie glücklicher. Frauen sind zudem glücklicher als Männer. „Glückshemmer" dagegen sind Gesundheitsprobleme, der Tod des Partners, ungewollte Arbeitslosigkeit, wenig Sozialkontakte und Stress. Geld allein macht nicht glücklich – so die Umfrage –, aber es hilft dabei (vgl. Donaukurier Nr. 218, 21.09.2011, S. 6).

Das Gehirn besitzt ein System der Vermittlung von angenehmen Gefühlen. Wenn ein Wunsch in Erfüllung gegangen ist, ein angenehmes Bedürfnis befriedigt wurde, eine angenehme Erwartung oder ein Erfolg eingetreten ist, vermittelt uns das **Belohnungssystem** in unserem Gehirn ein Gefühl der Hochstimmung. Dieses System benutzt vorrangig ***Dopamin***, einen Neurotransmitter, sowie körpereigene Opiate, Endorphine, welche Glücksgefühle entstehen lassen und motivierend wirken (vgl. *Kasten, 2007, S. 43 f.*).[1] Werden im frontalen Kortex solche Opiate ausgeschüttet, so erleben wir ein „gutes" Gefühl.

11.3.2 Stress und seine Bewältigung

Stress[2] wird in der Regel als ein unangenehmer Zustand beschrieben; er wird immer dann erlebt, wenn eine Person das Gefühl hat, **mit einer schwierigen Situation nicht (mehr) fertig zu werden bzw. wenn sie ihre Bewältigungsmöglichkeiten als nicht ausreichend bewertet**.

> Dies ist zum Beispiel der Fall, wenn ein Schüler trotz guter Vorbereitung glaubt, die Fragen oder Aufgaben in einer Prüfungsarbeit nicht beantworten bzw. lösen zu können.

Die negative Einschätzung der aktuellen Situation allein reicht nicht aus, um von Stress sprechen zu können. Für die Person müssen auch die **Folgen des Nicht-bewältigen-Könnens als bedrohlich bewertet werden**. ***Erst wenn beide Gegebenheiten zusammenwirken – mangelhafte Lösungsmöglichkeiten und bedrohliche Folgen des Scheiterns –, kann man von Stress sprechen***.

> So kann man erst dann von Stress sprechen, wenn neben der Überzeugung des Schülers, die Fragen nicht beantworten zu können, noch hinzukommt, dass er glaubt, in der Prüfung zu versagen und eine schlechte Note zu erzielen, von seinen Eltern Vorhaltungen zu bekommen oder nicht in die nächsthöhere Klasse versetzt zu werden.

Stress ist ein zeitlich begrenzter, gefühlsmäßig belastender Zustand, der durch eine Situation bzw. eine Anforderung ausgelöst wird, von der die Person glaubt, sie nur schlecht oder gar nicht bewältigen zu können, und deren nicht bewältigte Folgen als bedrohlich empfunden werden.

*Hans Selye (1988[2], S. 18–23) unterscheidet zwischen **Eustress und Disstress**. Mit Eustress werden Stressoren bezeichnet, die zwar belastend wirken, aber bei der betreffenden Person zu einer Anpassungsreaktion führen. Man spricht in diesem Zusammenhang auch von **„positivem Stress"**. Disstress be-*

[1] *Oft wird in der Populärwissenschaft das Dopamin als „Glückshormon" oder „Glücksbotenstoff" bezeichnet.*
[2] *stress (engl.): der Druck, die Anspannung*

schreibt alle Stressoren, die für die betroffene Person immer belastend, unangenehm und bedrohlich wirken und das auch bleiben, weil eine Anpassungsreaktion nicht erfolgt. Heute wird die Unterscheidung zwischen Eustress und Disstress nicht mehr aufrechterhalten, da Stress in der jüngeren Forschung immer eine Bedrohung darstellt (vgl. Tausch, 2006[14], S. 18).

Jeder Mensch ist dauernd irgendwelchen Reizen aus der Umwelt ausgesetzt. Wie diese Reize auf die Person wirken, hängt von der **kognitiven Bewertung** der Reize und der Reaktionen darauf ab. Werden die Umweltreize als belastend bewertet, dann bezeichnet man sie als Stress auslösende Faktoren oder **Stressoren**.

So ist es zum Beispiel möglich, dass man einen Konflikt mit seinem Lebenspartner als sehr belastend empfindet. Dieser Konflikt stellt dann den Stressor dar.

Je nachdem, auf welchen Lebensbereich einer Person die belastenden Reize einwirken, unterscheidet man:

- **physikalische Stressoren**, wie zum Beispiel Lärm, Hitze oder Schmerzen,

  Allgegenwärtiger Lärm als Quelle des Stresses wird immer noch – wie Dorottya Rerrich (2006, S. 38) schreibt – unterschätzt. Lärm – so Rerrich – führt zu langfristigen und psychischen Schäden. Vor allem Kinder, deren Gehör noch viel empfindlicher ist, sind besonders gefährdet.

- **psychische Stressoren**, wie zum Beispiel Leistungsdruck, Ängste durch Partnerverlust oder Bedrohung, und
- **soziale Stressoren**, wie Ablehnung durch Freunde, Streit mit Kollegen/Mitarbeitern oder Mobbing.

Alle Arten von Stressoren lösen körperliche Reaktionen aus, wie Adrenalinausschüttung, Erhöhung des Hautwiderstandes und des Herzschlages, Erregung des vegetativen Nervensystems, Herzrhythmusstörungen sowie Erhöhung des Fett- und Zuckergehaltes des Blutes.

Das Schreiben einer Klassenarbeit zum Beispiel führt beim Schüler zu einer messbaren Aktivierung des vegetativen Nervensystems; der Autofahrer, der eine gefährliche Situation zu meistern hat, verzeichnet eine erhöhte Adrenalinausschüttung; Anwohner von stark befahrenen Straßen klagen über Herzrhythmusstörungen und der Streit mit dem Partner kann Magenkrämpfe auslösen.

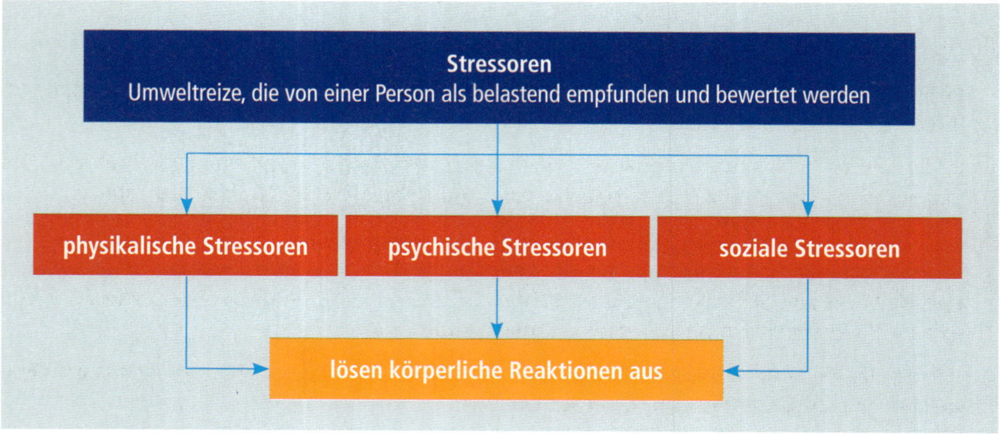

Stress ist an sich eine ganz natürliche, organische Anpassungsreaktion, die sich im Laufe der Stammesgeschichte sinnvollerweise entwickelt hat und auch notwendig ist. Untersuchungen zeigen, dass Höchstleistungen nur dann erbracht werden können, wenn genügend Adrenalin ausgeschüttet wird, was wiederum nur möglich ist, wenn unser vegetatives Nervensystem vorher aktiviert wurde.

Es gibt Situationen im Leben, in denen wir außergewöhnliche Leistungen vollbringen müssen, zum Beispiel bei sportlichen Wettkämpfen oder in Prüfungen.

Allerdings hat Stress nur dann eine positive verhaltensaktivierende und -steuernde Funktion, wenn er ***kurzfristig*** andauert. Bei kurzzeitigem Stress entstehen in der Regel auch keine weiteren Schäden am menschlichen Organismus.

So wird sich der Schüler nach der Abgabe der Klassenarbeit wieder beruhigen, sein vegetatives Nervensystem entspannt sich; der Herzschlag des Autofahrers wird sich einige Minuten nach der gefährlichen Situation wieder verlangsamen.

Anders verhält es sich bei ***längerfristigen Belastungen*** des Organismus, sie können zu **dauerhaften körperlichen Schädigungen** führen. Neuere Ansätze der Stressforschung gehen davon aus, dass Stress und die teilweise damit zusammenhängenden Risikofaktoren grundsätzlich mitverantwortlich für die Entstehung von Krankheiten sind. Dabei steht die Annahme im Vordergrund, dass der menschliche Organismus die zur Bewältigung des Stresses notwendigen Anpassungsleistungen nicht erbringen kann und es zu einer Überbeanspruchung des psychischen und physischen Systems kommt.

Zu den typischen durch Stress verursachten Krankheiten gehören Magen- und Darmstörungen, Bluthochdruck, Herz- und Kreislauferkrankungen wie Arteriosklerose (= „Arterienverkalkung"), Herzrhythmusstörungen, Hörsturz, Migräne, Asthma, Hautkrankheiten wie Neurodermitis sowie die Schwächung des Immunsystems. Auch einige Arten von Krebskrankheiten stehen im Verdacht, durch Stress begünstigt zu werden.

„Eine chronische Stressbelastung (...) setzt beim Menschen (...) physische Reaktionen in Gang, die den betreffenden Organismus (...) schwächen." *(Schandry, 2011³, S. 320)*

Jedes Individuum wird versuchen, mit stressreichen Situationen fertigzuwerden. Alle Versuche, schwierige und damit auch mit stressreiche Situationen zu überwinden, bezeichnet die Psychologie als Bewältigung oder **Coping**[1].

Coping ist jeder Versuch, schwierige Situationen anzugehen und zu bewältigen.

Bewältigungsversuche können in zwei unterschiedlichen Richtungen verlaufen:

- **Problemorientiertes Coping**: Damit sind alle Aktivitäten gemeint, die darauf abzielen, die ***Situation zu verändern***.

Ein Schüler beispielsweise, der erfahren hat, dass er in Mathematik in die mündliche Prüfung muss, beginnt damit, den Stoff zu lernen oder bei einem Mitschüler Nachhilfestunden zu nehmen. Durch diese Aktivitäten ändert sich seine Situation und er kann die Prüfung dadurch bewältigen.

- **Emotionsorientiertes Coping**: Damit sind alle Aktivitäten gemeint, die die ***Befindlichkeit der Person verbessern***. Hierzu gehören Bewältigungsmöglichkeiten wie zum Beispiel Selbstinstruktion oder gezielte Entspannung.

Der Schüler, der erfahren hat, dass er in Mathematik in die mündliche Prüfung muss, macht Entspannungsübungen, damit er nicht so aufgeregt ist.

Wie ein Mensch eine konkrete Stresssituation bewältigt, hängt von vielen individuellen Merkmalen und der jeweiligen Situation ab.

---

[1] *Auf Coping wird ausführlich in Kapitel 29.3.2 eingegangen.*

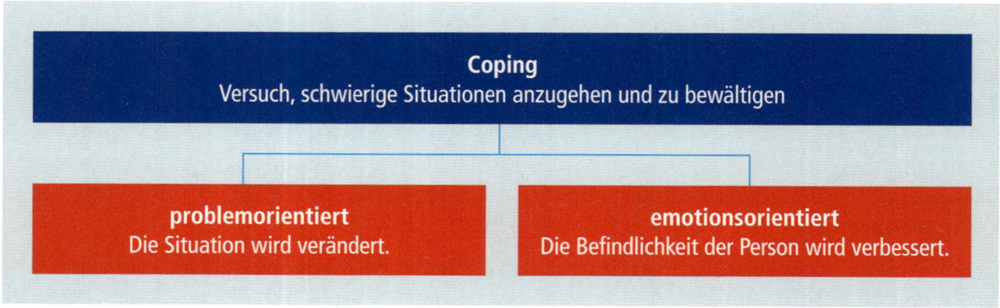

11.3.3 Leistungsmotivation als Beispiel für Motivation

Leistung bezeichnet die Bewältigung einer Anforderung bzw. Aufgabe mit geistiger und/ oder körperlicher Anstrengung. Leistungsmotivation bedeutet entsprechend das von bestimmten Motiven gesteuerte Bestreben, eine bestimmte Anforderung bzw. Aufgabe mit Anstrengung zu bewältigen bzw. zu vollbringen.

Solche Motive können beispielsweise das Erzielen guter Noten und das Erhalten von Anerkennung, von Prämien oder Auszeichnungen sein.

Leistungsmotivation bezeichnet ein von bestimmten Motiven gesteuertes Bestreben, eine bestimmte Anforderung bzw. Aufgabe mit Anstrengung zu bewältigen bzw. zu vollbringen.

Am Beispiel von Beobachtungen von kleinen Kindern kann man Leistungsmotivation gut veranschaulichen: Sie bauen mit großer Anstrengung und enormem Eifer einen Turm oder eine Burg und lassen sich durch nichts stören. Ist das Werk vollbracht, so verliert es seinen Reiz.

Lernmotivation bezieht sich auf die Anstrengung eines Schülers in Lern- bzw. Prüfungssituationen, -aufgaben oder -anforderungen.

Das Bedürfnis, Leistung zu erbringen, setzt einen persönlichen Maßstab, einen individuellen „Sollwert" voraus, auf den die Leistung bezogen ist und der vorgibt, wie diese bewertet wird (***Selbstbewertung***).

Ludwig hat in der Prüfungsarbeit die Note 3 erhalten. Er ist darüber sehr enttäuscht und traurig, denn er hatte an seine Leistungen einen relativ hohen Maßstab angelegt. Maria hat in der gleichen Arbeit ebenfalls die Note 3 erreicht. Sie strahlt über das ganze Gesicht und freut sich über diese Note. Maria hatte einen niedrigeren Maßstab.

Jeder Mensch stellt also an seine Leistung einen ***Gütemaßstab***, der von Individuum zu Individuum unterschiedlich sein kann und der das Ergebnis vorhergegangener Lernprozesse ist.

Ludwig und Maria messen ihre Leistungen mit einem unterschiedlichen Gütemaßstab, beide haben in ihre Arbeit unterschiedliche Erwartungen gesetzt.

Heinz Heckhausen (*1987*[6], *S. 95*) spricht in diesem Zusammenhang von einem **Anspruchsniveau, was die Gesamtheit aller aufgrund vorausgegangener Erfahrungen bestehenden Erwartungen an die zukünftige eigene Leistung bedeutet**. Dem individuellen Anspruchsniveau gemäß kann nun die erbrachte Leistung der erwarteten entsprechen oder sie sogar übertreffen – also gelingen; sie kann die erwartete Leistung aber auch verfehlen – also misslingen. Übertrifft die erbrachte Leistung die erwartete oder entspricht sie ihr, so hat das Individuum ***Erfolg***; verfehlt sie sie, so ist ***Misserfolg*** die Folge.

Für Ludwig war das Ergebnis seiner Leistung ein Misserfolg, für Maria dagegen ein Erfolg.

„Wird das Anspruchsniveau erreicht oder überschritten, erlebt man Erfolg; wird es nicht erreicht, erlebt man Misserfolg. Im ersten Falle wird das Anspruchsniveau in der Regel erhöht, im zweiten Falle gesenkt. Immer liegen dem persönliche und je nach dem erreichten Leistungsstand wandelbare persönliche Gütemaßstäbe zugrunde. Die Auseinandersetzung mit solchen Gütemaßstäben ist das Kennzeichen eines wichtigen Motivs, das nur dem Menschen eigen ist: der Leistungsmotivation." (Heckhausen, 1987[6], S. 95)

Solche vorausgegangenen Erfolgs- oder Misserfolgserfahrungen schlagen sich nun hinsichtlich der ***Erwartungen*** bei zukünftigen Aufgaben nieder: Sie sind entweder durch **Hoffnung auf Erfolg** oder durch **Furcht vor Misserfolg** charakterisiert. Es handelt sich also dabei um eine Vorwegnahme, um eine Antizipation[1] des Handlungsausganges.

Ludwig wird bei seinen künftigen Prüfungsarbeiten durch „Furcht vor Misserfolg" motiviert sein: Er macht sich Sorgen, in der nächsten Arbeit wieder die Note 3 zu bekommen. Maria dagegen ist guter Dinge, dass sie auch in der kommenden Arbeit wieder eine 3 erreichen kann; sie ist durch „Hoffnung auf Erfolg" motiviert.

*Die individuelle Erwartungshaltung hinsichtlich einer Leistung ist nicht allein von Erfolgs- und Misserfolgserfahrungen abhängig, sondern auch von der Selbstwirksamkeit[2] eines Menschen, der bisherigen Erziehung, den Botschaften, die er im Laufe seines Lebens erhält („Das kannst du nicht!", „Dazu bist du zu dumm!") oder von dem, wovon er selbst überzeugt ist („Ich kann das!" oder „Ich kann das nicht!"). Auch der **Vergleich mit anderen** spielt eine große Rolle: Der Einzelne vergleicht sich mit anderen und dieser Vergleich beeinflusst den Lernenden, ob bzw. mit welcher Anstrengung er eine Aufgabe bewältigen will.*

Die Erwartungen „Hoffung auf Erfolg" und „Furcht vor Misserfolg" bestimmen nach *Heinz Heckhausen* das künftige Leistungsverhalten, was die Leistungsmotivation ausmacht.

Ludwig ist zum Lernen motiviert, weil er sich sorgt, wieder nur eine 3 in der Prüfungsarbeit zu bekommen; Maria dagegen ist motiviert, weil sie hofft, die 3 halten zu können.

Wie intensiv und ausdauernd ein Mensch seine Leistungsmotivation entwickelt, hängt zum einen vom individuellen Anspruchsniveau ab. Jeder Mensch sucht nach Erfolg und versucht, Misserfolg zu vermeiden. Aus dem Spannungsverhältnis dieser beiden Tendenzen ergibt sich die Leistungsmotivation. Zum anderen liegen Aktivierung, Intensität und Ausdauer einer Leistungsmotivation auch an der ***Schwierigkeit der Aufgabe***: Das Lösen einer Aufgabe, die man für sehr leicht hält, wird nicht als Erfolg erlebt, das Nichtbewältigen einer solchen, die man für zu schwer hält, nicht als Misserfolg. Dazwischen liegt ein mittlerer Schwierigkeitsbereich, innerhalb dessen die Tüchtigkeit des Einzelnen herausgefordert und ein Anspruch an die persönliche Tüchtigkeit erlebt wird.

[1] Antizipation (lat.): gedankliche Vorwegnahme
[2] Selbstwirksamkeit bedeutet die eigene subjektive Überzeugung, bestimmte Verhaltensweisen ausüben und Situationen bewältigen, etwas bewirken und sein Leben selbst kontrollieren zu können.

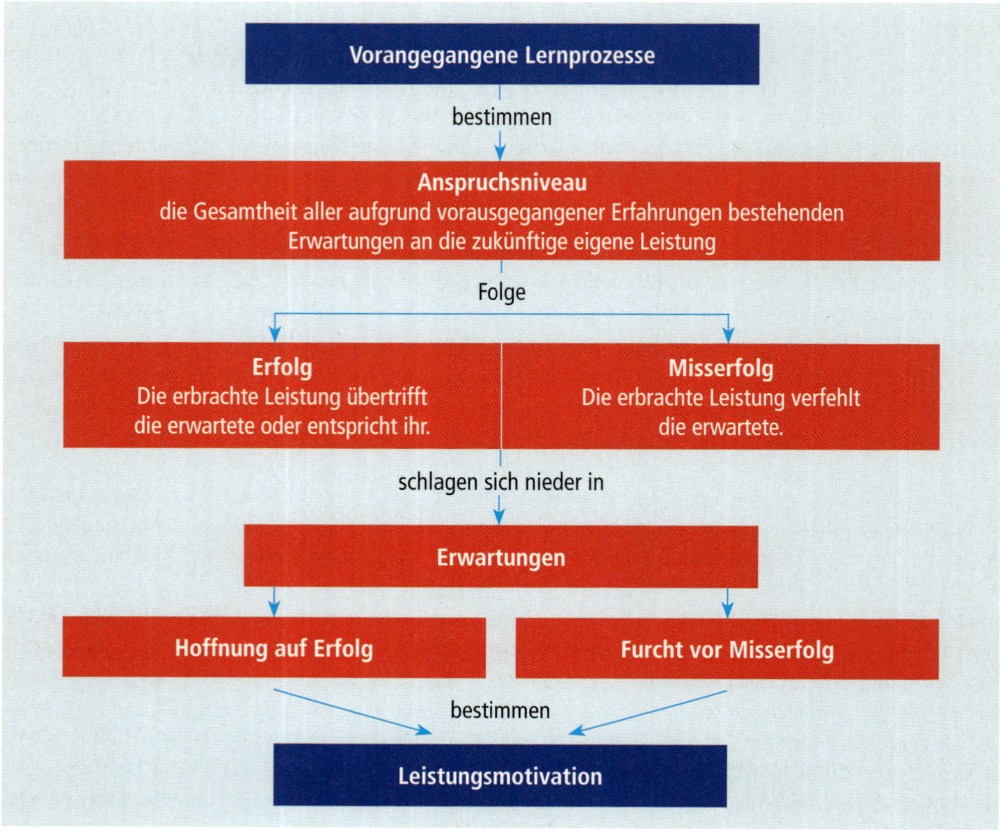

11.3.4 Förderung der Leistungsmotivation

Manfred Holodynski und *Rolf Oerter* (*2008⁶, S. 553*) heben zwei erzieherische Verhaltensweisen zur Förderung der Leistungsmotivation besonders hervor:

- ein warmherziges und unterstützendes Verhalten der Eltern und anderer Erzieher gegenüber den Kindern sowie
- hohe, aber dennoch realistische Leistungserwartungen der Eltern und Lehrer mit einer „herausfordernden" Atmosphäre. Dabei müssen die Kinder auf jeden Fall die Erwartungen auch erreichen können.

Die Psychologie unterscheidet zwischen ***intrinsischer*[1] *Motivation***, auch primär oder sachbezogene Motivation genannt, und ***extrinsischer*[1]** (sekundärer, sachfremder) ***Motivation***. Eine intrinsische Motivation liegt vor, wenn der Beweggrund des Verhaltens in der Person selbst liegt; von extrinsischer Motivation spricht man, wenn der Beweggrund des Erlebens und Verhaltens „außerhalb" von ihr liegt.

> Eine intrinsische Motivation zum Beispiel ist vorhanden, wenn es dem Schüler Freude macht, ein mathematisches Problem zu lösen; lernt der Schüler des Fleißbildchens, der Anerkennung oder der guten Noten wegen, so ist er extrinsisch motiviert.

Extrinsisch Motivierte tun etwas, weil ein *anderer* eine angenehme oder auch unangenehme Konsequenz in Aussicht stellt, diese aber in keiner Beziehung zur Aktivität steht. Dagegen ziehen intrinsisch Motivierte angenehme Konsequenzen aus dem Tun selbst.

---

[1] *intrinsecus (lat.): innerlich; extrinsecus (lat.): von außen*

Untersuchungen zeigen, dass intrinsische Motivierung ein wesentlich höheres Leistungsniveau sowie ein ausdauernderes Lernen bedingt als eine extrinsische Motivierung. Wer mit einer primären Motivation, aus Interesse an der Sache selbst, lernt, der lernt auch intensiver und empfindet eine tiefere Befriedigung über die geleistete Arbeit. Aus diesem Grund ist es erforderlich, Kinder bzw. Schüler **primär** für die verschiedenen Fachgebiete **zu motivieren**. Lob bzw. Belohnung, die den Zweck der erzieherischen Bemühungen ändern und eine Sekundärmotivation begünstigen, sind dann nicht mehr erforderlich.

Alternativ zum Lob bzw. zur Belohnung ist es vorteilhafter, wenn Erzieher und Lehrer **Erfolgserlebnisse für den zu Erziehenden arrangieren**. Erfolg ergibt sich aus einer bestimmten Verhaltensweise, einer Handlung oder einem Sachverhalt, zieht aber ebenso wie das Lob bzw. die Belohnung eine angenehme Konsequenz nach sich.

Dies kann beispielsweise, wie *Wolfgang Metzger (1976[3], S. 57)* ausführt, das Gelingen eines Unternehmens sein, das Zustandebringen eines Werkes, die unmittelbar als richtig erkannte Lösung einer Aufgabe, die Überwindung einer Schwierigkeit usw.

Unter Erfolg als Erziehungsmaßnahme wird eine angenehme Konsequenz verstanden, die unmittelbar aus einer bestimmten Verhaltensweise, einer Handlung oder einem Sachverhalt hervorgeht.

Der zu Erziehende handelt bei Erfolgserlebnissen nicht um der Belohnung bzw. des Lobes, sondern um der Sache willen. Er kann dadurch eine sachbezogene Motivation aufbauen und macht bzw. lernt etwas aus „Freude an der Sache".

„Spaß stellt sich ein, wenn man etwas kann, und zwar ganz von alleine. Das Lernen selbst ist keineswegs immer spaßig, sondern oft mühsam und anstrengend. Aber wenn ein Schüler aus Erfahrung weiß, dass er Spaß haben wird, wenn er etwas kann, dann hat er einen Anreiz, auch wenn der Weg dahin manchmal etwas schwierig ist."

(Elsbeth Stern, im Gespräch mit Marion Sonnenmoser, 2004, S. 31)

Nach *Heinz Heckhausen* ist das Bestreben, gute Leistungen zu erbringen, am größten, wenn der Schüler selbst nicht beurteilen kann, wie er bei der Lösung der Aufgaben abschneiden wird. Dies ist der Fall, wenn sich **„Hoffnung auf Erfolg" und „Furcht vor Misserfolg" die Waage halten**. Bei zu leichten Aufgaben ist der Erfolg gewiss und eine innere Befriedigung – ein Erfolgs*erlebnis*, welches motiviert – bleibt aus. Bei zu schweren Aufgaben muss man von vornherein mit einem Misserfolg rechnen, der das Kind bzw. den Schüler nicht (mehr) motiviert, sondern resignieren lässt.

Zusammenfassung

- Der Begriff „Emotion" lässt sich durch drei Merkmale umschreiben: Emotionen äußern sich in körperlichen Vorgängen, sie umfassen seelische Befindlichkeiten und sie beeinflussen das Verhalten des Menschen. Emotionen (Gefühle) sind subjektive Erlebensweisen, die sich in körperlichen Veränderungen und psychischen Vorgängen äußern sowie das Verhalten eines Menschen beeinflussen. Emotionen erfüllen wichtige Funktionen: Regulations-, Selektions-, Motivations-, Ausdrucks- und Wertungsfunktion sowie eine soziale Funktion.

- Der amerikanische Anthropologe und Psychologe *Paul Ekman* formuliert sieben Grundemotionen: Freude, Wut, Ekel, Furcht, Verachtung, Traurigkeit und Überraschung. Diese werden nach ihm kulturübergreifend bei allen Menschen in gleicher Weise erkannt und auch ausgedrückt und sind genetisch bestimmt. Trotz der Annahme grundlegender und angeborener Gefühlsregungen ist doch der Großteil der Gefühle kulturspezifisch überformt; jede Kultur hat andere Ausdrucksformen oder Anlässe für Gefühle entwickelt. Die heutige Forschung geht davon aus, dass das Gefühl als solches nicht erlernt wird, sondern die Art und Weise, es zu äußern, sowie der Zeitpunkt, es zu zeigen.

- Seit vielen Jahren bemühen sich Psychologen um die Frage, wie sich die Entstehung von Emotionen erklären lässt. Dabei entstanden verschiedene Entstehungstheorien zu Emotionen: evolutionsbiologische, psychophysische, behavioristische und kognitive Theorien, Emotion als System sowie funktionalistisch orientierte Komponenten-Stress-Modelle.

- Motiv wird ein von außen nicht erkennbarer Beweggrund bezeichnet, der menschliches Verhalten aktiviert und auf ein bestimmtes Ziel hin steuert. Der Begriff „Motivation" ist durch folgende Merkmale gekennzeichnet: Aktivierung, Richtung, Intensität und Ausdauer. Motivation ist ein gedankliches Konstrukt für Prozesse, die Verhalten aktivieren sowie dieses hinsichtlich seiner Richtung, Ausdauer und Intensität steuern.

- Abhängig von der Sichtweise gibt es verschiedene Ansätze und Modelle zur Entstehung von Motivation. Dabei zeigt sich eine kontinuierliche Entwicklung von den rein biologischen Modellen hin zu sogenannten psychologischen Theorien. Im Einzelnen lassen sich fünf Gruppen von Motivationstheorien unterscheiden: homöostatische Theorien (Bedürfnistheorien), Anreiztheorien, kognitive Theorien, humanistische Theorien und Attributionstheorien.

- Emotion und Motivation sind nicht verschiedene psychische Prozesse, sondern sehr eng miteinander verbunden. Derselbe psychische Vorgang hat nach *Nolting/Paulus* sowohl eine Befindlichkeitsseite als auch eine Antriebsseite.

- *Maslow* ging in seiner Motivationstheorie davon aus, dass die menschlichen Bedürfnisse in einer Rangordnung stehen und es somit eine Hierarchie der Bedürfnisse gibt. Die höheren Bedürfnisse entwickeln sich erst, wenn die niedrigeren Bedürfnisse hinreichend befriedigt sind; sie sind hierarchisch angeordnet: physiologische Bedürfnisse, das Bedürfnis nach Sicherheit, Zuwendung und Anerkennung sowie Selbstverwirklichung.

- Beispiele für Emotion und Motivation sind:
  - Glück, ein freudiger Zustand der Hochstimmung und inneren Befriedigung. Wenn ein Wunsch in Erfüllung gegangen ist, ein angenehmes Bedürfnis befriedigt wurde, eine angenehme Erwartung oder ein Erfolg eingetreten ist, vermittelt uns das Belohnungssystem in unserem Gehirn ein Gefühl der Hochstimmung.
  - Stress, ein zeitlich begrenzter, gefühlsmäßig belastender Zustand, der durch eine Situation bzw. eine Anforderung ausgelöst wird, von der die Person glaubt, sie nur schlecht oder gar nicht bewältigen zu können, und deren nicht bewältigte Folgen als bedrohlich empfunden werden. Umweltreize, die von einer Person als belastend empfunden und bewertet werden, bezeichnet man als Stressoren. Man unterscheidet physische, psychische und soziale Stressoren. Stress ist eine ganz natürliche, organische Anpassungsreaktion, die sich im Laufe der Stammesgeschichte sinnvollerweise entwickelt hat und auch notwendig ist. Allerdings hat Stress nur dann eine positive, verhaltensaktivierende und -steuernde Funktion, wenn er kurzfristig andauert. Alle längerfristigen Wirkungen können zu gesundheitlichen Schäden führen. Bewältigungsversuche von Stress können in zwei unterschiedlichen Richtungen verlaufen: problemorientiertes Coping – damit sind alle Aktivitäten gemeint, die darauf abzielen, die Situation zu verändern – und emotionsorientiertes Coping, damit sind alle Aktivitäten gemeint, die die Befindlichkeit der Person verbessern.
  - Leistungsmotivation als ein von bestimmten Motiven gesteuertes Bestreben, eine bestimmte Anforderung bzw. Aufgabe mit Anstrengung zu bewältigen bzw. zu vollbringen. Die Erwartungen „Hoffung auf Erfolg“ und „Furcht vor Misserfolg“ bestimmen nach *Heinz Heckhausen* das künftige Leistungsverhalten, was die Leistungsmotivation ausmacht. Fördern lässt sich die Leistungsmotivation durch ein warmherziges und unterstützendes Verhalten der Eltern und anderer Erzieher, hohe, aber dennoch realistische Leistungserwartungen, intrinsische Motivierung, das Arrangieren von Erfolgserlebnissen sowie durch eine Ausgeglichenheit der beiden Erwartungen „Hoffnung auf Erfolg“ und „Furcht vor Misserfolg“.

Aufgaben und Anregungen Kapitel 11

Aufgaben

1. Beschreiben Sie anhand eines bestimmten Gefühls (zum Beispiel Liebe, Trauer, Zorn) die Merkmale von Emotion.
   (Abschnitt 11.1.1)

2. Erläutern Sie am Beispiel des Glücks oder des Stresses Funktionen von Gefühlen.
   (Abschnitt 11.1.2 und 11.3.1 oder 11.3.2)

3. Beschreiben Sie grundlegende Emotionen und unterziehen Sie die Aussage von genetisch bedingten Grundemotionen einer kritischen Würdigung.
   (Abschnitt 11.1.3)

4. Geben Sie einen Überblick über Entstehungstheorien zu Gefühlen.
   (Abschnitt 11.1.4)

5. Legen Sie am Beispiel einer Emotion (zum Beispiel Zorn, Freude, Ekel) die Entstehung von Emotionen dar.
   (Abschnitt 11.1.4)

6. Erläutern Sie anhand eines geeigneten Beispiels Merkmale von Motivation.
   (Abschnitt 11.2.1)

7. Beschreiben Sie die Entstehung von Motivation auf der Grundlage Ihnen bekannter Theorien.
   (Abschnitt 11.2.2)

8. Zeigen Sie an je einem Beispiel die Motivationstheorie von *Maslow* auf.
   (Abschnitt 11.2.3)

9. *„Erst kommt das Fressen, dann kommt die Moral!" (Brecht, 2008[41], S. 70)*
   Zeigen Sie den Sinngehalt dieser Aussage auf der Grundlage der Motivationstheorie von *Maslow* auf.
   (Abschnitt 11.2.3)

10. Stellen Sie an einem Beispiel den Zusammenhang von Emotion und Motivation dar.
    (Abschnitt 11.2.4)

11. Zeigen Sie anhand einer Situation aus Ihrem Leben den Begriff „Glück" auf und beschreiben Sie das Belohnungssystem.
    (Abschnitt 11.3.1)

12. a) Erläutern Sie am Beispiel einer Stresssituation (zum Beispiel Fahrprüfung) den Begriff „Stress".
    b) Stellen Sie an dieser Situation Stress auslösende Faktoren und ihre körperliche Verarbeitung dar.
    (Abschnitt 11.3.2)

13. Bestimmen Sie den Begriff „Coping" und stellen Sie an je zwei Beispielen Möglichkeiten der Bewältigung von Stress dar.
(Abschnitt 11.3.2)

14. Legen Sie anhand der Leistungsmotivation die Merkmale von Motivation dar.
(Abschnitt 11.3.3)

15. Zeigen Sie Möglichkeiten auf, wie Eltern und Lehrer die Leistungsmotivation eines Schülers fördern können.
(Abschnitt 11.3.4)

Anregungen

16. *Das Beste in wenigen Minuten* (vgl. *Brandhofer-Bryan, 2008, S. 142*)
    - Jeder Schüler fasst das ihm Wichtigste zu dem Thema „Emotion und Motivation" in einem Satz zusammen und schreibt ihn auf ein Blatt Papier.
    - Jeder Schüler sucht sich einen Partner und beide lesen sich gegenseitig ihren Satz vor. Innerhalb von zwei Minuten fassen die beiden ihre Sätze zusammen und verbinden sie zu einem einzigen Satz.
    - Mit diesem Satz sucht sich das Paar ein anderes Paar und beide Paare verbinden nun wiederum ihre beiden Sätze innerhalb zwei Minuten zu einem Satz.
    - Dies geht so lange, bis sich zwei Teams gegenüberstehen. Jedes Team trägt nun seinen hoch komplizierten Satz im Chor dem anderen Team vor. Ein Gespräch kann sich anschließen.

17. Versuchen Sie in einem pantomimischen Rollenspiel verschiedene Gefühle, wie zum Beispiel Angst, Freude, Trauer, Glück und Ähnliches, darzustellen.

18. *Ein Standbild bauen*
    - Bilden Sie in der Klasse Fünfergruppen.
    - Jede Gruppe wählt eine oder zwei Personen, die für das Standbild geeignet zu sein scheinen, aus.
    - Die Gruppe baut ein Gefühl (zum Beispiel Angst, Aggression) Schritt für Schritt auf, indem sie die Haltung sowie Mimik und Gestik des Ausgewählten so lange formen, bis die gewählte Erlebensweise den Vorstellungen der Gruppe entspricht.
    - Das Standbild wird dann zunächst von den anderen Gruppen und dann von der eigenen Gruppe beschrieben und interpretiert. – Das Standbild kann auf Wunsch der Gruppe jetzt nochmals verändert werden.

19. Notieren Sie persönliche Stresssituationen und versuchen Sie, Ihre Bewältigungsversuche zu beschreiben. Diskutieren Sie anschließend in Ihrer Klasse darüber.

20. *Die Beruhigung des Horrorkabinetts*
    - Legen Sie auf einem Blatt Papier drei Spalten an und beschriften Sie diese mit:
      1. Das Allerschlimmste
      2. Erleichterungsaussagen
      3. Das Allerbeste
    - Schreiben Sie zu Punkt 1 einige Ihrer häufigsten Befürchtungen und Ängste. Was wäre das Allerschlimmste, das Ihnen passieren könnte, falls Ihre Katastrophenfantasien wirklich Realität würden?

- Tragen Sie nun in die dritte Spalte das positive Gegenbild zu Ihren Befürchtungen ein. Was wäre das Allerbeste?
- Füllen Sie nun die mittlere Spalte mit ganz konkreten Ideen, die Sie zur Beruhigung Ihrer Spalte 1 „Sorgen“ und zur Hinführung zu Ihrer Spalte 3 „Ziele“ einsetzen könnten.

Das Allerschlimmste	Erleichterungsaussagen	Das Allerbeste
Ich werde bei der Prüfung durchfallen.	*Ich kann:* – die Prüfung nochmal wiederholen; – mich von der Prüfung zurückstellen lassen und mich besser vorbereiten; – vor der Prüfung Atemtechniken zur Beruhigung einsetzen; – das Risiko durchzufallen bejahen.	Ich bestehe die Prüfung ganz bestimmt.
Die S-Bahn bleibt im Tunnel stecken und ich verliere die Kontrolle.	Wenn es geschieht, *kann ich:* – mich mit dem Nebenmann unterhalten; – eine Zeitschrift durchblättern und mich ablenken; – mir sagen, sie fährt in ein paar Minuten wieder weiter.	Die S-Bahn fährt zügig durch und ich denke überhaupt nicht daran, dass etwas passieren könnte.

(Kaestele, 2001[5], S. 82 f.)

Literaturverzeichnis

Aden-Grossmann, Wilma: Kindergarten. Eine Einführung in seine Entwicklung und Pädagogik, Weinheim/Basel, Beltz, 2002.

Ahnert, Lieselotte: Wie viel Mutter braucht ein Kind? Bindung – Bildung – Betreuung: öffentlich und privat, Heidelberg, Spektrum Akademischer Verlag, 2010.

Allport, Gordon W./Postman, Leo: The Psychology of Rumor, New York, Henry Holt and Company, 1947.

Amrhein, Christine: Woran wir uns erinnern, in: Psychologie Heute, Nr. 09/2008, S. 47–51.

Angermeier, Wilhelm F./Bednorz, Peter/Schuster, Martin: Lernpsychologie, 2. Auflage, München/Basel, Ernst Reinhardt Verlag, 1991.

AP: Urwaldfrau nach Jahren eingefangen, in: Donaukurier Nr. 16, 19.01.2007, S. 6.

Ariès, Philippe: Geschichte der Kindheit, 16. Auflage, München, Deutscher Taschenbuch Verlag, 2007.

Asendorpf, Jens B.: Psychologie der Persönlichkeit, 4. Auflage, Heidelberg, Springer Medizin Verlag, 2007.

Ayan, Steve: Wir behandeln Menschen, nicht Gehirne. Ein Gespräch mit Martin Hautzinger, in: Gehirn&Geist, Nr. 1–2/2010, S. 58 f.

Badry, Elisabeth/Buchka, Maximilian /Knapp, Rudolf (Hrsg.): Pädagogik. Grundlagen und sozialpädagogische Arbeitsfelder, 4. Auflage, Neuwied, Hermann Luchterhand Verlag, 2003.

Badry, Elisabeth: Anthropologie und Erziehung, in: Pädagogik. Grundlagen und Arbeitsfelder, hrsg. v. Elisabeth Badry, Maximilian Buchka, Rudolf Knapp, 4. Auflage, Neuwied, Hermann Luchterhand Verlag, 2003, S. 159–168.

Bandura, Albert: Sozial-kognitive Lerntheorie, übers. v. Hainer Kober, hrsg. v. Rolf Verres, Stuttgart, Klett-Cotta Verlag, 1991.

Becker, Nicole: Hirngespinste der Pädagogik, in: Psychologie Heute, Nr. 11/2009, S. 72–77.

Becker-Stoll, Fabienne/Grossmann, Klaus E.: Bindungstheorie und Bindungsforschung, in: Theorien der Sozialpsychologie, Band II: Gruppen-, Interaktions- und Lerntheorien, hrsg. v. Dieter Frey, Martin Irle, 2. Auflage, Bern, Verlag Hans Huber, 2003, S. 247–274.

Belardi, Nando: Von der Einzelhilfe zum Case-Management, in: Methodenlehre in der Sozialen Arbeit, hrsg. v. Dieter Kreft, C. Wolfgang Müller, München/Basel, Ernst Reinhardt Verlag, 2010, S. 59–68.

Berthold, Michael: Maria Montessori – Grundlagen meiner Pädagogik, 9. Auflage, Wiesbaden, Quelle & Meyer Verlag, 2005.

Bock, Karin/Seelmeyer, Udo: Kinder- und Jugendhilfe, in: Handbuch Sozialarbeit/Sozialpädagogik, hrsg. v. Hans-Uwe Otto, Hans Thiersch, 3. Auflage, München, Basel, Ernst Reinhardt Verlag, 2005, S. 985–1000.

Brandes, Wolf: Emotionen im Griff, in: fondsmagazin, Nr. 01/2010, S, 16 f.

Brandhofer-Bryan, Kathleen: Lernen mit allen Sinnen: 72 sinn-volle Lernspiele, in Zusammenarbeit mit Helga Pfetsch, Offenbach, Gabal Verlag, 2008.

Brandt, Andrea/von Bredow, Rafaela/Theile, Merlind: Glaubenskrieg ums Kind, in: DER SPIEGEL, Nr. 09/2008, S. 40–54.

Brecht, Berthold: Dreigroschenoper, 41. Auflage, Frankfurt a. M., Suhrkamp Verlag, 2008.

Brezinka, Wolfgang: Erziehungsziele, Erziehungsmittel, Erziehungserfolg – Beiträge zu einem System der Erziehungswissenschaft, 3. Auflage, München/Basel, Ernst Reinhardt Verlag, 1999.

Brezinka, Wolfgang: Grundbegriffe der Erziehungswissenschaft – Analyse, Kritik, Vorschläge, 5. Auflage, München/Basel, Ernst Reinhardt Verlag, 1990.

Brisch, Karl Heinz: Bindungsstörungen. Von der Bindungstheorie zur Therapie, 10. Auflage, Stuttgart, Klett-Cotta Verlag, 2010.

Brockschnieder, Franz-Josef: Reggio-Pädagogik, in: kindergarten heute spezial: Pädagogische Handlungskonzepte von Fröbel bis zum Situationsansatz, 4. Auflage, Freiburg, Verlag Herder, 2007, S. 41–49.

Brown, Roger/Galanter, Eugene/Hess, Eckhard H./Mandler, George/Barron, Frank (Hrsg.): New Directions in Psychology, Vol. 1., New York, Holt, Rinehart & Winston, 1965.

Bruggmann, Nicole: Gesellschaftlicher Wandel und familialer Wandel, Universität Zürich, 2004, abgerufen unter: http://www.hoepflinger.com/fhtop/Familialer-Wandel.pdf, [23.09.2011].

Burgess, E. W./Locke, H. J.: The family. From Institution to Companionship, New York, American Book Company, 1945.

Caspary, Ralf: Alles Neuro? Was die Hirnforschung verspricht und nicht halten kann, Freiburg, Verlag Herder, 2010.

Charpa, Ulrich: Grundprobleme der Wissenschaftsphilosophie, Paderborn, Schöningh Verlag, 1996.

Daigeler, Thomas: Führungstechniken, 2. Auflage, Planegg, Rudolf Haufe Verlag, 2008.

Deutscher Familienverband (Hrsg.): Handbuch Elternbildung, Band 2: Wissenswertes im 2. bis 4. Lebensjahr des Kindes, Opladen, Leske + Budrich, 1999.

Diekmann, Andreas: Empirische Sozialforschung: Grundlagen, Methoden, Anwendungen, 20. Auflage, Reinbek, Rowohlt Taschenbuch Verlag, 2009.

Dilthey, Wilhelm: Gesammelte Schriften, V. Band: Die geistige Welt – Einleitung in die Philosophie des Lebens, 4. Auflage, Stuttgart, B. G. Teubner Verlagsgesellschaft, 1964.

Dörner, Dietrich/Selg, Herbert (Hrsg.): Psychologie. Eine Einführung in ihre Grundlagen und Anwendungsfelder, 2. Auflage, Stuttgart, Verlag W. Kohlhammer, 1996.

dpa: An der Waterkant lebt es sich gut, in: Donaukurier Nr. 218, 21.09.2011, S. 6.

Edding, Cornelia/Schattenhofer, Karl (Hrsg.): Handbuch Alles über Gruppen: Theorie, Anwendung, Praxis, Weinheim/Basel, Beltz, 2009.

Edding, Cornelia: Kleingruppenforschung – Geschichte, aktueller Stand, Bedeutung für die Praxis, in: Handbuch Alles über Gruppen: Theorie, Anwendung, Praxis, hrsg. v. Cornelia Edding, Karl Schattenhofer, Weinheim/Basel, Beltz, 2009, S. 47–83.

Eid, Michael/Gollwitzer, Mario/Schmitt, Manfred: Statistik und Forschungsmethoden, Weinheim/Basel, Beltz, 2010.

Engelke Ernst/Borrmann, Stefan/Spatschek, Christian: Theorien der Sozialen Arbeit. Eine Einführung, 5. Auflage, Freiburg, Lambertus Verlag, 2009.

Erikson, Erik H.: Kindheit und Gesellschaft, übers. v. Marianne von Eckhardt-Jaffe, 14. Auflage, Stuttgart, Klett-Cotta Verlag, 2005.

Erler, Michael: Soziale Arbeit. Ein Lehr- und Arbeitsbuch zu Geschichte, Aufgaben und Theorie, 7. Auflage, Weinheim/München, Juventa Verlag, 2010.

Fisseni, Hermann-Josef: Lehrbuch der psychologischen Diagnostik. Mit Hinweisen zur Intervention, 3. Auflage, Göttingen, Hogrefe Verlag, 2004.

Flammer, August: Entwicklungstheorien. Psychologische Theorien der menschlichen Entwicklung, 4. Auflage, Bern, Verlag Hans Huber, 2009.

Forgas, Joseph P.: Soziale Interaktion und Kommunikation, 4. Auflage, München/Weinheim, Beltz PsychologieVerlagsUnion, 1999.

Förster, Heinz von /Pörksen, Bernhard: Wahrheit ist die Erfindung eines Lügners – Gespräche für Skeptiker, 8. Auflage, Heidelberg, Carl-Auer-Systeme Verlag, 2008.

Förster von, Heinz: Das Konstruieren einer Wirklichkeit, in: Die erfundene Wirklichkeit, Paul Watzlawick, 18. Auflage, München, Piper Verlag, 2002, S. 39–60.
Frey, Dieter/Irle, Martin (Hrsg.): Theorien der Sozialpsychologie, Band I: Kognitive Theorien, 2. Auflage, Bern, Verlag Hans Huber, 1993.

Frey, Dieter/Irle, Martin (Hrsg.): Theorien der Sozialpsychologie, Band II: Gruppen-, Interaktions- und Lerntheorien, 2. Auflage, Bern, Verlag Hans Huber, 2008.

Frey, Dieter: Psychologie und Wirtschaft – eine Erfolgsstory, in: Psychologie Heute, Nr. 10/2004, S. 71 f.

Fromm, Erich: Vorwort, in: Theorie und Praxis der antiautoritären Erziehung. Das Beispiel Summerhill, Alexander S. Neill, 46. Auflage, Reinbek, Rowohlt Taschenbuch Verlag, 2004, S. 11–18.

Fthenakis, Wassilios E./Textor, Martin R.: Pädagogische Ansätze im Kindergarten, Weinheim/Basel, Beltz, 2000.

Gadamer, Hans-Georg/Vogler, Paul (Hrsg.): Neue Anthropologie, Band 2: Biologische Anthropologie, München, Deutscher Taschenbuch Verlag, 1984.

Galanter, Eugene: Contemporary psychophysics, in: New directions in psychology, Vol. 1., hrsg. v. Roger Brown, Eugene Galanter, Eckhard H. Hess, George Mandler, Frank Barron, New York, Holt, Rinehart & Winston, 1965, S. 87–156.

Galuske, Michael: Methoden der Sozialen Arbeit. Eine Einführung, 8. Auflage, Weinheim/ München, Juventa Verlag, 2009.

Gehlen, Arnold: Anthropologische Forschung. Zur Selbstbegegnung und Selbstentdeckung des Menschen, Reinbek, Rowohlt Taschenbuch Verlag, 1984.

Gehlen, Arnold: Der Mensch. Seine Natur und seine Stellung in der Welt, 15. Auflage, Wiebelsheim, AULA-Verlag, 2009.

Gernert, Wolfgang: Jugendhilfe. Einführung in die sozialpädagogische Praxis, 4. Auflage, München/Basel, Ernst Reinhardt Verlag, 1993.

Giesecke, Hermann: Einführung in die Pädagogik, 7. Auflage, Weinheim/München, Juventa Verlag, 2004.

Giesecke, Hermann: Pädagogische Illusionen, Stuttgart, Klett-Cotta Verlag, 1998.

Goebel, Rainer/Zimmermann, Jan: Pfadfinder durch die weiße Substanz, in: Gehirn&Geist, Nr. 06/2011, S. 64–68.

Goerttler, Kurt: Morphologische Sonderstellung des Menschen im Reich der Lebensformen auf der Erde, in: Neue Anthropologie, Band 2: Biologische Anthropologie, hrsg. v. Hans-Georg Gadamer, Paul Vogler, München, Deutscher Taschenbuch Verlag, 1984, S. 215–257.

Goleman, Daniel: Emotionale Intelligenz, übers. v. Friedrick Griese, 7. Auflage, München, Deutscher Taschenbuch Verlag, 1998.
Goleman, Daniel: Soziale Intelligenz: Wer auf andere zugehen kann, hat mehr vom Leben, übers. v. Reinhard Kreissl, München, Droemer Verlag, 2008.

Graumann, Carl Friedrich/Heckhausen, Heinz: Funk-Kolleg Pädagogische Psychologie – Grundlagentexte I: Entwicklung und Sozialisation, 6. Auflage, Frankfurt a. M., Fischer Taschenbuch Verlag, 1987.

Greving, Heinrich (Hrsg.): Kompendium der Heilpädagogik, Band 2, Troisdorf, Bildungsverlag EINS, 2007.

Grossmann, Karin/Grossmann, Klaus E.: Bindungen – das Gefüge psychischer Sicherheit, 4. Auflage, Stuttgart, Klett-Cotta Verlag, 2006.

Grossmann, Karin: Merkmale einer guten Gruppenbetreuung für Kinder unter drei Jahren im Sinne der Bindungstheorie und ihre Anwendung auf berufsbegleitende Supervision, in: Handbuch Elternbildung, Band 2: Wissenswertes im 2. bis 4. Lebensjahr des Kindes, hrsv. v. Deutschen Familienverband, Opladen, Leske + Budrich, 1999, S. 165–184.

Gruber, Thomas: Gedächtnis, Wiesbaden, VS Verlag für Sozialwissenschaften, 2011.

Gudjons, Herbert: Pädagogisches Grundwissen. Überblick – Kompendium – Studienbuch, 10. Auflage, Bad Heilbrunn, Verlag Julius Klinkhardt, 2008.

Guss, Kurt: Gesundheit und Krankheit, in: Psychologie Verstehen, Nr. 01/2004, S. 17–20.

Hackenbroch, Veronika: Großhirn-Voodoo, in: DER SPIEGEL, Nr. 18/2011, S. 120 ff.

Hamm, Alfons O.: Psychologie der Emotionen, in: Neuropsychologie, hrsg. v. Hans-Otto Karnath, Peter Thier, 2. Auflage, Berlin, Springer Medizin Verlag, 2006, S. 527–534.

Hampden-Turner, Charles: Modelle des Menschen, 4. Auflage, Weinheim/Basel, Beltz, 2000.

Haug-Schnabel, Gabriele/Schmid, Barbara: ABC des Kindergartenalltags. Der Kindergarten von innen und außen gesehen, 3. Auflage, Freiburg, Verlag Herder, 1994.

Heckhausen, Heinz: Die Entwicklung des Erlebens von Erfolg und Misserfolg, in: Funk-Kolleg Pädagogische Psychologie – Grundlagentexte I: Entwicklung und Sozialisation, Carl Friedrich Graumann, Heinz Heckhausen, 6. Auflage, Frankfurt a. M., Fischer Taschenbuch Verlag, 1987, S. 95–106.

Heitger, Martin: Beiträge zu einer Pädagogik des Dialogs. Eine Einführung, Wien, ÖBV & HPT Verlag, 1983.

Herkner, Werner: Psychologie, 2. Auflage, Wien/New York, Springer Verlag, 2002.

Herzog, Walter: Modell und Theorie in der Psychologie, Göttingen, Hogrefe Verlag, 1987.

Hierdeis, Helmwart/Hug, Theo (Hrsg.): Taschenbuch der Pädagogik, Band 2, 5. Auflage, Baltmannsweiler, Schneider Verlag Hohengehren, 1997.

Hinte, Wolfgang: Von der Gemeinwesenarbeit zum sozialräumlichen Handeln, in: Methodenlehre in der Sozialen Arbeit, hrsg. v. Dieter Kreft, C. Wolfgang Müller, München, Ernst Reinhardt Verlag, 2010, S. 77–88.

Hobmair, Hermann (Hrsg.): Kompendium der Pädagogik, Troisdorf, Bildungsverlag EINS, 2009.

Hobmair, Hermann (Hrsg.): Kompendium der Psychologie, Troisdorf, Bildungsverlag EINS, 2010.

Hofstätter, Peter R.: Gruppendynamik. Kritik der Massenpsychologie. Reinbek, Rowohlt Taschenbuch Verlag, 1985.

Holodynski, Manfred/Oerter, Rolf: Tätigkeitsregulation und die Entwicklung von Motivation, Emotion, Volition, in: Entwicklungspsychologie, hrsg. v. Rolf Oerter, Leo Montada, 6. Auflage, Weinheim/Basel, Beltz, 2008, S. 535–751.

Huber, Andreas: Die Balance der Werte – Ein Gespräch mit Friedemann Schulz von Thun, in: Psychologie Heute, 02/2012, S. 60–64.

Hugenschmidt, Bettina/Technau, Anne: Methoden schnell zur Hand. 66 schüler- und handlungsorientierte Unterrichtsmethoden, Leipzig, Ernst Klett Schulbuchverlag, 2009.

Hülshoff, Thomas: Neurophysiologische Grundlagen der Heilpädagogik, in: Kompendium der Heilpädagogik, Band 2, hrsg. v. Heinrich Greving, Troisdorf, Bildungsverlag EINS, 2007, S. 124–131.

Hurrelmann, Klaus: Lebensphase Jugend, 7. Auflage, Weinheim/München, Juventa Verlag, 2004.

Izard, Carroll E.: Die Emotionen des Menschen. Eine Einführung in die Grundlagen der Emotionspsychologie, 4. Auflage, Weinheim, Beltz PsychologieVerlagsUnion, 1999.

Junge, Hubertus/Lendermann, Heiner B.: Das Kinder- und Jugendhilfegesetz (KJHG). Einführende Erläuterungen, Freiburg, Lambertus Verlag, 1990.

Kaestele, Gina: Umarme deine Angst. Neun Helfer bei Hilflosigkeit und Angst – das praktische Selbsthilfeprogramm, 5. Auflage, Freiburg, Verlag Herder, 2001.

Kant, Immanuel: Schriften zur Anthropologie, Geschichtsphilosophie, Politik und Pädagogik, in: Kant Werke, Band 10, 2. Teil, hrsg. v. Wilhelm Weischedel, Darmstadt, Wissenschaftliche Buchgesellschaft, 1983.

Karnath, Hans-Otto/Thier, Peter (Hrsg.): Neuropsychologie, 2. Auflage, Berlin, Springer Verlag, 2006.

Kasten, Erich: Einführung Neuropsychologie, München/Basel, Ernst Reinhardt Verlag, 2007.

Keller, Gustav: Der Lernknigge für Jugendliche und junge Erwachsene, 2. Auflage, Bad Honnef, Verlag Karl Heinrich Bock, 1994.

Keller, Gustav: Lerntechniken von A bis Z: Infos, Übungen, Tipps, Bern, Verlag Hans Huber, 2005.

Key, Ellen: Das Jahrhundert des Kindes – Studien, übers. v. Francis Maro, neu hrsg. v. Ulrich Herrmann, 2. Auflage, Weinheim/Basel, Beltz, 2000.

Klein, Lothar: Célestin Freinet, in: kindergarten heute spezial: Pädagogische Handlungskonzepte von Fröbel bis zum Situationsansatz, 4. Auflage, Freiburg, Verlag Herder, 2007, S. 32–40.

König, Eckard/Zedler, Peter: Theorien der Erziehungswissenschaft, 3. Auflage, Weinheim/Basel, Beltz, 2007.

König, Eckard: Erziehungswissenschaft, in: Taschenbuch der Pädagogik, Band 2, hrsg. v. Helmwart Hierdeis, Theo Hug, 5. Auflage, Baltmannsweiler, Schneider Verlag Hohengehren, 1997, S. 323–332.

Krapp, Andreas: Entwicklung, Erziehung und Lernen, in: Teleko leg für Erzieher: Pädagogik II, hrsg. v. Hans Schiefele, Walter Tröger, 5. Auflage, München, TR-Verlagsunion, 1997, S. 81–93.

Krebs, Wolfgang: Die fünf Wellen, in: Gemeinwesenarbeit: Entwicklungslinien und Handlungsfelder. Jahrbuch Gemeinwesenarbeit 7, hrsg. v. Simone Odierna, Ulrike Berendt, Neu-Ulm, AG SPAK Bücher, 2004, S. 57–65.

Kreft, Dieter/Müller, C. Wolfgang (Hrsg.): Methodenlehre in der Sozialen Arbeit, München, Ernst Reinhardt Verlag, 2010.

Kühne, Norbert/Wagner, Yvonne: Basiswissen Erziehung für die sozialpädagogische Erstausbildung, Troisdorf, Bildungsverlag EINS, 2009.

Küttner, Michael/Lenk, Hans: Erklärung, in: Handlexikon zur Wissenschaftstheorie, hrsg. v. Helmut Seiffert, Gerard Radnitzky, 2. Auflage, München, Ehrenwirth Verlag, 1992, S. 68–72.

Lassahn, Rudolf: Grundriss einer allgemeinen Pädagogik, 3. Auflage, Wiesbaden, Quelle & Meyer Verlag, 1997.

Lassahn, Rudolf: Pädagogische Anthropologie. Eine historische Einführung, Heidelberg, Quelle & Meyer Verlag, 1983.

Laucken, Uwe/Schick, August/Höge Holger: Einführung in das Studium der Psychologie, 7. Auflage, Stuttgart, Klett-Cotta Verlag, 1996.

Lefrançois, Guy R.: Psychologie des Lernens, übers. v. Dr. Silke Lissek, 4. Auflage, Heidelberg, Springer Medizin Verlag, 2008.

Legewie, Heiner/Ehlers, Wolfram: Knaurs moderne Psychologie, München, Verlagsgruppe Droemer Knaur, 1994.

Leonhart, Rainer: Lehrbuch Statistik. Einstieg und Vertiefung, Bern, Verlag Hans Huber, 2004.

Lilli, Waldemar/Frey, Dieter: Die Hypothesentheorie der sozialen Wahrnehmung, in: Theorien der Sozialpsychologie, Band I: Kognitive Theorien, Dieter Frey, Martin Irle, 2. Auflage, Bern, Verlag Hans Huber, 1993, S. 49–80.

Lück, Helmut E./Timaeus, Ernst: Skalen zur Messung Manifester Angst (MAS) und Sozialer Wünschbarkeit (SDS-E und SDS-CM), in: Diagnostica, 15/1969, S. 134–141.

Lückert, Heinz-Rolf/Lückert, Inge: Einführung in die Kognitive Verhaltenstherapie, München/Basel, Ernst Reinhard Verlag, 1994.

Madeja, Michael: Das kleine Buch vom Gehirn: Reiseführer in ein unbekanntes Land, 2. Auflage, München, Verlag C. H. Beck, 2010.

Markowitsch, Hans J./Welzer, Harald: Das autobiographische Gedächtnis: Hirnorganische Grundlagen und biosoziale Entwicklung, 2. Auflage, Stuttgart, Klett-Cotta Verlag, 2006.

Maslow, Abraham H.: Motivation und Persönlichkeit, übers. v. Paul Kruntorad, Reinbek, Rowohlt Taschenbuch Verlag, 1989.

Mausfeld, Rainer: Auf der Schattenseite, in: Gehirn&Geist, Nr. 07–08/2009, S. 52–55.

Metzger, Wolfgang: Psychologie für Erzieher I: Psychologie in der Erziehung, 3. Auflage, Bochum, Verlag Ferdinand Kamp, 1976.

Meyer, Wulf-Uwe/Försterling, Friedrich: Die Attributionstheorie, in: Theorien der Sozialpsychologie. Band I: Kognitive Theorien, hrsg. v. Dieter Frey, Martin Irle, 2. Auflage, Bern, Verlag Hans Huber, 1993, S. 175–214.

Mietzel, Gerd: Wege in die Entwicklungspsychologie. Band 1: Kindheit und Jugend, 4. Auflage, Weinheim, Beltz PsychologieVerlagsUnion, 2002.

Mietzel, Gerd: Wege in die Psychologie, 14. Auflage, Stuttgart, Klett-Cotta Verlag, 2008.

Mittelstraß, Jürgen: Was ist der Mensch?, in: Spektrum der Wissenschaft, Nr. 03/2008, S. 80–83.

Mollenhauer, Klaus: Einführung in die Sozialpädagogik: Probleme und Begriffe der Jugendhilfe, Weinheim/Basel, Beltz, 2001.

Montessori, Maria: Grundlagen meiner Pädagogik, in: Maria Montessori – Grundlagen meiner Pädagogik, Michael Berthold, 9. Auflage, Wiesbaden, Quelle & Meyer Verlag, 2005, S. 7–31.

Mühlfeld, Claus/Oppl, Hubert/Weber-Falkensammer, Hartmut/Wendt, Wolf Rainer (Hrsg.): Brennpunkte Sozialer Arbeit: Gemeinwesenarbeit, Frankfurt a. M., Verlag Moritz Diesterweg, 1985.

Müller, C. Wolfgang: Gruppenpädagogik (Social Group Work) und ihre Folgen, in: Methodenlehre in der Sozialen Arbeit, hrsg. v. Dieter Kreft, C. Wolfgang Müller, München, Ernst Reinhardt Verlag, 2010, S. 68–77.

Müsseler, Jochen/Prinz, Wolfgang (Hrsg.): Allgemeine Psychologie, 2. Auflage, Heidelberg/Berlin, Spektrum Akademischer Verlag, 2008.

Müsseler, Jochen: Visuelle Wahrnehmung, in: Allgemeine Psychologie, hrsg. v. Jochen Müsseler, Wolfgang Prinz, 2. Auflage, Heidelberg/Berlin, Spektrum Akademischer Verlag, 2008, S. 15–57.

Myers, David G.: Psychologie, deutsche Bearbeitung von Christiane Grosser, Svenja Wahl, mit Beiträgen von Siegfried Hoppe-Graf, Barbara Keller, übers. v. ÜTT – Übersetzungsteam Tübingen Sabine Mehl, Katrin Beckmann, Birgit Pfitzer, 2. Auflage, Heidelberg, Springer Medizin Verlag, 2008.

Naccache, Lionel/Dehaene, Stanislaus: An der Schwelle des Bewusstseins, in: Spektrum der Wissenschaft, Dossier, Nr. 02/2006, S. 14–21.

Nave-Herz, Rosemarie: Ehe- und Familiensoziologie, Weinheim/München, Juventa Verlag, 2004.

Neill, Alexander S.: Theorie und Praxis der antiautoritären Erziehung. Das Beispiel Summerhill, 46. Auflage, Reinbek, Rowohlt Taschenbuch Verlag, 2004.

Newen, Albert/Zinck, Alexandra: Wir sind, was wir fühlen, in: Gehirn&Geist, Nr. 06/2008, S. 40–45.

Nolting, Hans-Peter/Paulus, Peter: Psychologie lernen. Eine Einführung und Anleitung, 10. Auflage, Weinheim/Basel, Beltz, 2009.

Nuber, Ursula: Der lange Schatten der Kindheit, in: Psychologie Heute, Nr. 01/2005, S. 20–27.

Nuber, Ursula: Die Macht der Mehrheit, in: Psychologie Heute, Nr. 10/2005, S. 10.

Oberauer, Klaus/Mayr, Ulrich/Kluwe, Rainer H.: Gedächtnis und Wissen, in: Lehrbuch Allgemeine Psychologie, hrsg. v. Hans Spada, 3. Auflage, Bern, Verlag Hans Huber, 2006, S. 115–195.

Odierna, Simone/Berendt, Ulrike (Hrsg.): Gemeinwesenarbeit: Entwicklungslinien und Handlungsfelder. Jahrbuch Gemeinwesenarbeit 7, Neu-Ulm, AG SPAK Bücher, 2004.

Oehler, Regina/Bernius, Volker/Wellmann, Karl-Heinz (Hrsg.): Was kann Psychologie? Wer wir sind und wie wir sein könnten, Weinheim/Basel, Beltz, 2009.

Oelschlägel, Dieter: Gemeinwesenarbeit, in: Handbuch Sozialarbeit/Sozialpädagogik, hrsg. v. Hans-Uwe Otto, Hans Thiersch, 3. Auflage, München/Basel, Ernst Reinhardt Verlag, 2005, S. 653–659.

Oelschlägel, Dieter: Strategiediskussion in der Sozialen Arbeit und das Arbeitsprinzip Gemeinwesenarbeit, in: Brennpunkte Sozialer Arbeit: Gemeinwesenarbeit, hrsg. v. Claus Mühlfeld, Hubert Oppl, Hartmut Weber-Falkensammer, Wolf Rainer Wendt, Frankfurt a. M., Verlag Moritz Diesterweg, 1985, S. 7–22.

Oerter, Rolf/Montada, Leo (Hrsg.): Entwicklungspsychologie, 6. Auflage, Weinheim/Basel, Beltz, 2008.

Ondracek, Petr: Humanistische Psychologie, in: Kompendium der Heilpädagogik, Band 1, hrsg. v. Heinrich Greving, Troisdorf, Bildungsverlag EINS, 2007, S. 401–411.

Opwis, Klaus/Beller, Sieghard/Spada, Hans/Lüer, Gerd: Problemlösen, Denken, Entscheiden, in: Lehrbuch Allgemeine Psychologie, hrsg. v. Hans Spada, 3. Auflage, Bern, Verlag Hans Huber, 2006, S. 197–275.

Otto, Hans-Uwe/ Thiersch, Hans (Hrsg.): Handbuch Sozialarbeit/Sozialpädagogik, 3. Auflage, München/Basel, Ernst Reinhardt Verlag, 2005.

Paulsen, Susanne: Die Kunst des Erinnerns, in: GEO Magazin, Nr. 12/2001, S. 50–68.

Peuckert, Rüdiger: Familienformen im sozialen Wandel, 7. Auflage, Wiesbaden, VS Verlag für Sozialwissenschaften, 2008.

Pollmann, Stefan: Allgemeine Psychologie, München/Basel, Ernst Reinhardt Verlag, 2008.

Popper, Karl R.: Logik der Forschung, hrsg. v. Erik Boettcher, übers. v. Leonhard Walentik, 11. Auflage, Tübingen, Mohr Siebeck, 2005.

Raithel, Jürgen/Dollinger, Bernd/Hörmann, Georg: Einführung Pädagogik: Begriffe – Strömungen – Klassiker – Fachrichtungen, 3. Auflage, Wiesbaden, VS Verlag für Sozialwissenschaften, 2009.

Reich, Kersten: Systemisch-konstruktivistische Pädagogik: Einführung in die Grundlagen einer interaktionistisch-konstruktivistischen Pädagogik, 6. Auflage, Weinheim/Basel, Beltz, 2010.

Reither, Franz: Denken und Sprache, in: Psychologie. Eine Einführung in ihre Grundlagen und Anwendungsfelder, hrsg. v. Dietrich Dörner, Herbert Selg, 2. Auflage, Stuttgart, Verlag W. Kohlhammer, 1996, S. 194–210.

Rerrich, Dorottya: Nicht so laut, bitte!, in: Psychologie Heute, Nr. 11/2006, S. 38–41.

Rheinberg, Falco: Grundriss der Psychologie, Band 6: Motivation, 7. Auflage, Stuttgart, Verlag W. Kohlhammer, 2008.

Römer, Anke: Zoom oder Panorama? Wie die Kultur unsere Wahrnehmung prägt, in: Psychologie Heute, Nr. 07/2008, S. 8 f.

Rosenbaum, Heidi: Formen der Familie. Untersuchungen zum Zusammenhang von Familienverhältnissen, Sozialstruktur und sozialem Wandel in der deutschen Gesellschaft des 19. Jahrhunderts, Frankfurt a. M., Suhrkamp Verlag, 1982.

Roth, Eugen: Sämtliche Menschen. München/Wien, Carl Hanser Verlag, 2001.

Roth, Heinrich: Pädagogische Anthropologie, Band 1: Bildsamkeit und Bestimmung, 5. Auflage, Hannover, Schroedel Verlag, 1991.

Salewski, Christel/Renner, Britta: Differentielle und Persönlichkeitspsychologie, München, Ernst Reinhardt Verlag, 2009.

Sarris, Victor: Methodologische Grundlagen der Experimentalpsychologie, Band 1: Erkenntnisgewinnung und Methodik, München/Basel, Ernst Reinhardt Verlag, 1990.

Saum-Aldehoff, Thomas: Geborgenheit schützt bleibend, in: Psychologie Heute, Nr. 07/2010, S. 56.

Schäfer, Annette: Das außerordentliche Talent, in Gesichtern zu lesen, in: Psychologie Heute, Nr. 07/2010, S. 64–69.

Schäfer, Annette: Eine Wissenschaftlerin im Kreuzfeuer, in: Psychologie Heute, Nr. 05/2010, S. 43–48.

Schäfers, Bernhard: Jugendsoziologie, 7. Auflage, Opladen, Leske + Budrich Verlag, 2001.

Schandry, Rainer: Biologische Psychologie, 3. Auflage, Weinheim, Beltz PsychologieVerlagsUnion, 2011.

Schenk-Danzinger, Lotte: Entwicklungspsychologie, 25. Auflage, Wien, G & G Verlagsgesellschaft mbH, 1999.

Scheunpflug, Annette: Biologische Grundlagen des Lernens, Berlin, Cornelsen Verlag Scriptor, 2001.

Schiefele, Hans/Tröger, Walter: Telekolleg für Erzieher: Pädagogik II, 5. Auflage, München, TR-Verlagsunion, 1997.

Schleim, Stephan: Moralforscher im Zwielicht, in: Gehirn&Geist, Nr. 11/2010, S. 44.

Schmidt, Mathias von/Schwabe, Lars: Stressige Lektionen, in: Gehirn&Geist, Nr. 1-2/2010, S. 24–31.

Schneider, Reto U.: Nichts als die Wahrheit, in: NZZ Folio – Die Zeitschrift der Neuen Zürcher Zeitung, Nr. 12/2001, S. 65–70.

Schönpflug, Wolfgang: Geschichte und Systematik der Psychologie. Ein Lehrbuch für das Grundstudium, 2. Auflage, Weinheim/Basel, Beltz, 2004.

Schulin, Bertram: Sozialgesetzbuch – Bücher I-XII, 39. Auflage, München, Deutscher Taschenbuch Verlag, 2010.

Schwarzer, Ralf: Stress, Angst und Handlungsregulation, 4. Auflage, Stuttgart, Verlag W. Kohlhammer, 2000.

Seiffert, Helmut/Radnitzky, Gerard (Hrsg.): Handlexikon zur Wissenschaftstheorie, 2. Auflage, München, Ehrenwirth Verlag, 1992.

Seiger, Christine: „Ich will die Dummheit differenzieren." Ein Gespräch mit Ina Rösing, in: Psychologie Heute, Nr. 07/2005, S. 42–46.

Selye, Hans: Stress, 2. Auflage, München, Piper Verlag, 1988.

Shafy, Samiha: Endlosschleife im Kopf, in: DER SPIEGEL, Nr. 47/2008, S. 158 ff.

Singh, Joseph A. L./Flitner, Sonja/Kasper, Hildegard: Die „Wolfskinder" von Midnapore, übers. v. Robert M. Zingg, Heidelberg, Quelle & Meyer Verlag, 1964.

Sokolowski, Kurt: Emotion, in: Allgemeine Psychologie, hrsg. v. Jochen Müsseler, Heidelberg, 2. Auflage, Spektrum Akademischer Verlag, 2008, S. 295–337.

Sonnenmoser, Marion: Spaß ist, wenn man etwas kann. Ein Gespräch mit Elsbeth Stern, in: Psychologie Heute, Nr. 12/2004, S. 30–33.

Spada, Hans (Hrsg.): Lehrbuch Allgemeine Psychologie, 3. Auflage. Bern, Verlag Hans Huber, 2006.

Speckmann Erwin-Josef/Wittkowski Werner: Bau und Funktionen des menschlichen Körpers. Praxisorientierte Anatomie und Physiologie, 20. Auflage, München, Urban & Fischer Verlag, 2004.

Spitz, Rene/Coblinder, W. Godfrey: Vom Säugling zum Kleinkind, übers. v. Gudrun Theusner-Stampa, 12. Auflage, Stuttgart, Klett-Cotta Verlag, 2005.

Spitzer, Manfred: Lernen. Gehirnforschung und die Schule des Lebens, Heidelberg/Berlin, Spektrum Akademischer Verlag, 2006.

Spitzer, Manfred: Vorsicht Bildschirm! Elektronische Medien, Gehirnentwicklung, Gesundheit und Gesellschaft, 4. Auflage, Stuttgart/Düsseldorf, Ernst Klett Verlag, 2006.

Tausch, Reinhard: Hilfen bei Stress und Belastung. Was wir für unsere Gesundheit tun können, 14. Auflage, Reinbek, Rowohlt Taschenbuch Verlag, 2006.

Thiersch, Hans: Einen gelingenden Alltag ermöglichen, in: Theorien der Sozialen Arbeit. Eine Einführung, Ernst Engelke, Stefan Borrmann, Christian Spatschek, 5. Auflage, Freiburg, Lambertus Verlag, 2009, S. 425–443.

Tillmann, Klaus-Jürgen: Sozialisationstheorien, 13. Auflage, Reinbek, Rowohlt Verlag, 2004.

Traxel, Werner: Grundlagen und Methoden der Psychologie. Eine Einführung in die psychologische Forschung, 2. Auflage, Bern, Verlag Hans Huber, 1974.

Treml, Alfred K.: Einführung in die Allgemeine Pädagogik, Stuttgart, Verlag W. Kohlhammer, 1987.

Tschamler, Herbert: Wissenschaftstheorie. Eine Einführung für Pädagogen, 3. Auflage, Bad Heilbrunn, Verlag Julius Klinkhardt, 1996.

Ueckert, Hans/Kakuska, Rainer/Nagorny, Jürgen: Psychologie die uns angeht, Gütersloh, Bertelsmann Verlag, 1989.

Ulich, Dieter/Bösel, Rainer M.: Einführung in die Psychologie, 4. Auflage, Stuttgart, Verlag W. Kohlhammer, 2005.

Ulich, Dieter/Mayring, Philipp: Psychologie der Emotionen, 2. Auflage. Stuttgart, Verlag W. Kohlhammer, 2003.

Ulich, Dieter: Das Gefühl. Eine Einführung in die Emotionspsychologie, 3. Auflage, Weinheim, Beltz PsychologieVerlagsUnion, 1995.

Vester, Frederic: Denken, Lernen, Vergessen: Was geht in unserem Kopf vor, wie lernt das Gehirn, und wann lässt es uns im Stich?, München, Deutscher Taschenbuch Verlag, 2001.

Watson, John Broadus: Behaviorismus, Magdeburg, Klotz Verlag, 1997.

Watzlawick, Paul: Wie wirklich ist die Wirklichkeit? Wahn – Täuschung – Verstehen, 9. Auflage, München, Piper Verlag, 2010.

Watzlawick, Paul: Die erfundene Wirklichkeit, 18. Auflage, München, Piper Verlag, 2002.

Weber Erich: Pädagogik, Band 1, Teil 3: Pädagogische Grundvorgänge und Zielvorstellungen, 8. Auflage, Donauwörth, Auer Verlag, 1999.

Wenner, Melinda: Der Unernst des Lebens, in: Gehirn&Geist, Nr. 07–08/2009, S. 40–47.

Werth, Lioba/Mayer, Jennifer: Sozialpsychologie, Berlin/Heidelberg, Springer Verlag, 2008.

Wessells, Michael G.: Kognitive Psychologie, 3. Auflage, München/Basel, Ernst Reinhardt Verlag, 1994.

Westerhoff, Nikolas: Der Sinn im Widersinn, in: Psychologie Heute, Nr. 05/2010, S. 13.

Wicki, Werner: Entwicklungspsychologie, München/Basel, Ernst Reinhardt Verlag, 2010.

Wilhelm, Klaus: Ohne Musik lernt es sich besser, in: Psychologie Heute, Nr. 12/2010, S. 15.

Wimmer, Heinz/Perner, Josef: Kognitionspsychologie, Stuttgart, Verlag W. Kohlhammer, 1994.

Wohlschläger, Andreas/Prinz, Wolfgang: Wahrnehmung, in: Lehrbuch Allgemeine Psychologie, hrsg. v. Hans Spada, 3. Auflage, Bern, Verlag Hans Huber, 2006, S. 25–114.

Wolf, Christian: Flüchtige Erinnerungen, in: Gehirn&Geist, Nr. 04/2009, S. 56–61.

Wössner, Jakobus: Soziologie: Einführung und Grundlegung, 9. Auflage, Wien/Köln/Weimar, Böhlau Verlag, 1986.

Zimbardo, Philip G./Gerrig, Richard J.: Psychologie, übers. v. Ralf Graf, Dagmar Mallett, Markus Nagler, Brigitte Ricker, deutsche Bearbeitung von Ralf Graf, 18. Auflage, München u. a., PEARSON Studium, 2008.

Zimmerli, Walther Ch.: Geisteswissenschaften, in: Handlexikon zur Wissenschaftstheorie, hrsg. v. Helmut Seiffert, Gerard Radnitzky, 2. Auflage, München, Ehrenwirth Verlag, 1992, S. 88–99.

Zintl, Viola: Lernen mit System. Effektiver Lernen in der Pflege, 2. Auflage, München, Urban & Fischer, 2006.

Bildquellenverzeichnis

- Bildungsverlag Eins, Köln/Cornelia Kurtz, Boppard: S. 8, 18, 24, 35, 48, 60, 65, 69, 80, 86, 87, 104, 109, 126, 127, 142, 148, 155, 157, 163 (unten), 184, 189, 194 (2x), 207, 220, 222, 233, 242, 252, 257, 259, 262, 265
- akg-images/Sotheby's/Adriaen van Ostade: S. 31
- ullstein bild - AKG Pressebild: S. 33
- akg-images: S. 34 (oben), 36, 51, 80
- picture-alliance/dpa: S. 34 (unten)
- ullstein bild - Granger Collection: S. 37, 197 (oben), 269
- Bildungsverlag EINS, Köln/Angelika Brauner, Hohenpeißenberg: S. 40, 174, 178, 179, 186 (oben), 198 (unten), 199 (oben), 210
- ullstein bild – Imagno: S. 43
- picture-alliance/prismaarchivo: S. 44
- ullstein bild - Roger-Viollet/Albert Harlingue: S. 45
- picture-alliance/akg-images/Erich Lessing: S. 50
- ullstein bild – Reuters: S. 110
- picture-alliance/Image Source: S. 112
- ullstein bild - Knut Müller: S. 114
- Dr. Karin Grossmann/Dr. Klaus Grossmann/Christoph Braun: S. 115 (oben)
- Uschi Hering/fotolia.com: S. 115 (unten)
- Foto mit freundlicher Genehmigung von Dr. Patricia Crittenden: S. 117
- Christian Albert/MEV, Augsburg: S. 119
- Rido/fotolia.com: S. 132
- picture-alliance/Mary Evans Picture Library: S. 133
- picture-alliance/Sueddeutsche Zeitung Photo: S. 159
- ullstein bild: S. 163 (oben)
- Nienhuis B. V., Zelhelm (Niederlande), www.nienhuis.com: S. 164 (2x), 165 (2x)
- INTERFOTO/IMAGNO: S. 166
- picture-alliance/Piers Cavendish/Impact Photos: S. 167
- ilusjessy/fotolia.com: S. 176
- GEWA Fotostudio/MEV, Augsburg: S. 186 (unten, Münzen)
- Bildungsverlag EINS, Köln/Elisabeth Galas, Bad Breisig: S. 197 (unten links)
- M.C. Escher's „Circle Limit IV“ © The M.C. Escher Company-Holland. All rights reserved. www.mcescher.com: S. 197 (unten rechts)
- Dark Vektorangel/fotolia.com: S. 199 (Mitte Nr. 1, 2, 4)
- Marvin Gerste/fotolia.com: S. 199 (Mitte Nr. 2)
- Volant/fotolia.com: S. 209
- Ulrich Wirth/MEV, Augsburg: S. 213 (links)
- Susanne Holzmann/MEV, Augsburg: S. 213 (Mitte)
- Photodesign Müller/MEV, Augsburg: S. 213 (rechts)
- Hans Biedermann (Hennes), Eberbach: S. 217
- Wilhelm Busch: S. 224
- aus: Shafy, Samiha: Endlosschleife im Kopf, in: DER SPIEGEL, Nr. 47/2008 (S. 159): S. 237
- Elizabeth F. Loftus, Irvine, Californien, USA: S. 240
- Bildungsverlag Eins, Köln: S. 249

Stichwortverzeichnis